现代职业教育标准体系建设系列丛书

U0949984

中高职衔接标准建设新视野：从能力到课程

ZHONGGAOZHI XIANJIE BIAOZHUN JIANSHE XIN SHIYE：CONG NENGLI DAO KECHENG

杜怡萍　李海东　著

广东高等教育出版社
Guangdong Higher Education Press
·广州·

图书在版编目（CIP）数据

中高职衔接标准建设新视野：从能力到课程/杜怡萍，李海东著．—广州：广东高等教育出版社，2015.8

（现代职业教育标准体系建设系列丛书）

ISBN 978－7－5361－5377－6

Ⅰ.①中…　Ⅱ.①杜…　②李…　Ⅲ.①职业教育－课程标准－研究－中国　Ⅳ.①G719.2

中国版本图书馆 CIP 数据核字（2015）第 177989 号

出版发行	广东高等教育出版社 地址：广州市天河区林和西横路 邮政编码：510500　电话：（020）87554152　87551163 http://www.gdgjs.com.cn
印　　刷	佛山市浩文彩色印刷有限公司
开　　本	787 毫米×1 092 毫米　1/16
印　　张	23
字　　数	503 千
版　　次	2015 年 8 月第 1 版　2015 年 8 月第 1 次印刷
定　　价	45.00 元

序

当今世界经济处于从旧常态向新常态过渡的阶段，经济增长的引擎和拉动力出现多元化，经济增长动力正在转换。我国审时度势，按照促改革、转方式、调结构、稳增长、惠民生的要求，将加快发展现代职业教育、建设现代职业教育体系作为战略举措。的确，世界职业教育发展规律表明，经济和产业发展到一定阶段，必然会产生发展现代职业教育的强烈要求，德国如此，英国如此，新加坡和我国台湾地区也是如此。现代职业教育的一个显著特征，就是建立健全科学而完善的职业教育标准体系。开发广东特色、国家需要、国际接轨的职业教育专业教学标准，是确保和提升我国职业教育质量水平、增强职业教育吸引力的必然要求。

广东是我国改革开放的前沿，发达的产业体系为职业教育改革发展提供了肥沃的土壤。俗话说：一流企业做标准，二流企业做品牌，三流企业做产品。久经市场经济洗礼的广东人对此深有体会。作为职业教育来说，情况也是如此。建立科学而完善的职业教育标准体系，同样是广东创建现代职业教育综合改革试点省的必然要求和重要举措，是建设广东特色、国家需要、世界水平现代职业教育体系的重要内容。2013 年以来，广东已启动三批共 74 个专业教学标准研制项目，投入超过 1000 万元，采取竞标方式，由本科学校、高职学院、中职学校联合企业组成项目组，共同承担研制工作。既有针对中职到高职衔接的标准研制项目，又有从高职再到应用型本科衔接的标准研制项目，还有现代学徒制专业教学标准研制项目，以及国际化的专业教学标准研制项目。受广东省教育厅高等教育处、高中与中等职业教育处委托，广东省教育研究院负责标准研制的组织、协调和指导工作。

标准研制是一项富有挑战性的工作，难度极大。值得欣慰的是，广东职业教育工作者通过长期的学习借鉴和改革实践，形成了“能力核心、系统培养”理念，按照设计框架、构建标准、分级培养、衔接贯通的思路，找到了中高职衔接的可行路径和科学方法——制定中高职衔接的专业教学标准和课程标准，并以之指导专业建设与教学实践。由于标准研制工作时间紧、任务重、难度大、要求高，必须统一认识、统一路径、统一要求。我们将研制工作划分为供需调研、职业能力分析、课程体系构建、标准编制四个阶段。经过艰苦努力，项目研究已取得较丰硕成果，第一批9个中高职衔接专业教学标准研制工作已结束，并顺利通过验收，研究成果已经出版；第二批、第三批项目的研制工作正紧锣密鼓地进行；标准研制的理论、路径和方法的专著相继出版，这里给大家展示的是标准研制中职业能力分析和课程体系建构的理论与方法。

现代职业教育标准体系建设任重而道远。我们坚信，只要提高认识、高度重视，完善方案、积极实施，团结协作、互相促进，善于学习借鉴国内外职业教育教学先进理念、科学成果、正确方法，从广东现代产业体系建设需要和职业教育改革发展及技术技能人才培养要求出发，充分发挥各方优势、凝聚各方力量，扎实推进、稳步前行，建立广东特色、国家需求、国际接轨的现代职业教育标准体系的目标一定能实现，助推创建职业教育综合改革试点省的愿望必将变成美好现实。

有感而发，是为序。

广东省教育研究院
院长、党委书记 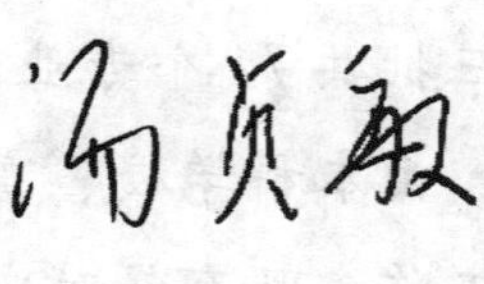

2015年7月

前　言

俗话说："视野决定高度，思路决定出路。"当我们站在高山之巅时，看到的是一览众山小的壮美景色，如果将职业教育比作高山，那么标准就是攀登这座高山的阶梯，如果我们顺着标准的阶梯拾级而上，则会获得前所未有的广阔视野。职业教育作为培养技术技能人才的一种教育类型，其人才培养目标必然指向职业能力，职业能力是行业企业对人才的要求，而课程是实现目标的载体，因此，职业教育专业教学标准建设必须要将行业企业对人才的能力要求转化到课程之中，系统构建基于能力培养的职业教育课程体系。当我们站在从需求到供给、从能力到课程的高度，站在中高职衔接一体化培养技术技能人才的高度来审视职业教育标准体系建设工作，我们会发现，实现专业设置与职业岗位对接、课程内容与职业标准对接、教学过程与生产过程对接、毕业证书与学历证书对接以及职业教育与终身教育对接，并不是一件很难的事情。

广东确立了"能力核心、系统培养"的职业教育指导思想，通过制定中高职衔接的专业教学标准和课程标准，指导职业院校的专业建设与教学实践。广东特色职业教育标准研制工作分为四个阶段，即供需调研、职业能力分析、课程体系构建、标准编制。标准建设的第一级台阶是供需调研，通过广泛调研，可以挖掘需求，发现问题，找出解决问题的对策。调研所获取的信息尤其是所确定的职业生涯发展路径和要求，是确立职业教育目标定位、开展专业建设的重要依据。标准建设的第二级台阶是职业能力分析，依托行业企业专家，运用科学的方法梳理、明晰各专业面向的目标岗位的工作项目、工作任务和职业能力要求，可以获取各专业所对应的职业能力标准，为职业教育课程建设打下扎实基础。标准建设的第三级台阶是课程体系构建，以职业能力分析为基础，以学生的可持续发展为出发点，遵循技能人才成长规律，运用科学方法将职业能力有机地转化到课程中去，确定课程门类和课程结构，实现课程与能力对接，构建中高职衔接的课程体系。标准建设的第四级台阶是标准编制，有了前期扎实的调研和职业能力分析，以及能力到课程的转化作为基础，就可以顺势而上，登上标准的顶峰。标准编制必须基于统一的格式，只有按规范的格式编写专业教学标准和核心课程标准，才能将各阶段研究成果浓缩于标准之中。通过以上四个阶段形成的标准，还需进行反复修改和提炼，才能指导职业学校的专业建设、人才培养方案制定、课程内容开发、教学实施与评价，才能体现“能力核心、系统培养”的指导思想，才能实现职业教育高素质劳动者和技术技能人才的培养目标。本书基于中高职衔接专业教学标准和课程标准研制实践，通过系统分析标准研制的路径和方法，总结提炼广东特色标准研制工作的经验，形成系列成果，旨在为标准研制的职业能力分析、课程体系构建、标准编写提供理论和方法指导。本书的姊妹篇《中高职衔接标准建设新视野：从需求到供给》则旨在为标准研制的供需调研提供理论和方法指导。

职业教育不仅要有改革的精神，更要有科学的态度。职业教育的专业教学改革切忌急功近利、虎头蛇尾、过程松散，必须注重研究成果的实效性。本书借鉴国内外职业教育课程开发理论和方法，基于广东职业教育的专业教学标准研制实践，从方法论的角度，为标准研制工作提供方法指导，充分体现了标准研制各个环节严密的逻辑关系，也可为职业教育专业建设、课程开发及评价提供理念、路径和方法指导。这些方法包括：“二维四步五解”职业能力分析方法，基于就业领域、职业岗位、职业能力三要素的职业教育专业培养目标定位法，能力到课程的直接转换、组合转换、间接转换法，“宽专结合”的课程体系建构法，任务驱动式课程教材编写法，以及职业教育等级证书的评价方法。全书分为五章，第一章阐述了职教课程必须与职业能力有机结合，以及“能力核心、系统培养”的职业教育思想。明确职业教育的分层与衔接应基于岗位分层、能力分级，通过培养目标和课程内容的有机衔接实现中高职衔接。第二章在借鉴国外职业能力分析方法的基础上，系统阐述了“二维四步五解”职业能力分析方法的内涵，结合具体案例展示了该方法的行业专家研讨会组织与实施，以及职业能力分析表的编制，为获取职业能力提供了重要途径和方法。第三章首先明确职业教育专业培养目标的定位，进而建构“宽专结合”的课程体系，再结合案例，阐述了课程体系建构教育专家研讨会的组织，以及将能力转化为课程的具体方法，从方法的层面解决了目前职业能力分析与课程开发“两张皮”的问题。第四章不仅介绍了专业教学标准和课程标准的基本框架和编制要点，而且介绍了依据标准编制任务驱动式课程教材的方法，为课程内容开发提供了重要参考。第五章阐述了职业教育课程评价内涵，介绍了职业教育等级证书的设计思路，为基于职业能力的职业教育教学评价奠定了基础。全书还包含6个附录，附录1至附录3以实录的方式展示了职业能力分析行业专家研讨会的内容和课程体系建构教育专家研讨会的内容，是职业能力分析和课程体系建构工作的重要参考。附录4以汽车运用技术专业为例，展示了中高职衔接的专业教学标准的结构和内容。附录5和附录6分别以汽车运用技术专业和会计专业为例，展示中高职衔接的课程标准结构和内容。

全书由杜怡萍、李海东撰写和统稿，其中，杜怡萍副研究员撰写第一章、第二章、第三章和第四章，李海东教授撰写第五章。该书得到了广东省教育厅高等教育处、高中与中等职业教育处、广东省教育研究院及相关职业院校领导和老师们的指导和帮助，也得到了中高职衔接的专业教学标准和课程标准研制项目组的大力支持，在此，表示衷心的感谢！

由于水平有限，书中难免出现错漏，敬请读者不吝指正。

作　者

2015 年 7 月于广州

目　录

第一章
职业能力与职教课程

第一节
职 业 能 力

职业教育是以培养生产、建设、管理、服务第一线的高素质劳动者和技能型人才为目的的一种教育类型。职业院校通过系列教育教学活动，使受教育者获得从事某种职业所必需的知识、技能和素养，即获得职业能力，使其真正成为高素质劳动者和技术技能人才。可见，职业教育的目标就是要培养受教育者的职业能力。职业能力是职业院校开展专业建设、明确课程开发目标以及进行教育教学评价的重要依据，因此，开展中高职衔接专业教学标准研制必须首先明确和厘清职业能力内涵、特征、结构及形成模式。

一、职业能力的内涵

1. 能力

能力通常指完成活动的本领，包括完成一定活动的具体方式，以及顺利完成一定活动所必需的心理特征。例如，从事音乐活动既需掌握歌唱、演奏等具体活动方式，又需形成曲调感、节奏感、音乐听觉表象等心理特征。[①]

能力是一种内化了的个体品质，它具有内隐性。就静态而言，能力看不见、摸不着，但它又是客观存在的，能够直接影响活动的效率和确保活动顺利进行。

能力能够在相关的活动中得到外化，它是可以外显的。能力表现在具体的活动中（如工作中）的才智、知识、技能和态度，是这些元素的综合。可见，活动成了能力外显的重要载体，通过活动不仅可以测量能力的高低，还能培养和提升能力。

能力是基于人生理素质基础之上的，经过教育是可以培养的。人们通过不断的学习和实践活动，吸取前人的智慧和经验，从而形成和发展自己的能力。由于各种活动所需的心理特征在个人身上的发展程度和结合方式不同，因而能力特征也是因人而异的。

知识、技能和态度是能力构成的三要素。要完成一项活动，必须具备相应的知识，

① 《辞海》编辑委员会. 辞海：上［M］. 上海：上海辞书出版社，1979：1 097.

掌握相应的技能，具备相应的素养即态度。值得注意的是，具有了知识、技能和态度，并不说明就具备了相应的能力，知识、技能和态度不能孤立存在，因为孤立存在的任何一个要素，都形成不了能力，三者必须结构化，才能形成能力。而且各要素的水平高低，以及相互结构化的程度不一，也决定着能力的高低。

综上所述，在职业教育教学过程中，要注意能力的内隐性，通过活动去使能力外显化，并通过活动去培养能力对应的知识、技能和态度，并且使之结构化，才能形成和提升能力，才能有效实现培养能力的目标。

2. 职业能力

关于职业能力目前还没有一个公认的概念。职业能力是一种能力，从心理学的角度，根据能力的定义演绎，职业能力是指完成某一职业活动的本领，包括完成这一职业活动的具体方式，以及顺利完成这一活动所必需的心理特征。例如，一位教师要从事课堂教学活动，既需掌握课堂教学的方案撰写、组织实施的具体活动方式，又要形成语言表达、方法运用、手段选取、组织管理等心理特征。这一定义显得较为抽象，不便于职业能力培养过程中的目标确定和实施。

按照 CBE 理论，能力（competence）是完成一定职业任务所需要的知识、技能和态度。[①] 这是从能力形成的条件角度来定义能力的，但必须注意的是，并不是知识、技能、态度的相加或叠加就等于能力的形成，这一定义仅是强调能力形成过程中需要的要素条件，这些要素本身并不是能力本身。职业能力只能通过与一定职业岗位相关的实践活动才能逐步形成，它不能像知识那样可以依靠传递甚至灌输的方式而掌握。这一定义及 CBE 理论对我国职业教育产生了深刻的影响，许多职业院校都把知识、技能和态度这三方面作为职业能力分析的主要内容，从而将职业能力具体化，但在职业能力的培养过程中，常常将知识、技能和态度孤立地培养，而误以为这样就培养了职业能力，实质上不然，这些是职业能力形成的具体条件，这些因素要相互作用，有机衔接，形成结构化，才能形成职业能力。因此，有学者认为，职业能力是个体将所学的知识、技能和态度在特定的职业活动或情境中进行类化、迁移与整合所形成的能完成一定职业任务的能力。[②]

英国注重职业资格证书体系的开发，强调“就业能力”的培养，一直努力建立一种对雇主和个人需求做出及时反馈的职业教育体系。英国的国家职业标准是以能力为基础的，它详细描述了有效执行职业活动所要求的知识、技能和能力。所谓“就业能力”，是使个人能够与劳动力市场“协商”，并且能够保护工作的知识、技能和能力。“就业能力”不仅指技术或职业技能，而且还指“软技能”，如创业、调查、解决问题、小组合

---

① 邓泽民，陈庆合，刘文卿．职业能力的概念、特征及其形成规律的研究［J］．煤炭高等教育，2002（2）：104.

② 邓泽民，陈庆合，刘文卿．职业能力的概念、特征及其形成规律的研究［J］．煤炭高等教育，2002（2）：105.

作以及ICT、交流技能、外语能力和计算能力等。[①] 英国力图用职业资格证书来表征职业能力。

德国学者对职业能力的理解，明显地打上了理性主义哲学和格式塔心理学的烙印，“德国人并非仅仅关注操作技能本身，而是全面、细致、深入地分析影响操作技能形成的诸多方面。因为具体的操作技能至少是知识、心理运算过程和操作行为三者有机结合的统一体，同时也涉及职业态度和良好行为习惯的培养，心理素质和智力的提高，审美意识的提高等”[②]。此外，德国教育界普遍认为，职业能力的内涵正随着科技的快速变化而处于巨大的变动之中，现代技术工人既要有能力完成定义明确的、预先规定的和可展望的任务，与此同时，他们又要考虑到自己“作为在更大的系统性的相关关系中”所产生的影响，这就要求具有灵活性和以启发性的方法解决限定的问题。[③] 德国对职业能力的理解，是从结构上认为职业能力是由多个层面多种要素组成的一个复合体，因而也将职业能力称为“综合职业能力”。按照德国联邦职教所的定义，职业能力是“人们从事一种或若干种相近职业所必备的本领，是个体在职业工作、社会和私人情境中科学的思维，对个人和社会负责任行事的热情和能力，是科学的工作和学习方法的基础”[④]。

职业能力被明确为我国职业教育培养目标的重要组成部分始于1999年。在1999年颁发的《关于制定中等职业学校专业目录的通知》（教职成司〔1999〕34号）中，使用了“综合职业能力”的提法，“综合职业能力”在以后陆续颁布的文件中被多次强调，后来逐渐过渡为“职业能力”，其原因在于最初对职业能力的理解还有异议，随着对职业能力内涵理解的深入，把“综合”两字去掉了。目前，我国对职业能力的综合性认识较为统一，在实践工作中，我们既要将职业能力分解开来，增强其可视性和可操作性，同时又要将职业能力整合形成综合职业能力。

二、职业能力的特征

职业能力具有以下基本特征：

1. 应用性

职业能力与职业紧密联系，离开了职业，职业能力就不存在。职业是个人在社会中所从事的工作，职业能力高低是决定职业活动即工作能否顺利进行的重要因素，反之，职业活动是职业能力能否得以体现的重要载体。人们在各行各业的工作中，都必须具备职业能力，可见，职业能力在生产、技术、管理和服务等各领域发挥着重要作用。职业

---

① 刘育锋，等．中高职课程衔接的理论与实践［M］．北京：北京理工大学出版社，2012：56.

② 朱晓斌．文化形态与职业教育——德国“双元制”职业教育模式的文化分析［J］．比较研究，1996（6）.

③ 姜大源．当代德国职业教育主流教学思想研究［M］．北京：清华大学出版社，2007：94.

④ 欧盟Asia－Link项目“关于课程开发的课程设计”课题组．学习领域课程开发手册［M］．北京：高等教育出版社，2007：9.

能力广泛的应用性告诉我们，职业能力必须凸现职业的特色，职业能力的培养非常重要，同时职业能力可以通过相应的工作及职业活动去表现出来。

2. 差异性

在实践工作中，不同的人从事同一工作表现出的职业能力是有高低的，不同的工作对职业能力要求也是不一样的，这是由于个体的差异和工作内容的差异所导致的。总之，对于不同的个体对象，既有能力指向目标的多样化差异，又有能力强弱和水平高低的随机性差异。① 个体职业能力的目标指向、水平层次是与其接受教育的程度、性格、兴趣、爱好和需要等密切相关的。职业能力的差异性，说明可以通过职业教育提升职业能力，在教育的过程中要针对不同的职业活动内容开发课程内容；由于职业能力的差异性，必须找寻到职业能力标准，作为教育教学活动的依据或标尺。此外，针对学生的个体差异，倡导对学生进行个性化教育，因材施教。

3. 综合性

职业能力是多方面、多层次的复合体。随着经济的发展、技术的进步，以及企业管理的扁平化，呆板、单一的技术技能很难满足企业的需要，事实证明，复合型人才最受用人单位欢迎。现代职业能力不再指具体岗位的专门知识和技能，而是多种能力整合的结果。职业能力呈现多层次、多元素的结合体结构。职业能力综合性，要求职业教育过程中，不应仅仅关注技术技能以及知识，还应关注其他的能力，如分析处理问题、获取信息、团队合作等能力的培养，以及基于职业能力的层次性划分的分级培养。

4. 动态性

职业能力的动态性特征有两重含义：一是随着社会的发展和科技的进步，职业能力的内容处于不断的发展和变化之中，由于生产力的提高，当人类开辟了新的生产领域时，新的能力也就随之产生，或是旧的能力必然被新的内容取代；二是人一生的职业岗位不可能一成不变，岗位的变化使对个体的能力要求也随之迁徙，而且能力水平也在不断提高，处于一种不断发展、不断扩张的变化之中。② 由此，职业教育专业培养目标也要动态发展，顺应人才需求变化。对于个体而言，终身学习成了必然，只有终身学习才能跟上时代的步伐，才能满足个人发展和社会的需要。

三、职业能力的结构

（一）职业能力的要素结构

职业能力从其内容构成要素来看，基于心理学的角度，包括知识、技能和态度三要素。不同国家具体化的分类也不尽相同，例如，英国的就业能力包括与特定职业活动密

---

①② 邓泽民，陈庆合，刘文卿. 职业能力的概念、特征及其形成规律的研究 [J]. 煤炭高等教育，2002 (2)：105.

切相关的技术或职业技能，还包括与其他工作和生活密切相关的“软技能”，如语言运用、计算能力等；德国从能力构成的内容来看，将职业能力分为专业能力、方法能力和社会能力三个部分。

专业能力是在专业知识和技能的基础上，有目的的、符合专业要求的、按照一定方法独立完成任务、解决问题和评价结果的热情和能力，如计算能力、编程能力、实际的技能和知识。它是和职业直接相关的能力，具有职业特殊性，是通过我们平常所说的专业教育获得的。[①] 方法能力“是个人对在家庭、职业和公共生活中的发展机遇、要求和限制做出解释、思考和评判，并开发自己的智力、设计发展道路的能力和愿望。它特别指独立学习、获取新知识的能力”[②]，如解决问题能力、自学能力。社会能力是处理社会关系、理解奉献与冲突及与他人负责任地相处和相互理解的能力，它包括人际交流、公共关系处理、劳动组织能力、群体意识和社会责任心等。[③]方法能力和社会能力具有职业普遍性，不是某种职业所特有的能力，它们能在不同职业之间广泛迁移，因此德国学者也把它们称为“人格”或“人性”能力。[④] 德国教育界对职业能力内涵的理解与结构划分，使对学生职业能力的培养与学生未来的生活、职业密切相关，并不仅仅囿于某一特定时期、特定专业或职业的狭隘发展，而是向外大幅延伸。时间上贯穿了学生未来职业生涯，甚至整个生命周期，空间上覆盖了家庭、职场与社交，这种职业能力观无疑将对学生的职业进阶、人生发展起积极的推动作用。

纵观国内外对职业能力的研究，较为一致的对职业能力的理解是认为包括两种能力，一种是与胜任具体职业活动、与之密切相关的能力，一般称之为专业能力、职业特定能力；另一种是与具体职业活动不直接相关的能力，一般称之为关键能力、职业素养、核心能力、通用能力。专业能力是指劳动者从事某一职业活动所必备的本领，是劳动者赖以生存的能力。关键能力是指学生为完成今后不断发展变化的工作任务而应获得的跨专业、多功能和不受时间限制的能力，以及具有不断地克服知识老化而终身持续学习的能力。[⑤] 可见，关键能力不是针对某种具体的职业和岗位，而是指可以迁移和运用到很多职业和岗位的能力，而且，当劳动组织发生变化或者当职业发生变更的时候，这种能力依然存在，可以帮助劳动者重新获得新的知识和新的技能。

关于专业能力的细分，应结合具体职业的特点。对于关键能力的细分，各国不尽相同，英国、美国、德国、澳大利亚的表述如表 1－1 所示。

---

①③ 姜大源. 当代德国职业教育主流教学思想研究［M］. 北京：清华大学出版社，2007：96.

② 赵志群. 职业教育与培训学习新概念［M］. 北京：科学出版社，2003：21.

④ Elsholz U. Kompetenzentwicklung zur reflexiven Handlungsfaehigkeit［M］//Dehnbostel P，Elsholz J，Meister J，usw. Vernetzte Kompetenzentwichklung：Alternative Positionen zur Weiterbildung. Berlin：Verlagstgma，2002：33.

⑤ 姜大源. 当代德国职业教育主流教学思想研究［M］. 北京：清华大学出版社，2007：97.

表 1－1　英国、美国、德国、澳大利亚四国的关键能力表①

国家	关键能力内容
英国	交流能力、解决问题能力、计算能力、信息技术能力、语言运用能力
美国	分配时间、制定目标和突出重点目标的能力，分配经费和转换预算的能力，确定所需要的数据并处理和保存数据的能力，作为小组成员参与活动以及与他人交流的能力，了解社会、组织和技术系统是如何运行以及操作的能力，选择技术的能力，在工作中应用技术的能力
德国	与个人相关的能力：求知欲、自我革新、学习能力、耐挫能力、责任感、冒险精神、独立性等；社会和组织能力：沟通能力、使用能力、分析能力、计划能力、组织能力
澳大利亚	收集、分析、处理意见和信息的能力，表达意见和交流信息的能力，规划和组织活动的能力，在团体中与他人合作共事的能力，运用数学思维和技巧的能力，解决问题的能力，利用新技术的能力

上述的关键能力，与德国职业能力分类的专业能力和方法能力基本对应，与我国的职业教育政策文件以及教育研究中的素养培养基本一致，因此，本研究对职业能力的分类采取专业能力和职业素养两种表述方式。结合各国对关键能力的分类及研究以及我国的实际，我们遴选了10项关键能力要素，对职业素养进行细分，包括沟通交流、数字应用、革新创新、自主学习、团队合作、解决问题、信息处理、责任意识、外语应用、其他。综上所述，对本研究的职业能力要素结构总结如图 1－1 所示。

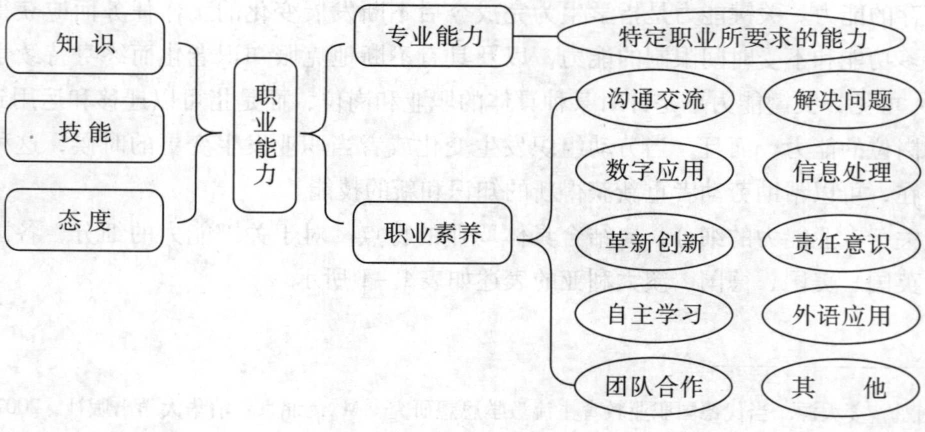

图 1－1　职业能力构成要素

① 郭炯．职业能力研究的文献综述［J］．天津职业大学学报，2009（4）：18．

（二）职业能力的层次结构

冰山模型、洋葱模型、模块集合模型、树干支撑模型可较形象地表示职业能力的各层次关系。

1. 冰山模型

运用冰山模型（如图 1－2 所示），把职业能力形象地描述为漂浮在水面上的冰山，这座“冰山”是由“知识、技能”等水面以上的“应知、应会”部分和水面以下的“价值观、态度、自我形象、个性、品质、内驱力、社会动机”等情感智力部分构成的。知识和技能在水面上，是表象的，容易发现、表现的，并且容易衡量；态度、品质等是属于潜藏于水下的深层部分，是不易发觉和表现的，它们难以捕捉，不易测量。

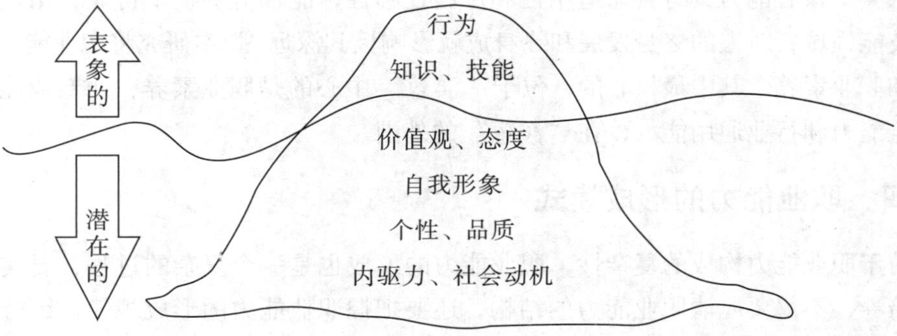

图 1－2　职业能力冰山模型

由此可知，对于职业能力的表达，冰山以下的内容难度较大，但是要特别关注，不可忽略；对于职业能力的培养，冰山以下的内容难度最大，但不可放弃；各种能力是相互作用的，不能孤立地看待和培养。

2. 洋葱模型

职业能力包括职业特定能力、行业通用能力和核心能力。三者之间的关系，运用洋葱模型，如图 1－3 所示。职业特定能力在最外围，构成要素最多，行业通用能力在中间，核心能力在中心。从核心能力到行业通用能力，再到职业特定能力，其构成要素越来越少，但其适用范围越来越大，通用性越来越强。

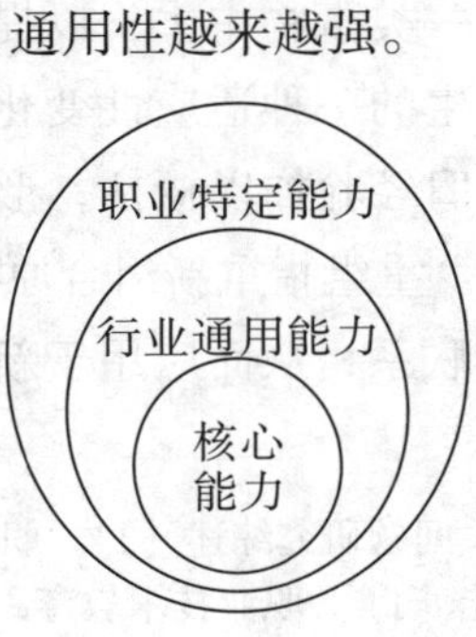

图 1－3　职业能力洋葱模型

（1）职业特定能力。职业特定能力是劳动者从事特定的职业、岗位和工种必须或应当具备的技能。根据2015年颁布的《中华人民共和国职业分类大典》，我国共有1 481个职业，每个职业有特定的能力要求，社会的发展以及分工的细化对各职业从业人员的职业技能提出了更高的要求，并不断发生变化，因此，职业特定能力所包含的要素也越来越复杂。

（2）行业通用能力。行业通用能力是由一组特征和属性相同或相近的职业群体体现出来的共性技能和知识要求。① 其适用范围宽于职业特定能力。

（3）核心能力。核心能力是人们在日常生活中必需的，而且也是从事任何职业工作都需要的，并能体现在具体职业活动中的最基本技能。在我国，一般认为核心能力包括交流表达、数字运算、革新创新、自我提高、与人合作、解决问题、信息处理、外语应用等八类。核心能力具有普遍适用性和广泛迁移性，能辐射到整个行业通用技能和职业特定技能领域，对人的终身发展和终身成就影响极其深远。② 本研究将职业能力分为专业能力和职业素养，其中最核心的，位于"洋葱"中心的是职业素养，而专业能力包含职业特定能力和行业通用能力，在"洋葱"的外围。

四、职业能力的形成模式

由于职业能力构成的复杂性，职业能力的形成也是一个复杂的过程，要实现能力的有效培养，不仅要厘清职业能力的结构，还要把握职业能力的形成规律。综合归纳目前的研究，主要有三种职业能力形成观点。

（一）基于"联系"的职业能力形成观

从心理学和教育学的角度，能力的形成是知识、技能和态度的类化迁移和整合的结果。知识、技能、态度等的习得或应用，并不等于已具备了职业能力。学生职业能力的形成和发展，必须通过参与特定的职业活动或模拟的职业情境，通过对已有的知识、技能、态度等的类化迁移，并得到特殊的发展与整合，才能形成职业能力。迁移可使各种经验得以沟通，经验结构得以整合，这便于形成综合的能力。整合是经验的一体化现象，可以通过同化、顺应与重组三种方式实现。同化是指不改变原有的认知结构，直接将原有的经验应用到本质特征相同的一类事物中去，以提示新事物的意义与作用。顺应指将原有经验应用于新情境中时所发生的一种适应性变化。当已有经验结构不能将新事物纳入时，需调整原有的经验或对新旧经验加以概括，形成一种能包含新旧经验的更高一级的经验结构，以适应外界的变化。重组指重新组合原有经验系统中某些构成要素或成分，调整各成分间的关系或建立新的联系，从而应用于新的情境。在重组过程中，基本经验

① 庞世俊．职业能力概念及相关问题研究综述［J］．职业技术教育，2008（28）：18.
② 陈宇．职业能力以及核心技能［J］．职业技术教育，2003（11）：26－27.

成分不变，只是各成分间的结合关系进行了调整或重新组合。通过同化和顺应这两种整合方式，可促进新旧经验的概括化；通过重组，可促进经验的系统化。通过不断迁移，经验得到整合，经验系统得以逐步地概括化、系统化，发展成为类化的经验，即基本能力。①

20 世纪职业教育理论的发展涉及工作之外的学习过程，即经验取向的学习。它要求行动能力的发展体现在两个相互关联的范畴领域，即一方面强调经验学习，另一方面通过某些结构和学习形式将非正式的学习过程和有组织的学习过程连接起来。工作过程知识被看作一种在工作过程中直接获得并需要的知识，经验知识的获得过程体现在行动—经验—反思的顺序上，以及考虑到以往经验和认识过程的这一顺序的不断延续两个特点上，经验知识只有通过以行为作为前提的经验的反思才能产生。能力发展必定要发展反思行动能力，职业行动能力发展需要使员工具有能从客观的视角批判性反思自身的工作环境和职业发展的能力，这种理解超越了传统上对职业行动能力的理解。②

以上基于“联系”的职业能力形成观都非常强调工作过程，即职业情境对能力形成的影响，但是，有学者认为职业能力来自职业情境又高于职业情境。“个体行为的表层结构，即外在可观察到的行动、对事实确切真相的语言表达及态度，与个体行为的深层结构，即经验上不能直接观察到的层面如行动模式、思维模式和态度模式是不同的，而这些模式正是上述表层结构的基础”③。旨在能力开发的学习，其目标指向是：在个体与环境互动中，有条件及可持续而渐进地改变这一深层结构。

（二）基于“阶段”的职业能力形成观

研究者胡波特（L. Hubert）和德莱夫斯（S. E. Dreyfus）系统地研究了不同职业和不同工种中职业能力发展的过程，他们认为，普通教育的学习过程基本上是一个“从不知道到知道”的过程，而在职业教育中，学习者已经自觉或不自觉地从生活、学校或工作活动中接受了或多或少、正确甚至错误的知识、技能与态度，可迁移的经验具有重要的意义。职业学习（即人的职业成长）不再是一个从不知道到知道的过程，而是“从初学者到专家”的发展过程，如图 1－4 所示。职业教育的任务，是把处于低级阶段的人通过合适的方法带入更高级的阶段。

---

① 邓泽民，陈庆合，刘文卿．职业能力的概念、特征及其形成规律的研究［J］．煤炭高等教育，2002（2）：106－107.

② 徐国庆．职业能力的本质及其学习模式［J］．职教论坛，2007（1）：27－28.

③ 姜大源．基于全面发展的能力观［J］．中国职业技术教育，2005（22）.

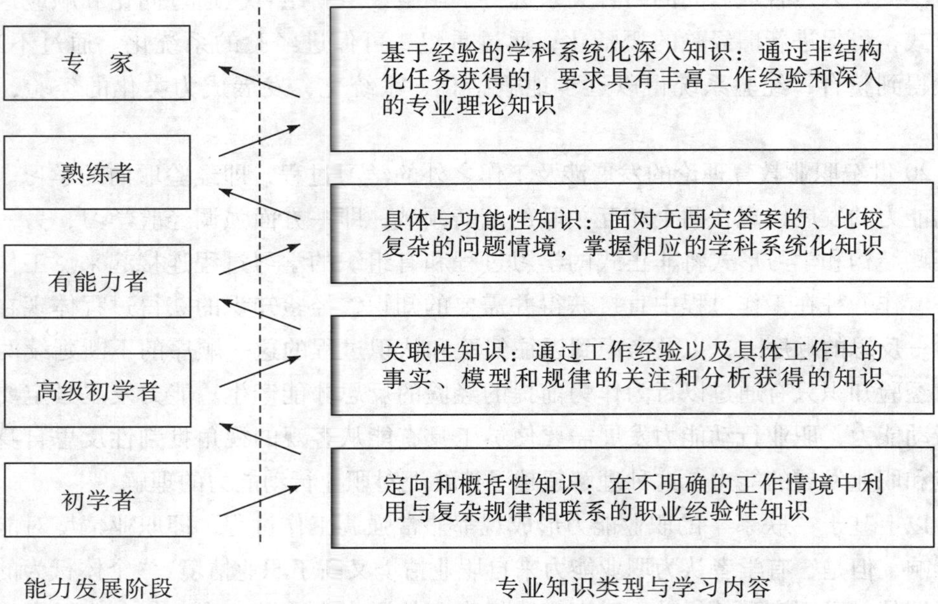

图 1－4　从初学者到专家的五阶段职业成长模式①

（三）基于“层级”的职业能力形成观

英国、澳大利亚、日本均以职业资格的方式对职业能力分为若干层级，是较为典型的基于“层级”的职业能力形成观。以英国为例，英国自 2003 年开始对资格与学分框架（QCF）的探索，2011 年后 QCF 全面取代原国家资格框架（NQF），成为英国唯一的资格框架。QCF 中的 Q（qualification，资格）共有九级，分别为入门级和一至八级。按能力要求包括知识水平，应用技能，自主与责任的深度、广度与复杂度划分不同层级。如表 1－2 所示。QCF 框架突出灵活性与针对性，框架内的资格分解成若干学习模块或学习单元，每一单元规定学分值，学习者通过学习这些模块单元取得相应的学分，就可获得相应的资格，资格包括认证（Award）、证书（certificate）和文凭（diploma）。

① 欧盟 Asia－Link 项目“关于课程开发的课程设计”课题组．学习领域课程开发手册［M］．北京：高等教育出版社，2007：49.

表 1－2　QCF 层级描述表①

等级	概　要	知识水平	应用技能	自主与责任
入门级	入门一级水平：包括最基本的使用技能、知识或理解的能力，还包括根据周围环境应用已有知识和技能来解决问题的能力			
	入门二级水平：能在教师指导下运用已有知识和技能来完成简单、熟悉的任务	能运用知识和技能完成简单、熟悉的任务； 知道完成简单任务的步骤	能执行简单、熟悉的工作任务； 能根据指导或训练步骤来完成工作任务	能通过教师的适时指导，对简单任务的结果负责； 能积极参与简单、熟悉的活动
	入门三级水平：能在教师的适时指导下，运用已有知识和技能解决熟悉情境下的结构化工作任务	能在熟悉的情境下运用已有知识解决结构化问题； 了解在熟悉情境下解决结构化工作任务的步骤	能在熟悉的情境下解决结构化工作任务； 能意识到任务对自己和他人可能造成的结果	能在教师的适时指导下对结构化任务的结果负责； 能积极参与熟悉情境下的活动
一级	能运用相关知识和技能按步骤完成常规任务； 能在教师指导下对所完成的任务负责	能根据环境、任务步骤的理解完成界定清晰的常规性任务； 能有意识地搜集与工作任务相关的信息	能运用相关技能和步骤，选择相关信息完成界定清晰的常规性任务； 能判断工作过程是否有效	能在教师的必要指导下完成工作任务并对结果负责
二级	能运用相关知识、技能完成界定清晰的任务和简单问题； 能对工作任务的具体步骤负责并对教师指点进行自主判断	能根据环境、任务步骤的理解完成界定清晰的任务并解决简单问题； 能理解相关信息； 能理解与工作任务相关信息的类型	能完成界定清晰的常规性任务并解决简单问题； 能选择相关技能和步骤，能判断、收集、运用相关信息来完成工作； 能判断行为的有效性	能对工作任务及其完成过程负责； 能在教师总体指导下进行自主判断

① Regulatory arrangements for the Qualifications and Credit Framework [Z]. The Office of the Qualifications and Examinations Regulator, 2008: 46－51；刘育锋，等. 中高职课程衔接的理论与实践——英国的经验与我国的借鉴 [M]. 北京：北京理工大学出版社，2012：64－66.

续上表

等级	概 要	知识水平	应用技能	自主与责任
三级	能运用相关知识、技能、方法完成界定清晰、有一定复杂性的任务； 能承担启动和完成工作过程中的责任； 能对工作过程在一定范围内进行自主判断和评价； 能对特定领域的工作运用不同的视角和方法	能客观、程序化地完成界定清晰、有一定复杂性、非常规的工作任务； 能理解和评价相关信息； 能理解工作任务的性质； 能意识到工作任务中的不同视角和方法	能解决界定清晰、复杂、非常规的任务； 能选择使用恰当的技能、方法和工作过程； 能运用调查指导实践； 能评价工作方法的有效性	能对启动和完成工作的过程负责，具体包括能管理和指导其他人员； 在一定范围内拥有自主判断的能力
四级	能鉴别和运用相关知识和技能解决界定清楚、具有一定复杂性、非常规的问题； 能对工作过程进行自主判断和评价； 能对整个工作过程负责； 能对特定领域的工作运用不同的视角和方法	能运用理论、实践和技术中的知识来解决界定清晰、有一定复杂性、非常规的问题； 能分析、诠释和评价相关信息和观念； 能意识到相近领域工作任务的性质； 能对特定领域的工作运用众多不同的视角和方法	能解决界定清晰、复杂、非常规的任务； 能鉴别使用恰当的技能、方法和工作过程； 能对工作方法、行为和结果的有效性和适当性进行评价	能对工作过程及相关他人的工作负责； 能在广大的、界定清晰的范围内拥有自主判断的能力
五级	能鉴别使用相关知识、方法和技能解决众多复杂问题； 能对工作任务的计划、实施过程及自主评价负责； 能理解不同视角、方法和思想流派以及其背后的原因	能运用理论、实践和技术中的知识，寻求方法来解决复杂问题； 能分析、诠释和评价相关信息、概念和观念； 能意识到特定领域工作任务的性质和范围； 能理解不同视角、方法和思想流派及其背后的原因	能解决众多复杂问题； 能鉴别使用恰当的技能和方法； 能运用相关研究和进展来指导实践； 能对工作过程、方法和结果进行评价	能对工作计划、实施过程及相关他人的工作负责； 拥有一定的自主判断能力

续上表

等级	概要	知识水平	应用技能	自主与责任
六级	能鉴别使用相关知识、方法和技能解决定义不甚明确的复杂问题； 能对支撑工作任务潜在变化和发展的计划、实施过程及自主评价负责； 能理解不同视角、方法、思想和理论流派	能在众多因素相互作用的背景下鉴别、运用实操、概念和技术方法； 能批判性分析、诠释和评价复杂信息、概念和观念； 能理解工作任务所处的背景； 能适当运用相关研究和进展来指导任务； 能理解不同视角、方法、思想和理论流派	能解决定义不甚明确的、众多因素相互作用的复杂问题； 能选择使用恰当的方法和技能； 能适时设计、运用相关研究来指导实践； 能对工作过程、方法、结果和它们的意义进行评价	能应对大量突发状况并对工作任务计划和实施过程负责； 能启动并引导工作任务实施，对相关工作和他人行为负责； 拥有极大的自主判断能力
七级	能对相关知识、技能、方法进行整合来解决众多因素相互作用的复杂情境中的问题； 能对引发巨大不确定因素的工作任务的启动、计划及实施过程负责并具有自主判断能力； 能理解相关理论和方法，并对它们在各自领域的影响有认识	能在众多因素相互作用的背景下对实践、概念和技术知识进行整合和运用； 能对复杂概念和理论进行批判的分析、诠释和评价，并提出自己的理论构想； 能了解工作所处领域相关的更广泛背景、相关工作领域的前沿知识； 能了解不同理论和方法及其对工作任务的影响	能在众多因素相互作用下解决问题并使之概念化； 能选择运用恰当的方法； 能通过开发和战略性行为来指导研究设计，使研究朝着有组织的、专业化的方向发展； 能批判性地评价行为、方法、结果及其短期和长期的影响	能应对大量突发状况并对工作计划和实施过程负责； 在广阔的工作领域拥有极大的自主判断能力； 能启动并引导工作任务实施，对相关工作和他人行为负责
八级	拥有独创性的能力并能拓展理论和实践性知识； 能通过研究和战略性行为来解决复杂的、众多因素相互作用的问题； 拥有极大的自主判断能力； 在承担一系列工作、创造大量专业或组织变化时能对责任分担起领导作用； 对相关理论和方法有批判性思维，对这些理论和方法在相关领域的影响有了解	拥有独创性的实践、理论和技术知识，能创造性地解决复杂的、众多因素相互作用下的问题； 能批判性地分析、解释、评价复杂信息、观念和理论，并创造新的知识和理论； 能理解知识和工作所在领域的背景并使之概念化； 能通过原创性知识思考拓展知识和工作领域； 对不同理论和方法以及它们对相关领域的影响有批判性认识	能在众多因素和相互作用下解决问题并使之概念化； 能运用恰当的方法解决问题并使之程序化； 能通过开发和战略性行为来指导研究设计，能使研究朝着有组织的、专业化的方向发展； 能批判性地评价行为、方法、结果及其相关知识和工作，以及更广阔领域的短期和长期影响	能对相关知识和工作产生重大作用的工作任务的计划和实施过程及其对组织和职业变化造成的重大影响负责； 拥有极大的自主判断能力； 作为一个实干家、学者型领导和评判者，能对相关知识和工作、组织及职业的重大变化负责； 能对专业实践的发展负责

可见，以上基于联系、基于阶段和基于层级三种能力形成模式的观点并不矛盾，只不过认识职业能力形成的角度不同，“联系”观告诉我们能力的形成不仅要关注其要素的获得，还要关注各要素的类化迁移以及发展与整合，“阶段”观和“层级”观均从能力形成的过程来描述其递进关系，划分的阶段或级数不同，这些观点在职业能力培养过程中都值得借鉴和运用。

第二节
职业教育课程

课程是实现目标的载体，是中职、高职、应用型本科院校实现人才培养的主要载体。中高职衔接的核心首先是课程的衔接和一体化。职业教育作为一种教育类型，其课程也应该有属于自己的类型特征。我国职业教育课程，脱胎于普通教育的课程，思辨于20世纪末和21世纪初，吸取了国外各种课程观念、理论及模式的经验和营养，扎根于经济发展和产业需求，职业教育课程研究和改革非常活跃。本节仅就职业教育课程内涵、结构、类型，以及国外职教课程模式的影响进行概述。

一、课程的内涵

（一）课程

课程的含义较为复杂，范畴较为广泛，且不断发展变化。“课程”一词最早始见于在我国唐宋期间，唐朝孔颖达为《诗经·小雅·小弁》中“奕奕寝庙，君子作之”作疏：“维护课程，必君子监之，乃依法制。”这里课程的含义与我们今天所用之意相去甚远。宋代朱熹《朱子全书·论学》，“宽著期限，紧著课程”，“小立课程，大作工夫”，这里课程指功课的进程。我国课程多指“教学科目”，可以指一个教学科目，也可以指学校的或一个专业的全部教学科目，或一组教学科目。① 课程即科目是我国对课程最为普遍的理解。《中国大百科全书·教育》对课程的定义：课程广义指所有学科（教学科目）的总和，或学生在教师指导下各种活动的总和；狭义指一门学科。②

课程的英文词为“curriculum”，该词最早出现在英国教育家斯宾塞（H. Spencer）《什么知识最有价值》（1859）一文中，该词源于拉丁文“currere”，“currere”译成中文是“跑道”。所谓跑道包括两层含义：①跑向哪里，即跑道的方向；②在哪跑，即跑道

① 《辞海》编辑委员会．辞海［M］．上海：上海辞书出版社，1979：902.

② 《中国大百科全书》总编辑委员会《教育》编辑委员会．中国大百科全书·教育［M］．北京：中国大百科全书出版社，1985.

的路面。据此，可把课程理解为“学习路径”，跑道的方向相当于课程目标，跑道的路面相当于按照某种逻辑组织起来的内容。因此，课程是把依据目标选定的内容按照某种理念进行组织从而形成的一个实体。①

至今，对于课程定义各有不同，可以归为六类：课程即教学科目；课程即有计划的教学活动；课程即预期的学习结果；课程即学习经验；课程即社会文化的再生产；课程即社会改造。笔者更倾向于将课程认为是一系列经过仔细策划的教与学活动，是教学内容及其进程的总和。广义课程是指对育人目标、教学内容、教学活动方式的规划和设计，是课程方案、课程标准和教材全部内容及其实施过程的总和。狭义课程指一门教学科目。②

（二）课程的结构

从课程定义来看，课程必须包括两个基本要素，一是教学内容，二是教学进程。而课程的任务必须服务于一定教育教学目标的达成，美国教育学家拉尔夫·泰勒（Ralph Tyler）认为：“我们如果要系统地、理智地研究某一课程时，首先必须确定所要达到的各种教育目标。”可见，课程的设计首先离不开目标。基于清晰的目标，才能确定教学内容，选择教学方式方法，才能开展教学活动，实施教学进程，此外，不可忽略的是还要对学习结果进行评价，检查课程的目标、编制和实施是否实现了教育目标，实现的程度如何，以判定课程设计的效果，并据此做出课程改进的决策。据此，课程的构成要素可以细化为四个：目标、内容、方法、评价（如图 1－5 所示），这四要素内容的不同及其相互联系作用的方式不同，就形成了不同的课程。

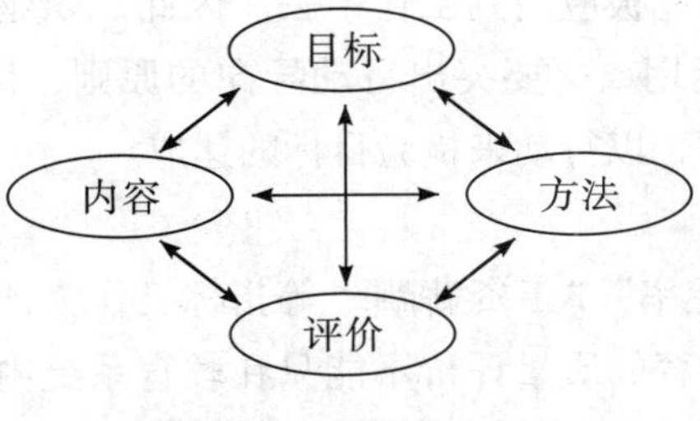

图 1－5　课程的结构

二、职业教育课程

（一）职业教育课程的特征

从课程内涵来看，职业教育课程也是一系列经过仔细策划的教与学活动，当然，由

① 徐国庆．职业教育课程论［M］．上海：华东师范大学出版社，2008．

② 施良方．课程理论［M］．北京：教育科学出版社，1996：3－7．

于职业教育教学的目标、内容不同，尤其是目标的不同，导致职业教育课程与普通教育课程有着不同的特征。

1．目标的应用性

职业教育是以培养高素质劳动者和技术技能型人才为总体目标的，职业教育培养的人才必须能够满足就业的需要，满足具体行业、专业或工种的职业岗位需要，能够迅速为经济社会发展服务，这一总目标决定了为之服务的职业教育课程的目标，课程目标必须突出应用性，为培养应用型人才服务。职业教育课程必须根据经济社会不断发展的需要及时调整课程内容；同时要适应不同学习者的需求，直接帮助学习者形成广泛的知识、技能和良好的态度、价值观，增强其就业能力。

2．内容的职业性

职业教育的专业具有职业属性，也决定了职业教育课程内容的职业性。职业教育专业不是对学科体系专业分类的简单复制，而是对真实的社会职业群或岗位群所需的共同知识、技能和能力的科学编码。① 职业群或岗位群也决定职业教育课程的边界和内容。因此，职业教育课程内容开发必须进行劳动力市场需求分析，使各专业课程内容与地区、行业、职业的实际需求相适应。实质上，无论是职业教育的专业课程还是普通文化课程，都要体现出职业性特征。

3．方法的行动性

职业教育是为就业、为具体工作而做准备的，培养的学生必须能有效地完成工作任务，"会做"比"会说"更重要。工作中所依赖的知识大部分是实践知识，理论知识只有转化为实践知识后，才能被应用到工作中去。因此，职业教育课程的实施更强调"做中学，做中教"方法的运用，更要突出行动导向的原则，以行动来加深对知识的理解，以行动来确保能力的形成，以行动来检验目标的达成。

4．评价的社会性

"就业率""对口就业率""工资薪酬"等指标已作为评价职业教育人才培养质量的重要指标，可见，职业教育的质量评价不能只在教育系统内部来完成，职业教育课程评价也是如此，其具有鲜明的社会性。职业教育课程评价在于检验该课程所确定的能力目标是否达到，这些能力就是职业岗位的胜任力。因此，职业教育课程评价主体是多元的，不单单需要教育者评价，尤其需要社会用人单位参与评价；评价内容是实用的，必须与具体职业、工作内容及要求紧密联系起来；评价方法是多样的，要突出开放性；评价手段更是多样，纸笔测试不是最主要的，取而代之更多的是基于实际情境的实践操作。

5．实施的昂贵性②

一般国际通认的职业教育的生均成本是普通教育的 2～3 倍，其根本原因，在于职业

① 姜大源．职业教育学研究新论［M］．北京：教育科学出版社，2007：17.

② 马建富．职业教育学［M］．上海：华东师范大学出版社，2008：79.

教育的课程体系不同，课程内容及实施要求不同。实施职业教育课程不仅需要课桌椅、黑板、教室等常规的教学条件，还需要购置大量的与实际工作相一致的机器、设备，而且随着技术进步的加速，其设备更新也需要加速。此外，实训过程中还会产生大量的耗材费用，以及实训的组织费用，也使成本加大。所以，职业教育课程的实施费用是相当昂贵的。

（二）职业教育课程的类型

就课程定义来看，有广义的课程和狭义的课程之分，据此，职业教育课程类型也从广义和狭义两个角度来分析。

1. 广义的职业教育课程类型

从区域的广度来看，职业教育课程包括国家课程、地方课程和校本课程。国家课程是国家教育部门规定的统一课程，它体现了国家意志，反映了国家教育标准。我国从国家层面明确了职业教育专业教学标准及文化基础课程教学大纲，例如，2012 年，教育部颁发了高等职业教育 18 个大类的 410 个专业教学标准；2014 年 4 月，教育部颁发了首批 14 个大类的 95 个专业教学标准；2014 年，教育部重新修订德育等 7 门文化基础课程的教学大纲；等等。职业教育国家课程是各地及职业院校开展职业教育专业教学的基本文件，起着规范和指导作用。地方课程是以国家课程纲要为指导，由省级教育行政部门或所授权的教育部门依据当地政治、经济、文化的发展状况及其对学生发展的要求，充分利用地方课程资源而设计的课程。例如，上海市教育委员会制定的《职业教育国际水平专业教学标准开发的研究与实践》，广东省制定的《中高职衔接专业教学标准和课程标准》。校本课程是以学校为基地，在具体实施国家课程和地方课程的前提下，以满足学生需要和体现学校办学理念、特色为目的，利用校内外现有条件而研制的适应专业需要和学生发展需要的课程。例如，职业院校开发的体现学校校园文化特色的活动课程、校企合作的订单课程，等等。

从课程的宏观编排来看，一个专业的课程整体结构也就是课程体系。从课程的必要性来看，分为必修课和选修课，选修课又分为限定选修课和任意选修课两种：必修课是学生学习该专业必须学习的课程，是政府或学校规定学生必须学习而且要达到规定标准的课程。选修课是学生根据自己的志趣爱好或就业需要而选修的课程，没有约束条件，可以任意选修的课程，称为任意选修课程；职业教育一个专业可能会分为若干个专业方向，由于学习时间有限，学生只能选择其中一个专业方向的课程学习，这些专业方向课程为限定选修课程。从课程内容特点来看，分为公共基础课程（文化基础课程）、专业课程（专业技能课程）两大模块，其中专业课程模块又可分为专业基础课程、专业方向课程、专业实训课程、专业拓展课程，或者分为专业核心课程、专业方向课程、专业任选课程。需要说明的是，对于专业课程模块的分类目前没有统一规定，在实践中，分类方式也多种，有的课程体系多种分类标准共存，分类界限不分明，出现课程交叉等问题。

专业课程模块较为简单的分类是分为专业核心课程、专业方向课程、专业任选课程三种，其中专业核心课程是指最为基础、最为重要的必修课程。参照《教育部办公厅关于制订中等职业学校专业教学标准的意见》（教职成厅〔2012〕5号）的课程结构，其对专业课程体系结构的分类如下（见图1－6）：

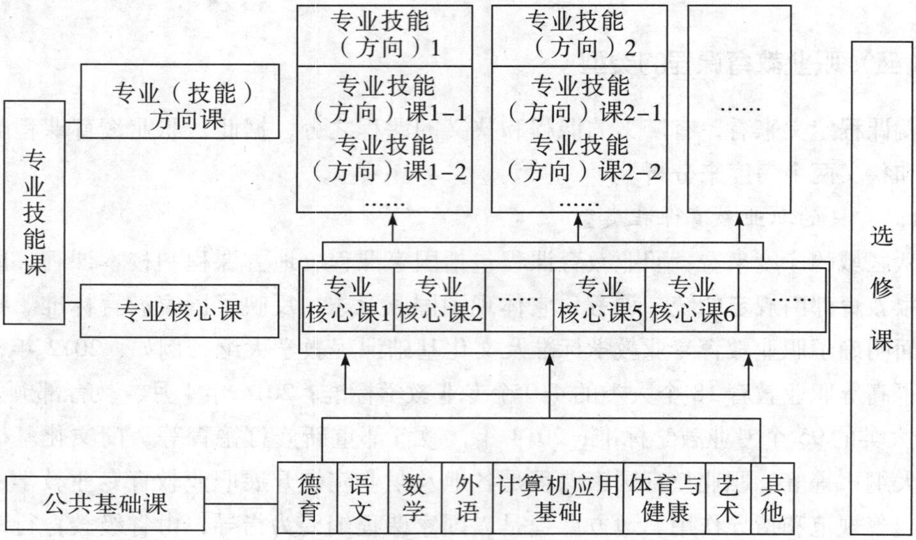

图1－6　中等职业学校课程体系框架

2. 狭义的职业教育课程类型

基于狭义课程，即从一门门教学科目来看，按照不同的标准，可以将职业教育课程分为不同类型。学科课程、活动课程是两种最基本的课程形态。学科课程在内容的组织上注重纵向的顺序及系统性、连贯性，通常偏重理论，强调形式训练和知识的迁移，传授知识的效率高，但对学生的技能训练、情感陶冶等较为忽视，因而较难达到使学生自觉地将理论知识应用于实践的目的。活动课程打破了学科逻辑组织的界限，重视学生学习的主动性，注意学习与实际生活的联系，重视直接经验的作用，强调从“做”中“学”，培养学生手脑并用的实际能力，重视学生的个性差异等，因而有利于克服学科课程的某些弊端。[①] 职业导向是职业教育课程的根本指向，因此，从职业教育课程发展来看，传统的以学科课程为主的课程体系正在打破，活动课程的开发多种多样，越来越占据主要地位。目前职业教育课程除学科课程形态外，还有项目课程、学习领域课程、任务引领型课程、技能训练课程、综合实践课程等类型的活动课程。

（1）项目课程。项目课程是以工作任务为中心，以完成工作任务为主要学习方式，根据工作中的典型任务来选择、组织课程内容，整合理论与实践，重在培养学生职业能

① 马建富. 职业教育学［M］. 上海：华东师范大学出版社，2008：80.

力的课程。

（2）学习领域课程。学习领域课程是以“学习领域”为载体，以培养综合职业能力为目标的课程。学习领域课程的特点：①课程目标是综合职业能力和素质培养，在发展专业能力的同时，促进关键能力的发展；②学习主体是学生，在满足企业岗位要求的同时，获得职业生涯发展潜力；③学习内容的基础是来源于工作实践的、某一职业的典型工作任务；④学习过程具有工作过程的整体性。学生在综合的行动中思考和学习，完成从明确任务、制订计划、实施检查到评价反馈整个过程。[①]

（3）任务引领型课程。任务引领型课程不仅要求以工作任务为中心组织课程内容，更重要的是它还要求按照工作任务的相关性来设置课程，课程设置要能反映工作体系的结构。[②] 任务引领型课程的特征有任务引领、结果驱动、突出能力、内容实用、做学一体等。

（4）技能训练课程。技能训练课程将工作中非常重要、经常出现的技能单列出来，进行专门训练，例如点钞课程。

（5）综合实践课程。综合实践课程以完成系列工作任务为学习内容，综合运用知识、技能解决实际问题，常常综合了多个岗位或多个专项能力，重在培养学生的综合职业能力。如毕业设计、顶岗实习等课程。

以上这些课程，无一不指向职业、指向工作、指向任务、指向实践，突出职业能力的培养。可见，职业教育课程的职业导向性非常明确，且职业教育课程形态是多样的。职业教育课程需要多种形态的课程实现功能的互补，从而实现职业教育的人才培养目标。

三、国外职业教育课程模式概述[③]

培养应用型人才的职业教育，其课程体系是基于工作体系建立起来的，职业教育有其特有的课程模式。我国一次又一次的职业教育改革，是在不断吸收世界各国职业教育经验的基础上，不断进行本土化的实践，在实践中创生出我国特色的职业教育课程模式。

（一）对我国职业教育课程产生影响的世界职业教育课程模式

课程模式就是关于课程观念及结构的模型、范式，是指来自于某种课程范型并以其课程观为指导思想，为课程方案设计者开发或改造某个专业并编制课程文件提供具体思路和操作方法的标准样式。我国职业教育界对世界职业教育模式的学习始于改革开放之时，随着经济的迅速发展，学习的速度和广泛性不断加强。20 世纪 70 年代末，劳动部培

① 赵志群. 职业教育学习领域课程及课程开发［J］. 徐州建筑职业技术学院学报，2010（6）：60.

② 徐国庆. 上海中等职业教育课程改革的理论框架［J］. 教育发展研究，2007（4）：20.

③ 杜怡萍. 世界职业教育课程模式与中国本土化结合的研究［J］. 广州教学研究，2010（3）.

训司就引进了世界劳工组织开发的职业培训的技能模块 MES 课程；80 年代，我国引入的 CBE 能力本位课程、德国“双元制”课程，成为当时中等专业学校特别推崇的课程模式；到了 90 年代，澳大利亚的培训包、美国的集群式课程模式、英国 BTEC 课程模式也进入我国职业教育工作者的视野；进入新世纪，我国又学习引进了工作过程导向的课程模式。这些课程模式也对我国职业教育的发展产生了深远的影响。

1. MES 课程模式

MES（modules of employable skill）是国际劳工组织开发的课程方案。从广义上讲，它是一种培训方式。从狭义上讲，它是一种针对职业岗位规范的就业技能的模块组合。MES 课程模式的特点是着眼于“使受训者获得社会生产活动中的实际用得着的技能”。这一课程指向职业培训，是针对具体技能的。技能的获得是通过模块的组合来实现的，每一个模块是一个职业技能系统的一部分，学员每完成一个模块就等于增加一种技能，而模块由若干个学习单元组成，每个模块都是可以灵活组合的技能及其所需知识相统一的学习单元，学习单元是对应某一技能或某一知识的培训材料。

这一课程模式对我们的启示是：职教课程并不一定是固定和系统化的，有时也可以根据具体需要进行灵活的选择、组合。这一课程模式的不足是：由于 MES 课程模式中的理论传授围绕着技能训练进行，不重视理论传授的系统与完善，具有学生技能精而知识面窄的弱点。

2. CBE 能力本位课程模式

CBE（competence based education）课程模式起源于“二战”时期的美国，后在北美和澳大利亚等地得以推广。CBE 课程开发以职业分析为起点，广泛应用了 DACUM（developing a curriculum）方法，课程设计采用模块式方案，重视学生的能力训练，理论知识传授以“必需、够用”为度，教学上强调学生的主体作用。

这一课程模式的核心是“能力”，强调职业能力是职业教育的基础，它带给我们能力分析的工具，对知识点、技能点，包括态度的分析都非常详尽，特别是在对专项能力和综合能力进行界定和综合之后形成的课程开发表，使得这一模式在学校层面的开发比较容易实现。但在实际应用中，存在两个问题：一是课程开发者自觉不自觉地把分析得很好的知识点归纳为理论课程，把技能点归纳为实践课程，结果导致了理论与实践的分离；二是 CBE 课程模式将单项能力组合成综合能力，这一方式忽视了工作的整体特性。

3. “双元制”课程模式

“双元制”是德国职业教育的主要形式，主要标志是学生一方面在企业进行技能培训和训练，另一方面又在学校接受文化基础课程和专业理论知识的学习，从而把企业和学校有机联系起来。参加“双元制”培训的学生与企业签订培训合同，每周 3 ~4 天在企业学习，1 ~2 天在学校学习。“双元制”的课程模式被称为核心阶梯式的课程，它也具有三段式的结构特点：第一年强调宽泛的职业基础，但不是普通文化课基础；第二年强调职业大类的内容，但不是专业大类的内容；第三年强调职业专门化，但不是专业专门化。这种模式是一种以企业培训为主、学校学习和企业培训相结合，理论和实践相结合，以实践为主的能力本位的课程模式。

"双元制"与其说是一种课程模式，更应称为一种教育机制，这种合作教育、校企合作的思想，现已成为世界上许多国家追寻的目标。"双元制"课程模式的不足是学生文化基础薄弱，专业理论知识的深度不够。

4. 澳大利亚的培训包课程模式

澳大利亚的培训包课程模式的要旨是遵照行业组织的要求，围绕每一类证书和文凭培养目标的要求开设课程，组合课程板块。这些工作都要由行业组织、企业、学院、教育部门协商进行。培训包是澳大利亚职业教育课程开发的指导性材料。一个完整的培训包包括由学习策略、评估材料和职业发展材料等组成的辅助材料。培训包本身不是课程，而只是一个职业资格标准。在澳大利亚，任何一个机构只要获得了澳大利亚政府的批准，都可以从事职业教育和职业培训，都可以按照培训包来开发课程。

这一课程模式强调了职业本位、能力本位的思想，但并不是一个可操作的课程开发模式，它并没有给出可操作的开发方法。

5. 美国的群集式职业教育课程模式

群集式职业教育课程模式产生于20世纪60年代的美国，并从此得到了广泛的发展。群集（clusters）是指将一群具有相同或相类似性质的职业归纳成一群或一组，其中，依据不同的目的又可分成生涯群集与职业群集两大类。为了学生的生涯意识、生涯导向及生涯探索的目的所归纳的群集即为生涯群集；为了职业准备的目的所归纳的群集则为职业群集。群集式职业教育课程模式是为多职业（5～6个）准备的，可以使在某类职业群集内的学生随意在同类群集中转换到其他职类，而不需要太多的另外训练。

6. 英国BTEC课程模式

BTEC是指英国商业与技术教育委员会（the Business and Technology Education Council，缩写为BTEC），它是英国重要的资格开发与颁证机构，成立于1983年。BTEC的课程标准要求适用于世界各个国家，任何一门课程无论是在英国还是在其他国家教授，其所包含的科目单元以及所取得的学习结果都是一样的，学生得到的都是具有国际标准的、普遍被接受和认可的资格。BTEC课程的主要目的是使学生获得一种有利于他们职业发展的教育，并在最大程度上提高他们的职业技能，使职业教育毕业生在顺利就业成为有效人力资源的同时，能在国内外继续接受更高层次的教育。

BTEC课程模式从职业角度看，能很好地开发学生的潜能及提高学生的分析能力，通过对所选课程的模式和技能的应用，课业的学习和实际工作经验的完美结合，可以培养学生的独立工作能力和团队精神，从而为他们今后的职业和个人发展奠定良好的基础。

7. 工作过程导向的课程模式

20世纪后期，人们开始认识到，除专业能力之外，劳动者还必须具备较强的方法能力和社会能力，即综合职业能力。由此，工作过程导向的课程理念和模式在德国形成、发展和成熟起来。1996 年，德国的“各州文教部长联席会议”颁布了《职业学校职业专业教育框架教学计划编制指南》，为德国“双元制”学校制定了国家课程标准：学习领域课程方案。从此，学习领域课程方案取代了在德国“双元制”学校沿用多年的以分科课程为基础的综合课程方案。这样，在课程结构上摒弃了学科结构系统化的原则，提出了工作过程系统化的思想。

工作过程是在企业里为完成一项工作任务并获得工作成果而进行的一个完整的工作程序。工作过程系统化课程是旨在提高学校对企业技术、服务和劳动组织快速的发展响应能力，以培养职业行为能力为目标的校本课程方案。该课程模式是以培养综合职业能力为目标的，工作中所需要的知识技能必须与整体化的实际工作相联系，人类的认识只能以整体化的形式进行，整体化的职业分析基本素材是职业特征的典型工作任务。工作过程系统化的课程吸收了模块课程灵活性、项目课程一体化的特长，力图在此基础上实现从经验层面向策略层面的能力发展，关注如何在满足社会需求的同时重视人的个性需求，关注如何在就业导向的职业教育大目标下实现人的可持续发展问题，以及教育的本质属性问题。

按照企业实际工作任务开发的“工作过程系统化”课程，目前有两种课程，一种是项目课程，让学生经历接受任务、有产出的独立工作、展示成果和总结谈话这一完整的“工作过程”，教师通过设计开发合适的教学项目和多种辅助手段（如引导课文等学材），帮助学生独立获得必需的知识并构建自己的知识体系；另一种是学习领域课程，是以一个职业的典型工作任务为基础的专业教学单元，它与学科知识领域没有一一对应关系，而是从具体的“工作领域”转化而来，常表现为理论与实践一体化的综合性学习任务。通过一个学习领域的学习，学生可完成某一职业的一个典型工作任务，处理一种典型的“问题情境”，通过若干系统化的学习领域的学习，学生可以获得某一职业的职业资格。

（二）世界职业教育课程模式对我国职业教育课程模式的影响

1. 世界职业教育模式发展的启示

课程模式的建立取决于四个因素，包括目标、内容、结构、开发方法。课程是实现目标的载体，社会经济发展决定了职业教育培养什么样的人和怎样培养人，也决定了职业教育课程模式的目标定位，世界职业教育课程模式的发展是伴随着社会经济发展而变化的。目标确定了，接下来的工作就是选择什么样的标准，即以什么样的课程内容去实现目标，当然也包括以什么样的结构去呈现内容，其中结构化是至为重要的，什么样的结构决定了产生什么样的功能和课程开发方法，不同的课程模式采用的课程开发路径及方法也不同。

综观世界职业教育课程的发展，我们至少可以得出以下启示：

（1）职业教育的目标指向必须从技能、专业能力转向综合职业能力培养。例如，我国中等职业学校的培养目标明确指出，中职教育是培养与我国社会主义现代化建设要求相适应，德、智、体、美全面发展，具有综合职业能力，在生产、服务一线工作的高素质劳动者和技能型人才。随着经济发展和社会进步的要求，对从事实践性工作的人员在技术和组织管理方面提出了更高的要求，人们不仅要具备职业需要的专业能力，还要具备解决实际问题的方法能力，特别要具备岗位工作要求共同的关键能力。由此，职业教育必须定位于综合职业能力的培养。培养目标的转变必然导致办学模式、课程模式的转变。

（2）职业教育课程内容要从理论和实践的结合转向实践和理论相整合。最初我国职业教育课程采用学科课程模式，后来不断“改良”，加大实践课程的比重，但它的主要特点仍然是理论课程与实践课程并列设置，以理论课程为主，重视学生文化基础知识，对学生的后续发展较为有利。不断做加法的课程改革必然产生教学时间少与课程容量大的矛盾，也凸显出学生的知识结构与职业实践要求的结构差异性大，导致上岗时间长的问题。世界职业教育课程发展也走过了理论和实践相结合到相整合的过程，尽管 MES 课程、CBE 课程、“双元制”课程、澳大利亚的培训包、集群式课程都非常重视职业实践或实训课程，但都存在忽视专业能力以外的能力培养，以及理论和知识体系不完善的问题。因此，重视潜能开发和分析能力提升的英国 BTEC 课程模式、重视综合职业能力培养的德国的工作过程导向的课程模式非常值得借鉴，特别是基于工作任务分析，以系统化的工作过程为主线开发的课程是一条很好的课程开发路径，项目课程、学习领域课程、工学结合的课程将是最好的选择。

（3）职业教育的课程结构应从固化转向灵活。学科系统化的课程体系以其系统化的固化的课程结构而著称，而世界职业教育课程模式的发展给我们的极大启示是职业教育课程结构可以是灵活的。事实上，从职业教育的职业属性而言，职业教育面对的职业岗位群是多样的，这些职业岗位群又是不断变化发展的，我们不能以固化的模式去应对不断变化的社会发展。模块课程的灵活性对实行弹性学制、学分制很有参考价值，模块课程也在我国得以推广。

（4）职业教育课程开发从照搬型、经验型转向建立在实践基础上的科学研究型。课程开发指产生一个完整课程方案的全过程，包括课程分析、课程方案设计、课程内容编制、课程方案实施、课程方案评价等步骤。我国的职业教育课程模式源于大学学科课程模式的“改良”，这一改良主要依靠经验型的改造。世界职业教育课程模式不仅在理念上给我们启发，还在操作层面给予我们以借鉴，例如，CBE 课程模式的 DACUM 方法，学习领域课程开发的行业专家访谈。没有科学方法去支撑课程改革，会使创建的课程模式显得苍白无力。反之，基于实践基础上的科学研究，是保证课程模式的生命力之所在。

2. 我国借鉴世界职业教育课程模式的方式

客观地看，任何一种课程模式的引入，都将经历本土化的过程。本土化的结果，要么得以发展，要么被实践所淘汰。

（1）移植型。任何一种课程模式的引入，首先要经历移植的过程，移植的结果要么适应本土的条件，得以生存下来，然后再不断发展；要么“水土不服”，被实践所淘汰。当然淘汰的原因有可能是这一课程模式本身存在问题，也有可能是移植的过程中方法措施不当。1991 年，在德国援助下，我国教育部和劳动部曾经联合成立了职业教育中心研究所，可到第二年就“分手”了，尽管“双元制”课程模式的思想深入人心，但缺乏国家层面的校企合作机制去保证，这一课程模式并没有在我国推广。纵观我国职业教育课程模式的发展，我们不断在移植、在引入，也不断在思辨、在淘汰，可以说，很难有一个可以完全照搬、移植的适合我国职业教育发展的课程模式。

（2）创生型。创生包括改造和创造，我国在借鉴国外先进的课程模式中，紧密与本土条件相结合，这一结合的过程就是创生的过程。自20 世纪 90 年代以来，被介绍到中国的世界职业教育模式的一个共同的特征是重视实践，如 CBE 课程、MES 课程等，由此引发了我们对原有学科课程模式的改造，在学科课程中加入了实践课程，例如，2000 年教育部颁发的《关于制定中等职业学校教学计划的原则意见》规定，专业课的理论教学和实践教学的比重为5：5，这一改造使得职业教育课程更加重视专业能力的培养。到现在，我们引入了德国工作过程导向的课程模式，在北京、江苏、上海、广东等地试验，广大职业教育工作者在职教专家的带领下，积极实践探索，创生出具有中国特色的项目课程、学习领域课程。例如，姜大源教授带领一批高职院校，实践学习领域课程，取得很好的效果。赵志群博士也在积极推广和实践学习领域课程，在不少学校取得了成功。在华东师范大学石伟平教授的领导下，徐国庆博士和江苏职教所马成荣所长在江浙一带开展了任务引领课程、项目课程的改革与试验，通过一个个具体项目实现了职业教育满足社会需求的目标，做得非常成功。

（3）多元整合型。所谓多元整合型就是吸收多种课程模式的长处，进行整合，通过整合去创生课程模式。我国大量的课程模式研究和实践主要通过这一方式开展。最有代表性的是蒋乃平先生倡导的“宽基础、活模块”课程模式，该模式借鉴了“双元制”、CBE、MES、集群式等课程模式的一些优点。“宽基础”体现职业群集课程的特点，专业科目、教学内容宽厚；又通过“活模块”发挥单位行业训练课程优势；既强调继续学习基础的奠定和终身教育思想的落实，强调职业转换、职业发展能力的培养和择业面的拓宽，又注重在毕业前按职业资格标准强化训练；不仅重视专业能力训练，而且强调方法能力、社会能力的形成。这种模式在课程结构和内容上对我国职业教育课程改革产生了积极作用，如广州市财经职业学校创生出“大平台，活方向”的会计课程体系。

（三）世界职业教育课程模式本土化发展的思考

我国职业教育课程模式的发展服务于我国社会经济的发展，在发展中广大的职教工作者不断学习、借鉴、实践、思辨、创生。我国职业教育课程模式与世界职业教育课程模式有着紧密的联系，可以说，脱胎于世界职业教育课程模式，但必须承认，我国职业教育课程模式还只是紧随世界先进的职业教育课程模式，我们在世界上并没有取得引领的地位，这当然取决于我国社会经济发展的现状及要求。如何让先进职业教育课程模式在我国本土化，为我国职业教育发展乃至经济发展发挥积极作用，已成为我们需要面对的问题，为此，提出以下建议。

1. 务实为本，学习借鉴

科技的进步，加速了信息交流，使得我们对世界的学习变得容易和快捷，学习固然重要，但如何借鉴，怎样借鉴显得更加重要，一言以概之：适合的才是最好的。首先，要摒弃徒有虚名的效仿。不难发现，在课程模式的研究中，有许多“挂羊头卖狗肉”式的罗列名称的现象，这是非常有害的。其次，要从学校、专业实际出发，从社会需求出发，选择借鉴课程模式。不切实际的借鉴，并不能产生具有长效影响的课程模式，为研究而研究的课程模式是没有生命力的。再次，要处理好理想目标与学生实际的关系。我们不能“拉牛上树”地引入所谓先进的课程模式，不难发现，我们常常以“先进性”来决定我们要学习的内容，但是，很少考虑学生的认知水平及规律，例如中职和高职学生的认知水平是有差异的，对于中职学生我们要着重解决经验层面的技能，对于高职学生要着重解决策略层面的技能。因此，课程模式不能“一刀切”，违背了学习规律，再好的模式也是发挥不了效能的。最后，关注课程模式的评价。从研究的角度，我们往往比较多地关注课程模式的构建，认为构建好了就是一个好的模式，没有从实施的角度去评价验证模式。从课程评价方法的角度，我们还缺乏系统对课程模式进行评价的方法，这也是制约课程模式发展的关键因素。

2. 有容乃大，多元整合

如前所述，每一种课程模式都有针对性，即培养目标、发挥的功能也不一样，很难有一种放之四海而皆准的模式。此外，我们还必须面对职业教育的多样性，包括区域经济的多样性、学校实际情况的多样性、专业要求的多样性等，无论从哪一个角度的多样性来看，对于世界职业教育课程模式，我们都要做本土化的选择、本土化的改造、本土化的创生，这取决于我们的包容心态和融合思想。课程建设中要倡导“兼收并蓄多种课程形态”的思想，主张多种课程形态并存，功能互补，我们不能因学科课程模式的不足而彻底摒弃学科课程，实践证明，学科课程以知识为逻辑主线，具有知识容量大、系统性强的特征，有利于举一反三，触类旁通，应该要适度保留。当然，为了培养学生的综合职业能力，我们要大力开发任务引领型活动课程，包括技能训练课程、项目课程、综合实践课程。不同形态的课程发挥着不同的教学功能，每一个专业的课程应由多种形态的课程组成。不同形态课程所占的比重，应根据专业的职业属性和学校的教学资源情况而定。

3. 动态发展，切勿固化

任何事物都具有动态发展的过程，职业教育课程模式也不例外，因此，职业教育课程模式不能固化，如前所述，世界职业教育模式给我们的启示之一是课程模式的结构是灵活的，职业教育受社会的发展及职业的要求影响很大，世界职业教育课程模式也是在不断发展和变化的。我们不仅要关注世界的发展，要及时学习借鉴，更要关注其课程模式产生的背景和运用的条件，弄清楚我国的发展与世界的发展是否相同，这样才能提高我们在借鉴中的思辨性。由此可见，如何适应本土并在本土化过程中不断改造发展是非常重要的。

第三节
中高职衔接

中高职衔接是指按照建设现代职业教育体系的要求，推动中等和高等职业教育协调发展，系统培养适应经济社会发展需要的高素质技术技能人才的一种机制。中高职衔接是现代职业教育体系的重要特征，是加快发展现代职业教育的重要内容。随着我国经济发展和产业转型升级，建立开放沟通的职业教育已势在必行，这就要求职业教育体系内部衔接贯通，构建从中职、专科、本科到专业学位研究生的培养体系，满足各层次技术技能人才的教育需求，服务一线劳动者的职业成长。因此，职业教育内部不同层次教育之间的课程内容必须有机衔接，既要体现层次性，又要体现贯通性。

一、中高职衔接的概况

（一）中高职衔接的内涵

在我国《现代职业教育体系建设规划（2014—2020 年）》明确描述了我国教育体系基本框架，如图 1－7 所示，显然，我国教育体系中包括普通教育和职业教育两个并行的教育类型，职业教育包括初等职业教育、中等职业教育和高等职业教育，其中高等职业教育包括专科、应用型本科、专业学位研究生教育三个层次。可见，职业教育不仅要作为一种教育类型发展，而且职业教育类型中各层次教育之间也需要衔接贯通发展。中高职衔接是中等职业教育与高等职业教育的衔接，包括中职、高职专科、本科直至专业学位研究生各层次职业教育间的衔接，目前最大的衔接规模在中职与专科层次的衔接，其次是专科与本科层次的衔接。中高职衔接必须在规模、结构、内涵上衔接，其中建立衔接的课程体系是核心和关键。课程衔接不只是两个教育层次之间教育内容的衔接，同时还是两个教育层次的教育进度及其总体安排与设计的衔接，包含对教学目标、内容、方式和方法等方面进行衔接的规划和设计。[①]

① 刘育锋，等．中高职课程衔接理论与实践——英国的经验与我国的借鉴［M］．北京：北京理工大学出版社，2012：14.

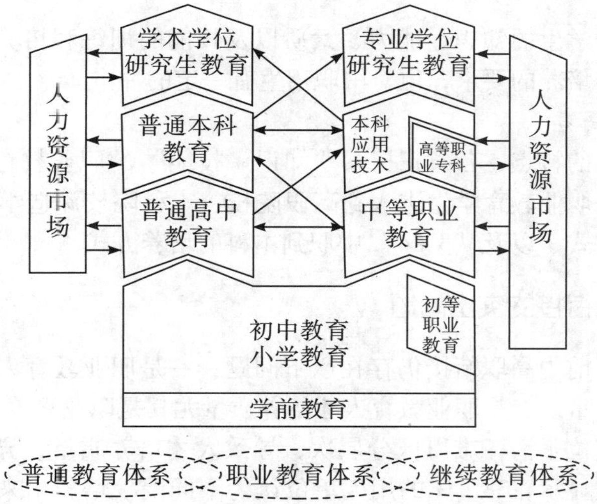

图1-7　我国教育体系基本框架

（二）中高职衔接的方式

随着现代职业教育的加快发展，衔接的规模正迅速扩大，中高职衔接的学制、招生考试等衔接方式也是多种多样的。例如：

1. 中高职“3+2”分段培养

中高职采取“3+2”培养模式，是由中职学校和高职院校对应专业共同制订一体化人才培养方案。中职学段学习三年，高职学段学习两年，取得专科毕业证书和高级职业资格证书。以广东为例，每年由广东省教育厅和广东省招生委员会统一公布招生总计划，招生计划按专业明确了高职院校与中职学校对接学生计划数。各市招生办向考生公布中高职三二分段招生院校招生专业及招生指导性计划，动员应届初中毕业生填报志愿。高职院校负责牵头制订一体化的人才培养方案、组织转段选拔考核和录取，承担后两年的教学和学生管理等工作；中职学校负责中职学段的招生、教学和学生管理等工作。

2. 专本“3+2”或“2+2”分段培养

专科院校学生升入本科院校采取“3+2”培养模式，是由专科院校和本科院校对应专业共同制订一体化人才培养方案，培养高技能人才，专科学段学习三年，本科学段学习两年，取得本科毕业证书和高级职业资格证书。专科院校学生升入本科院校采取“2+2”培养模式，要求基本同“3+2”培养模式，只不过专科学段学习两年，本科学段学习两年。

3. 中高职、高职本科对口自主招生

高职院校自主招收中职学校对口专业应届、往届毕业生，到高职院校相应专业就读两年，取得专科毕业证和高级职业资格证书。本科院校自主招收高职院校对口专业应届毕业生，到本科院校相应专业就读两年，取得本科毕业证。

4. 中高职五年一贯制

中高职五年一贯制是指应届初中毕业生经省招生部门办理录取手续，进入高职院校学习五年，获得五年一贯制专科毕业证书。通过五年一贯制，贯通中等、高等教育，整体设计和统筹安排学生的知识、能力、素质以及技能的训练和培养。五年一贯制满足了学生初中起点连贯培养的要求，但对中职招生有一定的冲击。

5. 职业教育高考

根据职业教育的特点，各省正探索“知识＋技能”的职业教育高考，通过职业教育高考让更多的中等职业教育学生进入到高职院校、本科院校深造学习。实现“3＋2”中职到专科的培养方式，以及“3＋4”中职到本科的培养方式。

（三）中高职衔接的突出问题

根据调查，目前中高职衔接仍存在以下问题：一是职业教育人才供给量不能满足经济社会人才的需求量。二是职业教育人才培养质量尤其是职业素养与企业要求仍有差距。三是中高职目标定位不清，难以区分层次，导致人才培养质量差异性大。以旅游管理专业为例，根据调查显示，38.7%的用人单位认为不同院校培养出来的毕业生在能力素质方面存在较大的校际差异。四是中高职课程体系未能有效衔接，课程名称重复，课程内容重叠。五是中高职职业资格证书混乱，缺乏公信力。六是实践能力偏低的师资队伍难以培养高技能水平的学生。其中第二、三、四、五点问题，集中反映为中高职课程体系不衔接，亟待通过开发中高职衔接的专业教学标准和课程标准来解决。

2013年，教育部颁发了《推进中等和高等职业教育人才培养衔接行动计划（2013—2015年）》（讨论稿），提出“中等和高等职业教育课程衔接计划”，明确指出要制定中高职衔接专业教学标准、专业核心课程标准，2013年，广东、山东、湖北分别启动了中高职衔接的专业教学标准研制，标准研制持续进行，截至2014年，广东还启动了52个专业的中高职衔接专业教学标准研制，拟利用3～5年时间完成大类专业和战略性新兴产业的专业“中职—专科—本科”的专业教学标准和课程标准制定，以及课程和教材资源建设，解决目前中高职衔接中课程不对接的根本问题。

二、中高职衔接课程建设思想

中高职衔接课程建设的理论依据包括三个方面，一是必须依据终身教育理论，从整体出发，系统设计各层次职业教育的课程，使之能有机衔接。二是必须依据供需理论，以需求为导向，在人才层次结构、规模和质量等方面满足经济社会和产业发展的需要。三是必须以职业能力为导向，依据职业能力的层次性，实现职业教育各层次的培养目标衔接，围绕职业能力的内容，建构课程内容，保证职业教育培养目标的有效实现。① 为适应广东经济发展和产业转型升级的需要，广东省在学习借鉴和实践探索的基础上，开展了中高职衔接课程建设研究，经过多年的努力，形成了“能力核心、系统培养”的课程建设思想。②

① 李海东，杜怡萍．中高职衔接标准建设新视野：从需求到供给［M］．广州：广东高等教育出版社，2014：14.

② 广东省教育厅，广东省教育研究院．能力核心系统培养的中高职衔接专业课程建设研究与实践［M］．广州：广东高等教育出版社，2014：2.

（一）“能力核心、系统培养”思想内涵

“能力核心、系统培养”的课程建设以职业能力为核心，构建衔接贯通、一体化的课程体系，面向学生的职业生涯，中—高—本分级培养人才。具体内容如下：

1. 设计框架

借鉴国内外先进职教经验，根据对应岗位群的实际，设计覆盖岗位群、能力分级的职业能力框架。

2. 构建标准

基于职业能力框架构建中—高—本衔接、一体化的人才培养方案、专业教学标准和课程标准。

3. 分级培养

在统一标准的基础上，按照分级培养的理念，中职学校、高职院校、应用型本科院校合作，开发工作过程导向的中职、高职乃至本科课程。

4. 衔接互通

按照一体化课程体系，由应用型本科院校、高职院校主导，设计转段、自主招生考核等环节，中职、高职和本科院校分段完成课程教学，实现衔接互通。

“能力核心、系统培养”中高职衔接课程建设思想，重点在利用职业教育系统内部不同层级教育所对应的不同层级职业岗位的能力要求，明确各层级教育的培养目标及教学内容，系统规划和设计中职、高职、本科的课程体系。这与本章第一节所述的“基于‘层级’的职业能力形成观”一脉相承。如图 1－8 所示，汽车专业的中职、高职、应用型本科人才培养的层级是依据其对应职业岗位的能力层级划分的，中职教育主要培养第一、第二级的岗位能力，高职教育主要培养第三、第四级岗位能力，应用型本科教育主要培养第五级岗位能力，以此类推，更高层次的教育对应更高层级的能力培养。

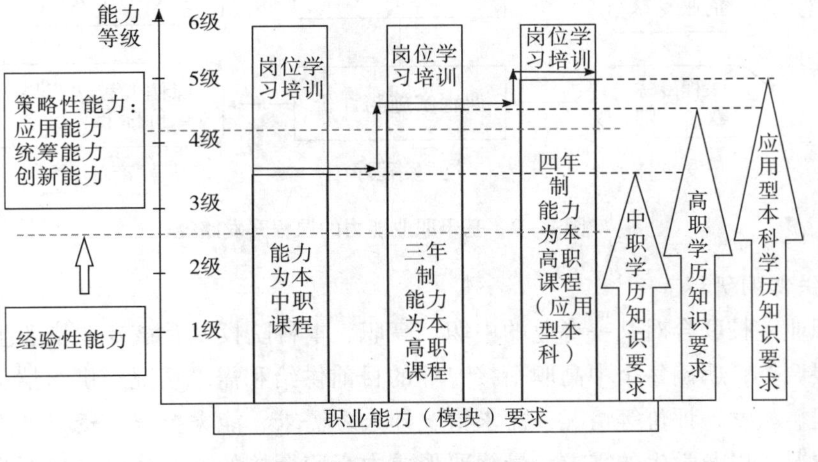

图 1－8　汽车专业职业教育层次与职业能力层级对应关系[①]

---

① 刘越祺. 中高职衔接课程改革理论与实践项目汇报（PPT）. 广东省中英职业教育合作交流会，2014（3）.

（二）基于职业能力的课程开发路径

正如本章第二节所述，各种职业教育课程及课程模式均将课程服务的目标指向职业，虽说程度和方式不一样，但都在建构最佳培养职业能力的课程，国内外包括广东职业教育专业和课程建设的理论与实践表明，课程开发离不开职业能力的分析，职业能力是课程开发的重要内容。据此，基于职业能力的课程开发路径如图 1－9 所示，包括供需调研、职业能力分析、课程体系建构、标准编制、课程内容开发、课程实施与评价六个环节。

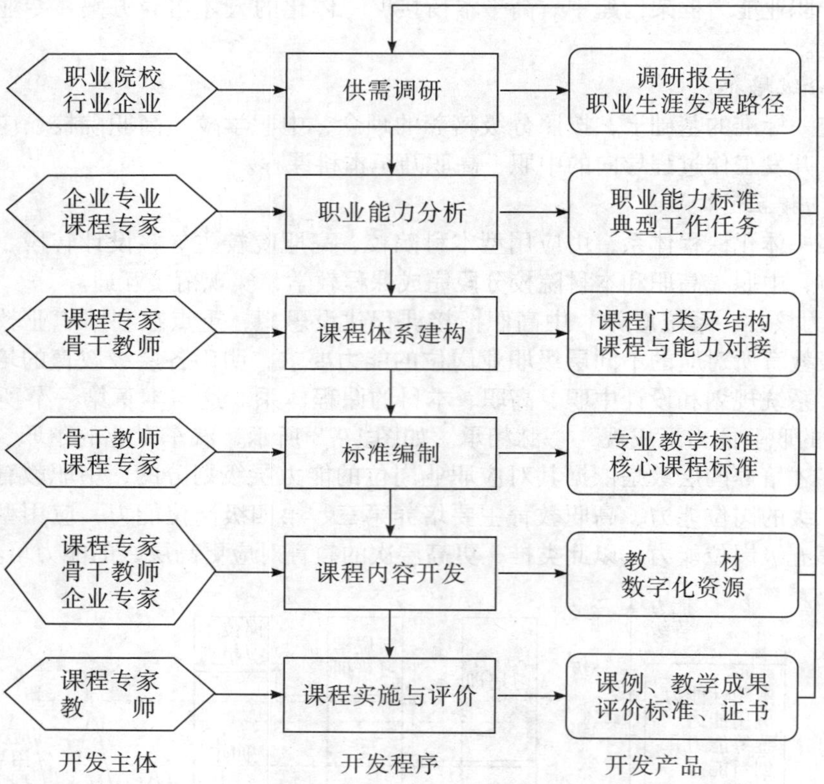

图 1－9　基于职业能力的课程开发路径

1．供需调研环节

由职业院校联合对某一专业的中职、高职、本科院校以及该专业毕业生就业的行业企业开展调查，明确每个中高职衔接专业的目前供给和需求情况。供给情况即规模、教师、课程、教学、评价等情况，需求情况即人才需求、能力要求、资格证书要求、岗位变化等情况，以及学生的需求。最终要形成中高职衔接的专业建设调研报告，重点要明确各专业的岗位群及职业生涯发展路径。

2．职业能力分析环节

针对中高职衔接专业所对应的岗位群及其发展路径，在课程专家的引导下，召开职业能力分析会，依托行业企业专家，借鉴国内外职业能力分析的方法，形成中高职衔接专业所对应的职业能力标准，并确定典型工作任务。成果表达为职业能力分析表及典型工作任务。

3. 课程体系建构环节

在课程专家的引导下，依托专业骨干教师建构课程体系。这一环节以供需调研为基础，以职业能力分析为重要依据，关注学生的认知规律，尤其是职业生涯可持续发展要求，以职业能力培养为目标，将职业的工作领域要求转化为学习领域的课程，构建中职、高职的专业课程体系，包括确立中职、高职的课程门类及其结构，明确课程与职业能力的对接关系。

4. 标准编制环节

基于前三个环节，依托专业骨干教师，开展标准编制工作。一是制定专业教学标准，包括培养目标、职业范围、人才规格、课程结构、课程内容及要求、教学时间安排、教学基本条件、教学实施建议等内容。二是制定核心课程标准，包括课程目标、课程设计、课程结构、资源开发与利用、教学评价等内容。撰写专业教学标准和核心课程标准的文本。

5. 课程内容开发环节

依据课程标准，以骨干教师为主体，联合行业企业专家，开发课程内容，包括编写课程教材和数字化课程资源，为组织教学做准备。课程内容开发的依据和基础是职业能力分析和课程标准，将该专业所对应的典型工作任务转化为学习的任务，建构多种形态的职业教育课程类型，如项目课程、任务引领型课程、学习领域课程、技能训练课程、综合实践课程，也包括学科课程，等等。

6. 课程实施与评价环节

职业教育课程实施是职业教育教师组织利用课程教材及资源，运用多种多样的教学方式、方法，组织教学活动，促进学生的进步和发展，实现职业能力的培养。课程实施的方式方法是多种多样的，其基本原则是：行动导向，“做中学，做中教”，以学生为主体。课堂和实践场所是课程实施的主阵地。课程实施中要对教学进行过程性评价和终结性评价，即课程评价，而职业教育课程评价最重要的特征是基于职业能力标准，依据职业能力标准建立评价标准，从而有效地检验目标的达成程度。

三、中高职衔接标准研制

综上所述，在“能力核心、系统培养”的思想指导下，基于职业能力开发课程，其中重要的内容是标准研制，包括第二环节的职业能力标准确定，到第三、第四环节的专业教学标准和课程标准的编制，乃至第六环节的评价标准制定。可见，制定标准是课程开发的前提，且标准制定的依据是职业能力标准。在中高职衔接的课程建设中，标准研制的原则和内容如下：

（一）基本原则

标准建设是中高职衔接课程建设的重要内容，广东中高职衔接标准研制的基本原则如下：

1. 统筹规划，整体推进

围绕“中高职衔接三二分段”试点工作，吸收前期职业教育专业人才培养方案研究的经验，统筹规划中高职衔接专业教学标准及课程标准研制工作，整合政府、行业企业、职业院校和研究机构的资源，整体推进专业教学标准和课程标准研制。

2. 对接产业，校企合作

服务广东省经济发展方式转变和产业结构升级，适应先进制造业、现代服务业和战略性新兴产业发展要求，坚持对接产业，校企合作研制中高职衔接专业教学标准和课程标准。

3. 学习借鉴，实践创新

坚持职业教育国际交流与合作方向，学习借鉴国内外先进经验，从广东省现代产业体系建设的需要和现代职业教育改革发展的要求出发，研制广东特色、国家需求、国际水准的中高职衔接专业教学标准和课程标准。

（二）基本内容

从职业教育整体出发，系统研制职业教育的课程体系，既有区分度又要有衔接性。标准研制内容包括：

1. 职业能力标准

职业能力是人们从事一门或若干相近职业所必备的本领，是个体在职业工作、社会和私人情境中科学的思维，对个人和社会负责任行事的热情和能力。职业能力标准指对特定岗位或岗位群中职业能力的条目化、系统化、精确化描述与制度化规定。① 职业能力标准是既包含职业能力的内涵，同时又是关系到职业能力培养水准的一个重要概念，它是对工作任务领域工作任务胜任性的规范描述，而且规范了考核要求，是制定培训课程和职业技术教育课程的重要参照标准。

2. 专业教学标准

专业教学标准是开展专业教学的基本文件，是明确培养目标和规格、组织实施教学、规范教学管理、加强专业建设、开发教材和学习资源的基本依据，是评估教育教学质量的主要标尺，同时是社会用人单位选用职业院校毕业生的重要参考。

3. 核心课程标准

课程标准是衔接专业教学标准和教学组织实施的重要指导性文件，是课程内容及教

① 上海市教育委员会. 职业教育国际水平专业教学标准开发的研究与实践：上［M］. 上海：华东师范大学出版社，2012：36.

材开发的依据，也是教学实施及评价的依据。专业核心课程指为了培养学生某职业岗位或岗位群所需要的基本职业能力所设置的课程，是教育行政部门对专业课程设置最为基本的要求。它们是学生进入专业所面向的基本岗位前必须学习的课程。核心课程可依据任务的活动水平或重要性程度进行设置，也可依据专业的基本理论与技能进行设置。活动水平依据工作领域在每日工作中的操作频率来判定，重要性依据由员工不具备操作该工作领域的能力可能引发的后果的严重程度来判定。①

4. 课程评价标准

实际上，国家职业资格标准的确立也就意味着职业教育课程评价标准的形成。发达国家如美国、英国、澳大利亚等国家的职业资格标准，是职业教育课程目标的制定、课程计划的编制、课程内容的选择与组织以及课程评价的重要依据。因此，职业教育课程评价标准是一套依据职业能力标准建立起来的评价方案及措施，常常表现为职业资格证书或职业教育等级证书。

（三）基本环节

中高职衔接标准研制的路径主要涵盖图 1 -9 所示的供需调研、职业能力分析、课程体系建构、标准编制四个基本环节。如何开展供需调研在《中高职衔接标准建设新视野：从需求到供给》（广东高等教育出版社 2014 版）一书中已介绍，本书主要介绍如何开展职业能力分析，以及根据职业能力建构课程体系，编制专业教学标准和课程标准，建立课程评价标准，重点介绍从能力到课程转化的方法与实践。

四、中高职衔接供需调研工作的概述②

（一）调研目的

1. 了解人才需求的情况及能力素养要求

针对专业所对应的行业企业，了解行业企业文化特征及发展趋势，确定职业岗位群，明确相应人才的职业能力与职业素养要求，以及行业企业技术变化、运营方式变化、劳动组织方式变化对人才能力要求的变化趋势。

2. 了解中高职衔接的生源状况及学习要求，对比高职、本科不同生源情况

调查中职学校、高职院校、应用型本科院校学生的生源基本情况，以及学生对现有学习的评价，尤其是中职学生的升学意向，还要对比分析高职院校、本科院校中普通高中生源、高职生源、中职生源学习状况的异同。

---

① 上海市教育委员会. 职业教育国际水平专业教学标准开发的研究与实践：上［M］. 上海：华东师范大学出版社，2012：37.

② 李海东，杜怡萍. 中高职衔接标准建设新视野：从需求到供给［M］. 广州：广东高等教育出版社，2014.

3．了解现行中高职人才培养定位及教学中存在的问题

通过对比目前中职学校、高职院校、应用型本科院校衔接专业的人才培养方案，以及课程教学情况，发现目前职业院校专业建设中存在的问题，使中高职衔接的标准研制工作更加有的放矢。

（二）调研内容

（1）相关行业企业发展现状，相关行业企业文化、职业道德素养状况。

（2）相关企业岗位设置及对人才结构类型的要求，以及企业技术变化、运营方式变化、劳动组织变化等带来的岗位职业能力变化，包括专业能力、职业素养。

（3）相关企业对职业院校人才培养目标的要求，以及对现行专业教学的要求与变化。

（4）职业院校现行专业教学计划的实施情况。

（5）职业院校生源状况以及继续学习的要求。

（6）毕业生的就业岗位群及发展，以及对本专业课程设置、职业技能训练等教学过程与效果的意见和建议。

（三）调研方法

开展中高职衔接专业教学标准和课程标准研制的供需调研，最常用的方法有文献研究法、访谈法（座谈法、头脑风暴法）、问卷调查法、个案分析法、统计分析法、逻辑分析法等。调研分析要将定量分析与定性分析有机结合。定量分析是对研究结果的“量”的分析。如统计分析，包括描述统计、推论统计、实验设计辅助统计等。定性分析是对研究结果的“质”的分析，是运用分析和综合、比较和分类、归纳和演绎等逻辑分析方法，对研究所获资料进行思维加工，从而认识现象和行为的本质，揭示其发生发展的规律，为研究结果的解释和理论的构建提供依据。

（四）职业生涯路径的分析与确定

供需调研的重点是要确定专业的职业生涯路径。职业生涯路径是指专业培养的毕业生所面向的工作岗位群及其发展的岗位群，包括就业岗位、发展岗位和目标岗位。就业岗位是指毕业生的初次就业岗位，如会计专业的毕业生初次就业岗位是文员、出纳员、收银员等。发展岗位则是该专业毕业生经过一段时间实践后能够升迁到的岗位，如会计专业的毕业生经过1～3年后，能够在会计核算岗位甚至会计主管、财务经理岗位工作，会计核算岗位、会计主管、财务经理就是发展岗位。目标岗位是指中职或高职专业人才培养定位的岗位群。由于职业教育的毕业生一般是从初级岗位干起的，由于其受教育的程度、个人能力等多方面因素的影响，发展的速度不一，一般以3～5年的就业岗位来作为该专业的目标岗位，例如中职层次的会计专业目标岗位群包括文员、出纳员、收银员、仓管员、会计，高职层次的会计专业目标岗位群包括文员、出纳员、会计、审计。

1. 职业岗位群调查的方法

一般而言，确定就业岗位、发展岗位及目标岗位的方法主要有：

（1）访谈或座谈法。向行业企业专家访谈，或召开行业企业专家座谈会，请他们根据经验提出某专业毕业生从事的岗位及其发展路径，通过对企业专家观点的汇总，清晰、明了地列出本专业可能面向的岗位。

（2）调查统计法。通过问卷调查，调查某专业不同时间毕业生，就可以统计出该专业的不同时间毕业生目前所在的岗位及其比重。这样既可反映出就业岗位，又可反映出发展岗位，以及各岗位的结构比重。设计毕业生的调查问卷，可以设计两个选择题，如：

（1）你毕业的时间是（　　）。

A. 一年以下　B. 一年　C. 两年　D. 三年　E. 其他

（2）目前你在单位的工作岗位是（　　）。

A. ×××　B. ×××　C. ×××　……　G. 其他

2. 职业岗位群的梳理

通过调查可以获得关于专业所对应职业岗位群的众多信息，必须运用分析与综合的方法对职业岗位群进行梳理。根据专业的发展理念，在以上调查分析的基础上，最终筛选出专业所应面向的岗位，从而判断出专业面向的目标岗位。

通过研究分析我们可以发现，不同企业的岗位划分标准不一，有粗有细，这给职业岗位群的提炼带来了一定的困难。对岗位群进行提炼的做法如下：第一步，将所有职业岗位群汇集；第二步，对于众多的岗位群进行归并、分类；第三步，根据企业员工的升迁发展路径，将岗位分层、分级。例如，通过企业调研获得众多的与计算机网络技术专业相关的岗位群，岗位非常多，结构庞大。在此基础上，根据职业特点对计算机网络技术专业的岗位群进行分类（如表 1－3 所示），又可以称为职业领域，包括信息系统集成、网络运行服务和网站建设与管理，再对每一类分为初始岗位和发展岗位 1、发展岗位 2。

表 1－3　计算机网络技术专业毕业生职业生涯发展路径

职业领域	初始岗位	发展岗位 1	发展岗位 2	
信息系统集成	助理网络工程师	网络工程师	技术	资深网络工程师
			管理	项目经理
网络运行服务	网络管理员	网络运维工程师	技术	资深网络工程师
			管理	信息主管/服务经理
网站建设与管理	网页制作员	网页设计师	网站构架师	

再如，将汽车运用技术专业的岗位群梳理成三条通道（见图 1－10），一是机电维修，二是车身维护，三是前台服务。

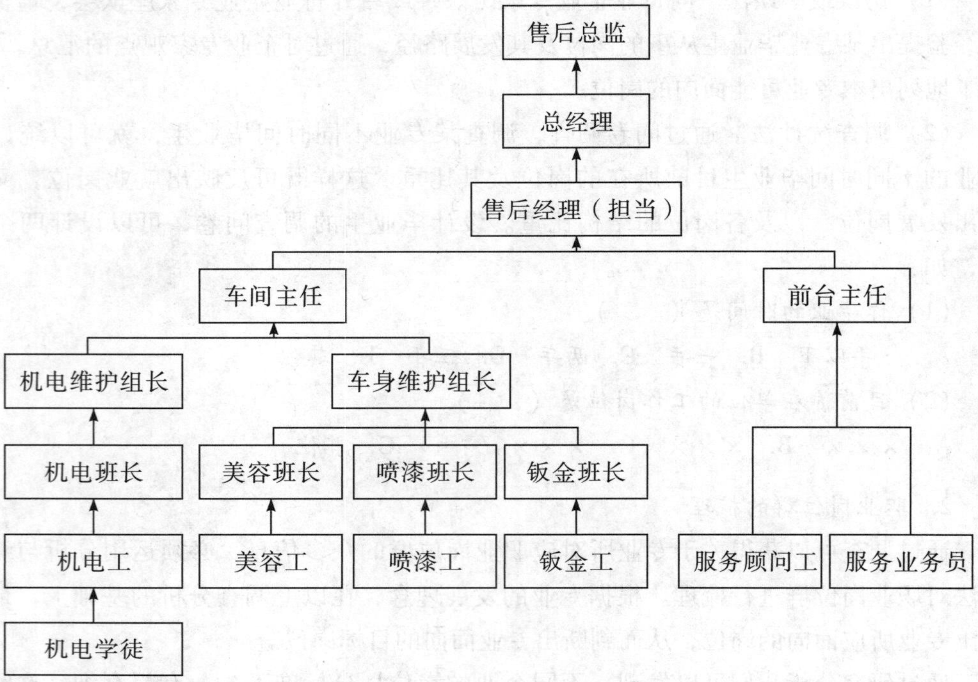

图 1－10　汽车运用技术专业学生岗位发展路径

3. 绘制职业生涯发展路径

为了能清晰地反映某一岗位的职业岗位群及其升迁路径，结合国内外的各种表现方式，我们设计了职业生涯路径的通用参考表格，如表 1－4 所示。

表 1－4　＿＿＿＿专业职业生涯发展路径（参考格式）

发展层级	就业岗位			职业资格证书	学历层次	发展年限		
	操作岗位	技术岗位	管理岗位			中职	高职	本科
…								
Ⅴ								
Ⅳ								
Ⅲ								
Ⅱ								
Ⅰ								

值得说明的是："发展层级"应依据国家、行业企业的有关规定以及调查分析确定，

将职业发展分为若干个等级，等级数量因各专业的具体情况而不同。职业岗位工作复杂程度越高，发展层次的层级数越高。“就业岗位”的分类仅供参考，各专业可以自行分类。“学历层次”指职业教育层次，如中职、高职、应用本科。会计专业的职业生涯发展路径见表1－5。

表1－5 会计专业职业生涯发展路径

发展层级		就业岗位（大中型企业）	就业岗位（小微型企业）	职业资格（职称）证书	发展年限（年）	
					中职	高职
7	高级	总会计师/财务总监		高级会计师	8年以上	15年以上
6		财务经理/审计经理		高级会计师/会计师		10～15
5	中级	会计主管/审计主管	财务经理	会计师		5～10
4		会计核算、审计	会计主管	助理会计师	3～8	3～5
3	初级	会计助理/审计助理	会计核算	会计从业资格证	1～3	1～3
2		出纳	出纳	会计从业资格证	1	1
1		仓管员、收银员、文员等	仓管员、收银员、文员等	收银员证、统计证等	1	

通过职业生涯发展路径，可以清晰地反映某一专业的职业发展层级及其就业岗位群，还可以确定不同的职业教育层次所对应的职业发展层级和目标岗位群，这不仅为准确定位各层次职业教育的培养目标提供了重要依据，而且为第二环节的职业能力分析打下了坚实基础。

第二章 职业能力分析

第一节 职业能力分析方法借鉴

职业教育必须坚持以服务为宗旨、就业为导向、能力为本位的办学理念，必须坚持校企合作、工学结合的课程开发之路。在课程开发过程中必须明确目标，就是要把握职业能力的内涵，因此，开展职业能力分析是课程开发的重要环节，而采取什么方法进行职业能力分析至关重要。学习借鉴发达国家的经验是我国职业教育课程开发的必由之路，但具体运用什么样的职业能力分析方法必须要结合中国国情。

一、国外职业分析方法概述

1. 职业能力分析与职业分析

国外的职业分析就是要找到从事该职业工作所需要的基本要求或能力表现，如英国的国家职业标准就是以能力为基础的，它详细描述了有效执行职业活动所要求的知识、技能和态度，因此，职业能力分析是职业分析的核心内容。可见，国外的职业分析方法是我国职业能力分析方法的重要借鉴。

2. 国外职业分析方法种类

（1）源自于课程开发的方法。职业能力分析作为课程开发的基础工作，其目的是找出职业要求、工作岗位和学习内容之间的联系，这些方法往往包含在课程开发方法之中，并以课程开发方法的名称命名和使用，主要有北美的 DACUM（developing a curriculum）分析法、德国的 BAG（berufliche arbeitsaufgaben）分析法等，这些方法的运用使得职业教育与劳动就业有机地结合起来，有的方法已为职业资格研究及人力资源开发与管理做出了贡献，例如北美的 DACUM 分析法，最初是一种课程开发方法，后来被广泛运用于企业、政府和军事部门的人力资源开发管理，如美国联合航空公司、供应建筑中心等，因为企业需要掌握各个职业岗位对职业能力的具体要求，企业才能做好招聘、培训和考核等各项工作，运用职业能力分析方法确定职业岗位对职业能力的要求，是企业人力资源管理必不可少的环节。

（2）源自于人力资源管理的方法。有一些职业分析方法独立于职业教育之外存在，如澳大利亚的国家职业资格框架下培训包开发方法（training package，缩写为 TP）；英国的行业技能委员会（SSCs）开发国家职业标准时运用的功能分析法（functional analysis）；世界银行 1986 年开发、2003 年推出的职业和能力分类系统（O＊NET）等。英国和澳大利亚等国家非常注重资格证书体系的开发，他们通过国家职业资格证书规范就业市场，规定各个行业中技能要求高的工作岗位人员必须持有职业证书才能就业。如澳大利亚即使是大学本科以上的毕业生，也必须先取得 TAFE 培训相应证书，才能在生产经营一线就业。职业教育专业都必须在国家职业框架中，课程开发必须与职业资格紧密联系，因此人力资源的管理及职业资格研究的职业分析方法，也为职业教育满足社会需求提供了依据和参考。

3．国外职业分析方法的启示

比较不同国家的职业能力分析法，得到三点启示：

（1）如何确定职业能力分析的主体？不同的职业能力分析方法对分析主体有不同的称谓，如行业企业专家、企业实践专家、优秀的工作人员、雇主、技术人员等，可见，尽管称谓不同，但其共同点是职业能力必须源自于行业企业对人才要求的客观反映，而不是职业教育教师自我的主观臆断。由教师自行表述的职业能力，其结构及内容与客观实际有较大距离，导致课程与工作、职业要求差距大，这是目前职业教育专业建设中较突出的问题，必须要克服。

（2）如何描述职业能力？能力是直接影响活动的效率和使活动顺利进行的个性心理特征，它虽然是一种内化了的个体品质，但能够在相关的职业活动中得到外化，是在现实的职业工作中体现出来的知识、技能和态度的整合。各种职业能力分析法都是通过职业活动这一能力外化的载体来描述职业能力，并运用职业能力图表反映的。各种职业能力分析法的图表结构略有不同，如 DACUM 分析法的职业能力图表包括岗位名称、能力领域、单项能力和能力评定等级四项内容；功能分析法的职业能力图表由主要目标、主要功能、可能的标准组成；BAG 分析法的职业能力图表由发展阶段、代表性工作任务及其对象、工具、方法、组织、要求组成；技术领域分析的职业能力图表由技术领域、能力领域、能力单元、能力要素、行为标准组成。实践表明，对职业岗位的现状分析表达得越细，操作性就越强，尤其是在课程标准及课程内容开发时，清晰细致的能力描述则会令课程的结构变得更加清晰，课程评估的内容也会更加明确。在专业建设中，各职业院校要避免对职业能力简单、粗化的描述。

（3）如何获得职业能力？一般有头脑风暴法、查阅资料、咨询专家和参观企业等途径获取职业能力，其中召开职业能力分析会是重要的途径。通过职业能力分析会确定职业能力的基本结构框架，再通过文献法、咨询法等途径不断丰富职业能力，这样获得的职业能力更为准确、完整。

二、北美的 DACUM 分析法①

20 世纪 60 年代末，为了解决职业学校培养的学生和企业人才要求之间的“巨大距离”。加拿大区域经济发展部实验项目分部（The Experimental Projects Branch of the Canada Department of Regional Economic Expansion）和纽约学习通用公司（The General Learning Corporation of New York）通过研究，形成了一种职业教育课程开发方法，旨在缩短学校和企业间的这个“巨大距离”，这种课程开发方法就简称为 DACUM 分析法。

1. 基本假设

（1）任何工作（任务）的完成与完成工作（任务）的人有着直接的联系。

（2）任何职业的工作内容，都能有效且充分地用优秀工作人员工作中所完成各项任务的表现进行描述。

（3）对优秀工作人员完成工作（任务）的特质分析，能确定与描述本职业工作所需能力，更符合工作的实际需要。

2. 分析工具

DACUM 分析法使用的能力图表是由某一职业或职业岗位所要求的能力领域和相应单项能力构成的一张二维图表，由名称、能力领域、单项能力和能力评定等级四项内容构成（见图 2－1）。

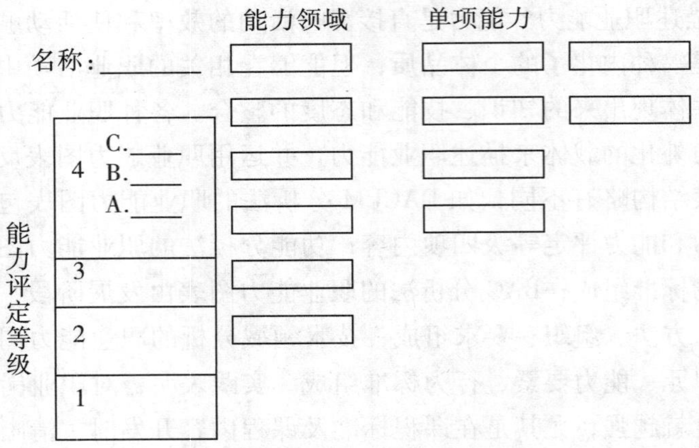

图 2－1　DACUM 分析法的职业能力图表

（1）名称。对于职业院校，名称一般指本图表分析的专业；对企业人力资源开发管理部门，名称一般指本图表分析的职业或职业岗位。

（2）能力领域。一般为了职业分析研讨的方便，设 8～12 项能力领域。其涵盖一组相关的单项能力。在描述能力领域时，要用动词开头，前面可冠以“应能够……”，且

① 邓泽民，郑予捷. 现代职业分析手册［M］. 北京：中国铁道出版社，2009：3－24.

尽可能简练。

（3）单项能力。是指为完成某项任务所必须掌握的能力，每项单项能力必须是在短时间内完成并可独立进行，且产生产品、服务或决策的。能力领域和单项能力的描述，均使用动词开头，前面也能冠以“应能够……”，并尽可能简练。如：对于电子设备维修技术员的分析，“测试挑选电子元器件和维修材料”是一项能力领域，其包含测选电阻器、测选电容器、测选电感器等单项能力。

（4）能力评定等级。在实际工作中，有的能力操作要求高频率，有的要求高质量；有的操作可以出现误操作，有的绝对不能出现误操作，且对于同一岗位不同层级人员的要求程度也会有所不同，使用能力评定等级加以区分，能力评定等级分为四级六个水平，如表2－1所示。

表2－1　能力评定等级

等级	评定标准
4	A. 能高效地完成此项能力的全部内容 B. 能高效地完成此项能力的全部内容，并能解决遇到的特殊问题 C. 能高效地完成此项能力的全部内容，并能指导他人完成
3	能圆满完成此项能力的部分内容，并不需要帮助指导
2	能圆满完成此项能力的部分内容，但偶尔需要帮助指导
1	能圆满完成此项能力的部分内容，但在现场的指导下，能完成此项能力的全部内容

3. 职业分析的人员

职业分析人员主要包括组织人、主持人、记录员、研讨委员会成员和研讨会列席人员等。

（1）组织人。组织人要熟悉职业分析方法，有较强的统筹和组织协调能力，有权或已得到授权调动职业分析活动所需的人力、物力和财力。

（2）主持人。主持人最为关键，是至关重要的引导人员。其职责是在职业分析过程中，正确运用职业分析的原则、程序和主持技巧，自始至终引导和激励职业分析研讨委员会成员抓住关键问题进行讨论，并能尽快形成一致意见，在有限的时间内完成职业分析，形成职业能力图表。

（3）记录员。记录员是主持人的助手，主要工作是记录和书写卡片，必须了解职业分析方法，熟悉记录员的职责，字迹工整。在分析过程中，记录员要严格按职业分析主持人的要求积极工作，专心听并注意记录职业分析研讨委员会成员的意见，为职业分析主持人提供支持，但绝对不能参加讨论。当讨论取得一致意见时，按职业分析主持人陈述的内容，写到卡片上，并交给职业分析主持人粘贴到墙上。

（4）研讨委员会成员。职业分析研讨委员会成员是职业分析的主体，一定是来自行业企业中的优秀工作人员，他们的水平将在很大程度上决定职业能力图表的质量。选择研讨委员会的成员基本要求如下：一是业务能力强。必须是从事该职业的优秀工作人员，不但十分熟悉本职业务，通晓全部工作内容，而且还要了解其业务的发展趋势。二是要有代表性。应从优秀员工所在企业的行业、规模、地区等方面考虑其代表性。三是交流合作能力要强。不仅能够准确、流畅、简捷和清晰地表达自己的观点，而且能与他人合作，尊重他人的发言。

（5）研讨委员会列席人员。参与课程开发和实施的人员必须作为列席人员，这些人员对职业能力分析过程了解和理解程度将影响后续工作的开展，列席人员必须深入了解职业能力分析的过程和结果，否则，难以保证课程开发和实施的质量。职业能力分析会的列席人员不能参与研讨会的研讨，他们的意见在会后收集。

4. 组织职业能力分析会

（1）准备阶段。准备工作一般要提前三个月左右，第一，要明确分析的专业和岗位。第二，要制订好工作计划，包括人、财、物的支持，以及人员规模、要求，时间进度等，尤其要编制职业分析研讨会的日程。第三，选拔和邀请职业分析人员，包括组织人、主持人、记录员、研讨委员会成员和列席人员等，研讨委员会成员规模以 10～15 人为宜。第四，准备分析会的物品，主要包括彩色广告笔（红、黑、蓝）各 3 支；卡片 32 开 400 张、16 开 50 张；塑胶泥或胶带若干；名签 14 个；投影仪一台；高质量的职业能力图表 30 份；饮品若干等。第五，布置分析会场，职业分析主持人、记录员和研讨委员会成员要能相互看到对方。第六，会前检查。为了确保职业能力分析会准备工作到位，在研讨会举行的前一天上午，由职业分析组织人主持，职业分析主持人、记录员等参加，对职业分析研讨会准备工作进行全面检查，这是十分必要的。一般检查内容包括职业描述报告、与会人员报到情况、与会人员的食宿与交通安排、会场布置与会议用品准备、领导致辞、研讨会日程表等。

（2）研讨阶段。首先，要营造良好的氛围。明确研讨会的目的、任务、要求和过程。其次，要形成能力图表。主持人运用“头脑风暴”组织研讨，主持水平十分关键，主持人的发言应能激发起参加者的思维“灵感”，促使参加者积极回答会议提出的问题。按照能力图表，先确定某一职业的能力领域，再确定每一能力领域的单项能力，采用“应能够……”“会……”等动宾结构语句，归纳提炼研讨会成员的观点，记录员将这些描述语写在卡片上，张贴在张贴板墙上，以便修改确认。还要确定操作评定等级，由研讨委员会成员在图表上逐一确定出各项单项能力上岗要求的操作等级，以便于培训和招聘职工。最后，对研讨会评价和总结。

（3）收尾阶段。第一，要整理职业分析图表，对职业分析图表的能力领域和单项能力进行编码。第二，验证职业分析图表，将整理的职业分析图表向更多的该职业（专业）领域里的优秀工作人员征询意见，使得职业分析表更具有代表性。可以组织验证小组验证，一般验证小组由 8～12 人组成，会期 2～3 小时，按验证项目顺序验定。第三，制作职业分析图表。经验证的职业分析图表可以正式制作，内容要完整、规范、清晰。第四，使用职业分析图表。根据具体需要，将职业分析图表分发给需要使用的人员，对于学校来说，包括课程设计与教学环境开发人员、教学管理人员、有关教师、教辅人员、教研组长、专业主任等。

三、德国的 BAG 分析法①

BAG（berufliche arbeitsaufgaben）分析法源自德国的学习领域课程开发，学习领域课程开发包括分析职业工作过程、了解职业教育条件、确定行动领域、描述职业行动领域、评价选择的行动领域、转换配置学习领域、扩展描述学习领域、扩展表述学习情境等八个基本步骤，其中前五项都是职业分析的内容。BAG 德文的意思是"典型职业工作任务"。BAG 课程开发法是德国不来梅大学技术与教育研究所（ITB）在一个由大众汽车公司全部德国工厂 4 500 名培训生和 1 970 名专兼职教师参与的典型试验中开发出来的。BAG 分析法是 DACUM 分析法的发展，它们的基础都是工作分析和专家座谈会，是为职业教育课程开发者在进行工作分析时提供的一个简单易行的工具，运用这种方法，可以直接获得关于特定职业的工作特点与工作要求的具体数据。

1. 分析工具

职业分析工具包括职业分析引导问题和调查表格。

（1）职业分析引导问题。为了保证职业分析的质量，提高职业分析的效率，归纳出了引导职业分析的八类问题，如表 2－2 所示。

表 2－2 职业分析引导问题

分析要点	引导问题
工作与经营过程	（1）该任务与哪些工作过程有关系？ （2）生产哪些产品或提供哪些服务？ （3）怎样获得原料？ （4）怎样获得合同？ （5）顾客是谁？ （6）产品如何得到再加工？
工作岗位	（1）被分析的岗位在哪里？ （2）环境（照明、温度、湿度、通风、辐射、灰尘等）如何？ （3）员工在完成任务时采取怎样的肢体活动？

① 欧盟 Asia－Link 项目"关于课程开发的课程设计"课题组. 学习领域课程开发手册［M］. 北京：高等教育出版社，2007：18－60.

续上表

分析要点	引导问题
工作内容	(1) 工作任务的内容是什么（技术产品或工作过程、服务、文献整理等）? (2) 该对象在工作过程中的角色（如，是操作设备还是维修设备）。
工具/器材	(1) 完成工作需要哪些工具? (2) 如何使用这些工具?
工作方法	如何完成工作任务?（查找故障、质量保证、加工、装配）
劳动组织	(1) 工作是如何组织安排的?是独立工作，还是团队合作? (2) 与其他职业工作或部门有哪些合作及界线如何?
工作要求	(1) 完成工作时需完成企业哪些要求? (2) 顾客有哪些要求? (3) 社会有哪些要求? (4) 要注意的法律法规及质量要求有哪些?
综合性问题	(1) 与其他的典型任务有哪些联系? (2) 与其他的任务分析有何不同? (3) 与其他岗位的相同任务有何共同点? (4) 本岗位的培训是怎样开展的?

（2）职业分析调查表格。一个职业之所以能够成为一个职业，是因为它具有特殊的工作过程，即在工作的内容、工具、方法、组织以及要求的历史发展方面有它自身的独到之处。职业分析调查表格就由职业工作过程中的五个要素即内容、工具、方法、组织和要求构成（见表2－3），从而描述出一个职业的内涵。值得说明的是，其假设是实现工作过程是不变的，均包含了六个步骤：资讯、决策、计划、实施、检查、评价，但每个工作步骤中的五个要素，即内容、工具、方法、组织和要求是不同的，表现为不同的联系方式。在召开行业专家访谈会时，分析典型工作任务，其格式见范例2－1。

表2－3　德国职业分析调查表格示意图

内　容	工　具	方　法	组　织	要　求
生产设备的操作与监控	生产说明 工作计划、操作规程、设备手册 测试检测工具	设备状况检查与评价方法	集中检查 分散检查	生产设备运行保障 制定保养策略 保障劳动安全

范例2－1

典型工作任务分析记录

典型工作任务

设计、制造和改造工具/设备（车间直接设计）

工作岗位

25号车间，设备制造。被分析的工作岗位位于设备制造部，在该部工作的各类技术工人共有约20名。工位主要是操作台，行动便利，照明良好。在各操作台之间有一辆未油漆的轿车白车身，可用来对制造设备进行调整和优化。

工作过程

在多用途旅行车系列生产中要补一道自动生产线上没有的工序。设备制造部工具机械工的任务是：设计一个夹具，用来在车身顶框后梁上钻孔，以上螺丝安装安全带装置的三个部件，该安全带装置用来在后座上固定儿童坐椅。该安全带装置为出口某些国家必需的特别配置。要制造11个这样的夹具，使得能够在流水生产线上方便而准确地钻孔。在生产线上作业钻孔的工人应可以独自使用该夹具。负责设计和制造该夹具技术工人以白车身为重要参照，检验夹具的实际操作。另外还有顶框的详细图纸，给定了待钻孔的尺寸和公差。

第一步，制造工先在一个顶梁部件上钻孔，该部件在自动生产线上将被焊接到车身上，待设计制造的夹具就是为了以后完成同样的钻孔。这一顶梁部件即为下面夹具设计制造的参照样板。样板顶梁的钻孔按照图纸在钻床上完成。第二步，在车间由技术工人进行夹具设计。该夹具制造的典型实例说明，独立进行设计属于设备制造工的日常工作，只有极少数情况有现成的设计图纸，工人只需按照图纸制造即可。设计师和工程师在此只起顾问作用，夹具从设计到制造完全由技术工人负责把握。在进行这11个夹具制造之前，还要先在样板夹具上进行可用性检测及做适当改进，然后才投入制造。

工作任务的对象

借助样板顶梁找出在车身上钉住夹具的基准位置。生产线上制成的顶梁部件中间有一个现成的孔，可以作为事后待钻孔的参考位置。利用参考孔的好处在于可以较容易地“接纳”定位销，本夹具就采用了这一做法。采用的定位销是本厂自制的标准零件，在仓库里有存货。定位销及钻套在使用中会有磨损，设计中考虑了其更换问题，可以毫无困难地将其在夹具上拧紧。为了便于操作及根据孔距公差要求决定把夹具做成一个单件。钻套座和钻套的设计同样采用自制标准，以保证当钻套磨损时易于更换。市场上供应的标准零件没有所需的特殊尺寸，因此必须自己制造钻套，设备制造部给出相应订单。为了固定三个钻套座，选用一个四棱形钢管作为夹具的支架。该钢管不易扭曲，有可以接合钻套座的表面，重量轻且价格适中。除了通过中间的定位销进行夹具的定位，夹具在使用位置（这里车身顶梁）上的固定也是夹具质量的关键。必须避免由于上夹具而损坏车身，同时必须固定住夹具使其在使用过程中不会移位。

工具、方法与工作的组织

设计的过程主要是根据所要求的使用目的对基本件（标准件，配件）进行改制，为此必须对市场上供应的配件有全面的了解。这里用到的是夹杆，常用于夹具的固定与定位。所选的夹杆必须经过改制，因为夹角和手柄不适用于后顶梁钻孔用夹具。在车间的陈列板上收集几种常见的夹杆产品实物，这往往比产品目录手册更能为设计和调整工作带来有用的思路。夹具两侧的固定装置采用改制过的成品夹杆，而中间的夹杆由自己制造。这里利用了顶梁上现成的较大的孔（直径25 mm）来锁住夹具，以达到固定的目的。转动该固定部位的旋柄，将夹具上到顶梁上并夹牢，然后准确地定位并固定在加工件（车身）上。完成操作后旋开固定旋柄，扳开夹杆就能很容易地卸下夹具。

该样板夹具目前处于试用阶段，生产部门的员工通过实际使用检验其在生产过程中的可用性。设备制造部的技术工人在进行设计时必须如同设计部的工程师或技术员一样满足生产过程提出的各种要求。这些要求来自各方面：性能、成本、制造、操作与维护等，它们必须被全部考虑到，加以权衡。特别要注意的是可操作性，尽量从设计上排除使用时人为误操作的可能性。设计简洁的夹具便于使用维护，同时也要考虑到符合人体工程学原理。钻套、钻套座和定位销的设计显示了这些是设备制造中一再要用到的机械零件，尽管它们并不是严格意义上的标准件。在该车间分步进行的钻孔夹具的设计好比一个“拼图”，将几块各自简单且价格适中的部件拼装起来。操作简便、不易损坏、易于维护，就是一个好的夹具。夹具设计者的“艺术”在于权衡各项指标，如成本、可操作性、易于维护，将同这些集中于一项设计中。

对工作和技术的要求

高度的抽象思维能力是对该工作提出的要求，以保证独立自主地进行夹具设计和标准件改制。标准化制图和画草图能力同样是一个重要能力要求。另外对设备制造所需的标准件与配件有全面的认识也是必不可少的能力，这些标准部件常被用做基本部件，再根据具体使用目的进行改制。对设备制造工还提出合作能力的要求，一方面要同相邻部门（如设计部、生产部等）合作，另一方面也要为能使用设备进行批量生产的工人考虑。

区分点

在工具机械工的职业培训中往往容易忽视设备制造领域。在实际工作中，无论是哪个专业领域，设备制造同规尺及模具制造构成了工具机械工的一个重要业务领域。常常有这样的观点：在大型工业企业专业分工细，工具制造工不需要自行设计，因为这是设计部工程师和技术员的任务。而本次调查所在设备制造部门的例子反映，作为技术工人，工具制造工必须完全胜任设计任务。光会看图纸并按照图纸独立制造是不够的，因为设备制造不仅仅是完成设计图和零件图给定的制造要求。有关设备制造部的技术工人的报告说明，青年技工在本部门开始工作时等于重新接受一次“新的培训”，这不仅限于“非对口专业”的普通机械工，也包括工具机械工。

2．分析方式

德国的职业分析主要通过查阅资料、咨询专家和参观企业完成。查阅资料一般包括德国职业教育法规文件（职业教育条例、培训职业内容）、德国的职业描述（职业概况资料、企业信息）等。咨询专家，包括访谈行业企业专家，以及召开实践专家研讨会。BAG分析法强调整体化的职业分析，重点分析描述综合性的典型工作。召开实践专家研讨会的目的在于用典型工作任务的形式描述职业工作，并确定这些任务的难度等级和教学顺序。

典型工作任务的分析和描述应注意：

（1）工作任务包含完整的职业工作过程，能反映独立的职业规范或职业。

（2）一个典型工作任务总是能描述成一个完整的工作行动，包括咨询、决策、计划、实施、检查与评价环节。

（3）典型工作任务的表述包括工作的内容、工具、方法、组织和要求，工人在完成典型工作任务时有可设计的空间。

（4）在典型工作任务的实施过程中，可反映出其在企业整体经营过程中的意义和作用。

3．实践专家研讨会

（1）参加人员。实践专家研讨会的成功与否关键在于参会的代表和研讨会的主持人。

对于参加实践专家研讨会的代表，必须是当前从事的工作任务和工作岗位的人员，不仅他们的日常工作需基本上与被分析职业的工作相符，而且他们要拥有足够的职业经验，在自己的职业领域里不断地进修培训，从事的工作与所受的职业培训密切相关，工作组织具有灵活性，工作岗位属于技术先进之列，工作任务是整体和综合性的，在自己的任务范围内有较大的可设计空间，并不断更新，不是在流水线上工作。

对于研讨会的主持人，在主持中应采取中立的态度，与参会代表所在的企业保持一定距离，主持人和会议代表间都不存在竞争或上下级关系。主持人最好既具备专业知识，又具备方法能力。主持人本身最好接受过该职业教育培训并在相关领域工作，或者从事相关领域的职业教育培训及教学工作。除了专业知识外，主持人还必须具备主持研讨会和访谈活动的方法与经验。事实上，很少有人既有足够的专业知识又有丰富的主持经验，因此，可以同时有两个主持人，一个把控专业内容，一个负责组织程序。

（2）召开实践专家研讨会。一般包括六个环节，一是欢迎与介绍；二是分析个人职业历程，确定个人的职业发展阶段和典型工作任务；三是汇总工作任务，按职业专门化的差别分组汇总每个典型工作任务的职业描述10～20条；四是工作任务汇报，通过小组的轮流汇报，制定一个共同的典型工作任务表；五是典型工作任务的分析，采取调查问卷的方式，判断第四阶段集中讨论的每个典型工作任务表上各项内容是否相符，相符的画“+”号，不相符的画“-”号，难以判断的画“0”；六是会议结束。

四、澳洲的技术领域分析法①

澳大利亚的职业能力分析重在为终身教育体系提供所要求的课程体系。澳大利亚的职业分析与北美和德国有所不同，其不再针对一个具体的专业或者一个具体的培训职业，而是针对一个技术领域，比如信息技术领域。职业分析的主持机构是澳大利亚国家及州（领地级）的行业培训顾问机构，这个机构主持制定行业的能力标准。例如，信息技术领域的职业分析和能力标准的制定，由澳大利亚国家培训局委托信息技术与电信行业培训顾问机构实施。信息技术与电信行业培训顾问机构组建国家信息技术系统能力标准和培训包项目决策委员会，并授权其选定职业分析和培训包开发机构与人员。

1. 职业分析人员

信息技术行业的能力标准委员会（CSB）负责选定信息技术领域职业分析成员，这些成员来自多家行业公司、信息技术与电信行业培训顾问机构、澳大利亚信息技术学会、雇员以及政府机构，由这些机构的代表组成。

2. 职业分析表

职业分析表包括能力单元分析表和行为标准分析表。能力单元分析表（见表2-4）确定某一技术领域的能力领域和能力单元，例如，澳大利亚信息技术与电信行业培训顾问委员会组建的项目决策委员会将信息技术划分为11个能力领域，包括战略规划、分析与设计IT解决方案、构建IT解决方案、测试IT解决方案、实施IT解决方案、支持IT解决方案、应用IT解决方案、团队合作、文档编写、项目管理及其他领域。行为标准分析表（见表2-5）是确定每个能力要素的行为标准。

表2-4 能力单元分析表

能力领域	能力单元	能力要素
1. 战略规划	制定战略规划	
	实施战略规划	
2. 分析与设计IT解决方案	分析客户的需求	
	确定客户的商务需求	
	制定可行性报告	
	陈述可行性报告	
	制订系统平台计划	
	……	

① 邓泽民，郑予捷. 现代职业分析手册［M］. 北京：中国铁道出版社，2009.

续上表

能力领域	能力单元	能力要素
3. 构建 IT 解决方案	……	
4. 测试 IT 解决方案	……	
5. 实施 IT 解决方案	使用浏览器和电子邮件在网上发送和检索信息	利用因特网进行网上搜索
		发送和处理信息
		制作地址簿
	……	
6. 支持 IT 解决方案	……	
7. 应用 IT 解决方案	……	
8. 团队合作	……	
9. 文档编写	……	
10. 项目管理	……	
11. 其他领域	……	

表2－5　行为标准分析表

能力要素	行为标准
利用因特网进行网上搜索	打开浏览器并制定一个主页
	调整显示观看模式以适应个人的需求
	调整工具栏以满足用户和浏览者的需要
	打开某个网站并检索资料数据
	根据解码速度、计算机和浏览器的能力，下载或不下载图像
	打开综合资料源制定器（URL）以获取数据并浏览链接
	……

3．职业分析过程

澳大利亚的职业分析一般由界定技术领域、确定能力领域、确定能力单元、分析能力要素、确定行为标准五个环节完成。

（1）界定技术领域。技术领域一般要界定技术自身开发、制造与相关服务，以及技术所应用的各个领域。例如，信息技术领域被界定为“以计算机和电信技术为基础的技术在数据和信息的处理、显示、管理等方面的开发与应用，包括计算机和网络硬件与部件的制造、计算机软件开发和计算机的相关服务”。

（2）确定能力领域。能力领域是在技术领域界定以后，根据对技术领域界定的范围，分析确定出人们开发、制造、应用这种技术的能力。例如，信息技术领域就涉及 11 项能力领域，如表 2－4 所示。

（3）确定能力单元。能力单元是能力领域的组成部分。它描述在不同工作地点，达到行业工作质量标准所需要的知识和技能。能力单元的分析确定是依据能力领域的划分，对能力领域进行细分，如表 2－4 所示。

（4）分析能力要素。能力要素是能力单元的主要组成部分，对能力单元进行具体解释。每一项能力要素描述一项工作内容，这项工作内容可能在多个能力单元中出现，表 2－4 所示“利用因特网进行网上搜索”是“使用浏览器和电子邮件在网上发送和检索信息”能力单元的一项工作任务，而“利用因特网进行网上搜索”这一工作任务会在多个能力单元中出现。

（5）确定行为标准。行为标准是指完成一项具体任务，即能力要素的行为要求。它是在能力要素确定之后，依据能力要素逐项进行分析确定的。如表 2－5 所示，“利用因特网进行网上搜索”这一能力要素包括“打开浏览器并制定一个主页”“调整显示观看模式以适应个人的需求”等行为标准。

五、英国的功能分析法[①]

英国职教课程开发坚持运用实用客观的理性主义开发方法，从职业的逻辑起点出发，把职业岗位需求作为课程开发的基础，从职业世界向教育内部辐射。英国有 25 个行业技能委员会，行业技能委员会（SSCs）负责开发、负责维护或开发本委员会所覆盖的行业或部门的国家职业标准。英国国家职业标准以雇主为导向，反映雇主和其他利益相关者要求，所描述的是个人在工作领域所要求的能力。

开发职业资格标准要进行职业分析，主要运用功能分析法。功能分析是用来界定职业性质及其功能的主要工具，它是确定职业能力并设置不同职业间界限的必要过程。功能分析法是用来分析事物或现象的结构和功能的方法。它以产出或结果为主，注重功能而非过程，通常从职业最顶层的大目标出发，逐层确立中目标、小目标（或称单元／要素），然后根据达到目标（完成职业单元／职业要素）所需的知识、技能以及其他相关能力的要求，确立标准的范围、内容和程度。

1. 职业分析人员

功能分析方法主要由熟悉行业的人员执行，包括雇主代表、劳动者、行业内的专家或其他类似组织以及行业监管者。同时，要通过网络媒体、电邮和焦点小组进行广泛咨

① 刘育锋，等. 中高职课程衔接的理论与实践——英国的经验与我国的借鉴［M］. 北京：北京理工大学出版社，2012：80－91.

询，以就分析的结果达成共识。

2. 职业分析表

功能分析的结果是功能表。一份详细的功能表，能够确定各职业领域的独特贡献，即“划定的职业领域”。以商业餐馆向顾客提供食物和饮料为例，其功能分析表如表 2-6 所示，包括主要目标、主要功能和可能的 NOS 名称即可能的标准，主要功能是指要做什么才能达到这一主要目标，可能的 NOS 名称是指要做什么才能达到主要功能要求。

表 2-6　餐饮业功能分析案例

主要目标	主要功能	可能的 NOS 名称
在一个商业餐馆向顾客提供食物和饮料	A. 收拾布置餐馆公共区域以提供服务	A1. 收拾布置餐馆以提供服务
		A2. 摆餐桌
	B. 了解并满足顾客需求	B1. 迎接顾客并安排就座
		B2. 接受客户订单并传达
		B3. 按订单为顾客上菜
		B4. 按订单为顾客上饮料
	C. 进行财务交易	C1. 向顾客收钱
		C2. 对账并处理账款

3. 职业分析过程

开展功能分析前，必须进行行业/职业需求分析，要分析行业所覆盖的领域、就职者规模、行业/职业之间的关系、行业/职业的主要趋势、发展和驱动力以及典型的生涯发展通道和发展机会等。功能分析方法包括 3 个主要阶段：

（1）编写主要目的说明，即撰写在某工作领域个人希望能取得的一切工作成果的总结。例如：“向顾客提供食物和饮料”是商业餐馆的一项工作成果即目的。

（2）识别主要功能，即需要怎样做才能达到主要目的。要达到“向顾客提供食物和饮料”，必须有 3 项主要功能，包括：①收拾布置餐馆公共区域以提供服务；②了解并满足顾客需求；③进行财务交易。

（3）识别可能的标准，即需要怎样做才能实现每个主要功能。要实现“进行财务交易”这一功能，应如何做呢？应该：①向客户收钱；②对账并处理账款。

4. 应注意的主要问题

功能分析法应注意如下问题：

（1）基于行业/职业分析，确定功能分析的范围。确保分析涵盖商定工作范围内的所有职业能力领域。

（2）采用结构化方法，按照“要做什么才能……”分解功能和次级功能。

（3）功能的界定要简明、清晰、用词得当。采用主动语态，如“准备原料……”，尽量言简意赅，关注必需的内容，省去多余信息。

第二节
“二维四步五解”职业能力分析法

运用科学的职业能力分析方法，是进行职业教育专业设置、专业建设、课程开发以及课程实施与评价的基础和关键，因此，对职业能力的分析显得尤为重要。“二维四步五解”职业能力分析法①是一套规范、操作性强、行之有效、本土化的职业能力分析方法，是广东省教育研究院杜怡萍副研究员根据国内外职业能力分析法的基本思想，结合广东省职业教育标准研制的具体要求，总结提炼出的一种职业能力分析方法。该分析方法历经10年在50多个中高职专业近百场次的职业能力分析实践探索，其思想、内容、步骤、要领日益清晰，得以定型，是广东职业教育标准体系建设的重要工具，在中高职衔接的专业教学标准和课程标准研制中发挥了重要的作用。

一、职业能力分析的意义

职业教育培养的是高素质劳动者和技能型人才，其核心就是要培养学生的综合职业能力。职业能力既是行业企业用人的要求和标准，也是职业教育人才培养的目标，是职业院校与行业企业有机联系的重要纽带。以产教深度融合为重要特征的现代职业教育，必须实现职业教育的“五对接”，即专业设置要与职业岗位对接、课程内容要与职业标准对接、教学过程要与生产过程对接、毕业证书要与职业证书对接、职业教育要与终身教育对接，实现与体现这“五对接”的关键因素就是职业能力。发达国家的国家职业标准很健全，例如上一节所述英国、德国、澳大利亚、美国等国家，对职业能力描述非常具体，职业院校就可以按照职业标准开展建立课程标准、开发课程内容等。我国在国家职业分类和职业资格证书的开发方面尚处于起步阶段，职业分类的合理性、职业标准的覆盖率、权威性、实时性都有待进一步提高，这一源头性的资源缺失，使得职业能力分析成为我国职业教育的专业建设必不可少的工作。只有系统、清晰、准确地描述职业能力，才能真正建构起职业教育特色的课程体系，也才能培养出具有综合职业能力的人才。

二、职业能力分析的目的

职业院校开展职业能力分析的主要目的在于：

---

① 杜怡萍.“二维四步五解”职业能力分析法的实践探索 [J]. 职教论坛，2015（5）：8－14.

1. 确定专业应培养的职业能力

职业能力是确定专业人才培养目标、课程教学目标的重要内容，是明确人才培养规格的重要依据。通过职业能力分析，可以进一步明确专业培养目标和人才培养规格，特别是为课程培养目标的确定打下扎实的基础。由于能力的内隐性特征，致使目前不少专业的培养规格、培养目标非常不明确，常常表现为似是而非、模棱两可的不确定性用语，因此，对于职业能力的分析，必须尽可能将其外显化、明确化、可测性。国际上通用的方法是通过对完成具体工作任务的能力要求描述，不仅能将内隐性的能力较为清晰、显性地表达出来，而且也使得这一能力能够可评可测。

2. 确定职业岗位的典型工作任务

职业教育培养的是服务一线的应用型人才，通俗而言，职业院校的毕业生应能“零距离”就业，即毕业生对于职业岗位的具体工作任务不仅要明确而且要会做。因此，明确职业岗位的工作任务是职业能力分析的重要内容。此外，职业教育课程的建构依据是工作的结构和体系，其基础是典型工作任务，职业教育不仅要关注让学生获得哪些职业知识，而且要关注学生以什么结构来获得这些知识，由此可见，课程结构是影响学生职业能力形成的重要变量。职业教育的课程结构要与工作的结构有机地对应起来，由此，基于工作过程的课程开发孕育而生。开发基于工作过程的课程，必须确定职业岗位的典型工作任务，因为职业活动中的典型工作任务是形成职业能力的重要载体，它可以促使能力构成的知识、技能、态度三要素呈现结构化形态。

3. 明确岗位对知识、技能、态度的要求

“二维四步五解”职业能力分析法采取对岗位、项目、任务及能力层层细化的方式，分解出各岗位的能力要求，包括其对知识、技能、态度的要求，是课程体系的建构和课程内容开发的重要依据。通过这一分析方法，可以建立起从能力到课程的桥梁，为下一步的课程转化、课程体系建构、课程内容开发打下扎实基础。

三、“二维四步五解”分析法的基本内涵

“二维四步五解”职业能力分析从专业能力和职业素养两个维度，通过四个步骤，即：专业对接职业岗位、职业岗位细分为工作项目、工作项目细分为工作任务、工作任务细分为职业能力，再从完成工作任务应具备的技能、工具、方法、要求、知识五个方面解析职业能力的方法。

“二维四步五解”职业能力分析法的内容结构如图 2－2 所示。

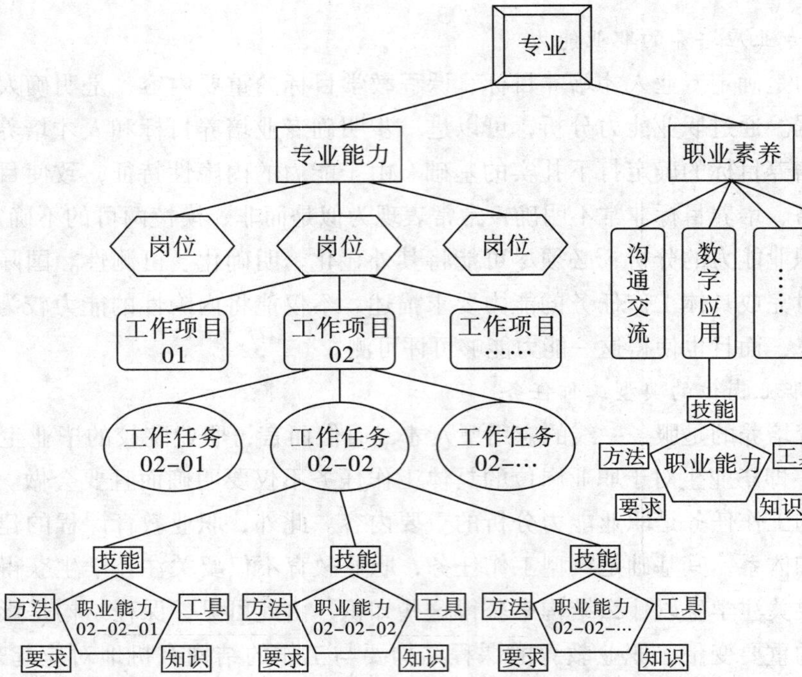

图 2－2　“二维四步五解”职业能力分析法内容结构

1．“二维”

“二维”是职业能力分析的两个维度，从专业能力和职业素养两个维度表述职业能力。专业能力是人们从事一门或若干相近职业所必备的本领，包括能力构成中的技能和知识要素，是人们赖以生存的能力。例如，一名会计人员“能够做账”，就是指其具有专业能力。职业素养是能力构成中的态度要素，与纯粹的职业技能和知识无直接关系的能力，当劳动组织发生变化或者当职业发生变更的时候，这种能力依然存在，并可以促使人们重新获得新的知识和新的技能。例如，“严谨认真的工作作风”不仅是一名会计人员的素养要求，而且这一素养也促进会计人员不断发展，以及很好地适应新的岗位要求。在职业能力分析过程中，先分析专业能力，最后分析各岗位共同的职业素养。

如图 2－3 所示，从内涵上看，“二维”的职业能力分类实质上与德国对职业能力的分类（专业能力、方法能力、社会能力），以及能力构成的三要素（知识、技能、态度）是一致的。

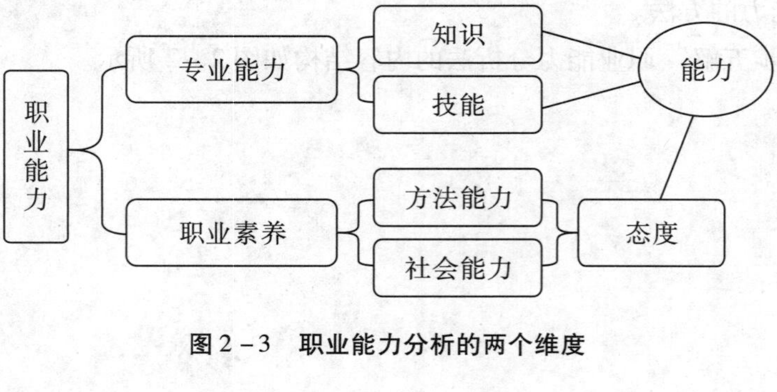

图 2－3　职业能力分析的两个维度

2.“四步”

“四步”是指职业能力分析的步骤。职业能力的分析步骤包括四步（图2-4）：第一步，确定专业所对应的职业岗位，一般一个专业对应4~6个职业岗位；第二步，每个职业岗位的工作领域分解成若干个工作项目，一般每个岗位有5~10个工作项目；第三步，将每个工作项目按其工作步骤或内容事项细分成若干工作任务，一般每个工作项目分为5个左右的工作任务；第四步，确定完成某一任务需具备的具体职业能力点。

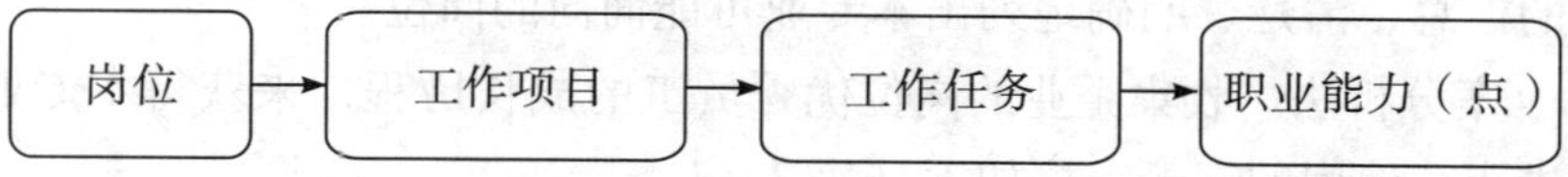

图2-4 职业能力分析的四个步骤

由于职业素养是各岗位通用的能力，因此职业素养的分析只需两个步骤。第一步是确定职业素养分类。借鉴各国对职业素养的不同表述，如德国所指的关键能力，英国所指的核心技能或软技能，从沟通交流、数字应用、革新创新、自主学习、团队合作、解决问题、信息处理、责任（安全）意识、外语应用、其他等十个方面细化职业素养，如第一章第一节图1-1所示。第二步是对每个职业素养在具体工作中的表现，将各项职业素养分类进一步细化为职业能力点。

3.“五解”

“五解”是指从五个方面解析完成工作任务以及达到的职业素养需要具备的职业能力点。针对需要完成的工作任务或要达到的素质要求，从需具备的技能、需使用的工具、能运用的方法、应注意的工作要求以及需具备的理论知识五个方面来分解分析职业能力。采取动宾结构的简短用语来表达职业能力，如“能准确计算金额”“能填写投诉处理报告”“使用高压水枪清洗全车外部大块泥沙”“知道一般打蜡器材功用及操作守则”“能及时准确传达客户要求到相关部门”，等等。

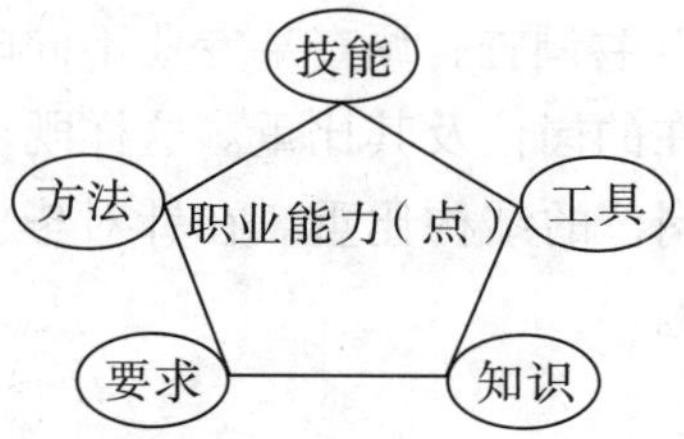

图2-5 职业能力解析的五个方面

四、确定目标岗位是“二维四步五解”分析法的前提

1. 确定目标岗位的途径和方法

职业院校开展职业能力分析，首先，也是第一个步骤，必须要明确专业人才培养所面向的职业岗位群，即目标岗位。对于职业岗位的科学定位的应然依据是基于国家职业

分类基础上的国家职业标准，国家职业标准是根据职业活动的内容，对从业人员工作能力水平提出规范性要求，在理论上，国家职业标准才是职业教育培养目标精确定位的指南针。[①] 但在实际工作中，目前我国国家职业资格框架还不够健全，国家职业标准还不够完整，难以为职业院校专业定位提供明确的职业岗位，职业院校通过企业调查和毕业生调查能够比较全面地获得专业对应职业岗位群信息。目标岗位定位的方法如下：

（1）座谈法。请相关企业专家按要求分别提出各自所认为的可能岗位，通过对企业专家观点的汇总，清楚、明确地列出本专业可能面向的岗位。

（2）个案分析法。收集企业的岗位优秀员工的成长历程，来获得本专业面向的职业岗位发展进程。使用的记录表格如下（表 2－7）。

表 2－7　行业专家工作经历

姓名	学历情况		第一岗位		第二岗位		第三岗位		……	目前岗位	
	毕业时间	毕业院校	时间	岗位名称	时间	岗位名称	时间	岗位名称	……	时间	岗位名称

（3）调查统计法。通过问卷调查，调查某专业不同时间毕业生，就可以统计出该专业的不同时间毕业生当前所在的岗位及其比重。这样既可反映出就业岗位，又可反映不同时期的发展岗位，以及各岗位的结构比重。在针对毕业生的调查问卷中，可以设计 3 个选择题，见范例 2－2 所示。

范例 2－2

毕业生岗位调查问题设计

1. 你目前的工作年限是______年。

①一年以下　②一年　③两年　④三年　⑤四年及以上

① 邵元君，匡瑛．国家职业标准：中高职衔接中培养目标定位的重要依据［J］．职教论坛，2012（28）：51－54.

现就职企业经历的工作岗位分别是________、________。

2．你毕业后更换过________次工作单位。

①没变过 ②变过1次 ③变过2次 ④变过3次以上

经历的工作岗位分别是________、________、________、________/……

3．目前你在单位的工作岗位是______。(以会计专业为例)

①会计 ②出纳 ③仓管员 ④营业员 ⑤统计员 ⑥收银员

⑦文员 ⑧银行柜员 ⑨财务主管 ⑩审计 ⑪销售

⑫其他____________相当于：____________

a. 高层管理人员 b. 中层管理人员 c. 基层管理人员 d. 高级技术人员 e. 中级技术人员 f. 初级技术人员 g. 普通工作人员

例如，对中职会计专业、高职会计专业毕业生调查问卷的统计，就可以确定中职会计专业、高职会计专业毕业生的就业分布，如图2-6、图2-7所示。

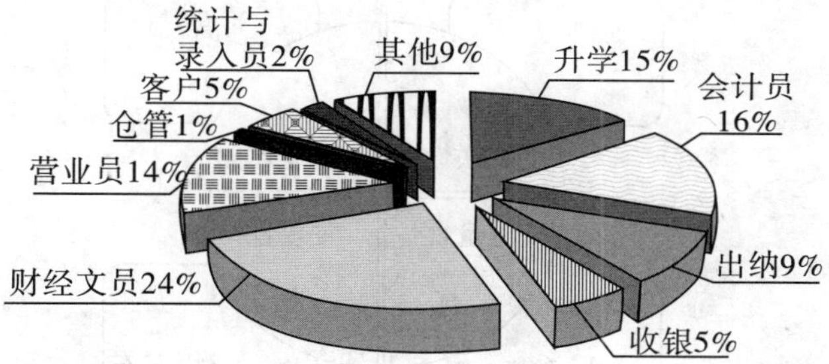

图2-6 中职会计专业毕业生3~5年就业岗位分布

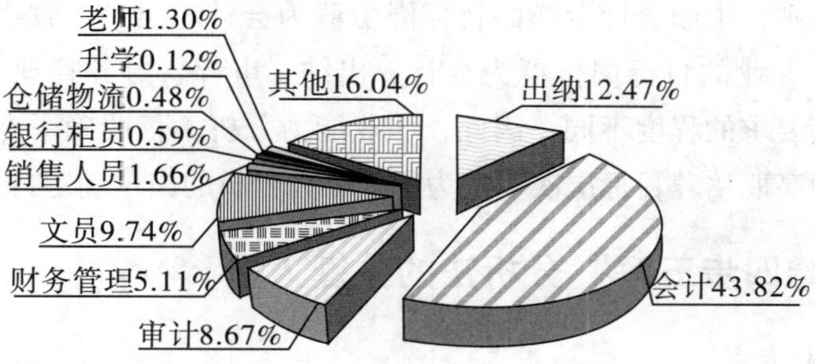

图2-7 高职会计专业毕业生3~5年就业岗位分布

(4) 分析与综合。根据专业的发展理念，在以上调查分析的基础上，最终筛选出专业所应面向的岗位，从而判断出主要的目标岗位。调查显示，由于多种原因，职业院校毕业生的就业岗位是多种多样的，岗位定位必须解决三个问题：一是不同毕业时间的就业岗位虽然相近，但会发生变化，应以毕业多少年的岗位为目标岗位？二是毕业生就业的岗位数多，专业培养应针对几个岗位？三是同一专业的中职、高职毕业生岗位如何区分？

2. 确定目标岗位的原则

通过实践探索，在确定目标岗位时应遵守四个原则（图2－8）：一是关联性强的原则，即选择与专业密切相关的岗位为目标岗位，例如，客户服务岗位与中职会计专业的关联性不强，不应作为目标岗位；二是就业比重高的原则，目标岗位应在所有就业岗位中占有较大比重，例如，中职会计专业的毕业生有24%的比重从事财经文员岗位，2%的比重从事统计与记录工作，财经文员应成为目标岗位，统计与记录就不列入目标岗位；三是3年左右的时效性原则，考虑到刚毕业的学生岗位稳定性差，以及岗位知识的更新速度快等因素，目标岗位定位的毕业时间不宜过短也不宜过长，一般为毕业3年左右的就业岗位作为目标岗位。四是4～6个的适量性原则，一个专业对应的职业岗位一般不超过6个，4个左右为宜，应采取通用的、概括性强的岗位名称。

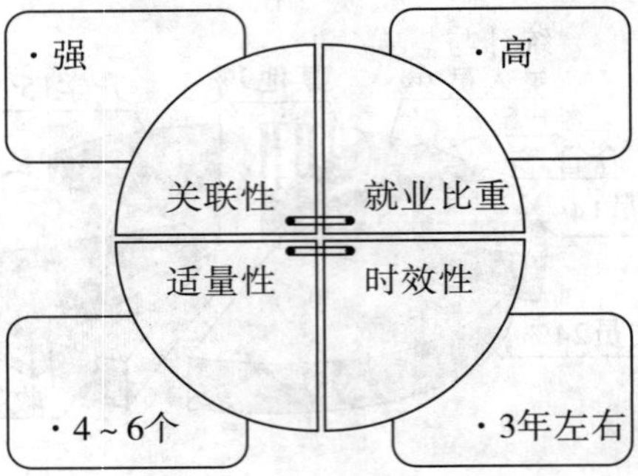

图2－8　目标岗位定位的原则

基于以上原则，中职会计专业的目标岗位群为会计、出纳、收银员、财经文员、营销员，高职会计专业的目标岗位群为会计、出纳、审计、财务管理。中高职都有会计、出纳岗位，但其要求的程度不同，因此，职业能力分析不仅明确了专业的目标岗位，而且有利于区分中高职培养目标层次，这为职业能力分析的岗位确定打下了基础。

五、“二维四步五解”分析法的关键人员

1. 行业企业专家

行业企业专家是职业能力的源泉和分析主体，比较各国的职业能力分析方法，无一不是通过行业企业专家来获取职业能力的。“二维四步五解”职业能力分析依托的是在区域有代表性的行业企业优秀员工作为行业企业专家，其基本标准如下：

（1）具有该岗位丰富的经验，至少有3年或3年以上工作经历。

（2）直接从事该领域的专职工作。

（3）应具有较好的语言表达能力，最好是主管这一级的人员。

（4）具有严谨的作风和前瞻的眼光。

（5）能与人协同工作，不存在偏见。

（6）工作期间能全身心地投入。

2. 组织者

为了保证职业能力分析的成功，需要一位能统筹全过程的组织者，调配职业分析准备至结束全过程的人力、物力和财力资源。组织者的职责在于统筹谋划、落实执行、检查督促，“二维四步五解”职业能力分析是一项系统工程，其对内容的逻辑性和工作协同性要求较高，一个优秀的组织者是完整、高效地开展职业能力分析的重要保障。

对组织者的基本要求如下：

（1）能制订职业能力分析的工作方案。

（2）有权或已得到授权调动职业能力分析所需的人力、物力和财力资源。

（3）有较强的组织协调能力，能形成工作团队。

（4）能做好会前计划及准备、会场秩序的维护、会后工作的跟进。

3. 主持人

召开职业能力分析行业专家研讨会是“二维四步五解”职业能力分析的重要形式，需要一位优秀的主持人以确保研讨会的科学有序进行。主持人的基本要求如下：①

（1）必须掌握职业分析方法，并具有丰富的职业分析会组织和主持的实践经验。

（2）必须掌握课程开发方法，并具有丰富的课程开发经验。

（3）能在较短的时间内向职业能力分析会成员清晰地介绍职业分析的过程，以及职业能力分析研讨会讨论问题的原则。

（4）能灵活调控职业能力分析的节奏和研讨会的进程，保证在既定的时间内完成分析工作。

（5）能保证在同一时间、每一岗位的职业能力分析成员都讨论同一个问题。

（6）能激发职业能力分析会成员积极参加讨论，并使得讨论始终在预定的主题内进行。

（7）能使每一位职业能力分析会成员都能提出自己的意见，发表自己的看法。

（8）具有耐心，并能对职业能力分析进行必要而又及时的提示。

（9）能迅速准确地将职业能力分析会成员的口述，转化为“动词 + 名词”的方式概括。

（10）善于解决职业能力分析研讨中出现的争议，促进职业能力分析会成员达成一致意见。

一个优秀的、精干的主持人必须具备四个特质（见图 2 - 9）：一是专业，主持人不仅要非常熟悉职业能力分析法，而且要有深厚的课程开发功底，最好是所分析专业的专

① 邓泽民，郑予捷. 现代职业分析手册［M］. 北京：中国铁道出版社，2009：10.

家；二是热情，能够营造轻松而紧张的研讨氛围，激发每一个参与者积极发言；三是灵活，具备非常强的引导、归纳和调控能力；四是耐劳，主持人几乎要同步地将行业专家对工作的表述转述为动宾结构的精炼语句，一天超过8～10小时几乎不停地讲，类似于翻译中“同传”工作，脑力和体力消耗非常大，是非常辛苦的工作。

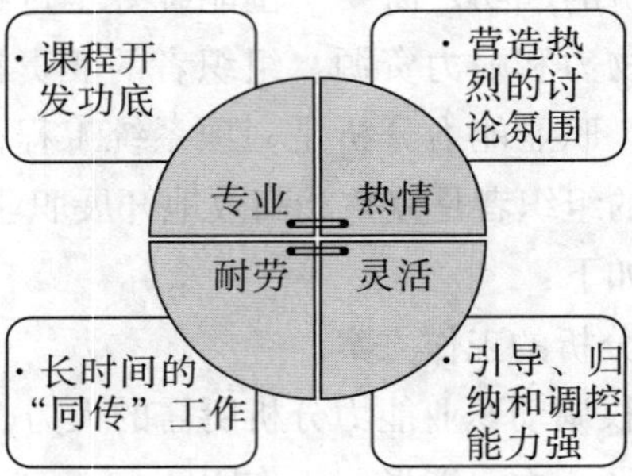

图2－9　优秀主持人特质

4. 电脑记录员

传统的职业能力分析多采取张贴板法，效率较低，“二维四步五解”职业能力分析采取电脑记录的方式，方便、快捷、同步，易修改、易保存，这就需要技艺娴熟的电脑记录员。电脑记录员除了具备与主持人相同的吃苦耐劳的特质外，应具备以下条件：

（1）懂专业，了解职业能力分析方法，且为年轻专业教师。

（2）非常熟悉Excel软件的使用，能够快速地打字记录，采取“动词＋名词”的方式记录。

（3）严格按职业能力分析主持人的要求积极工作，专心听并注意记录职业能力分析会成员的意见，为主持人提供全方位支持。

（4）一般不参加讨论，主要在于做好录入工作，还要配合主持人做好修正、打印等其他工作。

六、分级式的职业能力分析工具

1. 岗位职业能力分析表

根据“二维四步五解”分析法的内涵，我们设计了分级式的职业能力分析记录工具，见表2－8。该表在岗位分析时使用，主要体现了“二维四步五解”的专业能力和职业素养两个维度，岗位、工作项目、工作任务、职业能力四个步骤，以及职业能力的技能、工具、方法、要求、知识五个解析方面。

表2-8　××岗位职业能力分析表

工作项目 /职业素养	项目评定	工作任务 /职业素养分类	职业能力 （技能、工具、方法、要求、知识）	能力要求 （打“√”） 高	 中
……					
职业素养（通用能力、核心技能、关键能力）		沟通交流			
		数字应用			
		革新创新			
		自主学习			
		团队合作			
		解决问题			

续上表

工作项目/职业素养	项目评定	工作任务/职业素养分类	职业能力（技能、工具、方法、要求、知识）	能力要求（打“√”）	
				高	中
职业素养（通用能力、核心技能、关键能力）		信息处理			
		责任（安全）意识			
		外语应用			
		其他			

在表2－8中，工作项目是指将每个岗位划分为若干个工作领域或工作职责，工作任务是指对每个工作项目按完成该工作的步骤或事项划分为若干工作任务。职业能力是指完成每个工作任务的能力要求，包括技能、工具、方法、知识、要求等方面。在表2－8中，项目评定是对该岗位工作人员完成每个工作项目的程度要求进行评级，一共分为1～6级，由低到高完成程度要求越来越高，等级划分见表2－9。表2－8中，能力要求分为“高”和“中”两列，采取打“√”的方式，对每个职业能力点在工作中出现的频率高低或重要性程度打“√”，若某一职业能力点在工作中出现的频率低或不重要则就在表中删除。

表2－9　工作项目完成评定表①

等级	评定标准
6	能高质量、高效率地完成此项任务的全部内容，并能指导他人完成
5	能高质量、高效率地完成此项任务的全部内容，并能解决遇到的问题
4	能高质量、高效率地完成此项任务的全部内容
3	能圆满地完成此项任务的全部内容，不需要任何指导
2	能圆满地完成此项任务的全部内容，偶尔需要帮助和指导
1	能圆满地完成此项任务的全部内容，但需要在现场指导下，才能圆满地完成此项技能的全部内容

① 邓泽民，郑予捷．现代职业分析手册［M］．北京：中国铁道出版社，2009：24.

2．专业职业能力分析表

在完成了专业所对应的岗位职业能力分析后，需要将各岗位职业能力合并成专业职业能力分析表（如表 2－10 所示）。该表是表 2－8 的合并和转换，同样体现了“二维四步五解”分析法的全部内涵。但与表 2－8 不同的方面有两点，一是表 2－10 没有了“项目评定”，“项目评定”这一列是确定表 2－10 的“学习水平”列入中职、高职达到的依据之一，也是后续课程内容开发的重要参考。“项目评定”是一个过渡性的栏目。二是表 2－10 没有了“能力要求”而有了“学习水平”，表 2－8 的“能力要求”是表 2－10 的“学习水平”列入中职、高职层次达到的依据之一，也属于过渡性的栏目。表 2－10 的“学习水平”分为中职层次、高职层次甚至本科层次。学习水平的划分主要依据是职业生涯发展路径表中该学历层次所对应的岗位层次，而该岗位层次又与工作项目、工作任务及职业能力是有机对应的。

表 2－10　××专业职业能力分析表

工作项目 /职业素养	工作任务 /职业素养分类	职业能力 （技能、工具、方法、要求、知识）	学习水平	
			中职 L_i	高职 L_j
……				
职业素养（通用能力、核心技能、关键能力）	沟通交流			

续上表

工作项目/职业素养	工作任务/职业素养分类	职业能力（技能、工具、方法、要求、知识）	学习水平	
			中职 L_i	高职 L_j
职业素养（通用能力、核心技能、关键能力）	数字应用			
	革新创新			
	自主学习			
	团队合作			
	解决问题			
	信息处理			
	责任（安全）意识			
	外语应用			
	其他			

3. 职业能力分析用语

能力是一种内化了的个体品质，由于其可以在相关的职业活动中得以体现出来，表现为“能什么”“会什么”，国外的职业能力分析多采用对行为描述的方式来表达能力。因此，“二维四步五解”职业能力分析法也采用动宾结构来描述职业能力，其格式为“动词＋名词”的短句，且使用直接性的行为动词，少使用心智行为的动词。如一般不用或少用“掌握什么知识”，而采取用“陈述什么知识”或“辨别什么知识”，这样提高了职业能力的可测性，从而使得内隐的能力实现了外显。

常采取描述职业能力的输出性动词：

（1）表述认知类动词。

①知道和认识类：陈述、回忆、概述、概括、匹配、界定等。

②理解类：推断、解释、辨别、判断、估计、总结等。

③迁移类：改变、转换、修改、发展、使用等。

④应用类：区分、演绎、推理、评价等。

（2）表述执行类动词。

①操作类：操作、采集、配置、标定、使用、挑选等。

②程序类：排序、连接、制造、调整、准备、安装等。

③理会类：理会、阅读、摘录、寻找等。

④解决问题类：计划、设计、排除、估算、计算、选择、布置等。

⑤管理组织类：组织、管理、指导、协调、监控等。

（3）表述情感类动词。

①接受类：注意、觉察、识别、控制等。

②反应类：遵守、服从、参与、愿意等。

③价值类：形成、表达、展示、倾向等。

④组织类：决定、限定、选择、比较等。

⑤个性类：避免、内化、抗拒、处理等。

七、“二维四步五解”分析法的操作方法

“二维四步五解”职业能力分析法的运用涉及多种方法的综合，包括头脑风暴法、文献研究法、案例研究法、问卷调查法、咨询专家法等，通过多种方法的综合运用，才能从多种途径获得职业能力信息，才能丰富职业能力分析表。

1. 头脑风暴

召开行业专家研讨会是“二维四步五解”职业能力分析法运用的重要途径，行业专家研讨会的召开常采用头脑风暴法。头脑风暴法是专家决策法之一，通常采取的是集体头脑风暴法。集体头脑风暴法是通过专家微观智能结构之间的信息交流、互相启发，引起“思维共振”、互相补充，产生组合效应，形成宏观智能结构，以创造性思维方式来获取信息。集体头脑风暴法的运用原则如下：

（1）严格限制参与对象的范围，并尽可能提供一个有助于把注意力高度集中于所讨论问题的环境，便于研讨问题高度集中。

（2）创造一种自由发表见解的气氛，使参加者解除思想顾虑，以利于激发参加者的积极性。

（3）发言力求简短精练，不需详细论述；拖长发言时间将有碍激发思维活动的进行；不允许参加者宣读事先准备好的发言稿。

（4）认真对待和研究专家组提出的任何一种设想，不管这种设想是否得当和可行，都不能对别人的意见提出怀疑。鼓励参加者对已经提出的设想进行补充、改进和综合。

经验证明："头脑风暴"的小组规模以10~15人为宜。"头脑风暴"主持人的主持水平是十分关键的。"头脑风暴"主持人的发言应能激发起参加者的思维"灵感"，促使参加者尽快回答会议提出的问题。对专家提出的意见应及时地记录下来，常见的方法有录音、录像、速记、表格记录等。

2. 文献研究

文献研究是"二维四步五解"职业能力分析法的重要基础和补充，职业能力分析的前后都需要进行文献研究。应收集、整理、提炼国内外专业（课程）建设以及职业发展资料，如论文、论著、职业要求等，尤其要注意搜集国内外在国家层面、行业企业层面的法规文件、职（执）业资格要求、职业标准、人才标准等方面研究成果。

3. 案例研究

在"二维四步五解"职业能力分析中，典型案例的收集、整理、利用是对职业能力内容的重要补充和验证，其中企业的岗位说明书、岗位招聘条件是具有重要价值的案例。为了突出案例的代表性和典型性，必须特别关注行业组织、大型企业、典型企业的岗位说明书、岗位职责的搜集和分析，这些信息既是对行业专家研讨会所形成岗位职业能力分析表的补充，也是对行业专家研讨的职业能力分析表的验证。

4. 问卷调查或咨询专家

当基本形成某岗位职业能力分析表时，或已经有较为成熟的职业能力分析表时，可以通过问卷调查或咨询专家的方式，丰富、修改、完善职业能力分析表。问卷调查是将已有的职业能力分析表制作成调查问卷，发给相关的行业企业专家，了解他们对这些能力的认同度，可采取五点量表，也可采取七点量表，如汽车维修企业"岗位任务、能力"调研问卷（售后经理、车间主任）所示（范例2-3），通过调查可以对职业能力点进行筛选、修改、补充，甚至可以进行推论统计分析，如聚类分析、相关分析等。咨询专家是指将已有的职业能力分析表发给行业企业的专家，征询他们的意见，请他们修改、补充、完善。

范例2-3

汽车维修企业"岗位任务、能力"调研问卷

（售后经理、车间主任）

尊敬的用人单位：

您好！为了了解企业的岗位及工作任务需求情况，听取您对学校人才培养工作的意见和建议，推进教育教学改革，提高教育质量和办学水平，我们设计了这份调查问卷，不涉及任何商业用途，对于您填写的全部资料，我们承诺严格保密！

广东省教育厅"汽车运用技术专业中高职衔接
专业教学标准和课程标准"研制组
2013年7月

企业名称：

填卷人：　　　　　职务：　　　　　电话：

填卷时间：　　　　　年　　　月　　　日

1. 您已从事汽车售后服务________年，目前从事的岗位是________

2. 您的学历是：

A. 初中　B. 高中　C. 中专或技校　D. 大专　E. 本科　F. 研究生　G. 其他

3. 您已获得的技能等级证书名称是________，等级是________

A. 初级工　B. 中级工　C. 高级工　D. 技师　E. 高级技师

F. 其他（请补充）________

4. 若学校组织教学班为您提高学历，您(是　否) 愿意参加；为您提高技能等级证书，您(是　否) 愿意参加。

5. 我们通过了解和研究，认为目前与汽车运用与维修技术专业毕业生相关度最高的售后服务3大工作岗位是：机电维修、钣金喷漆、服务顾问。如果您觉得还有其他，请列举________

6. 以下是机电维修、钣金喷漆、服务顾问的岗位典型任务描述，请您根据您的工作实际，对重要性打分，5 非常重要，4 重要，3 一般，2 不太重要，1 不重要。若您认为还有其他任务，请补充。

岗位及任务	具体工作任务	重要性				
		5	4	3	2	1
机电维修岗位（发动机机修）	1. 检修发动机油路、点火电路，更换故障零部件					
	2. 检修发动机冷却系统故障，更换故障零部件					
	3. 检修发动机润滑系统故障，更换故障零部件					
	4. 检修发动机进气系统故障，更换故障零部件					
	5. 检修发动机排气系统故障，更换故障零部件					
	6. 检修启动机和发电机					
	7. 检修涡轮增压系统故障，更换故障零部件					
	8. 调整点火正时					
	9. 调整气门间隙					
	10. 更换各种皮带					
	11. 发动机大修					
	12. 诊断、分析发动机常见故障原因					
	13. 诊断、分析发动机疑难故障原因					
	14. 检查维修质量、进行路试					
	15. 指导疑难维修工作					

续上表

岗位及任务	具体工作任务	重要性				
		5	4	3	2	1
机电维修岗位（发动机机修）	16. 指导常见维修工作					
	17.					
	18.					
	19.					
……						
服务顾问岗位	1. 前台业务接待工作，服务客户					
	2. 承修车辆维修过程监督					
	3. 承修车辆信息、车内物品、车况登记					
	4. 整理、核对保险索赔文件及手续					
	5. 听取客户陈述，请技术部共同诊断，下达工作指令，负责与客户及车间协商制定工期					
	6. 需要加项或改动维修方案或发现新故障时，及时与客户联系，征求客户同意					
	7. 对检验合格的竣工车辆及时准确核算材料费、工时费及其他费用，办理结算手续					
	8. 通知结算员办理收款或保险手续，并通知车主办理交款及提车手续					
	9. 负责出厂车辆的跟踪回访					
	10. 提高服务理念和客户满意度					
	11. 处理客户投诉、客户抱怨，及时反馈信息					
	12. 接待保险理赔车辆，受理保险业务					
	13.					
	14.					

注：该调查问卷由广东交通职业技术学院提供。

“二维四步五解”职业能力分析法在专业建设特别是广东中高职衔接的专业教学标准研制中得以广泛运用。例如，在全国中等职业教育会计专业教学标准中，运用该方法进行职业能力分析，形成中职会计专业的职业能力分析表，包括 39 个工作项目、123 个工作任务、526 个职业能力点和 69 个职业素养点；广东中高职衔接的汽车运用技术专业教学标准研制中确定的职业能力分析表包括 74 个工作项目、314 项工作任务、1 716 个职业能力点、58 个职业素养点；出版了《广东中高职衔接专业教学标准研制：职业能力分析》一书；等等。这些专业的职业能力分析，已成为课程体系建构、课程内容开发、组织教学、质量评价、师资培训的重要依据。

第三节
行业专家研讨会的组织

组织行业专家研讨会是“二维四步五解”职业能力分析法的重要途径之一，也是形成职业能力分析表的基础。本节以汽车运用技术专业的行业专家研讨会为例①，具体介绍行业专家研讨会的组织过程。

一、制订工作方案

1. *确定分析岗位*

在专业建设的过程中，第一阶段的调查与分析的重要内容就是确定该专业毕业生的职业生涯路径。通过企业调查分析，确定了汽车运用技术专业毕业生的职业生涯发展的三条通道（见图2－10），一是机电维护，二是车身维护，三是前台主任，从业人员可以从学徒工上升为技师乃至总经理、售后总监。此外，通过中高职汽车运用技术专业毕业3～5年的毕业生岗位调查，统计得出的就业岗位有10个（见图2－11）。

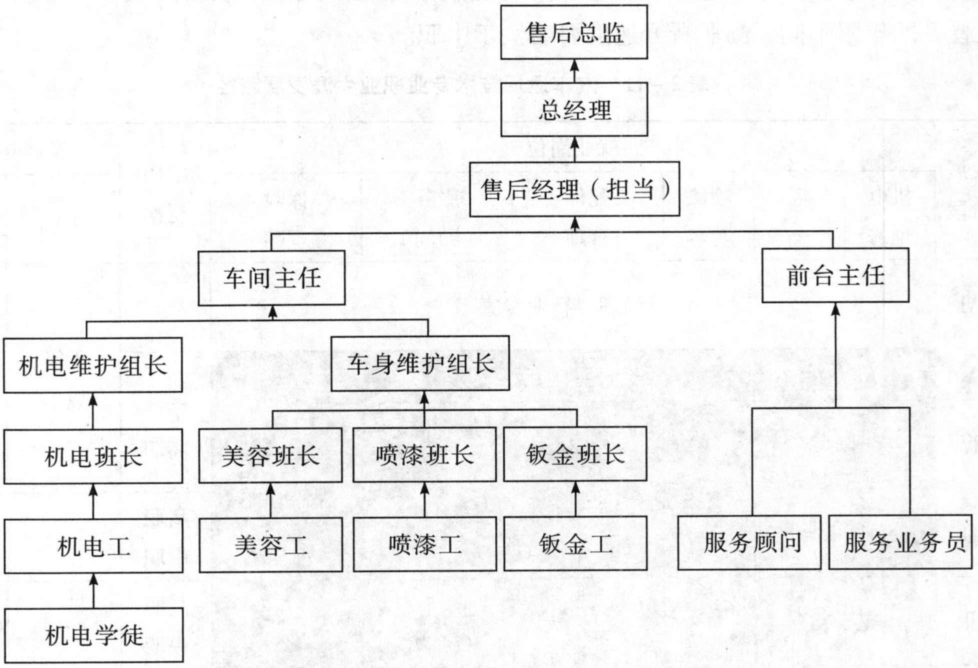

图2－10 汽车运用技术专业人才发展通道

① 本节案例资料由“汽车运用技术专业中高职衔接专业教学标准和课程标准研制”项目组（项目负责人郭海龙、邱志华）提供。

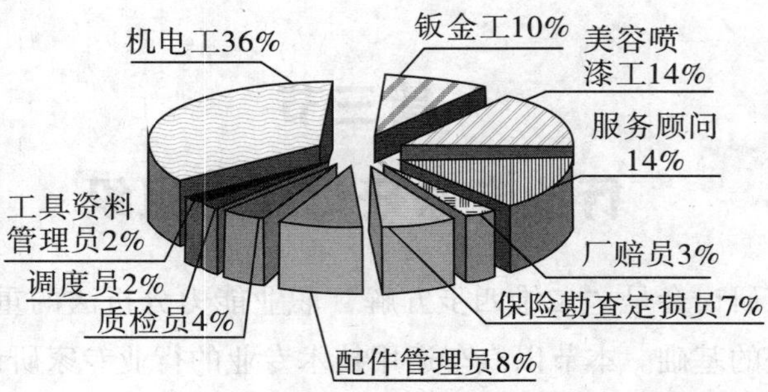

图 2-11　汽车运用技术专业毕业生去向

根据以上调查统计分析，遵循关联性强、就业比重高、3 年左右的时效性、4~6 个的适量性的四项原则，将汽车运用技术专业的中高职人才培养的目标岗位分为机电维修岗位、钣金岗位、喷漆美容岗位、配件管理岗位、服务顾问岗位、保险理赔岗位 6 类，每一类岗位又依据其工作量的多少和复杂程度分为Ⅰ~Ⅵ，共六级，从而确定了汽车运用技术专业的职业生涯发展路径，详见表 2-11。中职层次和高职层次培养的人才虽然有些重叠，但其侧重有所不同，如中职侧重操作型的岗位和基层管理岗位，如机电维修、钣金、喷漆美容、配件员；高职侧重技术型的岗位和中层管理岗位，如班组长乃至车间主任，配件主管、服务主管、保险理赔乃至服务经理岗位。中职和高职在这些岗位发展及晋升的年限不同，高职晋升速度要略快于中职。

表 2-11　汽车运用技术专业职业生涯发展路径

发展阶段	就业岗位						学历层次	发展年限	
	机电维修	钣金	喷漆美容	配件管理	服务顾问	保险理赔		中职	高职
Ⅵ	总经理　行业专家								12 年以上
Ⅴ	售后经理（售后总监）							8 年以上	8~12
Ⅳ	技术经理（车间主任）			服务经理（前台主任）			高职		5~8
Ⅲ	班组长	班组长	班组长	配件主管	服务主管	保险理赔主管	高职 中职	3~8	2~5
Ⅱ	机电工	钣金工	喷漆美容工	配件员	服务顾问	保险理赔员	高职 中职	1~3	0.5~2
Ⅰ	学徒	学徒	学徒	仓管员	服务顾问助理	保险理赔助理	中职	0~1	0~0.5

注：①不同企业因品牌、规模的不同，其岗位略有差异，本发展路径表综合了宝马、别克、丰田、日产、奥迪、奔驰、起亚、奇瑞、现代、通用、雪铁龙等品牌，较为全面地呈现了汽车运用技术专业毕

业生的职业生涯发展路径。

②学历层次为总体水平措述，具体应结合岗位。表中█ █ █分别对应中职、高职和中高职重叠的岗位及层级。

在此基础上，不仅可以确定中职、高职层次人才培养的目标岗位，而且也可明确行业专家研讨会需要分析的岗位。汽车运用技术专业需要分析的岗位有8个，包括机电工（从学徒到班组长）、钣金工（从学徒到班组长）、喷漆美容工（从学徒到班组长）、车间主任、前台服务（从助理到主管）、配件管理（从仓管到配件主管）、保险理赔（从助理到主管）、售后经理。一般一天分析的岗位数在4个左右为宜，因此，应召开至少2天的行业专家研讨会，在实际操作中，可以适当调整压缩。广东省中高职衔接汽车运用技术专业行业专家研讨会实际也召开了两次，一次是分析机电维修、车间主任、售后经理3个岗位，另一次是分析钣金、喷漆、前台服务、配件管理、保险理赔5个岗位。本节重点以第二次分析会为例。

在实际操作中，职业能力分析会常出现的问题是目标岗位不明确，导致分析的岗位不完整。例如，有的专业前期调研不扎实，目标岗位群缺乏充分的论证依据，导致开展职业能力分析的岗位与专业关联性不强，或遗漏需要分析的岗位。

2. 制订研讨会工作方案

详尽的工作方案是行业专家研讨会顺利进行的重要保证，也是组织工作的实施指南，一份好的方案是组织者统筹调配人力、物力、财力以及调控全过程的协调能力的重要体现。工作方案必须明确负责人、工作内容、时间安排、人员安排、资金预算以及检查督促等内容。范例2－4节选了汽车运用技术专业职业能力分析行业专家研讨会工作方案中的工作安排，从中可见，一次会议的组织需要组织者统筹各项工作，需要细化工作，需要分工明确，需要团队通力配合。

范例2－4

汽车运用技术专业中高职衔接职业能力分析行业专家研讨会工作安排

会议时间：2014年3月30日

会议总指挥：刘越琪院长、李军副院长、潘伟荣书记、孟国强副院长、吕其惠、卢佐习等

会议负责人：郭海龙　张永栋

时　间	工作项目	负责人	备　注
2014年3月28日 星期五上午	1. 广东交通职业技术学院出席领导和同事名单确认 2. 广东省教育研究院、中职学校出席名单确认 3. 会议经费准备 4. 企业出席专家确认	李军 郭海龙 郭海龙 许均锐	中午前将名牌安排名单转发凌宇平

续上表

时间	工作项目	负责人	备注
2014 年 3 月 28 日 星期五下午	1. 安排学生 2~3 人会议当天的会务 2. 准备并张挂会议条幅（汽车运用技术专业中高职衔接职业能力分析会） 3. 名牌打印摆放到位 4. 宝马白板及内容张贴摆放到位（内容见附件） 5. 专家用笔、纸张物品准备到位（15~20 人） 6. 饮用水、热水器、纸杯、茶具准备	凌宇平	白板内容可找书法较好的学生用油性笔书写，或打印，以清晰美观为原则
	会议当天午餐安排	杨敏坚	25 份，15 元标准、教工食堂用餐
	会议用打印机（2 台）、打印纸（2 包、色纸部分）、电脑、录音笔、订书机、会议室钥匙等用品准备 专家劳务费、签到表格制作	张永栋	
	会议当天录像、照相	洪蓓办理相关手续，容宗耀负责	李军签字
2014 年 3 月 29 日 周六下午	查缺补漏 会议各种材料准备与检查及相关材料打印	张永栋、郭海龙	
2014 年 3 月 30 日 星期日	现场协调	郭海龙	
	接送专家	温福军、王庆坚	
	企业专家接待	许均锐	
	专家现场签到	张永栋、学生	
	专家费发放	许均锐、郭海龙	
	会务	学生	沏茶、斟茶、引导
	午餐跟进	张永栋	
	内容记录	张永栋、黄俊刚、温福军、王庆坚	
	兼职主持人	张永栋	培养锻炼主持能力
	晚餐（可能）	领导和各位同事	

注：会议总体由郭海龙负责，不尽之处请咨询郭海龙、张永栋

二、确定参会人员

1. 邀请行业企业专家

参与行业专家研讨会的专家必须是来自行业企业相应岗位的优秀员工代表。为增加行业专家的代表性，首先确定行业、企业的代表性，考虑企业分布区域、规模大小及与毕业生就业的关联度高低，再根据本章第二节明确的行业企业专家基本标准，邀请相关岗位的优秀工作人员。汽车运用技术专业行业专家研讨会分析钣金、喷漆、前台服务、配件管理、保险理赔5个岗位，其中钣金、喷漆岗位在有的企业合并为一个岗位，邀请的人员如下（范例2-5）。

范例2-5

参与职业能力分析的行业企业专家名单

序号	姓名	职务	分析岗位	公司名称	汽车品牌（或单位名称）
1	何永祥	钣金主管	美容喷漆、钣金班组长	广州沙河丰田汽车销售服务有限公司	一汽丰田
2	郭晨阳	钣金主管	美容喷漆、钣金	广州德大宝马	宝马
3	张会军	钣喷主管	美容喷漆、钣金	广州梅花园汽车修理厂	上海通用
4	吴志锋	喷漆主管	喷漆美容工、喷漆美容班组长	广东广物福恒汽车贸易有限公司	长安福特
5	肖四海	售后前台主管	服务接待、服务主管	江门市福恒汽车销售服务有限公司	长安福特
6	周　磊	售后前台主管	服务接待、服务主管	广州昌宝汽车销售服务有限公司	华晨宝马
7	乔亢亢	售后前台主管	服务接待、服务主管	广州龙日汽车销售服务有限公司	东风日产
8	吴景江	配件主管	配件管理员、配件主管	广州世祥汽车销售有限公司	沃尔沃
9	许晓丹	配件主管	配件管理员、配件主管	佛山市东本汽车销售服务有限公司	东风本田
10	卓　裕	保险理赔中心主管	保险理赔员、保险理赔主管	中国人民财产保险股份有限公司中山分公司	中国人保
11	余艺明	保险理赔主管	保险理赔员、保险理赔主管	江门华通丰田汽车销售服务有限公司	一汽丰田

钣金岗位有2位行业专家，喷漆岗位有2位行业专家，售后服务岗位有3位行业专家，配件管理岗位有2位行业专家，保险理赔岗位有2位行业专家，这些专家来自不同企业类型，而且都是主管这一级的具有实际工作经验的优秀员工。

邀请行业专家较常见的问题：一是行业专家与岗位不对应；二是行业专家不直接在该岗位工作；三是行业专家过于年轻，不能准确表达工作要求及内容；四是行业专家来自同一单位（部门），其代表性不够；五是行业专家人数较少，难以营造争先恐后、积极主动的研讨氛围；六是某一个行业专家过于强势，导致别的专家不敢或不愿发言。

邀请行业专家应提前一至两周电话预约，确定其是否能参会，并提前一周向该专家所在单位发出邀请函，并向该专家发出会议通知函件，其基本内容见范例2-6，并在会议举行的前1~2天最后电话落实专家是否可以参会，否则要临时调换专家，以免正式会议时专家人数不够。需要特别说明的是，各院校可以通过召开行业专家研讨会，建立或充实专业建设专家库，这些专家不仅在职业能力分析时需要，而且在后续的课程内容开发等环节也需要他们的支持，范例2-6中的表四就是专家入库的基本信息表。

范例2-6

汽车运用技术专业教学标准研制行业专家

邀 请 函

________单位：

为促进职业教育培养的人才更好地适应社会需求，我院拟研制中高职衔接汽车运用技术专业教学标准，即通过开展社会调研及岗位分析，分析汽车运用技术专业毕业生职业生涯发展路径，确定各岗位的职业能力，明确中高职汽车运用技术专业人才培养目标与定位，构建中高职衔接汽车运用技术专业课程体系，提高人才培养的针对性和适用性。聘请贵单位__________同志为专业教学标准开发的行业专家，请于2014年3月30日参加“汽车运用技术专业职业能力分析行业专家研讨会”，具体事宜见会议通知（附件一），请给予大力支持！

广东交通职业技术学院
2014年3月20日

附件一：

关于召开“汽车运用技术专业职业能力分析行业专家研讨会”的函

________专家：

为促进职业教育培养的人才更好地适应社会需求，我院拟研制中高职衔接的汽车运用技术专业教学标准，拟召开“汽车运用技术专业职业能力分析行业专家研讨会”，旨在了解汽车运用技术专业中高职毕业生所从事工作岗位及发展路径，以及各岗位的工作内容及能力要求。请您作为________岗位的行业专家，参与该岗位以及您所熟悉岗位的研讨。现将会议具体事项通知如下：

1. 时间：2014年3月30日（星期日）全天。请于上午8点15分至8点30分到会，预计下午5点30分前结束。

2. 地点：广东交通职业技术学院行政楼4楼会议室。

3. 本次研讨会我们想了解的内容如下：第一，您认为汽车运用技术专业的中高职毕业生所从事的岗位及发展路径如何；第二，利用表一，列出各岗位的主要工作项目，请用“动词+名词”的格式描述，如“制作产品”；第三，对每个工作项目进一步分解成5~7个工作任务（即工作步骤或工作事项），以及完成每一步骤或事项应具有的职业能力，也采取“动词+名词”的格式描述，如“能熟练操作示波器”，描述动词参照表二；第四，每个岗位的职业素养的具体表现，采取“动词+名词”的格式描述，描述动词参照表二，如“服从班组长安排”；第五，对每项工作项目的完成（达到）程度进行评定（标准参照表三），并对每项职业能力出现的频率进行评定。最终要形成如表一格式的职业能力分析表。

（注：表一××岗位职业能力分析表，表二职业能力表述用词，表三任务完成评定表，此处省略）

4. 我们拟建立汽车运用技术专业教学标准研制专家库，请您填写表四于会议当日交签到处。

非常感谢您对我院职业教育改革工作的支持！

广东交通职业技术学院
2014年3月20日

表　广东交通职业技术学院汽车运用技术专业教学标准研制专家库信息表

年　月　日

姓　名		工作单位			
性　别		年龄		工龄	
职　业		职称		职务	
联系电话					
通信地址				邮编	

2. 确定主持人

主持人是行业专家研讨会的关键人物，一个优秀的主持人能大大提高研讨会的效率。主持人最好是既懂专业又懂课程理论、有较丰富职业能力分析经验的专家，在实际中两者兼而有之的人太少，可以采取主持人加助理主持人的形式相互补充。对于一个院校，开展专业建设是一项长久的工作，因此，应培养专业带头人具备组织和主持行业专家研讨会的能力，按专业培养主持人是师资队伍建设的重要内容。汽车运用技术专业行业专家研讨会邀请了资深的课程专家作为主持人，同时选拔了5位本专业老师作为助理主持人，即主持人的培养对象，在分岗位分析时由助理主持人引导行业专家分析。

3. 确定记录员

汽车运用技术专业行业专家研讨会配备了两名来自项目组的懂专业的年轻教师担任记录员，记录员符合第二节所述的电脑记录员条件。配备两名记录员的原因，是因为全天记录工作非常辛苦，两位记录员可以相互替换记录；记录过程与打印工作有时是同时进行的，也需要两人密切配合。

4. 确定列席人员

职业能力分析会是师资培训的最好途径之一，必须列席会议并经历整个过程，该专业的教师们才能充分了解、理解行业企业专家所述，才能够开展后续整理工作，为课程开发工作、教学实施打下扎实的基础。实践证明，对行业企业工作认识深刻或者具有企业工作经验的专业教师，其课程开发能力更强。列席人员邀请函见范例2－6。

值得一提的是，职业能力分析会行业企业主角是专家，列席人员不能参与会议讨论，也不能在会上和会下议论，以便保持良好的会场秩序。

人员选择不当，会极大地影响职业能力分析会的效果。在实践中，经常会出现以下三方面的问题：一是组织者缺乏组织经验和统筹能力，导致研讨会会场资料和用具准备不充分，工作人员不能各司其职，辅助工作不到位。二是主持人对职业能力分析要求不熟悉、缺乏课程建构经验、不能调动和调控现场气氛等，导致分析不透彻、不完整。三是记录员电脑操作太慢，不懂专业，影响研讨会进度；或自以为是，不能完全听从主持人的指挥。

三、布置会场

1. 准备设备

（1）制作会场挂图。将“职业能力表述用动词”（见本章第二节第六大点的第3小点“职业能力分析用语”）和“工作项目完成评定表”（见表2－9）分别制作成挂图，可以用“易拉宝”的方式，也可以张贴在白板上，摆放在会场投影的两侧。制作挂图的目的有两个，一是为了在研讨会中起到提醒作用，二是为了营造研讨会的氛围。

（2）制作座位牌（名牌）：主持人名牌含主持人及姓名两个座位牌，记录员名牌含记录员及姓名两个座位牌，岗位名牌按所分析的岗位名制作，行业专家名牌含行业专家单位及姓名、职务，出席会议的领导嘉宾姓名名牌等。

（3）准备用具：激光笔1支、录音笔1支、手提电脑2台、打印机1台、投影仪1台、录像机、照相机、A4打印纸1包、订书机1个、签字笔每人1支、草稿纸每人2张、茶水，等等。

（4）准备午餐：由于研讨会要求非常紧凑，午餐及午休时间仅有1个小时，一般准备盒饭式快餐即可。

2. 印制会议资料

会前要印制会议资料，保证每个参会人员都有一本会议资料，包括会议议程、职业能力表述用词、任务完成评定表、空白的××岗位职业能力分析表、岗位职业能力分析表范例、研讨会评估表，这些资料最好装订成册。部分内容的范例如下。

（1）会议议程见范例2－7。

范例2－7

“汽车运用技术专业职业能力分析行业专家研讨会”议程

2014年3月30日

时间	内容
7：45—8：15	组织人员布置会场
8：15—8：30	参加人员进场
8：30—9：00	开幕式及分析前辅导
9：00—9：30	行业专家自我介绍工作经历
10：00—11：00	确定每个岗位的工作项目
11：00—12：00	确定每个工作项目的工作任务及职业能力
12：00—13：00	午餐及休息
13：00—15：30	确定每个工作项目的工作任务的职业能力
15：30—16：00	整理职业能力分析表，并分岗位打印，由专家修改并确认，评定工作项目和职业能力
16：00—17：00	分析职业素养，并打印，由专家修改、确认、评定
17：00—17：15	1. 全体人员填写“职业能力分析研讨会评估表” 2. 后续工作布置
17：15—17：30	总结、宣布闭会

（2）岗位职业能力分析表范例。给出一个大家都能看懂的已分析过的岗位职业能力表作为范例，便于行业专家对研讨会要求的加深理解。例如，给出文员这一大家都较为

熟悉的岗位职业能力分析表（范例2－8），参会的行业专家可以很快地领会研讨会的目的和要求。

范例2－8

文员岗位职业能力分析表

（简表，供参考）

	工作项目	项目评定	工作任务		职业能力		能力要求	
							高	中
34	文件发放、存档	5	34－01	拟定文件	34－01－01	（依据领导要求）拟定文字	√	
					34－01－02	交领导确认文字内容	√	
					34－01－03	编号	√	
					34－01－04	确定保密级别	√	
			34－02	发放文件	34－02－01	发送（e-mail、复印、传真、传阅、张贴）	√	
					34－02－02	使用传真机	√	
					34－02－03	使用复印机	√	
					34－02－04	使用互联网通信	√	
					34－02－05	使用扫描仪	√	
			34－03	文件存档	34－03－01	（将文件）分类、立卷、装订归档	√	
					34－03－02	存放指定地点	√	
35	接待及接听电话	5	35－01	接待	35－01－01	问候来访者	√	
					35－01－02	询问来访目的	√	
					35－01－03	办理预约	√	
					35－01－04	引导来访者	√	
					35－01－05	送客	√	
			35－02	接听电话	35－02－01	问候来电人	√	
					35－02－02	询问来电事由	√	
					35－02－03	记录或转接来电	√	
					35－02－04	转交来电记录	√	

续上表

工作项目		项目评定	工作任务		职业能力		能力要求	
							高	中
36	工资统计	5	36－01	编制工时统计表	36－01－01	收集、统计考勤卡		√
					36－01－02	收集、统计工卡		√
					36－01－03	核对存货，计算工时		√
			36－02	编制工资结算表	36－02－01	（依据人事档案和工时表）计算工资		√
					36－02－02	代扣社保，个人所得税		√
					36－02－03	计算各项补助		√
					36－02－04	计算其他扣款		√
37	社保申报	3	37－01	申报	37－01－01	依据人事档案购买（网上、社保局前台办理）		√
					37－01－02	填写增员表等资料		√
			37－02	变更	37－02－01	填写社保变更表		√
			37－03	办理工伤	37－03－01	（按照劳动管理部门要求）填写确认表		√
					37－03－02	备案		√
					37－03－03	办理工伤鉴定		√
					37－03－04	（凭相关资料）收款		√
					38－03－06	登报45天声明注销		√
					38－03－07	提交文件去工商局办理注销	√	
39	会议工作	5	39－01	筹备会议	39－01－01	发送会议通知	√	
					39－01－02	落实与会人员	√	
					39－01－03	制发会议的姓名卡片和证件	√	
					39－01－04	打印会议议程和会议日程（按领导意图）	√	
					39－01－05	准备会议所需用品和设备	√	

续上表

工作项目		项目评定	工作任务		职业能力		能力要求 高	能力要求 中
39	会议工作	5	39－02	进行会议服务	39－02－01	签到	√	
					39－02－02	引导就座	√	
					39－02－03	分发文件	√	
					39－02－04	承担会议记录	√	
					39－02－05	供应茶水	√	
			39－03	善后工作	39－03－01	清理会议文件	√	
					39－03－02	整理会议室	√	
					39－03－03	整理会议文件	√	
					39－03－04	立卷归档	√	
					39－03－05	撰写会议简讯	√	
40	职业素养	5	40－01	职业素养	40－01－01	熟练运用应用文相关知识	√	
					40－01－02	应用常用办公软件	√	
					40－01－03	打字录入	√	
					40－01－04	应用常用办公设备	√	
					40－01－05	具备公关礼仪知识	√	
					40－01－06	制度执行	√	
					40－01－07	了解工商制度		√
					40－01－08	具备良好的沟通能力		√
					40－01－09	熟悉企业运作流程		√
					40－01－10	简洁准确的语言表达		√
					40－01－11	广泛的知识视野		√
					40－01－12	良好的处事技巧		√
					40－01－13	具有公共关系知识		√
					40－01－14	参与企业文化建设		√
					40－01－15	策划、宣传、组织企业活动		√
					40－01－16	良好的形象		√

（3）研讨会评估表范例。该评估表参会所有人员都必须填写，是会后总结分析的重要资料。见范例2－9。

范例2－9

“汽车运用技术专业职业能力分析行业专家研讨会”评估表

1. 你是本次研讨会的：　□工作人员　□列席人员　□行业专家
2. 在本次会议召开之前，您清楚研讨会的目的和您应发挥的作用吗？　是　否
3. 在主持人讲解职业能力分析方法之后，您清楚研讨会的目的和您应发挥的作用吗？　是　否
4. 您清楚参加研讨的原则吗？　是　否
5. 您对研讨会会场的环境满意吗？　是　否
   如果选择“否”，请解释________
6. 您对研讨会的日程安排满意吗？　是　否
   如果选择“否”，请解释________
7. 您是否积极参加研讨？　是　否
   如果选择“否”，请解释________
8. 您对主持人的主持满意吗？　是　否
   如果选择“否”，请解释________
9. 您对此次研讨会总的评价：　一般　好　很好　非常好
10. 请在此留下您的建议：________

____

____

3. 布置会场

（1）张挂横幅。横幅的内容为：××专业职业能力分析行业专家研讨会。

（2）安排座位。职业能力分析研讨会一般采取U字形的会场布置形式，如图2－12所示。相同岗位的行业专家相邻而坐，便于讨论。主持人必须与电脑记录员相邻而坐，便于现场沟通和协调。

四、召开会议

职业能力分析研讨会一般采取头脑风暴法，这种方法能提高分析研讨的效率。头脑风暴法对主持人要求较高，主持人不仅要清晰地阐述研讨会的相关要求，还要采用没有拘束的规则，尽力创造融洽轻松的会议气氛，促使行业专家们“自由”提出尽可能多的

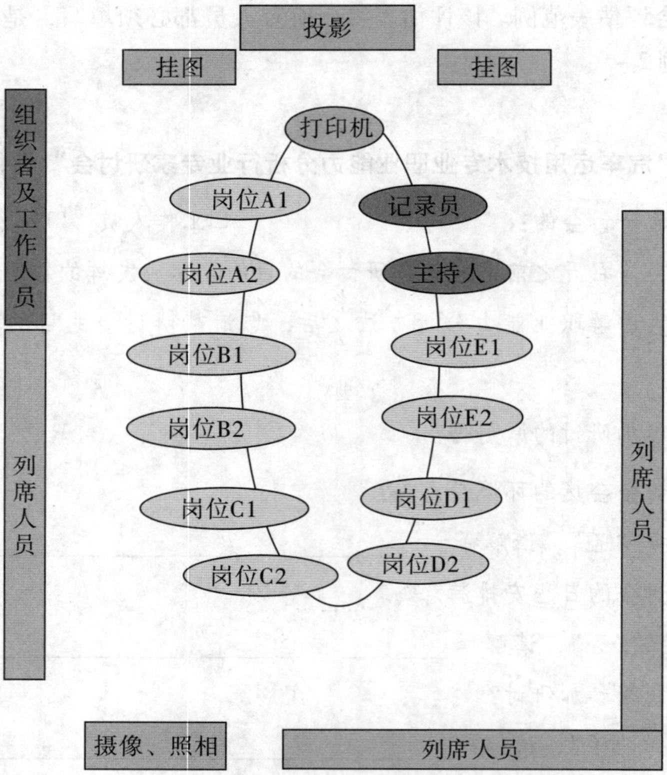

图 2－12　职业能力分析会的会场布置

意见和见解。按照“二维四步五解”的职业能力分析要求，行业专家研讨会进程包括以下内容。

1. 分析前辅导

主持人利用约 20 分钟的时间，向参会的行业专家及列席人员说明本次会议的目的、分析的岗位、分析内容、分析步骤及会议要求。一般制作 10 张 PPT 即可。分析前的辅导不仅可以说明会议内容和要求，而且可以营造轻松的会议氛围，消除行业专家紧张的心情，特别需要告知行业专家的是，本次会议就是请他们将自己熟悉的岗位工作内容、流程、要求告诉我们即可，并没有什么难度。

2. 行业专家自我介绍工作经历

自我介绍有利于大家相互认识，既是会议开始一般必备的环节，也是收集该专业的职业生涯发展案例的一次很好的机会，此外，这些来自企业的优秀员工将是学生进行职业生涯规划的榜样。自我介绍环节需要简洁，控制在 30 分钟内完成，但是往往在这一环节，行业专家们因不理解要求，容易发散，而拖延时间，为此，可以设计一张“行业专家工作经历”Excel 记录表（见表 2－7），提示专家们围绕这张表进行自我介绍，包括介绍自己毕业的时间，第一岗位的时间及名称，第二、第三、第四等岗位的时间及名称，以及目前岗位就职的时间及名称，这样不仅可以收集职业生涯发展的重要信息，而且可以有效地控制会议进程。

3. 列出各岗位的主要工作项目

该环节要请负责各岗位的行业专家说出各岗位的工作领域或划分岗位工作职责。例如在汽车运用技术专业的行业专家研讨会中，负责钣金岗位分析的两位行业专家将钣金岗位的工作领域（职责）划分为6S管理、矫正车身（车架）、检查修补车身面板、维修非结构车身面板、焊接5大项工作内容。负责售后服务岗位的3位专家对前台的服务顾问和服务主管的工作进行了不同的划分，将服务顾问岗位工作划分为6S管理、预约、接待顾客、打印工单、实时监控、终检、交车说明、礼貌送客、信息反馈9大项工作内容；将售后服务主管岗位的工作划分为6S管理、调查一般工作意外、管理顾客服务、处理顾客投诉、制定各种付款形式的处理程序、联系汽车制造商及处理机构业务及技术交流、制订顾客服务计划、制订市场调查计划8大项工作内容。

这一环节需要请行业专家自由地说出岗位的工作项目，为了统一意见，可以进行两轮，第一轮，可能同一岗位不同的专家对工作领域的分类标准不一样，意见不一定统一，先全部记录下来，马上打印，请各岗位的专家协商；第二轮，各岗位专家的意见会更加一致，这样可基本确定各岗位的工作项目。当然通过后续的分析环节，各岗位的行业专家还可能对岗位工作项目进行修正，这也是允许的。

对各岗位的工作项目进行划分是确定职业能力分析框架的关键环节，容易出现两种极端的情况，一种是对岗位的工作项目划分得过细，导致后续分析无法细分；另一种是对岗位的工作项目划分得过于宽泛，导致后续第三层次都无法有清晰的结构。由于各岗位工作的差距太大，难以预计一个岗位包括多少个工作项目，一般而言，一个岗位包括5~10个工作项目。

4. 将每项工作项目细化为工作任务及职业能力

工作任务是完成某一工作项目的工作步骤或事项，例如，钣金岗位的“检查修补车身面板”工作项目，它包括检查及修补车身金属板、修复车身凹面、检查及修补车身玻璃纤维板三个步骤；服务顾问岗位的“打印工单”工作项目包括三个步骤，一是帮助客户选择产品，二是确认顾客对车辆的需求，三是制作打印工单，这三个步骤就构成了该工作项目的三个工作任务。可见，工作任务可以由具有先后顺序的步骤构成。当然，不是所有的工作任务都是由先后顺序清晰的步骤构成的，例如，服务顾问岗位的“实时监控”工作项目，则难以有清晰的工作步骤，它包括监控完工时间、估价单和处理一般工作意外的工作事项，这是分解工作项目的另一种方式，即按完成该工作项目的事项来分解。

这一环节还需要将每一个工作任务分解为职业能力点，根据“二维四步五解”职业能力分析方法，从五个方面对完成某一工作任务的所需能力进行分解，这五个方面包括技能、工具、方法、要求、知识。值得说明的是，对于每个工作任务的能力解析，这五个方面仅是提供一种解析的思路，并不一定每个工作任务都能有这五个方面的要求，而且在行业专家研讨会中也难以分析得如此全面，这也是后续修改补充工作的一种思考方式。钣金岗位的“检查修补车身面板”工作项目中的工作任务到职业能力点的分析，见表2－12；服务顾问岗位的“打印工单”和“实时监控”工作项目到职业能力点的分析，见表2－13。

表2－12　钣金岗位的“检查修补车身面板”项目分析

工作项目	项目评定	工作任务	职业能力	能力要求（打“√”）	
				高	中
检查修补车身面板	5	检查及修补车身金属板	按情况需要拆装车身板或其他简单组件，以便维修受损金属板	√	
			采用适当方法和程序修理金属板，并确保在合适的工作环境下进行及使用适当的防护措施	√	
			选择合适的金属板作车身修补	√	
			正确地使用工具，进行研磨	√	
			采取适当的工序，保持车辆防水、隔热、减音、减震、防锈的功能	√	
			在工序完成后，按照制造商规格，进行车身板外观尺寸及相关组件基本的检查	√	
		修复车身凹面	正确确定凹面范围	√	
			打磨去除漆面	√	
			选择正确工具拉拔凹面	√	
			缩火	√	
			打磨符合喷漆要求	√	
		检查及修补车身玻璃纤维板	正确地选用有关的工具及物料	√	
			辨认各种常见的玻璃纤维板表面缺陷（如剥落、裂缝、气孔等）	√	
			采用适当的玻璃纤维修补方法和程序	√	
			修补工作的检查及修补	√	
			使用正确工具进行研磨	√	
			按照制造商规格，进行车身玻璃纤维板外观尺寸及玻璃纤维表面的检查	√	

表2－13　服务顾问岗位的“打印工单”和“实时监控”项目分析

工作项目	项目评定	工作任务	职业能力	能力要求（打“√”）	
				高	中
打印工单	5	帮助客户选择产品	相关法规和单位要求与工作步骤	√	
			销售技巧	√	
			产品和售后	√	
			支付方法	√	
		确认顾客对其车辆需求	描述在车辆修理过程中符合法律和行业的要求和必要的程序	√	
			描述如何保证和客户的有效沟通，并考虑到客户的需要	√	
			描述车辆休息区域提供的一系列典型的产品和服务	√	
			描述车辆信息系统、服务和修理要求	√	
			工单中的服务项目工料合计约需要多少费用	√	
			工单中的服务项目所需的大概时间。对于很忙的客户，时间可能比钱还重要	√	
			是否要保留更换下来的配件，放后备箱或者其他地方	√	
		制作打印工单	录入系统	√	
			打印工单	√	
			将客户车辆的车钥匙拴上钥匙卡，记明车牌号；工单号；接待人员名字；车型；车辆颜色；车辆停放位置	√	
			如果客户有钥匙链，还要在工单明显处注明	√	
实时监控	5	完工时间	服务顾问应该根据工单表明的完工时间，及时向车间控制室询问工作进度	√	
			如不能按时交车，必须主动提前向客户说明原委并道歉	√	
		估价单	隐形故障发生的原因，即为什么这个配件会有问题，以及此故障现在的实际损害程度	√	
			此隐性故障在现在或者将来可能会对客户本人或者客户车辆有什么样的损害	√	
			维修此故障需要花费客户多长时间及费用	√	

续上表

工作项目	项目评定	工作任务	职业能力	能力要求（打“√”）高	中
实时监控	5	估价单	如果估价单有很多隐性的故障，就需要接待人员本人来替客户甄别哪些故障是现在必须修理的	√	
			暂时不用修理向客户说清楚，由客户定夺	√	
		处理一般工作意外	在意外发生时，搜集相关信息，了解意外的严重性及实时的潜在风险，根据机构拟定的守则做出适当的决定，例如实时内部处理、送院求医、报警处理、紧急疏散等	√	
			根据机构指引，处理现场事项，如尽快向上级呈报、填写记录等	√	

由于这一环节对工作项目到工作任务再到职业能力点的分析越来越细化，如果一个一个岗位轮流分析，会导致轮空的岗位行业专家无所事事。在行业专家研讨会中可以采取合分并举的方式，即针对每个岗位选择 1 ~ 2 个工作项目分解成工作任务及职业能力作为示范，当岗位的行业专家非常明确分析思路时，则可请该行业专家独立思考后填写在岗位职业能力分析表中，再分组开展分析，由一个助理主持人带一个岗位的专家，采取边询问边记录的方式，完成一个岗位从工作项目到工作任务再到职业能力点的分析或从工作任务到职业能力点的分析。每分析完成一个岗位，就打印出来，请行业专家修改补充完善。采取合分并举的分组分析方式，可以使得分析工作更加紧凑，工作效率大大提高。

值得说明的是，分组的时机是以行业专家对分析会的要求非常清晰以及是否建立每个岗位至少是工作结构框架为准。一般最好是已确定该岗位工作项目的工作任务再分组为好。因为对于岗位的职业能力分析，确定岗位工作结构非常重要，必须通过头脑风暴的方式去获得。职业能力分析会的组织，有“三不允许”。第一个“不允许”，即不允许没有集中头脑风暴，在会议一开始时就按岗位分组分析，达不到相互激发思维的目的。第二个“不允许”，即不允许行业专家在会前填写好分析表，到会时直接打印和确认，这样也是没有实现头脑风暴相互激发思维，乃至达成共识的目的。第三个“不允许”，就是绝对不能由职业院校教师先自行填写好一张职业能力分析表，请行业专家确认，这种方式不能获得原汁原味的职业的能力结构。

6. 对每项工作项目和每项职业能力的完成（达到）程度进行评定

本环节是在第五个分析环节工作完成之后，在各岗位行业专家对所分析的工作项目、工作任务、职业能力进行修改完善时，请行业专家按照“工作项目完成评定表”的六级对工作项目做出评定，对各职业能力点的重要性或出现的频率高低进行判断，打“√”。

第五、第六环节的工作控制在下午4点钟前完成。按“二维四步五解”职业能力分析方法，实质上至此就完成各岗位的专业能力这一维度的职业能力分析。

7. 分析职业素养

由于职业素养是各岗位共同需要的通用能力，这一环节采取集中群体头脑风暴的方式完成，即由主持人引导，所有行业专家不分岗位和先后顺序，自由地表达自己的看法。按“二维四步五解”职业能力分析方法，职业素养是进行职业能力分析的第二维度，将职业素养细化为沟通交流、数字应用、革新创新、自主学习、团队合作、解决问题、信息处理、责任（安全）意识、外语应用、其他10个方面，职业素养的“其他”是指前9项职业素养没有涵盖以及岗位特别要求的职业素养。本环节则对每个职业素养在具体工作中的表现、要求进一步细化为职业能力点，可继续利用“五解”的解析思路，从技能、工具、方法、要求、知识五个方面对每一项职业素养进行细化，关键是使得这些职业素养能够具体化。尽管职业素养属于“冰山”以下较之于专业能力隐藏得更深的能力，但通过行业专家基于工作表现的描述可以更加具体化，例如，关于“沟通交流”，行业专家认为具体表现及要求是：明白上级意图、认真听取客户诉求、能及时准确传递客户要求到相关部门、掌握沟通技巧……头脑风暴后，应将职业素养的分析单独打印出来，由专家修改确认和进行相应的评定，重在对能力要求的“高”或“中”的评定。

8. 研讨会的成果

通过前七个环节，可以完成各岗位的职业能力分析表，下面以服务主管岗位为例（见范例2－10）。值得一提的是，由于行业专家分析的时间是有限的，所获得的岗位职业能力重在于职业能力的框架和主要能力要求，分析的用语肯定存在不够精练、不够完整等问题，这些有待于通过后续工作去修改、完善。

范例2－10

服务主管岗位职业能力分析

工作项目/职业素养	项目评定	工作任务/职业素养分类	职业能力	能力要求（打“√”） 高	能力要求（打“√”） 中
6S管理	6	整理	按要求摆放工具	√	
			按要求摆放配件	√	
			按要求摆放拆装件	√	
		整顿	每天整理工具、配件、拆装件，清理旧件	√	
			落实岗位有关环保作业	√	
			明白岗位的工序所涉及的环保条例，避免抵触环保法规，及时反映问题	√	

续上表

工作项目/职业素养	项目评定	工作任务/职业素养分类	职业能力	能力要求（打“√”）	
				高	中
6S管理	6	整顿	安装汽车美容喷漆仪器名称、作用分类	√	
			处理化学品（化学品的种类及特性；存放、提取、处理各种常见的化学品）	√	
			明白油漆的种类及特性	√	
			确定贮存场地是否利于贮存油漆	√	
			正确贮存各种常见的油漆（通用标示及其危险性、分类）	√	
			检查工具、配件、拆装件，清理旧件摆放规范	√	
		清洁	清洁工具、工具箱、举升机、工作服、工作台、零件盛物	√	
		清扫	清扫地面，三不落地（工具、零件、油水）	√	
		安全	注意人身安全（废气排放、车辆行驶）	√	
			注意生产安全	√	
			注意车辆安全（避免刮花）	√	
			注意设备使用安全（举升机使用安全）	√	
			注意消防安全、用电安全、行车安全（车辆）	√	
		自律	遵守公司的规章制度	√	
			洁身自爱	√	
			按标准着装	√	
调查一般工作意外	6	意外的认识，认识汽车业各营运场所的运作	认识意外的定义及成因学说，例如骨牌理论等		√
			了解汽车业内一般常见的意外类别与成因，例如撞伤、击伤、割伤、扭伤、灼伤、火警、皮肤或眼睛触及化学品、触电、爆炸、气体泄漏、人体下坠等	√	
			认识调查意外的程序：将意外分类、收集资料、向有关部门呈报及撰写报告等	√	
		调查意外	遵照调查意外的机构指引，执行其程序	√	
			按意外不同分类	√	

续上表

工作项目/职业素养	项目评定	工作任务/职业素养分类	职业能力	能力要求（打“√”）	
				高	中
调查一般工作意外	6	调查意外	客观地追溯肇事的人物、机械、对象、环境、时间、地点、过程等，如有需要可做访问、拍照、问卷等	√	
			分析意外成因，参考以往记录，如有需要，提出改善建议，以减低同类意外再次发生的机会	√	
			执行相关的行政程序，如撰写意外调查报告		√
管理顾客服务	6	顾客服务管理知识	明白顾客服务管理理论，例如顾客期望、顾客增值服务、顾客服务文化、顾客满意度	√	
			所属品牌及本身机构对顾客服务的方向指引	√	
			明白汽车业界有关顾客服务人员须遵守的规则，例如：纪律及服务守则、服务道德概念	√	
			按照所属车厂品牌及机构对顾客服务人员的纪律要求及服务守则，执行一般顾客服务管理	√	
		管理顾客服务	督导及训练员工	√	
			订立顾客服务的指标	√	
			分析及处理投诉个案	√	
			售前、销售及售后的顾客服务管理	√	
			服务质量纪录管理	√	
			处理一般顾客档案及信息管理	√	
			处理一般电子顾客服务管理	√	
			定期根据公司评估准则，回馈机制，改善对顾客服务	√	
			定期整理报告并向所属车厂品牌及本身机构有关部门汇报，沟通及要求做增值改进	√	
处理顾客投诉	6	明白机构所订立处理顾客投诉的程序	明白机构处理顾客投诉汽车产品或服务质量的指引及守则	√	
			了解投诉的性质及起因	√	
			机构内获授权调解顾客投诉的人员及其权限	√	
			了解机构有关转交投诉个案予适当人士进行调解的程序	√	
			了解机构有关调解投诉的步骤及行动记录在案的程序	√	

续上表

工作项目/职业素养	项目评定	工作任务/职业素养分类	职业能力	能力要求（打"√"）	
				高	中
处理顾客投诉	6	处理顾客对汽车产品质量的投诉	根据机构内部指引，对顾客有关汽车产品质量的投诉，做出适当的调查及分析	√	
			了解顾客的投诉，掌握有效的沟通技巧缓和顾客情绪	√	
			分析有关顾客对汽车产品或服务的质量投诉个案	√	
			将投诉分类，交由有关部门/人员跟进	√	
			分析顾客有关质量投诉的原因，并联同有关部门共同解决投诉的问题，并更新有关数据记录	√	
			有效地处理及回复顾客有关汽车产品及服务质量的投诉	√	
			检讨顾客对有关汽车产品及服务质量的投诉	√	
			从调查问卷数据，分析顾客对处理投诉的满意程度	√	
			检讨投诉处理的方法及成效	√	
			定期举行内部会议检讨服务水平，避免同类投诉出现及改善对顾客服务质素	√	
制定各种付款形式的处理程序	6	不同付款的形式及监控文件的知识	认识不同付款的形式及程序，例如，现金、信用卡、支票、转账等以及记账、订金、期数等	√	
			掌握辨识伪冒货币的方法	√	
			熟识机构的财务文件监控系统	√	
		制定各种付款形式的处理程序	制定各种付款形式的处理程序	√	
			现金（货币的兑换、辨识，包括伪钞）	√	
			电子货币（有效性的验证）	√	
			信用卡（有效性、签署的验证）	√	
			支票（数据的准确性）	√	
			记账（账户及其签署的有效性、记账额）	√	
			订金（下限的设定及有效期）	√	
			制定发出付款单据的内容及程序	√	
			制定财务文件监控系统	√	
			制定紧急应变程序，例如未能识别真伪的货币等	√	

续上表

工作项目/职业素养	项目评定	工作任务/职业素养分类	职业能力	能力要求（打"√"）高	能力要求（打"√"）中
制定各种付款形式的处理程序	6	制定各种付款形式的处理程序	检讨各种付款形式的处理程序，及前线同事的反馈，修订有关程序，以优化处理效率及准确性	√	
			加入跟随市场发展需要的其他付款形式，以提高机构的成本效益，并方便客户使用	√	
联系汽车制造商及外地机构业务及技术交流	6	联系汽车制造商及外地机构业务及技术交流掌握基本知识	了解车辆制造商与服务/维修中心的相互关系及互相沟通渠道	√	
			了解车辆制造商对车辆出厂后的保养范围与保障条款	√	
			了解车辆的损坏成因及分析有关的损坏维修报告	√	
			了解新车设计趋势及技术发展方向	√	
		联系汽车制造商及外地机构业务及技术交流	与车辆制造商及有关机构/部门保持密切联系，并就有关的业务及技术问题做实时交流与沟通，例如：车辆回收、分销商未能解决的技术问题、新法例引致的影响等	√	
			因应不同车辆的损坏问题及分析有关损坏报告，评估是否应就有关问题向车辆制造商或有关机构/部门提交报告	√	
			因应车辆制造商及有关机构/部门所提供的技术报告及训练安排有关的培训	√	
			因应服务/维修中心的技术水平，安排有关人员到制造商及有关机构/部门作业务及技术交流与培训	√	
制订顾客服务计划	6	汽车业的顾客服务要求	明白汽车业高质素的顾客服务准则及要求		√
			明白车厂对品牌及产品的顾客服务指针		√
			明白机构整体策略目标，机构本身资源及各部门的长处及短处		√
			明白市场及顾客的期望		√
			明白强化汽车业顾客服务的政策方向及未来服务趋势		√
			了解汽车业界及市场环境的变化		
		制订顾客服务计划	制订汽车业顾客服务计划		√

续上表

工作项目/职业素养	项目评定	工作任务/职业素养分类	职业能力	能力要求（打“√”）	
				高	中
制订顾客服务计划	6	制订顾客服务计划	参考汽车厂方在此方面的要求及指引，并加入本机构及本地市场的特别情况		√
			设计服务作业系统		√
			系统蓝图及架构组织		√
			关键服务人员计划		√
			本身机构资源支持		√
			机构日常运作		√
			顾客服务守则及工作纪律		√
			顾客服务职责		√
			标准服务设计流程、运作、步骤		√
			服务设施规范管理，例如，设施配置、安装、保养及操作训练		√
			服务环境管理		√
			顾客服务定位，确认目标顾客		√
			顾客服务的改进机制		√
			顾客服务评估机制，表扬优秀表现的员工		√
			制订机构电子顾客服务计划		√
			机构网页数据库		√
			处理电子查询程序		√
			电子顾客服务		√
			掌握市场变化，了解顾客的需要，定期检讨及调整顾客服务计划		√
			评估运作效益，向有关接触顾客部门沟通		√
			向上级及车厂呈交报告		√
制订市场调查计划	6	汽车产品市场调查技巧	明白汽车产品市场调查目的	√	
			引入及推广新产品	√	
			探讨品牌或产品市场状况	√	

续上表

工作项目/职业素养	项目评定	工作任务/职业素养分类	职业能力	能力要求（打“√”）	
				高	中
制订市场调查计划	6	汽车产品市场调查技巧	销售及市场推广	√	
			明白汽车产品市场调查方法	√	
			了解汽车产品市场信息系统	√	
		制订市场调查计划	根据机构对市场调查的需要，制订有效的市场调查计划	√	
			拟订市场调查目标	√	
			选择市场调查方式	√	
			拟定市场调查计划执行程序	√	
			评估市场调查计划的绩效	√	
			制订市场调查管理计划	√	
			制订市场调查监控计划	√	
			制订使用信息科技及互联网收集及分析汽车产品市场调查数据的计划	√	
			利用调查资料整理报告及分析	√	
			向机构及/或车厂发布有关资料及做出建议	√	
职业素养	6	沟通交流	明白上级意图	√	
			认真听取客户诉求	√	
			能及时准确传达客户要求到相关部门	√	
			良好的沟通能力，善于发现问题，表达清晰	√	
			掌握沟通技巧（5S、2W、封闭式提问、引导式提问）	√	
			遇到问题及时反馈	√	
		数字应用	常用公式（单位换算、加减乘除）	√	
			使用 Excel 进行数据统计（汇总、函数、透析表）		√
		革新创新	优化流程		√
			积极发表改进意见，解决问题思路清晰，有革新意识		√
		自主学习	学习品牌新技术、新知识（新车型）		√
			技术通告、产品通告	√	

续上表

工作项目/职业素养	项目评定	工作任务/职业素养分类	职业能力	能力要求（打“√”）	
				高	中
职业素养	6	自主学习	学习管理知识	√	
			厂家学习系统（LMS）	√	
			品牌新知识、新技术	√	
			收集和整合维修案例	√	
			达到一级计算机水平（office）	√	
		团队合作	有凝聚力	√	
			能够服从安排	√	
			集体荣誉感	√	
			能够完成团队任务	√	
			工种与工种间衔接	√	
		解决问题	及时反馈问题	√	
			谈判能力（投诉）	√	
			形成解决问题的思路	√	
		信息处理	保密客户信息	√	
			及时更新客户资料	√	
			能使用经销商系统（DMS 系统）	√	
			会使用常用办公软件	√	
			及时传递信息	√	
			会阅读电子目录	√	
		责任意识	安全防护意识	√	
			注意驾驶安全	√	
			能够使用防护工具	√	
			消防安全	√	
			“三废”处理	√	
			知道危险品处理方法	√	
			轻取轻放物品	√	
			正确使用维修设备	√	

续上表

工作项目/职业素养	项目评定	工作任务/职业素养分类	职业能力	能力要求（打“√”）	
				高	中
职业素养	6	外语应用	读懂专业术语及缩写（用语）	√	
			撰写英文诊断流程、报告（特殊品牌、厂家）	√	
		其他（组织能力、吃苦耐劳等）	能合理分工	√	
			调动员工的积极性	√	
			组织娱乐活动、团队建设	√	
			开展公司间联谊	√	
			有牺牲精神（时间、精力）	√	
			能够接受加班	√	
			任劳任怨、不怕辛劳	√	
			忍得住寂寞	√	
			职业道德、责任心	√	
			认真，不出错	√	
			仪容仪表	√	
			服务态度好	√	
			主动、积极、自主	√	
			思路清晰	√	
			爱岗敬业	√	

9. 研讨会召开中常见的问题

一是每个岗位的工作项目划分得过细，导致难以再分解。这有待于行业专家在了解清楚分析会要求并尝试层层分解后，再倒回去进行修正，当然主持人的经验判断也是非常重要的。

二是不能采取“动词＋名词”的方式归纳和记录，或动词的输出性不够显著。由于分析时间有限，这一工作有待会后进行修改完善。

三是职业能力点挖掘不够充分。“二维四步五解”职业能力分析法之所以针对从工作任务到职业能力的“五解”的解析思路，是因为从技能、工具、方法、要求、知识五个方面可以帮助分析者更充分地挖掘完成每个工作任务的能力要求。但是我们往往发现不少分析会出现一个工作任务对应一个职业能力点，非常不具体、不全面。

四是职业素养的描述不够直观、具体。由于职业素养的内隐性，增加了对其直观具体表达的难度，在分析中要求行业专家更多地从工作中的具体表现，以及从技能、工具、方法、要求、知识五个方面更具体直观地描述。

五是研讨的时间调控不当，未能达到预期目的。研讨会环节多、内容多、岗位多、人员多、突发状况多，主持人要控制好时间实属不易，这要求主持人灵活根据现场进行调整，但最好不要拖延时间，否则会影响行业专家参与研讨的热情和持久力。

六是岗位分析没有交替进行，部分参与者无所事事。行业专家研讨会重在对岗位的职业能力从专业能力、职业素养两个维度，从岗位到工作项目、从工作项目到工作任务、从工作任务到职业能力三个阶段的层层分解。职业能力分析有两种形式，一种是一个岗位三个阶段全部分析完，再分析下一个岗位；另一种是分阶段每个岗位轮流式分析。显然前者导致一部分行业专家无事可做，一部分专家忙得不亦乐乎；而后者各岗位的行业专家交替完成每一阶段的分析工作，有讨论也有独立思考的时间，更能营造集体研讨的氛围，应该采取分阶段每个岗位轮流式分析。

五、会议结束

行业专家研讨会的最后一个环节是对会议进行总结和布置后续工作。参加会议的全体人员填写“职业能力分析行业专家研讨会评估表”是会议总结的内容之一，是会后组织者分析总结研讨会的经验与不足的重要依据。此外，主持人必须对会后如何整理、修改、完善资料进行辅导，这些内容将在下一节介绍。

行业专家研讨会所分析的职业能力，凝聚了行业企业专家的智慧，通过原汁原味的文字表述，反映了行业企业人员对岗位的认识和体会。以汽车运用技术专业为例，本专业组织了两场行业专业家研讨会，虽然是6大工作领域（岗位类别），实质上有15个细分岗位，包括汽车维修学徒、机电工、维修班长、车间主管（技术主任）、售后经理、钣金工及班组长、喷漆美容工及班组长、服务顾问及主管、配件管理及主管、保险理赔专员及主管，确定了这些岗位的工作项目、工作任务以及具体的职业能力，可见，行业专家研讨会是获取职业能力的重要渠道。

第四节
职业能力分析表的编制

职业能力分析会是获得职业能力的重要途径之一，其主要优势在于搭建了职业能力分析表的基本框架，即通过确定岗位工作的典型项目和工作任务来呈现完成这些项目和任务的能力要求，对专业对应的特定岗位群的职业能力进行条目化分析。但毕竟一两场职业能力分析会议所获得的信息是有限的，为了获得系统化、精确化的职业能力，还必须进一步对通过行业专家研讨会确定的职业能力分析表进行整理、修改、完善和丰富。

一、对岗位职业能力分析表的整理

1. 对表述不当的用语进行修改

“二维四步五解”职业能力分析方法，要求职业能力的描述采取“动词+名词”的短句，且动词多采用输出性的行为动词，促进能力的具体化以及可评可测。由于行业专家研讨会的时间有限，会后首先要对没有采取动宾结构的短句进行改造，用动宾结构表述职业能力。一般对于“工作项目”可采取动宾结构，也可采取名词性短语用于表达，例如，既可表述为“车身钢板检查维修”，也可表述为“检查维修车身钢板”；对于“工作任务”则尽可能采取动宾结构，而且句子不要太长，一般在10个字左右最为精炼，例如，将“实时监控”工作项目的“完工时间”修改为“跟踪完工时间”更为确切；对于“职业能力”的表述，必须采取动宾结构，将“销售技巧”修改为“运用销售技巧”，将“产品和售后”改为“明确产品和售后”。此外，句子越精炼越好，例如“录入系统”“打印工单”“使用正确工具进行研磨”等表述简明扼要。但由于岗位要求的复杂性，有时在动宾结构前后还要加上一定的条件说明，例如，对于“检查修补车身面板”工作项目的第一个工作步骤（工作任务）“检查及修补车身金属板”，其中一项职业能力是“采用适当方法和程序修理金属板，并确保在合适的工作环境下”。可见，对于修理金属板这一能力要求，特别要强调采用适当方法和程序，以及“确保在合适的工作环境下”，这是行业专家再三强调的，应该保留原意。

行业专家研讨会后要组织人员对会议资料进行认真细致的分析、整理，将文字材料、录音录像资料进行加工。一是按上述职业能力表达方式和术语对专家意见进行修正。二是对记录有误的、不够准确的必须改正，例如，“描述车辆休息协会提供的一系列典型的产品和服务”的“协会”是记录错误，改为“描述车辆休息区域提供的一系列典型的产品和服务”。三是对于过长的语句进行提炼或拆分。四是汇总行业专家对各岗位的工作项目和职业能力的评定，一般以多数专家意见为准，确定工作项目和职业能力的评级。这样就可形成较为系统、细致的岗位职业能力分析表。

2. 对职业能力分析表进行补充

行业专家研讨会仅仅形成了岗位职业能力的基本架构和雏形，必须参照国内外的相关职业能力资料补充、完善和丰富，尤其要对“二维四步五解”的“五解”的知识和方法进行补充，因为知识和方法对于行业专家而言不易梳理清晰和完整，而对完成工作任务所需要的知识和方法，则由专业教师去补充会更加容易和完整。

在补充职业能力分析表时，应运用调查法、文献法、个案分析法等多种渠道获得职业能力信息，吸收有更高质量要求或更能体现人才培养水平的职业能力描述。例如，汽车运用技术专业对岗位职业能力分析表的补充，一是利用企业调研资料补充，该项目组通过向企业相关岗位人员发放调研问卷，对企业岗位的工作任务、职业能力要求进行了调研，涉及总经理、售后经理、车间主任、机电维修班组长、机电工、机电学徒、钣喷班组长、钣喷工、钣金学徒、服务顾问班组长、服务顾问、服务学徒等12个岗位，共调研了多种品牌的汽车维修企业62家，这些调研结果可用于职业能力分析会的岗位能力分析的补充。二是利用文献分析资料补充，项目组通过文献查询，收集了国内外相关岗位的职业能力要求，沿着企业专家的主体思路，大大丰富、完善了汽车运用技术专业的岗位职业能力要求，如补充相关岗位的国家和地区职业资格标准要求（如汽车维修工、汽车维修电工、汽车维修钣金工、汽车美容装潢工、汽车维修喷漆工、汽车配件销售员、汽车估损师、汽车保险公估师、汽车服务顾问等），英国汽车维修职业教育资料，香港汽车类职业能力标准，宝马、丰田、日产汽车维修企业人才培训要求，广东交通职业技术学院《汽车后市场职业能力模块库》等资料，丰富和完善了汽车运用技术专业职业能力分析表。三是利用个案分析补充资料，项目组针对典型企业的岗位设置、岗位说明书、岗位绩效考核表等材料，进行了重点分析，从个案的角度来丰富职业能力分析的结果。通过多种途径获得的信息补充职业能力分析表，使得职业能力分析表更加丰富和完善。

以“检查修补车身面板”工作项目为例，将在原有的三个工作步骤的基础上，增加三个工作步骤，分别为“钢板损伤评估”“检查维修表面状况”“防锈处理”；补充的知识有：钢板的维修概述；补充了方法：手锤和手顶维修方法、热圈焊机维修方法、缩火维修方法。

3. 征询专家意见

通过前两项的修改、补充，各岗位的职业能力已经初步成型了，为了使得修改、补充更加准确，可以将岗位职业能力分析表发给行业企业专家再次征询意见。行业企业专家的选择分为两种，一种是参加过职业能力分析行业专家研讨会的各岗位专家，他们对职业能力分析要求非常了解，可以对该表进行细致的修改确认。另一种是没有参加过职业能力分析会的不同企业单位的专家，专家的选择条件与参加分析会的专家选择的条件相同，这些专家可以从不同企业的视角对职业能力分析表进行评价，这样可以扩大分析的覆盖面，增加参与分析的专家样本数。

4. 将所有岗位的职业能力分析合并在一张表中

岗位职业能力分析表对建立岗位课程和职业培训有着重要的参考价值，但本书所指的职业能力分析表不是基于岗位的，而是基于专业的职业能力分析表，并不是为了建构岗位课程服务的，而是为建构能力核心的课程服务的。因此，要将所有岗位的职业能力分析合并在一张表中，将表头改为“××专业职业能力分析表”（见表2-14），合并后所有的工作项目、工作任务和职业能力均需要从各岗位要达到的能力要求，转化为该专业学生必须具备的职业能力要求。在合并时一定会发现，不同岗位有相同的工作项目、工作任务、职业能力，合并在一张表中会出现重复，这时就需要进行归并，归并的原则是选择更为准确、科学的描述，如果职业能力之间属于包含关系，则以详细的职业能力描述为准。例如，汽车运用技术专业对应的所有岗位都必须遵守6S管理，各岗位职业能力分析表合并成一张专业的专业能力分析表后，则只能保留一项，这是学习这个专业的学生必须要达到的能力。

表 2－14 汽车运用技术专业职业能力分析表（节选）①

工作项目	工作任务	职业能力（知识、技能、方法、工具、要求）
6S 管理	整理	明白汽车维修工具和设备的用途
		明白汽车维修工具和设备生产商使用指示
		明白汽车维修特别工具和设备的工作原理
		按要求摆放工具
		按要求摆放配件
		按要求摆放拆装件
		监督摆放工具
		监督摆放配件
		监督摆放拆装件
	整顿	每天整理工具、配件、拆装件，清理旧件
		按规范每天检查工具、配件、拆装件，清理旧件
		保管或展示汽车维修特别工具和设备的定期检验/校正文件
		按照汽车故障诊断仪器名称、作用分类
		各种汽车维修工场不同区域的屋宇装备（如：照明、通风、排水装置、空调等），以及废物处理方法等
		落实岗位有关环保作业、判断环保作业是否符合程序或优于法规要求
		应用防污设备与相关保养
		掌握汽车维修工场基本屋宇装备的运作，如发现运作不正常，实时向上级汇报
		明白岗位的工序所涉及的环保条例，避免抵触环保法规，及时反映问题
		按指导及既定的程序方法及环保要求，安全地进行汽车维修工场的保养工序
		处理化学品（化学品的种类及特性；存放、提取、处理各种常见的化学品）
		明白油漆的种类及特性

① 广东省教育厅，广东省教育研究院．广东中高职衔接专业教学标准研制：职业能力分析［M］．广州：广东高等教育出版社，2014：1－97．

续上表

工作项目	工作任务	职业能力（知识、技能、方法、工具、要求）
6S管理	整顿	确定储存场地是否利于储存油漆
		正确储存各种常见的油漆（通用标示及其危险性、分类）
		记录、保存及更新汽车维修工具和设备的保养、维修记录
		定期检验的工具和设备安排检验/校正，例如：废气分析仪、扭力扳手和车辆升降设备等的定期检验和校正
		定期为汽车检测专用仪器和设备执行保养工作，包括：检查和清理、校正和测定、添加物料和更换耗材
		保养检测专用仪器和设备，例如：柴油机烟度计、底盘测功仪、发动机测功仪、发动机分析仪、手提检测仪、制动测试仪、四轮定位仪、车轮动平衡仪、大灯定位仪、制冷剂回收及加注仪、液化气探测设备、其他汽车检测专用仪器和设备、介子机、焊机等定期保养、检测
		安排维修汽车维修工具和设备
	清洁	清洁工具、工具箱、举升机、工作服、工作台、零件盛物
		监督清洁工具、工具箱、举升机、工作服、工作台、零件盛物
	清扫	清扫地面，三不落地（工具、零件、油水）
		监督清扫地面，三不落地（工具、零件、油水）
	安全	注意生产安全
		注意人身安全（废气排放、车辆行驶）
		注意车辆安全（避免刮花）
		注意设备使用安全（举升机使用安全）
		注意消防安全、用电安全、行车安全（车辆）
	自律	遵守公司的规章制度
		洁身自爱
		按标准着装

二、形成正式的职业能力分析表

通过行业专家研讨会对专业所对应的特定岗位或岗位群的职业能力进行了描述，形成了职业能力条目，又通过对岗位职业能力分析表进行了修改、补充完善，以及合并、删减，形成了专业的系统化、准确化的职业能力分析表，这时通过编码就可将形成了正式的“××专业职业能力分析表”。编码一般采取三级数字编码，即工作项目（含职业素养）为第一级码，用“01、02、03……”表示。工作任务及职业素养分类为第二级码，编码为“第一级编码+第二级顺序码”，例如05号工作项目有4个工作任务，其编码分别为“05-01、05-02、05-03、05-04”。职业能力为第三级码，编码为“第一级编码+第二级顺序码+第三级顺序码”，以05号工作项目第3个工作任务的6条职业能力的编码为例，其编码分别为“05-03-01、05-03-02……05-03-06”，见表2-15示例。这种编码方式在Excel软件中容易操作实现。

表2-15　汽车运用技术专业职业能力分析（节选）

工作项目/职业素养		工作任务/职业素养分类		职业能力	
20	汽车外部美容	20-01	工具及设备的选用	20-01-01	正确、有效使用常见的车身清洁工具
				20-01-02	正确选择车身清洗剂
				20-01-03	正确选择车身美容常见的除锈、刮涂、打磨、喷涂、防涂遮蔽等专用工具
		20-02	车身清洗	20-02-01	使用高压水枪进行全车外部冲洗大块泥沙
				……	……
				20-02-04	玻璃清洁、防雾处理，加装防冻清洁剂
		20-03	车身漆面开蜡和打蜡	20-03-01	分清常用物料（一般车蜡，清洁剂）
				……	……
				20-03-07	使用一般打蜡器材功用及操作守则
		20-04	研磨抛光	20-04-01	正确辨别车身漆面划痕及漆面状况
				20-04-02	根据漆面情况，选择合适的抛光盘和抛光剂
				20-04-03	正确操控抛光机对漆面进行抛光处理
		20-05	车身漆面护理	20-05-01	使用中性洗车液清洗全车漆面
				……	……
				20-05-05	无尘打磨处理

续上表

工作项目/职业素养		工作任务/职业素养分类		职业能力	
……	……	……	……	……	……
75	职业素养	75－01	沟通交流	75－01－01	明白上级意图
				75－01－02	认真听取客户诉求
				75－01－03	能及时准确传达客户要求到相关部门
				75－01－04	良好的沟通能力，善于发现问题，表达清晰
				75－01－05	掌握沟通技巧（6S、2W、封闭式提问、引导式提问）
				75－01－06	遇到问题及时反馈
				75－01－07	能够与同事沟通，增强信任感
		……	……	……	……
		75－08	责任（安全）意识	75－08－01	安全防护意识
				75－08－02	注意驾驶安全
				75－08－03	能够使用防护工具
				75－08－04	消防安全
				75－08－05	“三废”处理
				75－08－06	知道危险品处理方法
				75－08－07	轻取轻放物品
				75－08－08	正确使用维修设备
		……	……	……	……
		75－11	吃苦耐劳	75－11－01	有牺牲精神（时间、精力）
				75－11－02	能够接受加班
				75－11－03	任劳任怨、不怕辛劳
				75－11－04	忍得住寂寞
		……	……	……	……
		75－12	其他	75－12－07	爱岗敬业

特别值得注意的是，完成编码后再增减条目将会导致编码混乱而重编，因此，在完成职业能力分析表修改完善之前不要急于编码，一旦形成了职业能力分析表就不要随意调整编码，因为这些编码将会与相应的课程对应，随意调整编码将会影响到课程与能力的对应关系，这一点将会在第三章中说明。

三、确定不同学历层次的学习水平

1．确定学历层次水平的依据

由于职业教育内部是分层次的，目前我国以中等职业教育、大专层次职业教育、本科层次职业教育为主，通过调查发现，不同层次职业教育存在目标重叠、课程重复等问题，其根源在于不能清晰地区分各层次职业教育所对应的职业能力。因此，专业的职业能力分析表不仅要清晰反映该专业所需要的职业能力，而且要表达这些职业能力应该由哪个层次的职业教育去完成，当然不能排除同一职业能力也会由多个层次的职业教育去培养，即使是重复培养，其程度应该是不一样的。一般来说，层次越高，职业教育培养的程度就越深。对于每项职业能力的教育层次划分有三个依据，一是依据该专业的职业生涯路径，二是依据各岗位工作项目评级，三是依据职业能力“高、中”的评级。对于第一项，即依据专业的职业生涯路径，在专业调研阶段必须完成，职业生涯路径不仅明确了该专业的岗位发展层级，也明确了不同层次职业教育对应岗位群及发展层级。这是确定职业能力不同学历层次水平的重要依据。后两项依据在岗位职业能力分析表有，一般评级越高属于更高层次教育，这是确定职业能力不同学历层次水平的辅助依据。

2．确定职业能力的水平层次

不同岗位对应不同的发展层级，因此，这些岗位的职业能力层次就相应确定下来，而这些岗位能力是对应不同的教育层次的，由此，不同层次的教育所对应的职业能力也就确定下来。例如，汽车运用技术专业职业能力分析表（见表2－16）的第4项工作项目是“发动机拆装与故障诊断维修”，其第1项工作任务“维修前准备”是汽车运用技术专业职业生涯发展路径的第Ⅰ级机电维修岗位学徒工必须要达到的要求，所以其能力水平为L1。同理，“检修由柄连杆机构”是属于第Ⅱ级机电维修岗位的机电工必须达到的要求，所以其能力水平为L2；“诊断曲柄连杆机构及配气机构故障”是属于第Ⅲ级机电维修岗位的班组长必须达到的要求，所以其能力水平为L3；“分析发动机系统故障”和“诊断发动机系统疑难故障”是属于第Ⅳ级机电维修岗位的车间主任必须达到的要求，所以其能力水平为L4。

表 2－16　汽车运用技术专业职业能力分析表（节选）

工作项目		工作任务		职业能力（知识、技能、方法、工具、要求）		能力要求 中职 Li	能力要求 高职 Lj
04	发动机拆装与故障诊断维修	04－01	维修前准备	04－01－01	根据维修手册进行发动机维修	L1	
				04－01－02	维修过程中避免随意断电	L1	
				04－01－03	点火开关打开状态下不能随意测量电器类部件	L1	
				04－01－04	使用高阻抗的万用表	L1	
				04－01－05	要熟悉厂家发布的服务快讯	L1	
				04－01－06	选择使用正确工具	L1	
				04－01－07	能够看懂机械装配图	L1	
				04－01－08	能够看懂各类机械结构原理图	L1	
				04－01－09	了解金属属性	L1	
				04－01－10	知道机械公差配合关系	L1	
				04－01－11	熟悉专业英文术语	L1	
		……	……	……	……	……	……
		04－03	检修曲柄连杆机构	04－03－01	使用量具检测曲轴、飞轮	L2	L2
				04－03－02	使用量具检测气缸体、缸盖及缸套	L2	L2
				04－03－03	使用量具检测活塞、活塞环及活塞销	L2	L2
				04－03－04	使用量具检测连杆	L2	L2
		……	……	……	……	……	……
		04－11	诊断曲柄连杆机构及配气机构故障	04－11－01	懂得曲柄连杆机构及配气机构原理及故障诊断方法	L3	L3
				04－11－02	会运用专用工具和设备，诊断发动机异响故障（由曲柄连杆机构引起的）	L3	L3
				04－11－03	会运用专用工具和设备，诊断发动机起动困难故障（由曲柄连杆机构引起的）	L3	L3

续上表

工作项目		工作任务		职业能力（知识、技能、方法、工具、要求）		能力要求	
						中职	高职
						Li	Lj
04	发动机拆装与故障诊断维修	04－11	诊断曲柄连杆机构及配气机构故障	04－11－04	会运用专用工具和设备，诊断发动机怠速不稳故障（由曲柄连杆机构引起的）	L3	L3
				04－11－05	会运用专用工具和设备，诊断发动机机油消耗量过大、排放超标故障（由曲柄连杆机构引起的）	L3	L3
				04－11－06	会运用专用工具和设备，诊断发动机无法起动故障（由曲柄连杆机构引起的）	L3	L3
				04－11－07	会运用专用工具和设备，诊断发动机动力不足故障（由曲柄连杆机构引起的）	L3	L3
		……	……	……	……	……	……
		04－16	分析发动机系统故障	04－16－01	诊断分析发动机可变配气正时系统综合故障		L4
				04－16－02	诊断分析发动机辅助控制系统综合故障		L4
				04－16－03	诊断分析缸内直喷发动机综合故障		L4
				04－16－04	诊断分析发动机 ECU 故障		L4
				04－16－05	诊断分析电控柴油机燃油喷射系统综合故障		L4
				04－16－06	诊断分析发动机电控系统综合故障		L4
				04－16－07	诊断分析发动机机械系统综合故障		L4
		04－17	诊断发动机系统疑难故障	04－17－01	诊断分析发动机疑难故障		L4
				04－17－02	远程诊断分析发动机疑难故障		L4

3. *确定能力要求的学历层次*

即确定某职业能力应该由中职教育去培养，还是由大专层次的高职教育去培养，还是由更高层次的本科教育去培养，这是区分中高职分层次以及中高职层次衔接的关键环节。依然以“发动机拆装与故障诊断维修”为例，对于“维修前准备”“检修曲柄连杆机构”和“诊断曲柄连杆机构及配气机构故障”工作任务的能力要求，根据该专业职业生涯发展路径，这 L1、L2、L3 三级能力水平都是中职生必须要具备的，因此，列入职业能力分析表中的“能力要求”的“中职”层次这一列。对于“检修曲柄连杆机构”“诊断曲柄连杆机构及配气机构故障”“分析发动机系统故障”和“诊断发动机系统疑难故障”工作任务的能力要求，根据该专业职业生涯发展路径，这L2、L3、L4三级能力水平都是高职生必须要具备的，因此，列入职业能力分析表中的“能力要求”的“高职”层次这一列。这样“检修曲柄连杆机构”和“诊断曲柄连杆机构及配气机构故障”工作任务的能力要求，出现了中职层次和高职层次的重复，这并不矛盾，中高职衔接并不是中高职要截然分开，而是要存在衔接的关系，这些能力要求就是衔接点，只不过这些能力点在中职层次的要求偏低，在高职层次的能力要求高，即同一职业能力分属不同层次的教育，其深度是不同的，这也体现了区分与衔接的关系，同时也警示了下一步的课程建构必须要体现其深度的不同，不应该简单重复。

还有一种情况，某工作项目或工作任务或职业能力点在两个相邻相近的岗位中都需要，例如，这一工作项目对应的职业能力不仅属于L2水平层次，还属于L3水平层次，由此，就会令同一工作项目或工作任务或职业能力点分属不同的学历层次。

四、编制专业岗位群及职业能力分布表

专业岗位群及职业能力分布汇总表重在反映某一专业所对应的岗位群，以及所对应的工作项目和工作任务的个数，其参考格式见下表（见表2－17）。当然，专业岗位群及职业能力分布汇总表还可以统计出职业能力的个数，这是对职业能力分析表的梳理和汇总，也为学校专业群的建设、能力模块库建立打下基础。专业岗位群及职业能力分布表是专业的职业生涯发展路径和职业能力分析表的结合，是在职业生涯发展路径表的基础上对职业能力分析表的工作项目、工作任务乃至职业能力点进行汇总。

表2－17　　专业岗位群及职业能力分布表（参考格式）

发展层级	操作岗位		技术岗位		管理岗位		学历层次
	名称	项目及任务数	名称	项目及任务数	名称	项目及任务数	
…							
Ⅴ							
Ⅳ							
Ⅲ							
Ⅱ							
Ⅰ							

注：1．本表与职业生涯路径的“发展层级”“就业岗位”“学历层次”一致；岗位的分类仅供参考，各专业可以自行分类；“学历层次”至少要明确中职、高职、本科对应的层次。

2．每一类岗位“项目及任务数”是指每一类岗位对应“职业能力分析表”中的工作项目和工作任务的数量。

汽车运用技术专业岗位群及职业能力分布表如范例 2－11 所示。

范例 2－11

汽车运用技术专业岗位群及职业能力分布表

<table>
<tr><td>发展层级</td><td colspan="6">就业岗位
（项目数，任务数）</td><td>学历层次</td><td colspan="2">发展年限</td></tr>
<tr><td></td><td>机电维修岗位</td><td>钣金岗位</td><td>喷漆美容岗位</td><td>配件管理</td><td>服务顾问</td><td>保险理赔</td><td></td><td>中职</td><td>高职</td></tr>
<tr><td>Ⅵ</td><td colspan="6">总经理　行业专家</td><td></td><td rowspan="3">8 年以上</td><td>12 年以上</td></tr>
<tr><td>Ⅴ</td><td colspan="6">售后经理（售后总监）
（6，32）</td><td>高职</td><td>8～10</td></tr>
<tr><td>Ⅳ</td><td colspan="3">技术经理（车间主任）
（7，28）</td><td colspan="3">服务经理（前台主任）</td><td>高职</td><td>5～8</td></tr>
<tr><td>Ⅲ</td><td>班组长
（9，41）</td><td>班组长
（2，11）</td><td>班组长
（3，20）</td><td>配件主管
（6，21）</td><td>服务主管
（7，24）</td><td>保险理赔主管
（7，28）</td><td>高职
中职</td><td>3～7</td><td>2～5</td></tr>
<tr><td>Ⅱ</td><td>机电工
（7，37）</td><td>钣金工
（4，18）</td><td>喷漆美容工
（4，27）</td><td>配件员
（8，29）</td><td>服务顾问
（8，27）</td><td>保险理赔员
（9，31）</td><td>高职
中职</td><td>1～3</td><td>0.5～2</td></tr>
<tr><td>Ⅰ</td><td>学徒
（8，58）</td><td>学徒
（3，15）</td><td>学徒
（4，30）</td><td>仓管员
（7，25）</td><td>服务顾问助理
（5，18）</td><td>保险理赔助理
（6，22）</td><td>中职</td><td>0～1</td><td>0～0.5</td></tr>
</table>

五、完成职业能力分析报告

职业能力分析是专业建设的重要环节，这项工作完成时必须形成分析报告，以便对该工作的组织以及取得的成果进行总结，这样不仅可以固化研究成果，也可以为其他专业的建设提供可借鉴的经验。××专业职业能力分析报告的参考模板如范例 2－12 所示。

范例 2－12

________专业职业能力分析报告参考模板

一、职业能力分析的目的和意义（500 字左右）

（说明本专业开展职业能力分析的基础，开展职业能力分析的必要性，职业能力分析的目的，等等）

二、职业能力分析的组织与实施（2000 字左右）

（一）职业能力分析的基本方法

（如头脑风暴、文献研究、咨询专家、问卷调查、案例研究等）

（二）职业能力分析会的组织

（职业能力分析会的前期准备：行业专家的邀请、会务筹备等；分析会的召开：会议过程、精彩事件分享等；会后工作：资料整理工作安排等）

（三）职业能力分析表的制定

（说明职业能力分析表的内容，制定过程及依据等）

三、职业能力分析的结论与成效（2000 字左右）

（概述职业能力分析表的内容，确定岗位群及职业能力分布汇总表，梳理职业能力分析对标准研制工作的作用，完成专业岗位群及职业能力分布表等）

四、附录

（完整列出"××专业职业能力分析表"）

六、建立职业能力模块库

职业能力模块库是由一个个能力模块组成的，建立职业能力模块库显然是为了便于能力模块的组合。能力模块就像一个个积木，这些积木不同的组合可以搭建成不同的物品，换言之，能力模块的组合就是课程。根据不同的教育教学目标，就可以将不同的能力模块组合成不同课程。职业能力模块库的建设应针对专业群，因为同类专业的职业能力是有交叉的，资源是可以共享的。

借鉴英国和中国香港关于职业资格标准的能力模块结构，一般能力模块包括模块编号及名称、使用的职业范围、模块的要求（知识、技能、态度）、模块评估要点四个部分。下面展示两个范例（范例 2－13、范例 2－14）。

范例 2－13

汽车模块能力单元

GDCPGJ101 确保个人的行为减少对健康和安全的危害①

模块描述：适用于汽车销售、零配件管理、仓储及维修服务的工作地点，能进行工作场所的清洁和设备的保养工作。

模块要求（目的）：通过本单元的学习，学生可以（必须）达到以下要求。

（1）立法机构和组织的相关要求与工作程序。

①了解工作范围的工具、设备和工作场所的适用与维护；

②了解工作场所和设备保养的规定和程序。

① 刘越琪，孟国强，郭海龙．能力核心的汽车运用技术专业现代职教课程体系的构建［M］．广州：暨南大学出版社，2010.

（2）设备维护。

①能够正确的选择和使用设备进行保养工作；

②能够安全、方便取用存储工具；

③通用工作区的清扫，能正确选择和适用清洁设备；

④能够经济地使用清洁资源；

⑤能够正确地处理用过的清洁材料和废弃物。

模块评估要点：了解工具、设备和工作场所清洁保养的相关政策法规；能够进行工具、设备和工作场所的清洁和保养工作。

范例 2－14

国际贸易能力模块

ZY220105：能够利用平台和国外客户磋商报价，达成电子订单，并完成电子支付程序。①

模块描述：通过平台的邮件系统或在线信息交流工具，使用英语与国外客户磋商报价，促成交易。

模块要求（目的）：通过本单元的学习达到的能力要求。

（1）你要知道：

①询盘、还盘、报价等业务的英文表达规范；

②各种贸易术语下，报价的相互转换方法；

③接收订单、备货、发货、收款的操作程序。

（2）你能做到：

①熟练和正确使用英文，与客户交流；

②技巧地向客户介绍产品、回复客户咨询、引导客户下单；

③熟练地向客户报价；

④判断订单的风险程度，有选择地接受订单；

⑤与仓库、物流保持信息畅通，及时向客户反馈库存、价格、发货情况等信息；

⑥及时通过平台或第三方支付平台，安全收回货款。

模块评估要点：与客户在线交流时，使用英语是否规范；是否能有技巧地成功引导客户下单；是否能迅速而准确判断订单的风险程度；是否能与仓库、物流、货代等保持信息畅通；是否能安全收回货款。

---

① 万承刚，左锋．中高职衔接的专业标准及课程标准开发［M］．北京：清华大学出版社，2014：117

可见，完成专业的职业能力分析表后，完全可以进一步提升，那就是建立能力模块库，范例2－13和范例2－14的前三项内容，即模块编号及名称、使用的职业范围、模块的要求（知识、技能、态度），在职业能力分析表中都已涵盖，对于模块评估要点则在前三项的基础上提炼即可获得，这也为后续职业能力测评打下基础。原则上，职业能力模块应该基于职业能力分析表的每一职业能力点而建立。以汽车运用技术专业为例，就是要建立1 779个能力模块，其工作量非常大，从后续课程建构工作来看，一般一门课程与能力的对接，对接的是若干个工作项目或工作任务的组合，很少对接为单一的一个个职业能力点的组合，因此，建议职业能力模块的建设基于工作项目或工作任务。例如，汽车运用技术专业若基于74个工作项目的角度建能力模块，则可建74个能力模块；若基于310个工作任务的角度建能力模块，则可建310个能力模块，这样能够更高效地建立职业能力模块库。

综上所述，开展职业能力分析，第一，加深了学校对行业企业的了解。召开职业能力分析行业专家研讨会，学校教师与行业企业一线专家面对面交流，从行业专家自身经历，学校教师可以了解到了这一专业的职业生涯发展路径，从行业专家对岗位的能力描述，学校教师可以了解到目前企业对于人才所需具备能力的需求，这些能力需求是真实的、具体的，往往与书本的表述是不一样的。第二，是为确定中高职培养目标提供了科学依据。通过分析专业人才的就业岗位能力、能力级别，以及确定各层次教育的能力定位，便可准确定位专业人才培养目标。第三，可为课程开发提供重要的基础性素材。职业能力分析表对该专业对应的工作项目、工作任务以及职业能力要求进行了清晰而全面地反映，尤其是对职业素养进行了具体化的描述，这就为后续课程体系建构以及课程内容开发奠定了基础，并且提供了宝贵的素材。

第三章
课程体系建构

第一节
专业培养目标的定位

《国务院关于加快发展现代职业教育的决定》提出："推进中等和高等职业教育紧密衔接，发挥中等职业教育在发展现代职业教育中的基础性作用，发挥高等职业教育在优化高等教育结构中的重要作用。"可见中高职衔接是构建我国现代职业教育体系的重要内容，要实现中高职衔接，首先中职、高职、本科的专业培养目标必须衔接，只有这样，才能确保中职与高职的课程衔接，才能实现中高职的内涵衔接。专业培养目标是人才培养定位、课程体系建构乃至后续课程内容开发的重要依据。目前，准确定位中高职衔接专业培养目标已成为亟须解决的问题。随着中高职衔接工作的快速推进，原有中高职课程难以衔接的矛盾日益凸显，其根本原因是专业培养目标的定位不清和层次不分。本节主要介绍专业培养目标的内涵、关键要素及定位方法。

一、中高等职业教育专业培养目标的内涵

职业教育专业培养目标包含人才规格和质量标准，反映专业的本质特征和内在要求，科学合理地定位专业培养目标是职业教育教学活动的逻辑起点。职业教育作为培养生产、建设、管理、服务第一线的高素质劳动者和技术技能型人才的教育类型，其内部各层次必须有机衔接，体现在内部各层次的专业培养目标也必须紧密衔接，衔接的基础正是职业能力的培养，由此可见，职业能力的培养是职业教育专业培养目标的基本定位。

二、中高等职业教育专业培养目标定位的现状分析

对广东中高职院校数控技术等 33 个专业的 300 多个高职及应用本科专业培养目标和 300 多个中职专业培养目标进行分析，结果显示：专业培养目标表述结构多样、详细程度不一、差异性非常大，且中职和高职培养目标高度重叠，缺乏层次。

（一）中高等职业教育专业培养目标表述多样化①

根据对大量专业培养目标的表述进行的分析和归类，主要有以下五种情形。

1.“整体宽泛”型

如某中职学校的汽车运用与维修专业培养目标为：“拥护党的基本路线，身心健康，德、智、体、美、劳全面发展；面向汽车售后服务机电维修领域，具有与本专业相适应的文化水平和良好的职业道德，掌握本专业的基本知识、基本技能，具有较强的实际工作能力；了解相关企业生产过程和组织状况，能在汽车机电维修工作中解决综合性的专业问题，并具有本专业职业生涯发展基础的中等应用型技能人才。”这种表述与我国职业教育的总体目标保持高度一致，强调全面，概括性强，抽象度高，不足之处就是缺乏专业特性。

2.“行业企业”型

如某高职院校的模具设计与制造专业培养目标为：“培养适应模具设计与制造、机械产品设计与制造等领域第一线需要，掌握机械设计、机械制造、塑料成型、冲压等生产所需的基本知识，具有较强的模具设计与制造的专业技能，有较强的模具设计软件的应用能力，具备‘一技之长+综合素质’的高素质技术应用型模具设计与制造人才。”这种表述强调了专业面向的行业企业，明确了就业领域。

3.“行业企业+岗位”型

如某高职院校的学前教育专业培养目标为：“适应现代幼教发展需要，培养具有学前教育专业知识，能在托幼机构从事保教工作的教师、学前教育行政人员以及其他有关机构的教学、管理实用性人才。”这种表述既强调了专业面向的行业企业，又明确指出了主要的岗位或岗位群，使得就业领域及工作方向更加清晰。

4.“职业能力侧重”型

如某高职院校的艺术设计（家具）专业培养目标为：“培养面向家具企业从事家具设计、家具制作、绘图员等相关工作，具有良好职业道德、尊重知识产权和环境保护意识，具备基本的家具设计技能、能够熟练操作家具机械、能够绘制家具工艺文件的诚信做人、踏实做事、人格健全的技能型人才。”这种表述强调职业能力，从知识、技能和态度三个维度对能力进行了描述。

5.“行业企业+岗位+职业能力”型

这种表述集第三种和第四种的描述结构于一体，既明确了专业面向的行业企业及岗位群，又从专业的角度概述了职业能力。如某中职学校的计算机网络技术专业培养目标为：“主要面向计算机产业、制造业、国家机关等企事业单位的计算机网络维护与管理、计算机网站建设与维护等岗位，从事计算机网络规划与组建、网络综合布线、网络管理

---

① 杜怡萍．中高职衔接专业培养目标的定位研究［J］．中国职业技术教育，2014（32）：56－60.

与维护、网站规划与建设等工作，具有良好的职业道德和素养，掌握必要的文化基础知识、计算机网络专业知识和比较熟练的计算机网络职业技能，在生产、服务和管理一线工作的高素质劳动者和中等应用型技能人才。”毋庸置疑，这种表述方式最为具体，结构最完整，既与我国中等职业教育总目标保持一致，又能凸显专业特色。

（二）中高等职业教育专业培养目标定位存在问题

通过调查分析，当前无论中等职业学校还是高等职业院校，同一专业的目标定位存在以下问题：

1. 目标描述随意性大，导致人才培养质量差异性大

从以上归纳的五种目标表述类型可以看出两个方面的问题，一是目标表述五花八门，有的表述比较空泛，如第一、第二种目标表述类型不能凸显专业特色，难以发挥目标的导向性和统领作用；二是目标表述详略不一，缺乏基本规范，导致课程设置混乱等问题。尽管各职业院校专业培养目标应该保留其特色，但目标制定的随意性、标准不一，必然导致不同职业院校同一专业人才培养规格不一，培养出来的人才能力差异大。根据旅游管理专业的调查显示，有超过1/3的用人单位认为不同院校培养出来的毕业生在能力素质方面存在较大的校际差异。

2. 中高职专业培养目标重叠性大、层次不清

以旅游管理专业为例，中职的培养目标为：“培养面向旅行社、景区景点等企事业单位，在导游、讲解员以及外联销售、计调、前台、文员等岗位工作，具有必需的文化知识、良好的综合职业能力，在旅游行业第一线工作的高素质劳动者和实用型技能人才。”高职的培养目标为：“培养面向旅行社、旅游景区及其他旅游企事业单位等领域，在导游、讲解员以及外联销售、计调、基层管理等岗位工作，具有扎实的基础知识、良好的职业道德、较高的旅游服务技能和管理能力，满足旅游工作一线需要的高素质、高技能人才。”可见无论是从工作领域和岗位，还是从应具备的能力来看，中高职专业培养目标重复性大，难以区分。这是由于中高职衔接并未全面推广，中职学校录取的是初中毕业生，高职院校录取的是高中毕业生，对于专业而言，都是零技能基础。所以，中高职的专业培养目标定位必须随着中高职衔接的推广深入研究。

三、职业教育专业培养目标定位的关键要素

专业培养目标是指职业教育目标在各专业中的具体化，既要与我国职业教育总体目标保持一致，又要在就业领域、岗位工作、职业能力、人才层次等方面体现目标的具体化，且目标表述文字要精炼，不宜过长，一般在200字以内。职业教育专业培养目标定位应明确的关键要素为就业领域、目标岗位和职业能力（见图3－1）。

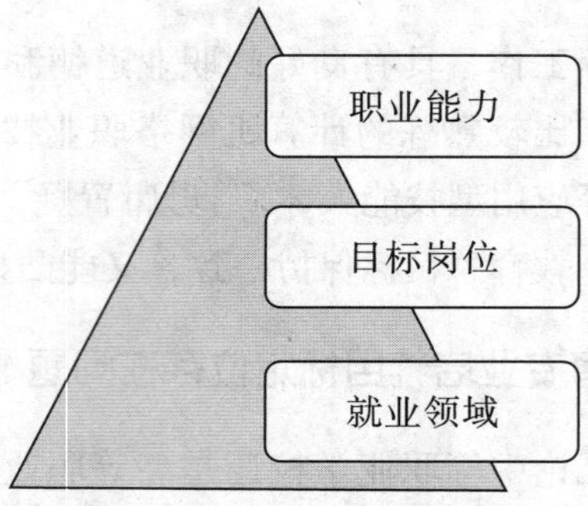

图3－1　专业培养目标定位的关键要素

1. 就业领域

即明确该专业培养和人才就业面向的行业领域或企事业单位类型，一般通过企业调查、毕业生调查就可获得专业面向的行业或企事业单位信息。表述时要避免行业或企事业单位的类型交叉，如对会计专业培养目标的表述“主要面向中小企业、商业银行、行政事业单位、会计中介机构等单位”，就出现了行业企业之间的交叉，这是不妥的。应该参照我国关于行业、企业分类的国家规定，如《国民经济行业分类》（GB/T 4754—2011）等，尽量准确地描述行业、企事业单位类型。

2. 目标岗位

即明确该专业培养人才所面向的职业岗位名称，通过企业调查和毕业生调查能够比较全面地获得专业对应职业岗位群的信息。调查显示，由于种种原因，职业院校毕业生的就业岗位多种多样，一般来说，岗位定位必须解决四个问题：一是不同时间毕业的就业岗位虽然相近，但岗位会发生变化，应以毕业多少年的岗位为目标岗位？二是毕业生就业的岗位是很多的，专业培养应针对哪几个岗位？三是不同企业对同一岗位的内涵界定及名称不一，如何统一？四是中职高职的目标岗位如何区分？通过调查分析及实践论证，我们认为：应以毕业后3～5年的就业岗位作为目标岗位；一个专业对应的职业岗位一般不超过6个，以4个左右为宜；应采取通用的、概括性强的岗位名称。这也是第二章第二节所述的确定目标岗位的四项原则。如图2－11所示，中高职汽车运用技术专业毕业3～5年的就业岗位有10个，按照与专业的相关性和适量性原则，确定机电工、钣金工、美容喷漆工、服务顾问、保险查勘定损员、备件管理员6个岗位为目标岗位，覆盖率达89%。

值得说明的是，目标岗位是就业岗位，但就业岗位不全是目标岗位。其原因：一是由于不是所有的就业岗位都与专业有高相关度，目前高职毕业生的对口就业率不足70%，说明不少学生没有对口就业；二是岗位会随着时间的流逝发生变迁，因此无论是中等职业教育还是高等职业教育，都不能仅以初次就业岗位作为目标岗位，必须以一定期间的可持续发展的岗位作为目标岗位，此期间一般为毕业后的3～5年。

3. 职业能力

职业能力是指人们从事一门或若干相近职业所必备的本领，以及在工作生活中所表现出的科学思维和为人处事的态度，每个专业通过职业能力调查与分析，可以确定需要培养的职业能力。培养目标中的职业能力描述要注意层次性，并要高度概括。虽然为突出层次性，可以对职业能力从知识、技能、态度三个维度进行概述，但是，基于职业能力分析是从职业素养和专业能力两个维度分解的，因此，最好从职业素养和专业能力两个维度加以概括。例如，前述艺术设计（家具）专业培养目标中对职业能力的描述，有层次且又高度概括了该专业人才应具备的职业能力。

四、中高职衔接培养目标层次的定位方法

根据调查，目前中高职院校的专业培养目标中存在的最大问题就是重叠性大、难以区分，实质上就是未能凸显中等、高等职业教育的层次性。从理论上讲，中高职专业培养目标的衔接就是未来工作岗位的层次衔接，通过实践研究我们认为，中职、高职专业培养目标可以从以下三个方面区分。

1．通过就业领域、目标岗位及发展速度区分

一般而言，同一专业中职、高职的就业领域基本相同，但也有一些差距，例如，受学历层次的影响，中职毕业生不能直接进入银行企业。当然，主要的区别在于目标岗位，如前述汽车运用技术专业将高职目标岗位定位为：机电维修、服务顾问、汽车保险理赔；中职目标岗位定位为：机电维修、备件管理、汽车装潢。又如，由图2－6和图2－7会计专业中职和高职毕业生的就业岗位群可见，高职就业岗位与会计专业的联系更加紧密，如会计、出纳、审计、财务管理岗位占70%，中职就业岗位则较为分散，会计、出纳、收银岗位占30%，财经文员岗位占24%。因此，中职会计专业的目标岗位以操作型的文员、出纳、收银、仓管和会计为主，高职会计专业的目标岗位以偏策略型的会计、出纳、审计、财务管理为主。

但是不少专业尤其是工科类的专业，中高职毕业生的初次就业岗位基本相同。以数控技术专业为例，中高职毕业生都要从机床操作学徒做起，但是，如表3－1所示，大专生的发展速度比中专生要快，以毕业后3～5年的岗位为目标岗位为原则，中职主要培养操作技术工人、绘图员，而高职主要培养工艺编程员、班组长和车间主任岗位。

表3－1　数控技术专业职业生涯发展路径

操作岗位	技术岗位	管理岗位	一般发展年限	
			中专生	大专生
	企业总工程师	公司总经理	12～15	10～15
数控高级技师	高级工程师 工艺高级工程师	生产总监 技术总监	10～15	6～10
数控技师	生产工程师 设计工程师	车间主任 工程部经理	6～10	3～5

续上表

操作岗位	技术岗位	管理岗位	一般发展年限	
			中专生	大专生
数控师傅	车间生产技术员（工艺编程员）	生产组长 生产调度	4～5	2～3
操作技术工人	绘图员		2～3	2
机床操作工			1～2	1
机床操作学徒工			1	0.5

2．通过职业能力区分

由于中高职同一专业分别对应不同的岗位群，其职业能力要求及内容也应该不同，即使中高职对应相同的岗位，其职业能力的水平层次也应该不同。如表3－2所示，中高职汽车运用技术专业培养目标中的职业能力表述是有内容区别和层次区别的，主要是由于其对应的岗位不同，即使都对应机电维修工，其能力要求的程度也应有所区别，中职要求的是汽车维护和常见故障小修，而高职要求的是总成检修以及故障诊断与排除。由此才能显示出中高职培养目标的层次性。

表3－2　中高职汽车运用技术专业培养目标的职业能力区分

对　比	中　职	高　职
职业岗位	机电维修、备件管理、汽车装潢	机电维修、服务顾问、汽车保险理赔
职业能力	具备汽车维护、汽车总成零部件拆装小修、汽车简单常见故障的诊断与排除专业能力。	具备汽车总成检修、汽车综合故障诊断与排除、汽车维修企业管理专业能力
	拓展汽车钣金喷漆、汽车配件管理、汽车美容及精品加装专业能力	拓展新能源汽车维修、前台业务接待、汽车查勘定损与理赔专业能力，
	具有良好的沟通、团队协作能力、较强的服务意识、良好的职业道德	具有良好的职业道德和团队精神、较强的实际动手能力和创新能力

3．通过职业层级及资格区分

按照人才培养层级，中职学校以培养中等技能型人才为主，高职院校以培养高级技术技能人才为主，如何区别“中”和“高”？借鉴英国的资格与学分框架（QCF）的职业分级思想，通过建立各专业的职业生涯发展路径图来明确岗位层级和学历层次，如旅游管理专业，通过企业调研将该专业对应的职业岗位群分层级，再结合中职、高职毕业生就业岗位群调研，确定中职、高职对应的层级，如表3－3所示，中职层次主要对应第Ⅰ、Ⅱ级，高职层次主要对应第Ⅲ、Ⅳ级。此外，在定位中职、高职岗位群的同时，也可以定位其相应的职业资格，如中职旅游管理专业学生的学习侧重于取得初级导游证、助理计调师证和助理咨询师证，即初、中级技能型人才；高职旅游管理专业学生的学习侧重于取得中级导游证、领队证、计调师证和咨询师证，即中、高级技术技能人才，从而进一步明确中高职培养目标的层次性。

表3-3 旅游管理专业的职业生涯发展路径

发展层级	岗位类别				学历层次	发展年限	
	客服类	导游类	销售类	计调类		中职	高职
Ⅵ	行业专家、企业高管					13年以上	12年以上
Ⅴ			销售总监 区域经理			11~13	10~12
Ⅳ	客服经理	导游经理 资深领队	销售经理 店长	计调经理 资深计调	高职	7~11	6~10
Ⅲ	客服主管	导游主管 领队 资深导游	资深销售 销售主管	计调主管	高职	3~7	2~6
Ⅱ	客服员	初级导游	销售员	计调员	中职	1~3	0.5~2
Ⅰ	客服助理	实习导游	销售助理	计调助理	中职	0~1	0~0.5

五、中高等职业教育专业培养目标的描述

中高职衔接的目标表述应遵循三个原则，一是要与国家对中高等职业教育人才培养定位保持一致；二是要能够区分中职、高职目标的层次性；三是要凸出其衔接性。中高职衔接的专业培养目标由总体培养目标、中职学段培养目标、高职学段培养目标组成，如果涉及高本衔接的，还要制定本科学段培养目标。目标描述采取“行业企业+岗位+职业能力”的方式表述。

1. 中高职衔接专业的总体培养目标

《国务院关于加快发展现代职业教育的决定》(国发〔2014〕19号) 明确提出：“加快现代职业教育体系建设，深化产教融合、校企合作，培养数以亿计的高素质劳动者和技术技能人才。”可见，培养高素质劳动者和技术技能人才是职业教育的总体目标。因此，对中高职衔接的专业总体培养目标表述格式为：本专业培养与我国社会主义现代化建设要求相适应，德、智、体、美全面发展，具有综合职业能力，面向××××等行业(企业)，从事××××(岗位)等生产、建设、服务、管理一线工作的高素质劳动者和技术技能人才。如汽车运用技术专业总目标：本专业培养与我国社会主义现代化建设要求相适应，德、智、体、美全面发展，具有综合职业能力，面向汽车售后服务行业，从

事汽车机电维修、服务顾问、保险理赔等岗位生产、服务、管理一线工作的高素质劳动者和技术技能人才。

2. 中职学段的培养目标

《教育部办公厅关于制订中等职业学校专业教学标准的意见》（教职成厅〔2012〕5号）指出：中等职业学校培养与我国社会主义现代化建设要求相适应，德、智、体、美全面发展，具有综合职业能力，在生产、服务一线工作的高素质劳动者和技能型人才……中职学段培养目标表述，既要与国家目标和总体培养目标保持一致，又要突出专业特色，还要体现中高职目标的区分与衔接。中职学段培养目标表述格式为：本专业培养面向××××等行业（企业），能从事××××（岗位）等工作，具备××××（专业能力和职业素养）职业能力，以及继续学习能力，在生产、建设、服务、管理第一线的××××（层级）高素质劳动者和技术技能人才。如汽车运用技术专业中职学段目标为：本专业培养面向汽车售后服务行业，能从事汽车机电维修、备件管理、汽车装潢等岗位工作，具备汽车维护、汽车总成零部件拆装小修、汽车简单常见故障的诊断与排除专业能力，拓展汽车钣金喷漆、汽车配件管理、汽车美容及精品加装专业能力，具有良好的沟通、团队协作能力，较强的服务意识、良好的职业道德，具有继续学习能力的生产服务一线中等应用型高素质劳动者和技术技能人才。

3. 高职学段的培养目标

教育部在《关于推进高等职业教育改革创新 引领职业教育科学发展的若干意见》（教职成〔2011〕12号）指出："高等职业教育具有高等教育和职业教育的双重属性，以培养生产、建设、服务、管理第一线的高端技能型专门人才为主要任务。"2012年《国家教育事业发展第十二个五年规划》提出："高等职业教育重点培养产业转型升级和企业技术创新需要的发展型、复合型和创新型的技术技能人才。"因此，高职学段培养目标表述格式为：本专业培养面向××××等行业（企业），从事××××（岗位）等工作，具备××××（专业能力和职业素养）职业能力，以及自主学习能力，在生产、建设、服务、管理第一线的××××（层级）发展型、复合型和创新型的技术技能人才。如汽车运用技术专业高职学段的培养目标为：本专业培养面向汽车售后服务行业，从事汽车机电维修、服务顾问、汽车保险理赔等岗位工作，具备汽车总成检修、汽车综合故障诊断与排除、汽车维修企业管理专业能力，拓展新能源汽车维修、前台业务接待、汽车查勘定损与理赔专业能力，具有良好的职业道德和团队精神、较强的实际动手能力和创新能力，能够自主学习，在生产、服务、管理一线的发展型、复合型高级技术技能人才。

综上所述，把握专业培养目标的三个关键要素：就业领域、目标岗位、职业能力，就能够较为清晰地定位职业教育专业培养目标。通过就业领域、目标岗位、发展速度、职业能力、职业层级及资格等内容，不仅可以区分中高职专业培养目标，而且能够促进中高职培养目标的有机衔接。只有科学定位中高职衔接专业培养目标，才能有效发挥目标的导向作用，才能促进中高职课程及教学的有机衔接，才能实现中高职协调发展，从而推动现代职业教育体系的构建。

第二节 中高职衔接的课程体系

建设中高职衔接的课程体系是构建现代职业教育体系的基础性工程。中高职衔接必须在专业培养目标衔接的前提下，实现课程体系的衔接。课程体系包括课程要素和课程结构，即课程体系由一系列课程要素有机联合而成。不同的课程要素以及课程不同的联合方式，都将影响着课程体系功能的发挥，对专业培养目标的实现有着直接的影响。本节重点阐述中高职衔接课程体系建构的指导思想、课程的类型、课程体系的结构，以及实现能力到课程的转换方法。

一、课程体系建构的指导思想

课程体系建构必须以“能力核心、系统培养”为指导思想，围绕学生的职业能力培养及可持续发展构建课程体系。

1. *以能力为核心*

职业教育的人才培养目标必须指向职业能力，毫无疑问，作为实现目标载体的课程必须围绕职业能力的培养建构课程。以能力为核心包括四层含义，一是课程不仅要关注专业能力的培养，而且要更加关注职业素养的培养。坚持立德树人，德育为先，能力为重，把社会主义核心价值体系融入教育教学全过程，着力培养学生的职业道德、职业技能和就业创业能力；必须以职业能力作为建构课程体系的重要依据，努力满足行业科技进步、劳动组织优化、经营管理方式转变和产业文化对技能型人才的新要求。二是课程要与职业活动内容紧密联系起来。由于职业是能力表现的重要载体，因此，职业教育课程体系及课程内容主要体现为基于工作过程的结构和内容。职业能力的培养必须与整体化的实际工作相联系，课程结构要与工作结构相对应，课程内容要与工作内容相对应，因此，课程体系的建构必须建立在职业能力分析的基础之上，将工作领域内容向学习领域课程转化，这已成为课程体系构建和课程内容开发的关键。三是坚持工学结合、校企合作、顶岗实习的人才培养模式，在课程教学实施的过程中，注重“做中学、做中教”，重视理论实践一体化教学，强调实训和实习等教学环节，突出职教特色。四是加强创新创业教育，重在培养学生创新创业意识，激发学生创新创业欲望，为学生打下创新创业的知识、技能、意识基础。

2. *以学生为主体*

课程的服务对象是学生，课程体系的建构必须符合学生的认知特点、认知规律以及发展需要。了解学生的需求是专业教学标准研制过程中不可或缺的内容，在专业教学标准研制的第一环节——供需调研，就从学生的学习动机、课程教学评价、升学意向、择业意向等方面进行了学生问卷调查，这是课程体系建构的重要参考和依据。例如，对在校生升学意向的调查结果显示，中职学生和高职学生呈现了较高的一致性，有约1/3的学生继续进修和升学的愿望较为强烈，这一需求要求课程体系必须实现中—高—本衔接，如果学生升学后学习内容层次性不能体现，就失去了升学的意义。再例如，在学生对所学的课程进行评价时，对教学实践和职业技能课程满意度不高的情况较为普遍，这一情况必须认真分析，其原因可能是实践课程开设不足，也可能是实践课程教师教学能力不强而导致教学效果不好，当然也可能是实践条件制约了教学效果，等等。这些因素在课程体系建构时都必须充分考虑。此外，以中职学生为例，中职学生的年龄特点决定了其对动手能力强的课程较为感兴趣，基于此，在课程的排序方面，应尽可能将一些实践课程提前安排在第一、二学期，而不应该都集中在毕业前的实践环节。

3. *以发展为先导*

当今世界经济发展迅速，技术更新速度越来越快，着眼于当前就业的职业教育课程模式受到巨大的挑战，终身职业教育理念迅速为世界各国所接受，因此，职业教育的课程要为学生的职业生涯发展做好准备。首先，课程要具有一定的超前性，不能完全拘泥于现有职业要求，因为技术、工艺、知识等是在不断发展和变化的，职业教育人才培养必须具有超前意识。其次，课程不仅要满足学生的一次就业，而且更要为学生转岗再就业以及创业打下基础，同时还要兼顾学生的升学要求。可见，课程必须是灵活多样的，才能让学生获得更宽广的职业生涯发展空间，才能真正实现以人为本的教育。在课程体系建构中，要坚持整体规划、系统培养，促进学生的终身学习和全面发展。正确处理公共基础课程与专业技能课程之间的关系，合理确定学时比例，严格进行教学评价，注重中高职课程的有机衔接。

二、模块化的课程结构

职业教育课程不仅要关注让学生获得哪些职业知识，而且要关注学生以什么结构来获得这些知识，课程结构是影响学生职业能力形成的重要变量。职业教育培养的是应用型人才，因此必须基于工作的结构和体系建立课程的结构和体系。课程体系结构是一个专业课程方案的重要组成部分，是教学安排的重要依据。建立模块化的课程结构，且这些模块是“宽专结合”的，这种模块化课程体系是目前职业教育课程体系的基本形式。

1. 基于课程功能的模块化

这里所指的模块化与 MES（Modules of Employable Skills，模块式技能培训）课程模式所指的针对职业岗位范围的就业技能模块组合有很大不同。首先，模块化是基于实现专业培养目标的课程功能划分的。通过对各职业院校专业课程体系的模块分析发现，模块的分类多种多样，且常常分类标准不一，相互交叉，为了突出模块分类的通用性，按课程功能分类是最简洁的分类方法。如图 3－2 所示，将一个专业的课程体系划分为文化基础课程模块和专业课程模块，专业课程又分为专业核心课程、专业方向课程和专业拓展课程。文化基础课程包括必修课程和选修课程。专业核心课程是必修课程，专业方向课程是限定选修课程，专业拓展课程是选修课程。

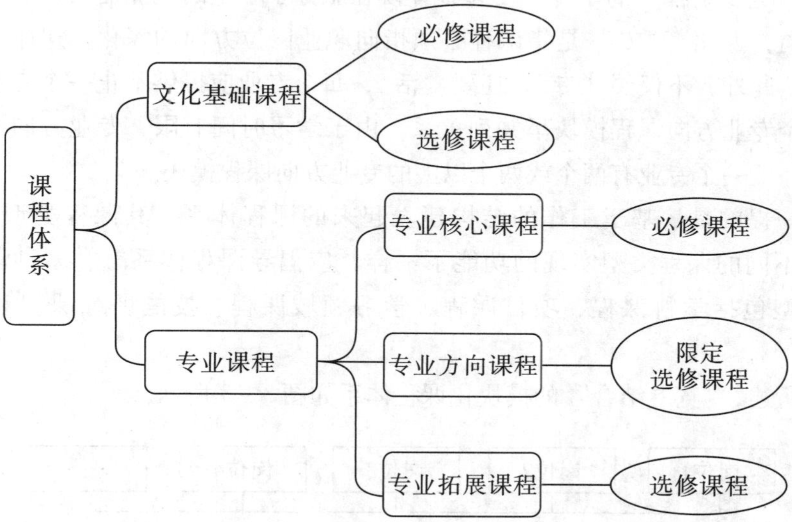

图 3－2　专业课程体系模块化结构

文化基础课程的功能在于培养学生的文化知识和文化素养，其必修课程一般由国家统一制定，例如语文、数学、德育、体育等等。专业课程的功能在于培养学生的专业能力和职业素养，基于相应职业岗位（群）的能力要求，课程内容要紧密联系生产实际和社会实践，突出应用性和实践性，并注意与相关职业资格考核要求相结合。专业核心课程的功能在于培养学生具备某职业岗位或岗位群所需要的基本职业能力，是教育行政部门对专业课程设置最为基本的要求，是学生进入专业所面向的基本岗位前必须学习的课程。专业核心课程可依据工作过程即工作任务的活动水平或重要性程度进行设置，也可依据专业知识体系即基本理论与技能进行设置。活动水平是依据工作领域在每日工作中的操作频率来判定，重要性程度是依据若员工不具备操作该工作领域的能力而可能导致的后果的严重程度来判定。专业方向课程是根据专业所对应的主要职业岗位划分，可分为若干就业方向设置的课程，其功能在于提升学生某一个（项）职业岗位能力，便于学生根据自己的就业意向，灵活选择不同专业方向的课程学习。专业拓展课程是专业核心课程和专业方向课程之外的课程，旨在拓宽或加深某一领域的知识、技能、修养，其涉及的领域非常广泛，由学生根据兴趣爱好等任意选学。

2. 课程模块的“宽专结合”

“宽专结合”的“宽”，一是指课程要适应“宽职业群”的能力需要，体现在专业培养目标面向的行业企业领域、岗位群和职业能力；二是指课程还要为学生的可持续发展打下“较宽基础”，体现在文化基础课程模块和专业核心课程模块所涵盖的知识、技能和态度的边界要宽，这也符合企业管理日趋扁平化对复合型人才的需要。可见，“宽专结合”的“宽”更多地体现在服务于行业企业对人才的需要，以及服务于学生的职业生涯发展。而“宽专结合”的“专”更多地体现在服务于学生的就业需要，职业教育必须坚持就业导向，因此，“专”是指课程必须指向职业岗位方向的深化，这体现在专业方向课程模块。此外，不仅要“专”，还要“活”，每个专业应提供不止一个专业方向供学生选择，每个专业方向课程模块呈并列关系，由于学习时间有限，专业方向课程为限定选修课程，一般一个专业有两个或两个以上的专业方向课程模块。

值得一提的是，基于工作的结构建立起来的课程体系，其课程类型不应单一化。其原因是不同的课程类型实现的功能不一样，应倡导课程体系融合多种课程形态。这些课程类型包括学科课程、项目课程、学习领域课程、技能训练课程和综合实践课程等。

综上所述，“宽专结合”的模块化课程体系如图 3 - 3 所示。

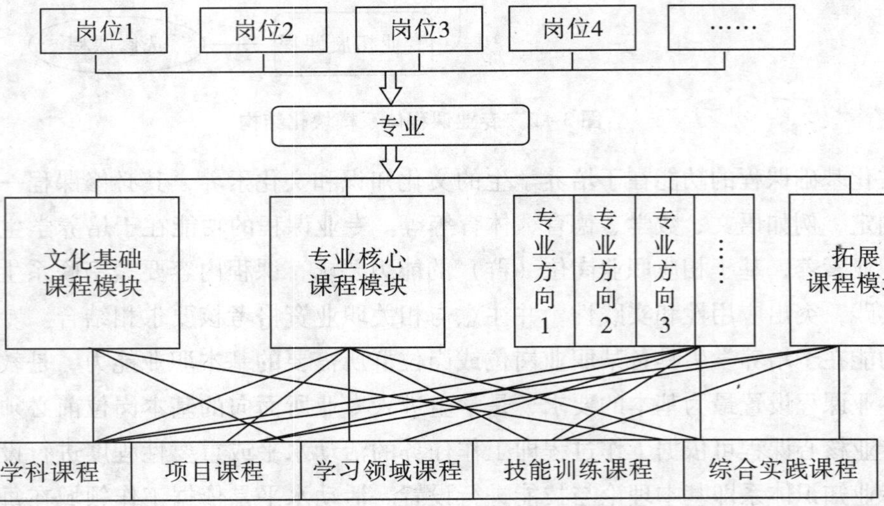

图 3 - 3 “宽专结合”的模块化课程体系

三、“宽专结合”的课程体系特征

“宽专结合”的课程体系有四大特征：

1. 以岗位群定专业

以岗位群的职业能力定位专业目标。一般每一个专业涵盖4～6个职业岗位，这些岗位的职业能力要求就是该专业的培养目标。这在本章第一节已详述。

2. 以模块类分课程

以模块序化课程门类。各专业的课程结构由两级课程构成，第一级为模块课程，第二级为门类课程。模块课程包括文化基础课程、专业核心课程、专业方向课程、专业拓展课程。课程模块将课程门类有序归类。

3. 以多形态建功能

以多种课程形态实现课程功能。不同的课程形态产生不同的课程功能，在课程体系的构建中要避免课程形态的单一化，必须体现多种课程形态功能互补。例如，学科课程是以知识为逻辑主线，学习系统性知识，有利于举一反三，触类旁通。项目课程是一种以工作任务为中心，选择、组织课程内容，并以完成工作任务为主要学习方式的课程。这些课程功能在第一章第二节已阐述。

4. 以任务驱动内容

以任务驱动编制课程内容。为使课程结构内容与工作结构内容紧密结合起来，在课程内容编制时必须以典型工作任务为引领，编制任务驱动式课程内容。特别是项目课程、学习领域课程、技能训练课程以及综合实践课程，更要以任务驱动编制内容，在这些课程中，任务驱动内容的特征表现得更加明显。

四、课程体系建构的主体

课程体系建构必须听取两方面的意见，一是来自于行业企业专家的意见，以及各职业院校的人才培养方案、现有的专业教学标准，这些都是建构课程体系的重要借鉴。这些信息于第一阶段供需调研获得。二是来自于专家的意见，通过召开课程体系建构专家研讨会，可以将调研及职业能力分析所获得的分散信息高度集中。因此，课程体系建构的主体是某一专业领域的教育专家，又称为专业骨干教师和课程专家，统称为“教育专家”。

选择参与课程体系建构会的教育专家的标准是：必须是本专业教育教学经验丰富，在本专业教育教学领域具有较高学术地位、副高职称以上的骨干教师。各专业指导委员会的成员是重点考虑对象，这些成员既有区域代表性，又有专业地位和影响力。

五、能力到课程的转换方式

专业的培养目标指向职业能力的培养，作为实现目标载体的课程，其课程目标也必须指向职业能力。通过职业能力分析获得专业所对应的职业能力，形成了包括工作项目、工作任务及职业能力点在内的三级职业能力图表。课程体系建构的一项重要工作就是将所获得的职业能力转换为课程，实现课程与能力的对接。有三种基本的转换方式，如图3－4所示。

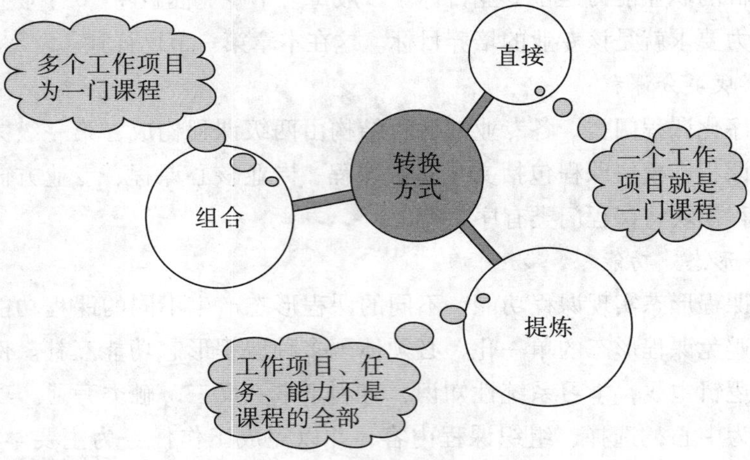

图3－4　能力到课程的转换方式

1．直接转换

一个工作项目就是一门课程。如会计专业的职业能力分析表中有“办理纳税业务”这一工作项目，可直接转换为“企业涉税业务办理”这门课程。这种课程多为项目课程或学习领域课程。

2．组合转换

多个工作项目组合为一门课程。会计专业的“会计实务”课程的能力模块对应了核算财产物资、核算工资薪酬、核算财务成果、核算筹集资金、核算往来款、核算对外投资6个工作项目及相关职业素养，换言之，这些工作项目组合成了一门课程。这种课程多为项目课程、学习领域课程以及综合实践课程。

3．提炼转换

课程与某些工作项目、某个工作任务或某些职业能力点对应，但这些项目、任务和能力点并不是课程的全部，换言之，课程还涵盖更多的内容。一种原因是职业能力分析不够全面，有些职业能力还未完全挖掘，另一种原因是该课程是学科课程或技能训练课程，其课程结构并不是基于工作的过程及结构，虽与工作密切相关，但其直接对应关系却不明显。在能力到课程的转换中，大部分学科型的专业基础课程属于这种方式。这些课程培养的能力需要提炼，需要抽离于具体工作，如会计专业中的“财经法规”课程，它与完成多种和经济相关的会计工作密切相关，非常重要。

六、能力到课程的转换方法及注意事项

1. 转换方法

（1）头脑风暴法。中高职衔接课程体系建构教育专家研讨会采用头脑风暴法，即集中有关专业的教育专家召开专题会议，主持人以明确的方式向所有参与者阐明问题，采用没有拘束的对话方式，尽力创造融洽轻松的会议气氛，专家们“自由”提出尽可能多的方案。一般教育专家研讨会需要选择 10～14 位教育专家参加研讨，中职—高职衔接课程体系建构每个学段参与的教育专家需要 6～7 人。召开一次课程体系建构会一般需要一天半（含晚上）或两天的时间。

（2）卡片张贴法。将每个工作项目或工作任务做成一张张卡片，张贴在每门课程中。以中职会计专业的能力转换到课程为例，“填制、审核凭证”是会计专业所对应的一个工作项目，将其制作成一张卡片（见表 3－4）。如果教育专家认为这一工作是“会计基础”这门课程学生要能完成需要具备的能力，就将这一卡片张贴在“会计基础”课程之中，这样就可将能力转化到课程中了（见表 3－5），把“会计基础”课程与工作项目、工作任务及职业能力含职业素养有机地对接起来。需要说明的是，为了简化工作，在实际操作中常常将编码写在卡片上。表 3－6 就是中职会计专业所有专业课程与能力对接的汇总表。

表 3－4 会计专业工作项目卡片

<table>
<tr><th colspan="2">工作项目</th><th colspan="2">工作任务</th><th colspan="2">职业能力</th></tr>
<tr><th>代码</th><th>内容</th><th>代码</th><th>内容</th><th>代码</th><th>内容</th></tr>
<tr><td rowspan="6">09</td><td rowspan="6">填制、审核凭证</td><td rowspan="2">09－01</td><td rowspan="2">填制、审核原始凭证</td><td>09－01－01</td><td>会规范填制常用原始凭证</td></tr>
<tr><td>09－01－02</td><td>审查原始凭证合法性、合理性</td></tr>
<tr><td rowspan="2">09－02</td><td rowspan="2">填制记账凭证</td><td>09－02－01</td><td>判断经济业务</td></tr>
<tr><td>09－02－02</td><td>填制记账凭证</td></tr>
<tr><td>09－03</td><td>审核记账凭证</td><td>09－03－01</td><td>审核记账凭证准确性</td></tr>
<tr><td>09－04</td><td>编制试算平衡表或科目汇总</td><td>09－04－01</td><td>汇总各会计科目的本期发生额，编制试算平衡表或科目汇总表</td></tr>
</table>

表 3-5 会计基础课程与能力对接表

课程	工作项目		工作任务		职业能力	
	代码	内容	代码	内容	代码	内容
会计基础	09	填制、审核凭证	09-01	填制、审核原始凭证	09-01-01	会规范填制常用原始凭证
					09-01-02	审查原始凭证合法性、合理性
			09-02	填制记账凭证	09-02-01	判断经济业务
					09-02-02	填制记账凭证
			09-03	审核记账凭证	09-03-01	审核记账凭证准确性
			09-04	编制试算平衡表或科目汇总	09-04-01	汇总各会计科目的本期发生额，编制试算平衡表或科目汇总表
	10	登记账簿	10-01	启用账簿	10-01-01	会按照账簿格式要求准备账页
					10-01-02	熟悉常用的会计科目，根据企业情况建立总账、明细账
					10-01-03	会填制账簿启用表，能在账簿启用前对账簿、注册资金贴花
					10-01-04	会登记《账户目录》，并粘贴索引纸
			10-02	登账	10-02-01	规范逐笔登记明细账
					10-02-02	会根据科目汇总表或记账凭证规范登记总账
					10-02-03	会正确进行账页转页处理
					10-02-04	会运用各种错账更正方法更正错账
			10-03	对账	10-03-01	会对总账进行试算平衡
					10-03-02	核对总账与所属明细账的发生额及余额
					10-03-03	核对总账与日记账
			10-04	结账	10-04-01	月末、季末、年末能规范结账
					10-04-02	知道账簿年末封账的要求，会进行年末封账的具体操作
			10-05	账簿交接	10-05-01	能按规定进行记账工作的交接

续上表

课程	工作项目		工作任务		职业能力	
	代码	内容	代码	内容	代码	内容
会计基础	11	编制会计报表	11-01	编制会计报表	11-01-01	了解财务会计报表的构成及编制要求
					11-01-02	熟悉资产负债表编制原理、基本结构和编制方法，会计算资产负债表的相关项目
					11-01-03	熟悉利润表编制原理、基本结构，会编制利润表
	12	审核	12-01	审核业务处理的合法性	12-01-01	检查是否符合会计法
					12-01-02	检查是否符合会计准则
					12-01-03	检查是否符合税法
					12-01-04	检查是否符合内部会计控制制度
			12-02	配合内审和外审工作	12-02-01	提供账册、凭证、报表
					12-02-02	解释执行政策的说明
					12-02-03	解释账务处理
					12-02-04	监盘
	20	会计档案保管	20-01	整理、装订资料	20-01-01	能规范和及时整理相关业务的凭证、单据并装订成册（打印）
					20-01-02	能规范和及时整理账簿档案（按年贴花）
					20-01-03	月（年）末按顺序装订报表
			20-02	保管档案	20-02-01	按规定保管会计档案
					20-02-02	到期办理核销手续（主管部门、税务局）
	40	职业素养	40-03	会计岗位素养	40-03-01	保密意识、安全意识
					40-03-02	有成本意识，内部控制观念
					40-03-03	客观公正态度，鉴定会计信息真实性的能力
					40-03-04	自我评价能力和知识更新能力
					40-03-05	职业敏感性和判断能力

续上表

课程	工作项目		工作任务		职业能力	
	代码	内容	代码	内容	代码	内容
会计基础	40	职业素养	40-03	会计岗位素养	40-03-06	对数字的敏感能力，对数据的评价、分析能力
					40-03-07	工作主动、细致认真、责任心强、计划性强
					40-03-08	注意信息反馈
					40-03-09	吃苦耐劳，服务意识强
					40-03-10	与各部门、机构、客户的沟通能力和技巧

表3-6　中职会计专业主要专业课程与能力对接的汇总表①

课程及职业能力		对应的工作领域		
		工作项目	工作任务	职业能力
专业技能核心课	会计基础	09 填制、审核凭证		
		03 登记现金、银行存款日记账	除03-02-04、03-02-05外	
		10 登记账簿		
			11-01 编制会计报表	
		19 会计档案保管		
			35-03 会计岗位素养	
			35-07 职业素养	除35-07-02外
	出纳实务	01 办理现金收付		
		02 办理银行结算		
		03 登记现金、银行存款日记账		
		04 出纳盘点与资料保管		
			35-01 出纳岗位素养	
			35-07 职业素养	

① 该资料源自2013年至2014年全国中等职业学校会计专业教学标准的研制.

续上表

课程及职业能力		对应的工作领域		
		工作项目	工作任务	职业能力
专业技能核心课	企业会计业务核算	17 核算筹集资金		
		18 核算往来款		
		26 控制费用		
		14 核算工资		
		31 工资统计		
		05 保管库存物资	05－03 建立仓库管理明细账	
		06 收发物资		
		13 核算财产物资		
		07 盘点物资		
		08 提供储备量信息		
		16 核算财务成果		
		11 编制报表		
		09 填制、审核凭证		
		10 登记账簿		
			35－03 会计岗位素养	
			35－07 职业素养	
	财经法规与会计职业道德	12 审核		
			35－07 职业素养	主要 35－07－01、35－07－02
	税费计算与缴纳	21 办理纳税业务		
			35－03 会计岗位素养	
			35－06 文员岗位素养	
			35－07 职业素养	
	会计电算化	20 会计电算化		
			35－03 会计岗位素养	
			35－07 职业素养	

续上表

课程及职业能力		对应的工作领域		
		工作项目	工作任务	职业能力
专业技能方向课	企业会计方向：			
	企业成本业务核算	15 核算成本费用		
			35-03 会计岗位素养	主要 35-03-02
			35-07 职业素养	
	收银实务	28 收银		
			35-01 出纳岗位素养	
			35-05 收银员岗位素养	
			35-07 职业素养	
	会计服务方向：			
	会计代理事务	32 社保申报		
		33 办理工商登记		
			35-06 文员岗位素养	
			35-07 职业素养	
	统计信息整理与应用	22 分析市场	主要 22-02	
		23 接待客户	主要 23-01、23-02	
			35-04 营销岗位素养	主要 35-04-01
			35-07 职业素养	
	财经应用文		35-06 文员岗位素养	
			35-07 职业素养	主要 35-07-09
	财经文员实务	30 接待及接听电话		
		34 会议工作		
		29 文件发放、存档		
		23 接待客户		
		27 售后服务		
			35-06 文员岗位素养	
			35-07 职业素养	

续上表

课程及职业能力		对应的工作领域		
		工作项目	工作任务	职业能力
综合实训课	会计基本技能			主要 01 -01 -02、01 -01 -03、01 -02 -04
			35 -01 出纳岗位素养	
			35 -05 收银员岗位素养	
			35 -07 职业素养	
任意选修课	营销员实务	22 分析市场		
		23 接待客户		
		24 签订协议		
		25 追收货款		
		26 控制费用		
		27 售后服务		
			35 -04 营销岗位素养	
			35 -07 职业素养	
	库管员实务	06 收发物资		
		05 保管库存物资		
		07 盘点物资		
		08 提供储备量信息		
		13 核算财产物资		
			35 -02 仓管员岗位素养	
			35 -07 职业素养	
	……			

2. 注意事项

(1) 将职业素养落实到课程中。必须高度重视对职业素养的培养，除建立针对性强的专门训练职业素养的课程外，每门课程都必须关注职业素养的培养，即每门课程都必须对应相关的职业素养能力点。只有职业素养能力点反复对应到不同的课程中，才能通过不同课程的反复培养最终实现职业素养的养成。

（2）课程与工作项目、工作任务以及职业能力点对应。课程可以与工作项目对应，但如果不能与一个完整的工作项目对应，就可将卡片改为工作任务，于是课程就与工作任务对应起来；同样，当不能与一个完整的工作任务对应时，课程就直接与一个个职业能力点对应。还可以采取剔除法，在工作项目中剔除一些工作任务，在工作任务中剔除一些职业能力点，例如，“会计基础”课程对应的“编制会计报表”这一工作项目是不完整的，其中不仅剔除了“编制报表附注”这一工作任务，还剔除了“熟悉现金流量表的结构和内容”“会编制现金流量表”“会编制所有者权益变动表”这些职业能力点。因为这些内容对于会计基础这门课程要求都太高了。

（3）课程与能力对应的重复性控制。不同的课程所对应的工作项目、工作任务一般不要重复，即便要重复也必须体现程度不同，且重复不得超过3次。只有职业素养能力点可以在不同的课程中多次重复。

七、能力到课程的转换工具

在课程体系建构过程中，教育专家采取卡片张贴法将能力转换到相应课程中，由于不同的专家有不同的选择，在能力到课程转换过程中，需要使用以下工具。

1. 课程记录表

课程记录表就是课程体系结构表，用于教育专家对课程体系建构思考的记录。以会计专业中高职衔接标准为例，中职学段、高职学段专业课程记录表（见表3－7），重在反映教育专家对专业核心课程和专业方向课程的职业判断，这些课程是最为基础、最为重要的课程。

表3－7　中职学段、高职学段专业课程记录表

学段	专业核心课程	专业方向课程	
中职学段		××专业（技能）方向	
		××专业（技能）方向	

续上表

学段	专业核心课程	专业方向课程	
高职学段		××专业方向	
		××专业方向	

2. 课程与能力对接统计表

用于统计同一课程不同专家所选择的工作项目、工作任务及职业能力情况，如表3－8所示，A1、A2……表示高职的专家，B1、B2……表示中职的专家，最后统计出各个项目、任务或职业能力点选择的频率。一般来说，专家选择多的、频率高的项目必需保留，最后对专家选择少的、频率低的项目再分析判断其是否纳入该课程。

表3－8 课程与能力对接统计表

	课程名称	工作项目、工作任务及职业能力		专家选项												
		代码	内容	A1	A2	A3	A4	A5	A6	B1	B2	B3	B4	B5	B6	合计
中职/高职																

3. 课程与能力对接表

通过对教育专家意见的统计分析，确定每门课程与哪些工作项目、工作任务、职业能力点对应，即与能力对接起来。填写课程与能力对接表（见表3－9），其中“主要教学内容和要求”就是根据该课程与能力的对接关系概述出这门课程的主要教学内容和要求，实质上这就是每门课程在专业教学标准中的课程简介，是后续课程开发的重要依据。

表3－9　课程与能力对接表

□中职	□专业核心课　□专业方向课
□高职	□专业核心课　□专业方向课
课程名称	
主要教学内容和要求	
对接专业职业能力	
工作项目、任务及职业能力	
代码	内容

第三节
课程体系建构会的组织

召开课程体系建构教育专家研讨会（简称“课程体系建构会”）是建构课程体系的重要途径。专业培养目标指向职业能力，这要求将职业能力培养转换到具体的课程中去，才能实现课程内容与职业标准的对接。通过组织课程体系建构会，不仅要将原有调查获得的零散信息进行筛选、提炼，还要将职业能力分析的内容有效地转化到具体的课程之中，同时也必然会融入专家本人的职业判断和教学经验，因此，课程体系建构会是一个多种信息系统化处理的过程。课程体系建构会是否成功取决于四个因素：一是前期调查是否扎实，是否获得有效的课程信息；二是职业能力分析是否准确、完整；三是教育专家能否代表该专业领域的最高水平；四是课程体系建构会的组织过程是否科学。本节以会计专业中高职衔接课程体系建构教育专家研讨会为例①，具体介绍课程体系建构会的组织过程。

一、制订工作方案

1. 制订研讨会工作方案

组织课程体系建构会，首先必须制订详尽的工作方案，这与第二章第三节所述的职业能力分析行业专家研讨会的要求类似。工作方案是课程体系建构会顺利进行的重要保证，也是组织工作的实施指南。工作方案必须明确负责人、工作内容、时间安排、人员分工、资金预算以及检查督促等内容。以会计专业课程体系建构教育专家研讨会工作方案为例（范例3－1），可以看出，工作方案是组织者统筹调配人力、物力、财力以及调控全过程的协调能力的重要体现。

范例3－1

会计专业中高职衔接课程体系建构教育专家研讨会工作方案

会计专业中高职衔接课程体系建构教育专家研讨会于2014年1月19日在广东农工商职业技术学院举行，为保障此次研讨会的顺利召开，特制定以下工作方案。

时间	工作任务		
1月16日前	设备准备		
	打印机1台、摄影机、照相机、饮水机		
	物资准备		
	物资	数量	规格或要求
	横幅	1条	标题“会计专业中高职衔接课程体系建构教育专家研讨会”
	名牌	24～30个	省厅领导1～2个、学院领导1～2个、教育专家12～16个、课题负责人8个、主持人1个、记录员1个
	白板	2幅	2 m×1.5 m，可移动
	油性笔	黑色13～17支、红色蓝色各1支	一头粗一头细，每位专家黑色1支，主持人黑色、红色、蓝色各1支

① 本节案例资料由“会计专业中高职衔接专业教学标准和课程标准研制”项目组提供.

续上表

<table>
<tr><td>时间</td><td colspan="3">工作任务</td></tr>
<tr><td rowspan="21">1月16日前</td><td>物资</td><td>数量</td><td>规格或要求</td></tr>
<tr><td>黑板擦</td><td>1个</td><td></td></tr>
<tr><td>A4纸</td><td>1包</td><td></td></tr>
<tr><td>便签纸</td><td>100张/专家</td><td>规格为21 cm×7.425 cm，进行编号：高职专家：A1～A6，中职专家：B1～B6</td></tr>
<tr><td>铅笔、签字笔</td><td>各16支</td><td></td></tr>
<tr><td>纸巾</td><td>10盒</td><td></td></tr>
<tr><td>水杯</td><td>20个</td><td>瓷杯</td></tr>
<tr><td>矿泉水</td><td>200瓶</td><td>350 mL</td></tr>
<tr><td colspan="3">会议资料准备</td></tr>
<tr><td>资料类别</td><td>数量</td><td>资料内容</td></tr>
<tr><td>教育专家资料册</td><td>12～16份</td><td>1. 会议议程
2. 装订成册一本：包括中期报告、调研报告、职业能力分析报告及附表
3. 课程体系结构空白表
4. 课程与能力对接空白表
5. 研讨会评估表
另，准备所收集的中高职院校人才培养方案一套，备查</td></tr>
<tr><td>列席人员资料册</td><td>130份</td><td>1. 会议议程
2. 职业能力分析简表
3. 课程体系结构空白表
4. 课程与能力对接空白表
5. 研讨会评估表</td></tr>
<tr><td>签到表</td><td>3份</td><td>1. 教育专家签到表2份
2. 列席人员签到表1份</td></tr>
<tr><td colspan="3">人员准备</td></tr>
<tr><td>参会人员</td><td>人数</td><td>职责</td></tr>
<tr><td>主持人</td><td>1人</td><td>1. 制定会议流程，并做好现场时间、氛围调控
2. 引导研讨会成员抓住主要问题讨论</td></tr>
</table>

续上表

时间	工作任务		
1月16日前	参会人员	人数	职责
	教育专家	12 人	1. 在主持人引导下确定专业核心课程和专业方向课程 2. 在主持人引导下确定课程与职业能力对应关系 3. 在主持人引导下确定课程内容 4. 填写评估表
	记录员	3 人	1. 熟练使用 Excel 软件，能迅速地将专家的意见记录并呈现出来 2. 是相关专业的教师，熟悉专业教学 3. 迅速地记录现场的谈话（主持人、专家）以及发生的状况，做到翔实记录 4. 明确课程与能力对接表的内涵
	组织者	1 人	1. 完成会场布置 2. 准备会议所需物资 3. 确认专家列席人员名单，打印名牌，安排专家住宿 4. 印刷会议资料
	接待人员	4 人	1. 签到 2. 引领嘉宾专家入席、入住 3. 发放资料 4. 负责会场茶水供应 5. 现场辅助
	摄影、照相	2 人	1. 1 人负责摄影，1 人负责照相 2. 会议全程录像 3. 现场照相（不同时段、不同人员）
1月18日	15：00—18：00	预备会议：1. 教育专家签到 2. 发放会议资料 3. 发放专家劳务费 4. 教育专家听取前期研究汇报 5. 召开教育专家预备会议 6. 研讨并确定专业培养目标及人才培养规格	
	18：00—19：00	晚餐，安排专家入住	
	19：00—22：00	专家阅读调研及职业能力分析等资料，填写课程结构表等资料	

续上表

时间	工作任务	
1月19日	7：30—8：30	布置研讨会会场： 座位编排（详见附件1）、横幅、名牌、水杯、矿泉水、白板、便签纸、纸巾、会议用笔、会议资料
	8：30—9：00	1. 教育专家签到 2. 列席人员签到、发放资料、矿泉水 3. 嘉宾签到、发放资料 4. 统计午餐人数，安排午餐
	9：00—12：00	课程体系建构研讨
	12：00—13：00	安排午餐及休息
	13：00—16：00	1. 课程体系建构研讨 2. 回收“研讨会评估表”
	16：00—16：30	后续工作布置 总结、宣布闭会

二、邀请参会人员

1. 邀请教育专家

教育专家是课程体系建构会的主体，根据教育专家的邀请原则，需邀请本专业领域优秀的骨干教师。参加会计专业中高职衔接课程体系建构会的教育专家主要从中职、高职财经指导委员会中邀请，在广东省高等职业教育财经指导委员会和广东省财经专业指导委员会中分别邀请高职的骨干教师6人和中职的骨干教师6人（范例3－2），这些专家不仅是会计专业具有副高以上职称的骨干教师，而且在全省会计教学中具有较高的水平和影响力。为了扩大专业的覆盖面，避免过于集中于某一院校，规定该项目组成员中作为教育专家的人数不超过4人，其中中职2人、高职2人。

范例3－2

会计专业中高职衔接课程体系建构会教育专家名单

编号	姓名	单　位	职称	职务
A1	赵红	广东工贸职业技术学院	教授	副院长
		广东省高等职业教育财经指导委员会		主任
A2	吕兆海	广东农工商职业技术学院	教授	副院长
		广东省高等职业教育财经指导委员会		副主任

续上表

编号	姓名	单位	职称	职务
A3	杨则文	番禺职业技术学院	教授	教务处处长、会计学院院长
		全国财政职业教育委员会		委员
A4	邹德军	广东工贸职业技术学院	教授	会计系主任
		广东省高等职业教育财经指导委员会		秘书长
A5	张　凯	广东农工商职业技术学院	副教授	财经系主任
		广东省高等职业教育财经指导委员会		委员
A6	刘　维	广东农工商职业技术学院	副教授	
B1	张立波	广州市财经职业学校	高级讲师	校长
		广东省职教学会财经专业指导委员会		主任
B2	林　晓	广州市财经职业学校	高级讲师	副校长
		全国中等职业学校会计专业教学标准研制专家组		专家组成员
B3	黄　莉	广东省财政学校	高级讲师、职教名师	会计系主任
B4	谢丽萍	广东省职教学会财经专业指导委员会	高级讲师	秘书长
B5	倪穗华	原广州市财经职业学校	高级讲师	副校长
B6	邹春梅	广州市商贸职业学校	高级讲师	校长助理

为保证这些专家能够准时到会，并能保证全程参加会议，必须提前1～2周联系，确认其是否能来，否则要做好替换工作，并于开会前1～2天再次提醒教育专家准时参会。

2. 确定主持人

主持人是课程体系建构会的关键人物，一个优秀的主持人能大大提高课程体系建构会的效率。主持人首先必须是课程专家，不仅具有较高的现代职业教育课程理论水平，而且对课程体系建构工作非常熟悉；不仅能调控课程体系建构会进程、氛围，而且要引导课程体系建构会成员抓住主要问题讨论，最好是懂该专业的课程专家。在实际中两者兼而有之的人太少，需要不断培养专业负责人。对于一所院校，开展专业建设是一项永恒的工作，专业带头人应具备组织和主持教育专家研讨会的能力，因此必须高度重视培养专业主持人。

3. 确定记录员

对于记录员有以下要求：一是为相关专业的教师，熟悉专业教学；二是能熟练使用Excel软件；三是能迅速地将专家意见记录并呈现出来；四是能迅速记录现场发生的状况，做到翔实记录。课程体系建构会的记录员现场记录的强度没有职业能力分析会的大，一般配备两名懂专业的年轻教师担任记录员。记录员的工作主要体现在会议之后的统计工作，即对每门课程与能力对接的专家意见汇总统计。

4. 确定列席人员

课程体系建构会与职业能力分析会一样都是师资培训的最好途径之一，该专业的教师以及标准研制项目组成员必须列席会议。教师们列席参加课程体系建构会才能充分了解、理解教育专家的意见，才能够为后续开展课程整理工作，乃至课程开发工作、教学实施打下扎实的基础。

三、布置会场

1. 准备物品资料

（1）准备物品设备。课程体系建构会需要准备的会议物品如下（见表3－10）。

表3－10　课程体系建构会物品一览表

物资	数　量	规格或要求
横幅	1条	标题“会计专业中高职衔接课程体系建构教育专家研讨会”
座位牌	根据需要	单位、姓名、职务或职称（其中单位一行，剩下信息一行）、另加主持人、记录员、汇报席3个
白板	2幅	2 m×1.5 m，可移动
白板擦	1个	
油性笔	黑色14支、红色2支、蓝色2支	一头粗一头细，每位专家黑色1支，主持人黑色、红色、蓝色各1支，另各备用1支
便签纸	100张/专家，共12位专家	规格为21 cm×7.425 cm，进行编号：高职专家A1～A6，中职专家B1～B6
铅笔、签字笔	各16支	
纸巾	5盒	第一天下午1盒，第二天上午1盒，中午2盒，下午1盒
水杯	80个	一次性纸杯或塑料杯
矿泉水	60瓶	小瓶装
咖啡	40小包	午餐后为参会人员准备
手提电脑	2台	
打印机	1台	
录像机	1台	
照相机	1台	

（2）印制会议资料

①教育专家的资料。会前应为每位教育专家配备一份装订成册的完整资料，每份资料包括：会议议程（见范例3－3）、中期报告、调研报告、职业能力分析报告及附表、课程体系结构空白表（课程记录空白表，见表3－7）、课程与能力对接空白表（见表3－9）、专业教学标准的前半部分内容、研讨会评估表（见范例3－4）。调研报告是标准研制第一阶段的成果，职业能力分析报告及附表是第二阶段的成果，中期报告是对第一阶段和第二阶段的总结。专业教学标准的前半部分内容是指专业教学标准结构中第一至第六项，即专业名称及代码、招生对象、基本学制与学历、培养目标、职业范围、人才规格，由项目组在课程体系建构会召开前完成初稿，供教育专家讨论参考。由于这些资料非常宝贵，处于未发表状态，为保护标准研制项目组的知识产权，建议在课程体系建构会结束后收回。

范例3－3

会计专业中高职衔接课程体系建构会议程

时间：2014年1月18日15时—22时

2014年1月19日8时30分—16时30分

地点：广东农工商职业技术学院

主持人：杜怡萍

日期	时　间	会议内容	主讲人
18日	15：00—15：20	开幕式	
	15：20—16：00	会计专业中高职衔接标准前期工作介绍	张　凯
	16：00—16：40	会计专业中高职衔接课程体系建构预备会议	杜怡萍
	16：40—18：00	确定专业培养目标、人才规格	教育专家
	18：00—18：10	合影	
	18：10—19：30	晚餐	
	19：30—22：00	专家阅读资料，初步确定课程体系	
19日	8：30—9：00	课程建构的原则	杜怡萍
	9：00—12：00	确定中职和高职专业核心课程、专业方向课程	教育专家
	12：00—13：00	午餐及休息	
	13：00—16：00	确定中职和高职专业核心课程、专业方向课程与职业能力的对应关系	教育专家
	16：00—16：30	后续工作布置	杜怡萍
		全体人员填写“课程体系建构教育专业研讨会评估表”	
		大会总结：宣布闭会	李海东

范例3－4

“会计专业中高职衔接课程体系建构教育专家研讨会”评估表

1. 您是本次研讨会的：工作人员□列席人员□行业专家□

2. 在本次会议召开之前，您清楚研讨会的目的和您应发挥的作用吗？ 是 否

3. 在聆听主持人的讲解之后，您清楚研讨会的目的和您应发挥的作用吗？ 是 否

4. 您清楚参加研讨的原则？ 是 否

5. 您对研讨会会场的环境满意吗？ 是 否

如果选择“否”，请解释________________________________

____

6. 您对研讨会的日程安排满意吗？ 是 否

如果选择“否”，请解释________________________________

____

7. 您是否积极参加研讨？ 是 否

如果选择“否”，请解释________________________________

____

8. 您对主持人的主持满意吗？ 是 否

如果选择“否”，请解释________________________________

____

9. 您对此次研讨会总的评价： 一般 好 很好 非常好

10. 请在此留下您的建议：______________________________

____

____

②列席人员的资料。包括会议议程、职业能力分析简表、课程体系结构空白表、课程与能力对接空白表、研讨会评估表。职业能力分析简表节选职业能力分析表中的2～3个工作项目和部分职业素养即可，旨在给列席人员一个总括的印象。

③各中高职院校的人才培养方案一套。该资料主要是在研讨过程中供专家们查阅。这些资料主要在第一阶段调研中收集获得，一般在调研报告中会专门分析。

2. 布置会场

（1）张挂横幅。横幅的内容为：××专业中高职衔接课程体系建构教育专家研讨会。

（2）安排座位。课程体系建构会一般采取U字形的会场布置形式，其形式参考图3－5。为体现中职与高职衔接，便于专家间讨论，中职与高职的教育专家必须相邻而坐。

主持人与电脑记录员相邻而坐，便于现场沟通和协调。列席人员坐在四周。

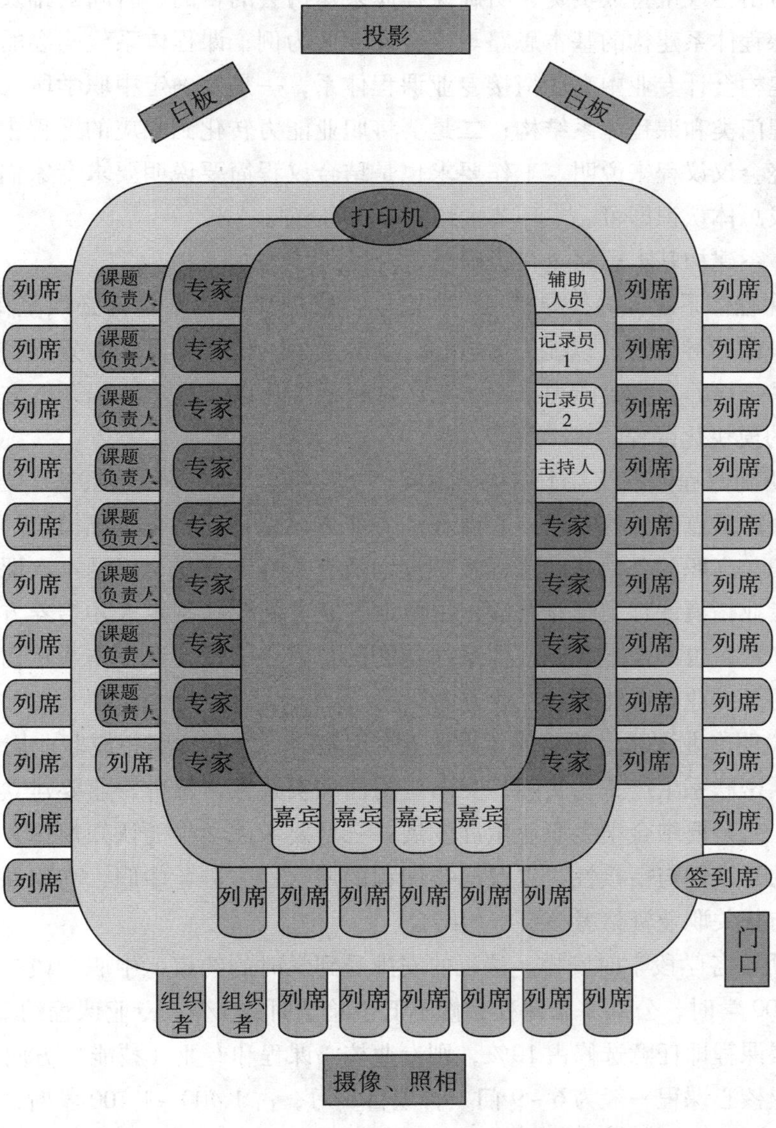

图3－5 课程体系建构教育专家研讨会会场示意图

四、召开会议

1. 项目组汇报前期工作

本环节由项目组负责人主要介绍第一阶段供需调研工作，以及第二阶段职业能力分析工作，时间大约40分钟，旨在让与会的教育专家了解研究进展和成果。

2. 明确课程体系建构会议要求

本环节由会议主持人负责，明确课程体系建构会的目的、时间安排及工作要求，特别要明确课程体系建构的基本思路。以会计专业为例，课程体系建构会的目的是要基于职业能力建构会计专业中高职衔接专业课程体系，一是要确定中职学段三年和高职学段两年的课程门类和课程体系结构；二是要将职业能力转化到相应的课程中去。时间安排主要是围绕会议议程来说明，工作要求也是结合议程简要说明要求专家们做些什么，让专家们形成总体认识即可。本环节大约需要40分钟。

课程体系建构基本思路重在明确以下内容：

（1）课程体系建构的指导思想。中高职衔接的课程体系建构必须坚持“能力核心，系统培养”的指导思想，以能力为核心、以学生为本位、以发展为先导，突出中高职有机衔接和系统培养。借鉴能力本位、工作过程系统化以及模块课程开发方法，建构“宽专结合”的模块化课程。

（2）明确课程体系及基本结构。说明“宽专结合”的课程体系基本结构，明确课程体系建构会需重点确立的专业核心课程和专业方向课程。文化基础模块的课程分别按照教育部中职、高职的公共基础课程教学大纲及有关规定安排，不是本次课程体系建构会的重点。专业拓展课程是选修课程，主要由各职业院校在制定人才培养方案或实施性教学计划时确定，也不是本次课程体系建构会的重点。因此，课程体系建构会教育专家重点要确定的是专业核心课程和专业方向课程。

（3）说明专业课程设置需要考虑的五个因素。一是要按照相应职业岗位（群）的能力要求，紧密联系生产劳动实际，突出应用性和实践性，每个专业要建立课程与能力的对接关系；二是要结合学生职业生涯发展；三是要考虑学生的认知规律；四是要考虑中高职课程的延续性与衔接性，以及同类课程的层次性，避免中职、高职课程的重复；五是要注意与相关职业资格考核要求相结合。

（4）明确各学段学时安排。课程的安排受到学时的约束，中职学段三年的总学时为3 000～3 300学时，公共基础课程必修不低于总学时的1/3，专业课程约2 000学时，其中专业拓展课程即任意选修占10%，则专业核心课程和专业（技能）方向课程约占1 800学时。专业核心课程一般为6～9门，含项目实习，占1 400～1 500学时，其中项目实习540学时。中职学段每个专业（技能）方向课程2～4门，占300～400学时。

高职学段二年的总学时约2 000学时。按选修课程占总学时的10%，必修课约1 800学时；公共基础课程占20%～30%计算，专业核心课程和专业方向课程占1 200～1 400学时，其中专业核心课程一般为5～7门，占1 000～1 100学时，包括顶岗实习500学时，每个专业方向课程2～4门，占200～300学时。

需要特别说明的是，在教学标准执行过程中，为了给予各中职、高职院校一定的课程设置自主权，不宜将所有学时都安排满。

（5）明确课程的基本形态。在课程体系建构中，职业教育的课程要与职业活动的结构和内容保持一致，应该基于工作过程建构课程体系和内容，但是不宜拘泥于一种课程形态，要通过不同形态的课程实现功能的互补，应该“以多形态建功能”，即建立多种形态的课程，实现功能互补，这些课程有项目课程、技能课程、学习领域课程、学科课程、综合实践课程，等等。

（6）明确课程体系建构会的方法。说明课程体系建构会采取头脑风暴法、卡片张贴法、转换法，以及在各种方法运用过程中的使用工具，如卡片、课程记录空白表等。可以通过范例和图片，让教育专家们有感性认识。

3. 确定人才培养目标及规格

本环节由主持人先说明专业培养目标的定位方法，明确专业培养目标的关键要素，以及专业教学标准的基本结构，指出必须先确定人才培养定位，才能确定课程结构。根据专业培养目标的定位方法，组织教育专家审阅项目组会前准备的资料（专业教学标准的前半部分内容），其中重点是要确定培养目标、职业范围、人才规格（职业素养、专业能力）。如果主持人不是该专业的教师，可以推荐一位专家作为组长，负责组织讨论。本环节一般需要1~2小时。记录员要做好记录，将专家最后讨论的结果打印出来，供专家们晚上修改，第二天开会前最后定稿。范例3－5是会计专业中高职衔接专业教学标准第一至第六点由教育专家达成一致的意见。

范例3－5

中高职衔接会计专业教学标准①

一、专业名称及代码

中职学段：会计　专业代码：120100。

高职学段：会计　专业代码：640106。

二、招生对象

中职的招生对象：初中毕业生或同等及以上学力者。

高职的招生对象：转段考核合格的中职学校相应专业的正式学籍学生。

三、基本学制与学历

（一）学制

中高职衔接（“3+2”学制）：中职学段三年，高职学段二年。

（二）学历

中职学段学习合格取得中职教育学历，高职学段学习合格取得专科学历。

四、培养目标

（一）总体培养目标

① 广东省教育厅，广东省教育研究院. 中高职衔接专业教学标准和课程标准：会计专业［M］. 广州：广东高等教育出版社，2015：1－5.

本专业培养与我国社会主义现代化建设要求相适应，德、智、体、美全面发展，具有综合职业能力，面向中小工商企业、金融机构、行政事业单位、社会中介机构（如会计师事务所）等企业事业单位，能从事会计核算、会计监督、涉税业务、财务管理以及会计师事务所的查账验证、会计咨询等工作；具备扎实的专业知识，良好的职业道德素养，具有良好的表达、沟通与协调能力，较强责任心，以及良好的职业判断能力与学习能力，在服务、管理第一线的高素质劳动者和中（高）级技能型人才。

（二）分段培养目标

1. 中职学段培养目标

本专业主要面向小企业和会计服务行业，培养能从事会计、出纳、仓管、收银、文员等工作，具备与我国社会主义现代化建设要求相适应，德、智、体、美全面发展，熟悉岗位操作技能，具有良好职业道德、科学文化素养和综合职业能力，以及继续学习能力的高素质劳动者和初级技能型人才。

2. 高职学段培养目标

本专业主要面向中小工商企业、金融机构、行政事业单位、社会中介机构（如会计师事务所）等企业事业单位，从事会计助理、审计助理、会计主管、会计咨询等工作岗位，具备良好的职业道德和综合素质，熟悉国家财经法规和经济政策，具备会计、税务、成本核算、财务管理、审计等专业知识；具有良好的表达、沟通与协调能力，较强责任心，以及良好的职业判断能力与学习能力、良好的职业道德素养，在服务、管理第一线的复合型和创新型的技术技能人才。

五、职业范围

（一）职业生涯发展路径

会计专业职业生涯发展路径

发展层级		就业岗位（大中型企业）	就业岗位（小微型企业）	职业资格（职称）证书	发展年限	
					中职	高职
7	高级	总会计师/财务总监		高级会计师	8年以上	15年以上
6		财务经理/审计经理		高级会计师/会计师		10～15
5	中级	会计主管/审计主管	财务经理	会计师		5～10
4		会计核算、审计	会计主管	助理会计师	3～8	3～5
3	初级	会计助理/审计助理	会计核算	会计从业资格证	1～3	1～3
2		出纳	出纳	会计从业资格证	1	1
1		仓管员、收银员、文员等	仓管员、收银员、文员等	收银员证、统计证等	1	

说明：中职阶段培养目标主要为1～3级，高职阶段培养目标主要为3～6级。

（二）中职学段面向职业范围

序号	对应职业（岗位）	专业技能方向	职业资格证书举例
1	出纳	企业会计方向	会计从业资格证 会计电算化中级操作员证
2	会计		
3	收银员	会计服务方向	会计从业资格证 收银员证
4	仓管员		
5	财经文员		

（1）出纳岗位：具有社会适应能力和独立解决问题的能力，能较好完成单位现金（银行）收支全部业务。

（2）会计岗位：具有执行《小企业会计准则》和相关法律制度的能力，独立完成小企业常见经济业务账务处理。独立完成小企业全盘账务处理。

（3）收银员岗位：具有一定财务知识、营销知识，能独立完成超市、商场、宾馆、酒店等经营场所的现金、银行卡结账服务。

（4）仓管员岗位：具有仓库管理、保管、存储、调节、配送加工等方面的管理能力和业务技能。

（5）财经文员岗位：具有一定财务知识，协助会计、行政等完成办公室文案、文案管理等辅助工作。

（三）高职学段面向职业范围

序号	对应职业（岗位）	专业方向	职业资格证书举例
1	出纳	会计	会计从业资格证
2	会计助理	会计	会计从业资格证
3	审计助理	会计	会计从业资格证
4	会计主管	会计	初级会计师
5	审计	会计	初级审计师

（1）出纳岗位：具有社会适应能力和独立解决问题的能力，能较好完成单位现金（银行）收支全部业务。

（2）会计助理岗位：具有社会适应能力和独立解决问题的能力，具有独立完成中小企业全盘账务处理的能力，具有独立完成大中型企业某一具体业务的能力。

（3）审计助理岗位：具有社会适应能力和独立解决问题的能力；能独立完成审计外勤工作中审核原始凭证并编制工作底稿工作；协助项目审计负责人做好审计资料整理归

档工作；在审计过程中发现的问题，及时与项目经理沟通。

（4）会计主管岗位：具有分析和灵活处理突发问题的能力，编制实施单位预决算、财务收支和资金筹措计划；具有执行企业会计准则和相关法律制度的能力，独立完成中小企业全盘账务处理及财务管理工作。

（5）审计岗位：具有分析和灵活处理突发问题的能力，参与制订审计计划，能按审计计划执行审计工作，能独立完成会计事务所的外勤工作，能独立完成复杂会计科目或业务循环的审计工作，能独立完成中小企业审计工作，能起草审计报告。

六、人才规格

（一）中职学校人才规格

1. 职业素养

（1）具有爱岗敬业、诚实守信、廉洁自律、客观公正、坚持准则、保守秘密、参与管理的会计职业道德。

（2）具有认真、细致、严谨的工作态度，以及精细的服务意识。

（3）具有良好的人际交往能力和团队合作精神。

（4）具有适应会计职业生涯发展、自主学习和继续学习的能力。

（5）具有现代社会公民基本的文化基础知识、科学素养、环境保护意识和健康生活的态度。

2. 专业能力

（1）知道与会计职业相关的财经法律法规以及会计基础工作规范等。

（2）知道企业会计基本核算方法、核算程序。

（3）能熟练进行汉字录入、数字输入，能快速翻打传票，能规范进行账簿书写。

（4）能准确快速进行点钞，能准确鉴别假币。

（5）能熟练使用点钞机、收银机、发票打印机。

（6）能够完成小企业出纳工作。

（7）能够完成小企业会计业务核算工作。

（8）能够使用财务软件完成会计核算工作。

（9）能够办理小企业涉税业务。

（10）能够从事企业收银服务工作。

（11）能够从事企业仓库管理工作。

（12）能够办理企业工商登记与年检事务。

（13）能够办理企业社会保险事务。

（14）能够办理企业统计信息整理和报送。

（15）能够撰写一般商务文案。

（二）高职学校人才规格

1. 职业素养

(1) 具有科学的世界观、人生观和价值观，树立拥护中国共产党领导、热爱社会主义祖国、服务中国特色社会主义建设的理想信念，拥有能够支撑会计职业生涯发展的政治素质。

(2) 具有良好的职业态度和职业道德修养，具有爱岗敬业、诚实守信、廉洁自律、客观公正、坚持准则、提高技能、参与管理、强化服务等会计职业道德精神。

(3) 具备从事职业活动所必需的基本能力和管理素质，具有适应会计职业生涯发展、自主学习和继续学习新知识、接受新事物的进取精神。

(4) 具有健康、高雅的生活情趣，具有正确的审美观点和较强的审美能力，具有良好的人际交往、沟通协调能力以及团队合作精神，具有现代社会公民基本的文化基础知识、科学素养、环境保护意识和健康生活态度。

2. 专业能力

(1) 能够根据货币资金管理规定，规范从事出纳工作。

(2) 能准确快速进行点钞，能准确鉴别假币及现金挑残，能熟练进行汉字录入、数字录入，能规范地进行账簿书写。

(3) 熟悉与会计职业相关的财经法律法规、会计准则以及会计基础工作规范等知识。

(4) 掌握财务会计的基本理论和基本知识、会计业务核算的具体内容及方法，能编制传统三大会计报表，具备从事会计工作的基本技能。

(5) 熟悉会计电算化操作的一般流程和操作要求，能掌握供应链系统中应收应付系统、销售系统、采购系统、库存管理、存货系统，能够独立使用会计软件完成会计相关工作。

(6) 能够根据我国税法，处理企业增值税、消费税以及所得税等重要的涉税问题，能够从事企业税务申报工作，能根据我国现行税法，对流转税、所得税等主要税种业务进行会计处理并能合理进行税收筹划。

(7) 能掌握成本核算的基本方法，能进行要素费用的归集和分配，进行成本计算，并编制和分析成本报表。

(8) 能编制实施小微企业预决算、财务收支和资金筹措计划，负责成本核算和控制；完成各项财务结算、会计核算，上报财务执行情况，为管理层提供分析数据；能制定财务内部相关指标，做好绩效考核管理。

(9) 能编制简单的审计计划，运用正确的审计工作程序、审计方法，协助审计项目负责人对企业财务报表、企业内部控制制度进行审计分析，并能编写审计报告。

4. 熟悉阅读材料，初步确定课程

本环节由教育专家自行利用晚上的时间独立完成，包括阅读项目组提供的材料，再次对人才培养目标及规格进行修订，并利用课程记录空白表独立确定中职学段、高职学段的专业核心课程、专业方向课程。

5. 研讨专业核心课程及专业方向课程

本环节采用头脑风暴法，由主持人或专家组组长引导，教育专家可依据人才培养目标定位，根据自己的经验，参照职业能力分析表以及各职业院校人才培养方案，自由地说出自己对中职学段、高职学段课程设置的意见，这是教育专家从能力到课程、从课程到能力不断反复思考、判断的复杂思维过程。一般先确定专业核心课程，再确定专业方向课程。

主持人利用两块白板，反复记录修改，直到专家们最后达成一致意见。一块白板写中职学段的课程名称及学时，一块白板写高职学段的课程名称及学时，便于相互对照。在确定专业核心课程时，通过中职、高职课程的相互比照，可以确定哪些课程是衔接课程，对于衔接课程专家们还要专门讨论如何衔接与区分。在确定专业方向课程时，首先要确定分为几个专门化方向，然后再确定每个专门化方向的课程门类和学时。范例3－6就是通过教育专家头脑风暴法确定中职、高职的专业核心课程和专业方向课程（高职会计专业专家决定不设专业方向）。

记录员在电脑上及时记录课程及学时，按照主持人的安排，打印给教育专家反复修正。记录员要及时提供学时的合计数，提醒专家们学时的使用情况。记录员还要记录专家对课程内涵界定发表的意见，这些是会后明确课程内涵的重要依据。

本环节一般需要3小时，即在第二天上午的时间完成。

范例3－6

会计专业中高职衔接课程体系

层次	专业核心课程	专业方向课程
中职	会计基础	★企业成本核算（企业会计方向）
	出纳实务	商品流通企业会计（企业会计方向）
	★财务会计实务	收银实务（会计服务方向）
	★财经法规与会计职业道德	财经文员实务（企业会计方向、会计服务方向）
	★企业涉税业务处理	小企业统计事务（企业会计方向）
	★会计软件应用	库管实务（会计服务方向）
	会计基本技能	
	★会计综合实训	
	项目实习	
高职	★税务会计	纳税筹划
	★经济法	财务分析

续上表

层次	专业核心课程	专业方向课程
高职	★财务会计	企业内部控制制度
	财务管理	Excel在财务管理中的应用
	成本会计	非营利组织会计
	★ERP信息系统	
	审计实务	
	★会计综合实训	
	顶岗实习	

注：★为中高职衔接课程。

6. 确定课程与职业能力的对接关系

本环节采取教育专家独立思考的方式，将已确定的课程与职业能力分析表中的工作项目、工作任务、职业能力点对应起来。采用卡片张贴法，教育专家在每张卡片（即便签条）上填写自己的代码（会前确定每位专家的代码，如高职专家用A1、A2、A3……表示，中职专家用B1、B2、B3……表示）和课程名称，下面写上相应的工作项目、工作任务或职业能力点的代码，一张卡片写不下可写多张，写完后将卡片张贴在白板中相应的课程下面，如图3－6、图3－7所示。需要特别指出的是，无论是中职教育专家还是高职教育专家，都必须对中职、高职所有的课程对应的职业能力点做出判断，即都必须完成所有课程的卡片张贴。以会计专业为例，每门课程下面就会张贴12位专家的至少12张卡片。

本环节约需要3小时，即在第二天会议的下午时间完成。

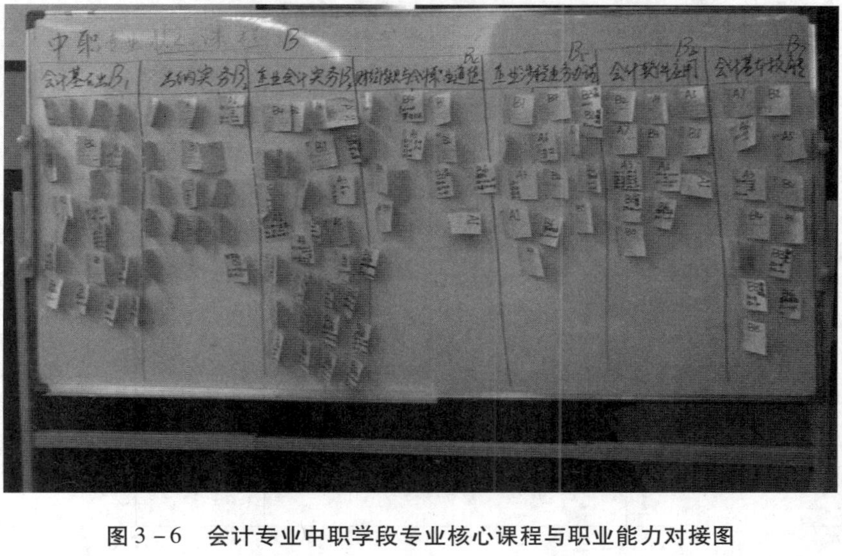

图3－6　会计专业中职学段专业核心课程与职业能力对接图

图 3－7　会计专业高职学段专业核心课程与职业能力对接图

7. 会议结束

由于一门课程对应的职业能力获得多位专家的统一意见需要较长的时间，统计工作可留在会后进行。至此，课程体系建构会进入尾声，主持人要对会议进行总结和布置后续工作，并要求全体参会人员填写“课程体系建构教育专家研讨会评估表”，对本次会议进行评价。主持人还可以收集列席人员对本次会议的意见和建议，范例 3－7 所示是一位教师列席会议的记录和体会，不仅是对会议的意见收集，也是列席人员参加会议学习很好的示范。

范例 3－7

会计专业中高职衔接课程体系建构教育专家研讨会的意见反馈表

时间	内容	主持人	教育专家	记录员	个人感受
9：00—9：50	第一阶段研讨会前期培训	如何组织课程体系构建教育专家研讨会	召开专题研讨会：确定人才培养目标、培养规格	准备电脑、打印机、笔和便签纸	筹备本次研讨会要求规格较高，邀请教育专家很关键
9：50—10：10	休会				
10：10—10：30	开幕式	介绍与会专家，并安排组长介绍专家研讨会的过程及成果结论	解释人才培养目标及规格	记录专家意见	需要专家提前到位，并准备好相关职业能力分析等资料，前期材料准备要充分

续上表

时间	内容	主持人	教育专家	记录员	个人感受
10：30—11：40	确定中职、高职核心课程，专业方向课程	引导专家头脑风暴，说出中、高职课程（含专业核心课程、专业方向课程）	分别说出中职、高职的专业核心课程与专业方向课程	记录专家意见	专业核心课程确定较快，专业方向课程的确定有争议（可否将重要的课程先划出然后按照课程确定方向，是否应该与调研中的岗位相匹配）
11：50—13：00	午餐				
13：00—13：11	第二阶段研讨会中期培训	结合研讨会的内容进行分析讲解			专业核心课程及专业方向课程确定需要的注意事项内容，培训引导及时，结合会场的实际进行解说，容易理解和掌握工作要点
13：11—14：15	确定中职、高职课程与职业能力的对应关系	解释需要教育专家完成的工作及工作思路，并以某门课程为试验	专家分模块写卡片后张贴中职、高职核心课程及专业方向课程	统计、分类、汇总、整理专家的便签纸	主持人的解释引导很重要，让专家清晰地了解如何操作。思考：一是可否改变操作方式（信息化）；二是中职、高职都做，专家精力、效果如何保证及检验
14：15—15：15	高职专业核心课程、方向课程	适时与专家沟通	根据职业能力分析表划分课程职业能力模块并张贴	统计、分类、汇总、整理专家的便签纸	列席人员可以现场观摩操作程序，与主持人现场沟通，对于操作程序了解掌握较充分，无保留的培训有利于学校教师借鉴学习
15：15—15：40	第三阶段研讨会后期培训	介绍能力与课程对接的注意事项	继续完成职业能力模块的张贴归类	整理、汇总便签	培训内容可让列席人员及时了解构建课程体系中容易出现的问题，并给予适当的提醒

续上表

时间	内容	主持人	教育专家	记录员	个人感受
15：40—15：50	课程专家谈感受	引导专家提出意见和想法	根据自己工作历程谈感受和想法		该环节有助于双向交流及意见反馈，专家给予意见，一是如何将职业素养融入教学内容；二是注意课程转换与企业岗位技能需求相结合
15：50—16：15	领导总结发言				说明课题的重要性及成果积累的要求
16：15—16：20	领导与课程专家合影				

注：此表由番禺新造职业技术学校许凤萍老师提供。

五、会议后续工作

1. 整理课程与能力对接表

在课程体系建构会后，由记录员将白板上每门课程下的卡片收集用信封分课程整理，使用“课程与能力对接统计表”统计该课程对应的工作项目、工作任务和职业能力点及其专家认同次数。范例3－8是会计基础核心课程结构统计表，可见教育专家有较为集中的意见，但有的意见也相当分散，需要会后进行分析、筛选、判断。

范例3－8

会计基础核心课程结构统计表

工作项目、工作任务、职业能力			教育专家选项												
代码	内容	备注	A1	A2	A3	A4	A5	A6	B1	B2	B3	B4	B5	B6	合计
10	登记账簿		1		1	1	1	1	1	1	1	1	1	1	12
01	办理现金收付		1												1
04－04	资料的保管与交接										1			1	2
07－01	清点物资				1								1		2
07－02	计算账存量				1										1
07－03－01	实地盘点，核对账（卡）物				1										1
07－03－02	填制盘盈盘亏报告表并说明原因				1										1
09	填制、审核凭证		1		1	1	1	1	1	1	1	1	1	1	12
11	编制报表		1		1			1							3
11－01－01	了解财务会计报表的构成及编制要求					1	1	1	1	1	1	1	1	1	10
11－01－02	熟悉资产负债表编制原理、基本结构和编制方法，能编制资产负债表					1	1		1	1	1	1	1	1	9
11－01－03	熟悉利润表编制原理、基本结构，能编制利润表					1	1	1	1	1	1	1	1	1	10
12	审核		1				1	1	1	1		1	1		7
12－01	审核业务处理的合法性					1					1				2
12－01－01	检查是否符合会计法													1	1

续上表

工作项目、工作任务、职业能力		教育专家选项													
代码	内容	备注	A1	A2	A3	A4	A5	A6	B1	B2	B3	B4	B5	B6	合计
12-01-02	检查是否符合会计准则													1	1
12-02	配合内审和外审工作										1				1
13	核算财产物资					1									1
13-01-01	会审核汇编材料采购用款计划，控制材料采购成本								1						1
13-01-02	掌握存货发出的各种计算方法								1						1
13-01-03	会按实际成本核算材料、收、发、存								1						1
13-02-01	会核算企业增加的固定资产								1						1
13-02-02	计算固定资产折旧，编制固定资产折旧表，并进行账务处理								1						1
14	核算职工薪酬					1									1
14-03	发放工资								1		1			1	3
14-04	分配职工薪酬								1						1
14-04-01	编制工资分配表										1			1	2
14-04-02	分配工资的账务处理										1			1	2
14-04-03	计提、支付工会经费账务处理										1			1	2
19	核算财务成果					1									1
20	核算筹集资金					1									1

续上表

工作项目、工作任务、职业能力			教育专家选项												
代码	内容	备注	A1	A2	A3	A4	A5	A6	B1	B2	B3	B4	B5	B6	合计
21	核算往来款					1									1
23	会计档案保管				1	1	1			1		1			5
23－01	整理、装订资料													1	1
23－02	保管档案													1	1
52－01－01	能解释会计工作者所拥有的权利和承担的责任		1		1							1	1		5
52－01－02	能根据职业理想设计会计职业中的通道		1		1							1	1		4
52－01－03	养成良好的学习习惯和方法		1		1		1					1	1		5
52－01－04	能根据企业或单位的发展趋势适时地调整自己的角色与地位并明确相应的权利、义务和责任		1		1							1	1		4
52－01－05	能根据会计岗位需要不断完善知识和能力结构，从事相应的会计工作		1		1							1	1		4
52－01－06	展示出能履行岗位工作职责的能力和相应体能		1		1							1	1		4
52－01－07	了解我国及国际主要会计职业各层次所需的资格证书及认证				1							1	1		3
52－02	审计实施阶段														1
52－02－06	能按照会计职业道德要求完成岗位职责要求的工作任务												1		1

续上表

工作项目、工作任务、职业能力			教育专家选项												
代码	内容	备注	A1	A2	A3	A4	A5	A6	B1	B2	B3	B4	B5	B6	合计
52-02-07	能区别会计法规和职业道德的问题												1		1
52-02-09	能权衡道德和不道德行为可能引起的后果												1		1
52-03	审计终结阶段								1						1
52-03-01	记住并执行企业或单位的安全管理法规、条例		1												1
52-04	责任意识								1				1		2
52-04-01	清晰领悟上级指令，及时按质完成任务		1												1
52-04-02	具备服务意识		1												1
52-04-03	能主动承担任务，任劳任怨		1												1
52-04-04	能主动提出合理化建议，解决工作中遇到的问题		1												1
52-05	沟通与交流								1						1
52-05-01	能通过询问和积极聆听取得、捕获有效信息		1												1
52-05-02	能通过书面形式交流分享信息		1												1
52-06-01	能根据某主题需要收集一、二手资料信息		1												1
52-06-02	能根据某主题需要整理、归纳、分析相关资料信息		1												1

续上表

工作项目、工作任务、职业能力			教育专家选项												
代码	内容	备注	A1	A2	A3	A4	A5	A6	B1	B2	B3	B4	B5	B6	合计
52-07	团队合作								1				1		2
52-07-01	具有合作精神和团队意识		1												1
52-07 02	懂得履行作为团队成员的职责		1												1
52-07-03	养成在团队中互相配合工作的能力		1												1
52-08-01	具备文书管理及文字处理能力		1												1
52-08-02	能根据需要撰写联系业务的往来文书		1												1
52-09	数字应用		1												2
52-09-01	能准确计算数字						1	1					1		3
52-09-02	能掌握基本的数字运算技巧						1	1							2
52-09-03	能对数据进行评价和分析												1		1
52-09-05	培养对数字的敏感性												1		1
52-10	基本会计技能		1						1						3
52-10-01	阿拉伯数字书写规范						1	1				1			3
52-10-02	大写数字书写规范						1	1				1			3

2. 确定课程与能力的对接关系

要组织项目的中职、高职教师对记录员完成的每门课程的“课程与能力对接统计表”进行分析筛选，最后决定每门课程与哪些职业能力对应，并结合课程体系建构会专家意见，撰写该课程的主要教学内容和要求，填写“课程与能力对接表”。范例3－9就是会计基础课程与能力对接表。

范例3－9

课程与能力对接表

☑中职	☑专业核心课 □专业方向课
□高职	□专业核心课 □专业方向课
课程名称	会计基础
主要教学内容和要求	本课程是中等职业学校会计专业学生必修的一门专业核心课程，其任务是使学生了解会计工作的职责与任务，理解会计工作的基本方法和基础理论，会填制与审核原始单据、会填制与审核记账凭证、会登记主要会计账簿、会编制资产负债表和利润表、会整理和保管会计资料，为后续的专业会计学习及考取会计从业资格证奠定良好的基础。
对接会计职业能力	
工作项目、任务及职业能力	
代码	内容
09	填制、审核凭证
10	登记账簿
11	编制会计报表
12	审核
20	会计档案保管
…	
52	职业素养

综上所述，通过课程体系建构会，不仅建立了课程体系，明确了课程门类和结构，而且将职业能力有机地转化到课程之中，较好地实现了课程内容与职业标准的对接，这一工作为专业教学标准和课程标准的制定奠定了扎实的基础。

第四章
专业教学标准和课程标准的编制

第一节
专业教学标准框架及编制要点

标准是为了在一定范围内获得最佳秩序，经协商一致制定并由公认机构批准，共同使用和重复使用的一种规范性文件。[①] 专业教学标准就是教育行政部门为了规范职业院校专业教学而颁发的一种规范性文件。既然是统一颁发的，不同专业教学标准的形式和结构应该是一致的，因此，专业教学标准的编写必须统一文本格式。2012 年 12 月，教育部发布了首批《高等职业学校专业教学标准（试行）》，涉及 18 个大类 410 个专业。2014 年，教育部公布了《中等职业学校专业教学标准（试行）》，涉及 19 个专业的 230 个专业教学标准。专业教学标准应成为评估教育教学质量的主要标尺，同时也将是社会用人单位选用职业院校毕业生的重要参考。本节主要阐述专业教学标准的基本框架及编写注意事项。

一、专业教学标准基本框架

从教育部的专业教学标准到职业院校人才培养方案的基本结构，都基本包括总论、目标、内容标准、资源配置和实施建议五大部分，又可细分为专业名称及代码、招生对象、基本学制与学历、培养目标、职业范围、人才规格、课程结构、课程内容及要求、教学时间安排、教学基本条件、教学实施建议和其他 12 项内容。专业教学标准的基本结构如图 4－1 所示。中高职衔接的专业教学标准包括中职学段的标准、高职学段的标准乃至本科学段的标准，对此可采取合并编制和单列编制两种形式。合并编制就是在每项内容之下分列中职学段、高职学段乃至本科学段。单列编制就是分别编写中职学段专业教学标准、高职学段专业教学标准、本科学段专业教学标准，无论哪种编制方法，区别仅是形式不同，内涵是一致的。本节以合并编制为例，介绍中职与高职衔接标准的编制，专业教学标准的具体内容见范例 4－1。

---

① 王敏华．标准化教程［M］．北京：中国计量出版社，2013：20.

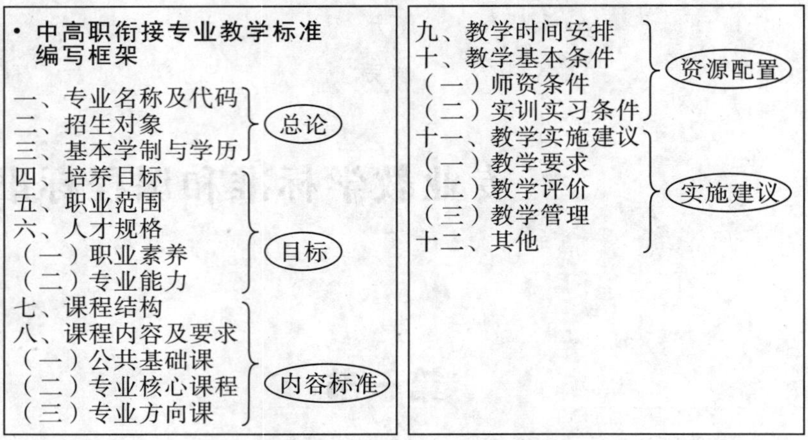

图4－1　专业教学标准的基本结构

范例4－1

中高职衔接××专业教学标准

（注：以高职段的专业名称命名，即最高教育层次的专业名称，本结构以中职、高职衔接为例）

一、专业名称及代码

中职学段：××××（××××）

高职学段：××××（××××）

二、招生对象

中职学段：初中毕业生或同等及以上学力者。

高职学段：转段考核合格的中职学校相应专业的正式学籍学生。

三、基本学制与学历

（一）学制

中高职衔接（“3＋2”学制）：中职学段三年，高职学段二年。

（二）学历

中职学段学习合格取得中职教育学历，高职学段学习合格取得专科学历。

四、培养目标

（一）总体培养目标

本专业培养与我国社会主义现代化建设要求相适应，德、智、体、美、劳全面发展，具有综合职业能力，面向××××等行业（企业），从事××××（岗位）等生产、建设、服务、管理一线工作的高素质劳动者和技能型人才。

（二）分段培养目标

1. 中职学段培养目标

本专业培养面向××××等行业（企业），能从事××××（岗位）等工作，具备××××（专业能力和职业素养）职业能力，以及继续学习能力，在生产、建设、服务、管理第一线的××××（层级）高素质劳动者和技能型人才。

2. 高职学段培养目标

本专业培养面向××××等行业（企业），从事××××（岗位）等工作，具备××××（专业能力和职业素养）职业能力，以及自主学习能力，在生产、建设、服务、管理第一线的××××（层级）发展型、复合型和创新型的技术技能人才。

五、职业范围

（一）职业生涯发展路径

________专业职业生涯发展路径（参考格式）

发展阶段	就业岗位			学历层次	发展年限	
	操作岗位	技术岗位	管理岗位		中职	高职
……						
Ⅴ						
Ⅳ						
Ⅲ						
Ⅱ						
Ⅰ						

注：(1)“发展阶段”应依据国家、行业企业的有关规定以及调查分析确定，将职业发展分为若干个阶段，阶段数量因各专业的具体情况而不同。

(2)“就业岗位”的分类仅供参考，各专业可以自行分类。

(3)“学历层次”只是要明确中职、高职对应的层次。

（二）中职学段面向职业范围

序号	对应职业（岗位）	专业（技能）方向	职业资格证书举例
1			
2			
……	……	……	

1. ××××岗位：

2. ××××岗位：

……

（三）高职学段面向职业范围

序号	对应职业（岗位）	专业方向	职业资格证书举例
1			
2			
……	……	……	……

1. ××××岗位：
2. ××××岗位：
……

六、人才规格

（一）中职学段人才规格

1. 职业素养

(1)
(2)
……
(5)

2. 专业能力

(1)
(2)
……
(15)

（二）高职学段人才规格

1. 职业素养

(1)
(2)
……
(5)

2. 专业能力

(1)
(2)
……
(15)

七、课程结构

（一）中职学段课程结构

<table>
<tr><th colspan="2">课程模块</th><th>课程名称</th><th>课程性质</th></tr>
<tr><td colspan="2" rowspan="10">公共基础课程</td><td>职业生涯规划</td><td>必修课</td></tr>
<tr><td>职业道德与法律</td><td>必修课</td></tr>
<tr><td>经济政治与社会</td><td>必修课</td></tr>
<tr><td>哲学与人生</td><td>必修课</td></tr>
<tr><td>语文</td><td>必修课</td></tr>
<tr><td>数学</td><td>必修课</td></tr>
<tr><td>英语</td><td>必修课</td></tr>
<tr><td>计算机应用基础</td><td>必修课</td></tr>
<tr><td>体育与健康</td><td>必修课</td></tr>
<tr><td>公共艺术</td><td>必修课</td></tr>
<tr><td rowspan="17">专业课程</td><td rowspan="9">专业核心课程</td><td></td><td>必修课</td></tr>
<tr><td></td><td>必修课</td></tr>
<tr><td></td><td>必修课</td></tr>
<tr><td></td><td>必修课</td></tr>
<tr><td></td><td>必修课</td></tr>
<tr><td></td><td>必修课</td></tr>
<tr><td></td><td>必修课</td></tr>
<tr><td></td><td>必修课</td></tr>
<tr><td>项目实习</td><td>必修课</td></tr>
<tr><td rowspan="4">××××专业（技能）方向课程</td><td></td><td>限选课</td></tr>
<tr><td></td><td>限选课</td></tr>
<tr><td></td><td>限选课</td></tr>
<tr><td></td><td>限选课</td></tr>
<tr><td rowspan="4">××××专业（技能）方向课程</td><td></td><td>限选课</td></tr>
<tr><td></td><td>限选课</td></tr>
<tr><td></td><td>限选课</td></tr>
<tr><td></td><td>限选课</td></tr>
</table>

注：“*”表示中高职衔接课程。

（二）高职学段课程结构

课程模块		课程名称	课程性质
公共基础课程		思想品德修养与法律基础	必修课
		毛泽东思想和中国特色社会主义理论体系概论	必修课
		形势与政策	必修课
		英语	必修课
		计算机应用基础	必修课
		体育	必修课
		就业指导与职业生涯设计	必修课
专业课程	专业核心课程		必修课
			必修课
			必修课
			必修课
			必修课
			必修课
		顶岗实习	必修课
	××××专业方向课程		限选课
			限选课
			限选课
			限选课
	××××专业方向课程		限选课
			限选课
			限选课
			限选课

注：“*”表示中高职衔接课程。

八、课程内容及要求

（一）中职学段课程内容及要求

1．公共基础课程

序号	课程名称	主要教学内容和要求	参考学时
1	职业生涯规划		
2	职业道德与法律		
3	经济政治与社会		
4	哲学与人生		
5	语文		
6	数学		
7	英语		
8	计算机应用基础		
9	体育与健康		
10	公共艺术		

2. 专业核心课程

序号	课程名称	对接职业能力	主要教学内容和要求	参考学时
	项目实习			

注：(1)“对接职业能力”填写职业能力编码，编码与附录的职业能力分析表对应，学科课程除外。(2)“*”表示中高职衔接课程。

3. ××××专业（技能）方向课程

序号	课程名称	对接职业能力	主要教学内容和要求	参考学时

注：“对接职业能力”填写职业能力编码，编码与附录一的职业能力分析表对应，学科课程除外。

4. ××××专业（技能）方向课程

序号	课程名称	对接职业能力	主要教学内容和要求	参考学时

注：“对接职业能力”填写职业能力编码，编码与附录的职业能力分析表对应，学科课程除外。

（二）高职学段课程内容及要求

1. 公共基础课程

序号	课程名称	主要教学内容和要求	参考学时
1	思想品德修养与法律基础		
2	毛泽东思想和中国特色社会主义理论体系概论		
3	形势与政策		
4	数学		
5	英语		
6	计算机应用基础		
7	体育		
8	就业指导与职业生涯设计		

2. 专业核心课程

序号	课程名称	对接职业能力	主要教学内容和要求	参考学时
	顶岗实习			

注：(1)“对接职业能力”填写职业能力编码，编码与附录的职业能力分析表对应，学科课程除外。(2)“*”表示中高职衔接课程。

3. ××××专业方向课程

序号	课程名称	对接职业能力	主要教学内容和要求	参考学时

注："对接职业能力"填写职业能力编码，编码与附录的职业能力分析表对应，学科课程除外。

4. ××××专业方向课程

序号	课程名称	对接职业能力	主要教学内容和要求	参考学时

注："对接职业能力"填写职业能力编码，编码与附录的职业能力分析表对应，学科课程除外。

九、教学安排

（一）中职学段教学安排

课程类别	课程名称	学分	总学时	各学期周数、学时分配					
				1	2	3	4	5	6
公共基础课程	职业生涯规划								
	职业道德与法律								
	经济政治与社会								
	哲学与人生								
	语文								
	数学								
	英语								
	计算机应用基础								
	体育与健康								
	公共艺术								
	已安排课程小计								
	……								
	小计		1 100						

续上表

课程类别		课程名称	学分	总学时	各学期周数、学时分配					
					1	2	3	4	5	6
专业课程	专业核心课程									
		项目实习								
		已安排课程小计								
		……								
		小计		1500						
	××××专业（技能）方向课程									
		已安排课程小计								
		……								
		小计		400						
	××××专业（技能）方向课程									
		已安排课程小计								
		……								
		小计		400						
	专业拓展课程	……		200						
已安排课程合计										
……										
合　计			170	3200	28	28	28	28	28	28

注：(1) 中职学段总学时数为3 000～3 300学时，公共基础课学时不少于1/3，专业核心课程为1 400～1 500学时，专业（技能）方向课程为300～400学时。(2)“*”表示中高职衔接课程。(3)“项目实习”由中高职对口院校共同商讨实习内容、形式和时间，包括项目工厂实习、工作室实习等多种形式，原则上安排在第六学期进行。(4) 总学分不少于170，含军训及入学教育、社会实践、毕业教育等活动的学分。

（二）高职学段教学安排

课程类别		课程名称	学分	总学时	各学期周数、学时分配			
					1	2	3	4
公共基础课程		思想品德修养与法律基础						
		毛泽东思想和中国特色社会主义理论体系概论						
		形势与政策						
		数学						
		英语						
		计算机应用基础						
		体育						
		就业指导与职业生涯设计						
		已安排课程小计						
		……						
		小计		600				
专业课程	专业核心课程							
		顶岗实习						
		已安排课程小计						
		……						
		小计		1000				

续上表

课程类别		课程名称	学分	总学时	各学期周数、学时分配			
					1	2	3	4
专业课程	××××专业方向课程							
		已安排课程小计						
		……						
		小计		200				
	××××专业方向课程							
		已安排课程小计						
		……						
		小计		200				
	专业拓展课程	……		200				
已安排课程合计								
……								
合　计			90	2000	26	26	26	26

注：(1) 高职学段总学时数为 2 000 学时，公共基础课程占 20% ~30% 学时，专业核心课程为 1 000 ~1100 学时，专业方向课程为 200 ~300 学时。(2) “*” 表示中高职衔接课程。(3) “顶岗实习” 包括毕业实习、毕业设计等多种形式，原则上安排在第六学期进行。(4) 总学分不少于 90，含军训及入学教育、社会实践、毕业教育等活动的学分。

十、教学基本条件

(1 000 字以内)

(一) 师资条件

1. 中职学段。

2. 高职学段。

(二) 实训实习条件

本专业应配备校内实训实习室和校外实训基地。

1. 校内实训室。校内实训实习必须具备××、××等实训室，主要设施设备及数量见下表。

序号	学段	实训室名称	主要工具和设施设备		
			名称	规格	数量（生均台套）
1	中职				
2	高职				
……					

2. 校外实训基地……

十一、教学实施建议

（1 000 字以内）

（一）教学要求

（二）教学评价

（三）教学管理

十二、其他

附录：开发团队

（一）参与开发的行业技术专家团队

序号	姓名	单　　位	职称、职务

（二）参与开发的学校教师团队

序号	姓名	单　　位	职称、职务

（广东省教育研究院　研制）

二、专业教学标准编制要点

（一）专业名称及代码

必须按照教育部颁发的中职、高职和本科的专业目录名称及代码，以及标准项目立项时确定的对接专业所确定的专业名称及代码确定，不得随意新增和修改。例如，中职学段：数控技术应用（051400），高职学段：数控技术（580103）。

（二）招生对象

基本格式：
中职学段：初中毕业生或同等及以上学力者。
高职学段：转段考核合格的中职学校相应专业的正式学籍学生。

（三）基本学制与学历

1．学制
基本格式：中高职衔接（“3+2”学制），中职学段三年，高职学段二年。
2．学历
基本格式：中职学段学习合格取得中职教育学历，高职学段学习合格取得专科学历。

（四）培养目标

1．总体培养目标
根据国家对职业人才培养的总体目标以及对中职、高职的总体培养目标制定。

《国务院关于加快发展现代职业教育的决定》（国发〔2014〕19号）明确提出“加快现代职业教育体系建设，深化产教融合、校企合作，培养数以亿计的高素质劳动者和技术技能人才”。可见，培养高素质劳动者和技术技能人才是职业教育的总体目标。

教育部在《关于推进高等职业教育改革创新　引领职业教育科学发展的若干意见》（教职成〔2011〕12号）指出：高等职业教育具有高等教育和职业教育的双重属性，以培养生产、建设、服务、管理第一线的高端技能型专门人才为主要任务。2012年《国家教育事业发展第十二个五年规划》提出：高等职业教育重点培养产业转型升级和企业技术创新需要的发展型、复合型和创新型的技术技能人才。

《教育部办公厅关于制订中等职业学校专业教学标准的意见》（教职成厅〔2012〕5号）指出：中等职业学校培养与我国社会主义现代化建设要求相适应，德、智、体、美全面发展，具有综合职业能力，在生产、服务一线工作的高素质劳动者和技能型人才。他们应当热爱社会主义祖国，能够将实现自身价值与服务祖国人民结合起来；具有基本的科学文化素养、继续学习的能力和创新精神；具有良好的职业道德，掌握必要的文化基础知识、专业知识和比较熟练的职业技能；具有较强的就业能力和一定的创业能力；具有健康的身体和心理；具有基本的欣赏美和创造美的能力。

因此，对中高职衔接的专业总体培养目标表述为：

本专业培养与我国社会主义现代化建设要求相适应，德、智、体、美全面发展，具有综合职业能力，面向××××等行业（企业），从事××××（岗位）等生产、建设、服务、管理一线工作的高素质劳动者和技术技能人才。

其中行业企业及岗位所指的内容均以高职毕业生面向的行业企业及岗位为准。

2. 分段培养目标

中职学段培养目标和高职学段培养目标分别表述，既要与国家总体培养目标保持一致，又要突出专业特色，还要体现中高职目标的区分与衔接。采取“行业（企业）+岗位+职业能力”的表述形式。

中职学段培养目标表述为：本专业培养面向××××等行业（企业），能从事××××（岗位）等工作，具备××××（专业能力和职业素养）职业能力，以及继续学习能力，在生产、建设、服务、管理第一线的××××（层级）高素质劳动者和技能型人才。

高职学段培养目标表述为：本专业培养面向××××等行业（企业），从事××××（岗位）等工作，具备××××（专业能力和职业素养）职业能力，以及自主学习能力，在生产、建设、服务、管理第一线的××××（层级）发展型、复合型和创新型的技术技能人才。

所缺内容填写要求如下：

（1）对于“行业（企业）”。

要明确该专业毕业生就业的行业或企业类型。要避免行业（企业）类型的交叉，建议参照我国关于行业、企业分类的国家规定，如《国民经济行业分类》（GB/T4754—2002）等。

（2）对于“目标岗位”。

是指行业企业中实际存在的岗位。由于各企业同一岗位内涵的名称不一，应采取通用、概括性强的岗位名称。

（3）对于“职业能力”。

每个专业通过职业能力调查与分析，可以确定职业能力。培养目标中的职业能力要根据职业能力的不同分类描述，且应高度概括。建议从专业能力和职业素养两个方面概述。

（4）中高职培养目标衔接与区分。

中高职衔接的专业教学标准的培养目标首先要衔接，根据调研，目前中职、高职专业培养目标最大的问题是重叠过多和难以区分，因此，中高职培养目标首先是要区分，然后才能衔接。目标的区分与衔接有三种方式：

①就业领域、岗位及发展速度。根据调研，同一专业中职、高职的就业领域及岗位或有所不同，或各有侧重，或基本相同，但中高职毕业生的发展速度不同。一般以学生毕业3年左右的主要就业岗位来确定目标定位的岗位群，即目标岗位群。每个专业目标岗位群的岗位数不超过6个。

②职业能力水平。不同的岗位及岗位群有不同的职业能力要求，不同岗位职业能力要求的内容不同，或存在相同的职业能力、不同的水平层次。根据职业能力分析结果，可以确定中职、高职层次的职业能力范围，再对职业能力进行高度提炼与综合，并在培养目标中表达出来。

③职业资格的层次。一般而言，中等职业教育培养中级职业资格水平的人才，高等职业教育培养高级职业资格水平的人才。中职、高职培养的技术技能人才层次是紧密相连的。每一个中高职衔接的专业，根据其职业生涯发展路径，不仅可以定位中职、高职的岗位群，也可以定位其相应的职业资格层次。如中职旅游管理专业学生的学习侧重于取得初级导游证、助理计调师证、助理咨询师证，即初级技能型人才；高职旅游管理专业学生学习侧重于取得中级导游证、领队证、计调师证、咨询师证，即中级技能型人才，从而进一步明确中高职培养目标的层次性。

（五）职业范围

1. 职业生涯发展路径

以表格方式列示，以供需调研所确定的各专业职业生涯发展路径为依据。

2. 中职学段面向的职业范围

以表格方式列示，列举中职学段对应的职业岗位（目标岗位）、专业（技能）方向、职业资格证书，并对具体职业岗位的内涵进行界定。职业岗位名称应与职业生涯发展路径一致。

3. 高职学段面向的职业范围

以表格方式列示，列举高职学段对应的职业岗位（目标岗位）、专业方向、职业资格证书，并对具体的职业岗位内涵进行界定。职业岗位名称应与职业生涯发展路径一致。

（六）人才规格

分别确定中职学段人才规格和高职学段人才规格。参照《中等职业学校专业目录（2010年修订）》、高职专业教学标准中有关职业能力要求，以及国家、行业职业标准，根据各专业的职业能力分析表，从职业素养、专业能力两个方面的高度概述。

1. 描述职业素养

应体现产业文化、行（企）业主流价值观和专业特色，特别是要体现对应岗位群在职业道德、产业（企业）文化素养、态度与行为规范等方面的要求，如：敬业精神、沟通合作、安全生产、节能环保、解决问题、信息处理、责任意识、遵守操作规程等，结合职业能力分析表中的职业素养分析高度概括，一般3~5条。

2．描述专业能力

必须结合职业能力分析表，不仅要高度概述专业能力（知识、技能）的内容，而且要明确专业能力（知识、技能）的学习要求，此外，还应体现理论与实践一体化的要求。专业能力一般采取动宾结构描述，如编制车工程序，基本格式为"动词+规范/标准"，可以在动词前加上"能（会）"。先列出本专业共同的专业知识和技能，一般10~15条。

（七）课程结构

分别确定中职学段课程结构和高职学段课程结构。各学段课程结构分为公共基础课程和专业课程两个模块，专业课程又分为专业核心课程和专业（技能）方向课程两类（注：由于专业课程分类有多种，现将专业基础课程、实习实训课程归入专业核心课程，其中实习实训课程包括校内外实训、项目实习、顶岗实习等多种形式）。为给予各学校一定的自主安排课程空间，各学段课程结构重点在于确定必修课的公共基础课程和专业核心课程，以及限定选修的专业（技能）方向课程。

鉴于高职学段的转段招生选拔考核原则上在中职学段的第四学期至第五学期进行，因此，中职学段的第三学年主要安排专业（技能）方向课程和项目实习，项目实习由中高职对口院校共同商讨实习的内容、形式和时间。

1．公共基础课程设置

重在培养学生的文化基础知识和人文素养。公共基础课程分别按照教育部的中职、高职的公共基础课程教学大纲及相关规定安排。

2．专业课程设置

专业课程要按照相应职业岗位（群）的能力要求，紧密联系生产劳动实际，突出应用性和实践性，每个专业要建立课程与能力的对接关系。专业课程设置还应结合学生职业生涯发展，考虑学生的认知规律，考虑中高职课程的延续性与衔接性，以及同类课程的层次性，避免中职、高职课程的重复。此外专业课程要与相关职业资格考核要求相结合。

（1）专业核心课程。指针对职业岗位（群）共同需要职业能力所设置的课程，是专业课程设置最基本的要求。专业核心课程可依据工作过程即工作任务的活动水平或重要性程度进行设置，也可依据专业知识体系即基本理论与技能进行设置。

中职学段总课时为3 000~3 300学时，公共基础课程必修不低于总学时的1/3，其余专业课程约为2 000学时，专业课程任意选修占10%，专业核心课程和专业（技能）方向课时约占1 800学时，专业核心课程一般为6~9门（含项目实习），占1 400~1 500学时，其中项目实习为540学时。中职学段专业核心课程中与高职核心课程衔接的课程以"*"标示。

高职学段总课时约为2 000学时，选修课程占10%，必修课程约1 800学时，公共基础课程占20%～30%，专业核心课程和专业方向课程占1 200～1 400学时，专业核心课程一般为5～7门，占1 000～1 100学时，其中顶岗实习500学时。高职学段专业核心课程与中职学段核心课程衔接的课程以“*”标示。

（2）专业（技能）方向课程。指根据不同的主要职业岗位将某个专业分为若干就业方向而设置的课程，学生可以选择一个专业的不同就业方向学习。为了给予学校更多空间自主安排课程，一般一个专业不宜分太多专业（技能）方向。如果专业对应的职业岗位针对性较强，也可以不设专业（技能）方向。中职一个专业的专业（技能）方向课程一般为2～4门（占300～400学时），高职一个专业的专业方向课程一般为2～4门（占200～300学时）。

（八）课程内容及要求

分别说明中职学段、高职学段课程结构中设置的课程内容及要求。公共基础课程内容要求应与教育部的中职、高职的公共基础课程教学大纲及有关规定保持一致，但要注意相同（同类）公共基础课程的内容和要求的递进性，如中职学段、高职学段均有英语、计算机应用基础等课程，应避免课程内容重复。专业课程首先要说明该课程与哪些职业能力对接，列出这些职业能力的编码（学科课程除外）；其次要概述“主要教学内容和要求”，可以根据课程对应的职业能力概述，采取清晰的、便于理解和操作性强的行为动词描述教学内容，一般不超过150字。

中职学段的“项目实习”由中高职对口院校共同商讨实习内容、形式和时间，例如，工科专业可采取项目工厂实习的方式，文科专业可以采取工作室实习的方式。

（九）教学安排

分别说明中职学段、高职学段教学时间安排。教学安排应遵循教学规律，按照循序渐进的原则，合理安排课程进度。教学安排的基本要求为：

1．中职学段学时要求

每学年为52周，其中教学时间40周，含复习考试、机动各1周，累计假期12周。1周一般为28学时。顶岗实习一般按1小时折算1学时，每周安排30小时。三学年总学时数为3 000～3 300学时。

2．高职学段学时要求

每学年为52周，其中教学时间36周，含复习考试、机动各1周，累计假期16周。1周一般为24～26学时。顶岗实习一般按1小时折算1学时，每周安排28小时。两学年总学时数约为2 000学时。

3．专业方向课程要求

专业方向课程根据就业岗位设置。中职学段和高职学段主要安排必修课程和专业（技能）方向的限定选修课程，也可以安排少量或不安排选修课程，即总学时、周学时不必足量安排，给予各院校更多的灵活执行空间，使得教学安排既有指导性又有灵活性。

4. 文化基础课程要求

中职学段公共基础课程学时一般不低于总学时的1/3，对文化基础要求较高或对职业技能要求较高的专业可根据需要对学时比例做适当调整。

5. 实习实训课程要求

根据实际需要安排实训实习，校内实训、综合实训、项目实习和顶岗实习学时均包含在专业核心课程学时中。各职业院校应根据教育部、财政部关于《中等职业学校学生实习管理办法》，以及教育部《职业学校学生顶岗实习管理规定（试行）（征求意见稿）》的规定，组织开展实习实训。中职学段的项目实习由中高职对口院校共同商讨实习内容、形式和时间，包括项目工厂实习、工作室实习等多种形式，原则上安排在第六学期进行。高职学段的顶岗实习包括毕业实习、毕业设计等多种形式，原则上安排在第四学期进行。

6. 学分制计算

一般按16~18学时为1个学分，学分值采取整数计算。三年制总学分不得少于170学分。两年制总学分不得少于90学分。军训及入学教育、社会实践、毕业教育等活动，以1周为1学分，共4学分。

7. 教学安排表编制注意事项

教学安排中“已安排课程”根据实际安排课程的学分、学时填列数据，“小计”表示该模块安排课程的学分、学时的上限数，使用“……”是为了给予各职业院校自行安排课程的空间。在教学安排中的学分、学时计算不得有误。合计数的单元格中没有数据的填“0”、“-”或不填，其他单元格中没有数据的不填。

（十）教学基本条件

主要说明本专业教学的师资条件和实训实习条件，大约1 000字。

1. 师资条件

一是分别描述中职、高职本专业教师规模、资格和能力等要求，如满足专业教学要求的专业教师人数、队伍结构和任职资格等，专任教师条件：对应专业或相关专业本科以上学历，并具有中/高等职业学校教师资格证书、中级以上专业技术资格所要求的业务能力。二是提出教师队伍建设的建议，参照《中等职业学校专业教学标准》和有关高职院校教师队伍建设要求，建立“双师型”专业教师团队，培养业务水平较高的专业带头人，并聘请行业企业技术骨干担任兼职教师。教师应具备良好的师德和终身学习能力，适应行业发展需求，熟悉企业情况，积极开展课程教学改革。

2. 实训实习条件

列出开设本专业中职、高职必须具备的校内实训实习室，每个实训实习室列出主要的工具和设施设备配备要求。说明本专业校外实训基地的要求。

（十一）教学实施建议

综合描述专业教学标准实施在教学要求、教学评价、教学管理等方面的原则性要求，应突出专业特色，约 1 000 字以内。

1. 教学要求

公共基础课程教学要符合教育部相关的教育教学基本要求，按照培养学生基本科学文化素养、服务学生专业学习和终身发展的功能来定位，重在教学方法、教学组织形式的改革，教学手段、教学模式的创新，调动学生学习积极性，为学生综合素质的提高、职业能力的形成和可持续发展奠定基础。专业课程按照相应职业岗位的能力要求，强化理论与实践一体化，突出“做中学、做中教”的职业教育教学特色，提倡项目教学、案例教学、任务教学、角色扮演、情境教学等方法，利用校内外实训基地，将学生的自主学习、合作学习和教师引导教学等教学组织形式有机结合。提倡数字化资源、虚拟仿真等教学资源的开发与利用。

2. 教学评价

根据本专业培养目标和人才理念，建立科学的评价标准。教学评价应体现评价主体、评价方式、评价手段的多元化，注意吸收家长、行业企业参与，校内校外评价结合，职业技能鉴定与学业考核结合，教师评价、学生互评与自我评价结合，过程性评价与结果性评价结合，不仅关注学生对知识的理解和技能的掌握，更要关注知识在实践中的运用与解决实际问题的能力水平，重视规范操作、安全文明生产等职业素质的养成，树立节约能源、节省原材料、爱护生产设备和保护环境等意识与观念。

3. 教学管理

要更新观念，改变传统的教学管理方式，教学管理要有一定的规范性和灵活性，合理调配教师、实训室和实训场地等教学资源，为课程的实施创造条件；要加强对教学过程的质量监控，改革教学评价的标准和方法，促进教师教学能力的提升，保证教学质量。

（十二）其他

其他需要说明的问题，如没有此项可不写。

附录：开发团队

按实际参与情况说明参与开发的行业技术专家团队和参与开发的学校教师团队的人员、单位和职称。

第二节
课程标准编制及课程内容开发

课程标准是由教育行政部门为规范职业院校课程教学实施而颁发的一种规范性文件，

也是中高职衔接专业教学标准和教学组织实施的重要指导性文件，是课程内容及教材开发的依据，也是教学实施及评价的依据。因此，课程标准的编写必须统一文本格式。本节主要阐述课程标准的基本框架、编写注意事项，以及基于课程标准的任务驱动式教材开发范式。

一、课程标准基本框架

课程标准的基本结构主要包括课程名称、适用专业、课程性质、课程设计、课程教学目标、参考学时与学分、课程结构、资源开发与利用、教学建议、教学评价10项，其中，资源开发与利用主要是指教材编写和数字化资源开发与利用，教学建议是指教学方法和教学条件方面的建议。课程标准的基本结构如图4－2所示。对于中高职衔接的课程教学标准，一般侧重于专业核心课程标准的编制，包括中职学段的专业核心课程标准和高职学段的专业核心课程标准。课程标准的基本框架见范例4－2。

·课程标准编制 一、课程名称 二、适用专业 三、课程性质 四、课程设计 五、课程教学目标 六、参考学时与学分 七、课程结构	八、资源开发与利用 （一）教材编写与适用 （二）数字化资源开发与利用 九、教学建议 （一）教学方法 （二）教学条件 十、教学评价

图4－2　课程标准的基本框架

范例4－2

中高职衔接课程标准编写参考模板

（试行稿）

××××课程标准

一、课程名称

××××

二、适用专业

1. 中高职衔接的中职：××××专业

2. 中高职衔接的高职：××××专业

三、课程性质

四、课程设计

五、课程教学目标

六、参考学时与学分

七、课程结构

序号	学习任务（单元、模块）	职业能力	知识、技能和态度要求	教学活动设计	学时
1		职业能力2－1－2：			
		职业能力1－2－3：			
		……			
2		职业能力6－1－5：			
		……			
	……	……			
合　计					

八、资源开发与利用

（500字以内）

（一）教材编写与使用

（二）数字化资源开发与利用

九、教学建议

（500字以内）

（一）教学方法

（二）教学条件

十、教学评价

（200字以内）

（广东省教育研究院　研制）

二、课程标准编制要点

（一）课程名称

课程名称应与专业教学标准中的课程设置名称保持一致。

（二）适用专业

属于中职阶段学习的课程写“中高职衔接中职学段：××××专业”；属于高职阶段学习的课程写“中高职衔接高职学段：××××专业”。对于既可以适用于中高职衔接的学段，也可以适用于以就业为主的学段（即不升学的学段），则可以扩大适用专业，写为“既可适用于中高职衔接的中职（或高职）学段××××专业，也可适用于中职（高职）的××××专业”。

（三）课程性质

说明课程的类型及重要性，指明是专业核心课程、专业方向课程还是专业拓展课程，是必修课程还是选修课程。还要说明课程的类型，如项目课程、技能训练课程、综合实践课程、学科课程等。

（四）课程设计

专业核心课程可依据工作过程即工作任务的活动水平或重要程度进行设置，也可依据专业知识体系即基本理论与技能进行设置，它们是学生进入专业到面向基本岗位前必须学习的课程。如果按工作过程来设计课程结构，应列出基于工作过程的设计思路；如果按知识体系来设计课程结构，应列出基于知识学习过程的设计思路。核心课程设计要注意其各个环节之间的逻辑联系，要尽力改变以知识为依据设置课程的传统方法，依据工作领域（过程、任务）进行课程设置，在课程内容与工作任务、职业能力之间建立清晰的联系。

（五）课程教学目标

课程教学目标是指预期的学习结果，即期望学生学习某门课程后所能达到的职业能力水平。职业教育课程的主要目标是培养职业能力，因而必须突出对工作知识、技能、态度的学习。制定目标时应注意：①课程目标是指学习结果而不是教学活动。②课程目标的达成主体是学生而不是教师。③课程目标既要依据职业岗位对职业能力的要求，又要考虑学生学习能力及认知规律。④课程目标的制定不能仅仅把职业能力分析中的职业能力简单相加，而是要对职业能力进行分类描述。一种是按并列关系从专业能力、职业素养两个维度进行分类归纳、概括；一种是按递进关系分为认知目标、能力目标、素养目标三个层次进行分类归纳、概括。一般同一个专业中的课程目标表述格式应该一致。⑤教学目标采用动宾结构描述，基本格式为“动词 + 规范/标准”，可以在动词前加上“能（会）”，如：能编制车工程序。

（六）参考学时与学分

课程学时和学分应与专业教学标准的“教学安排表”的相关内容保持一致。

（七）课程结构

1. 分析课程结构

课程结构内容分析是指具体分析该课程所对应的每个工作项目、工作任务或职业能力所形成的需要学习的知识、技能和态度。分析工具可利用“课堂内容分析的鱼骨图”（图 4 – 3）进行分析，鱼骨图可作为附件附在课程标准之后。分析时应先分析技能，然后逐条根据技能形成要求分析知识。即先确定要求学生会做什么，然后根据会做什么确定要求学生知道什么。技能确定除了要尽可能防止遗漏外，还要特别注意表达出工作及学习结果。尽管在“鱼骨图”中没有将职业素养标示出来，但在课程结构分析时不要遗漏。

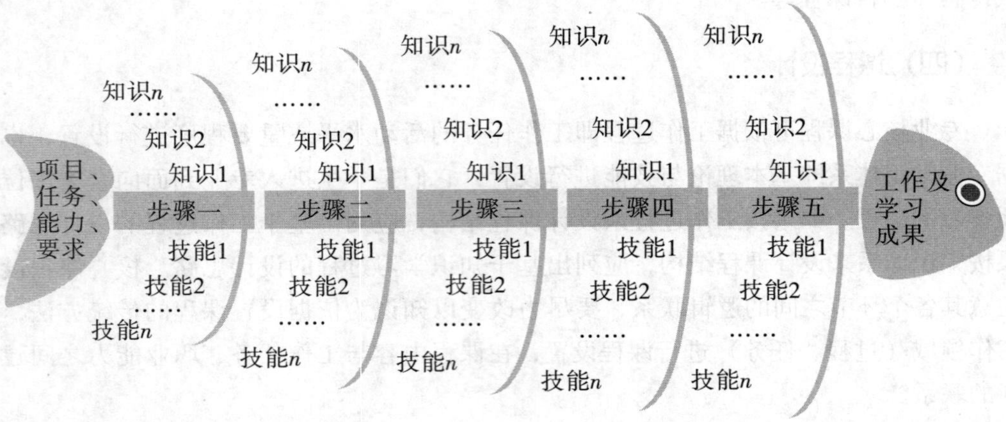

图 4－3　课程内容分析的鱼骨图

课程内容的描述从学生应学习的知识、技能以及应养成的态度三个维度进行描述，应当仔细列出每条知识内容，并根据技能形成要求、教育层次和学时容量认真甄选每条知识，不能用“相关知识”“基础知识”等概念来表达知识内容。不仅要描述知识、技能的内容，而且要描述知识、技能的学习要求，不要遗漏态度，即职业素养的要求。既可采用定量描述，也可采用定性描述。对知识要求的应用层次可以体现在技能中，即知识和技能融为一体来表述，如“能按规范的指法要求快速准确录入文字，达到每分钟正确击键 150 次以上”。描述格式一般为“能（会）＋动作＋规范＋操作对象＋表现程度”。

2. 确定学习任务

通过鱼骨图分析，可以确定课程结构表中的学习任务，如出纳课程内容结构分析的鱼骨图（图 4－4）。学习任务主要是鱼骨图中间的“鱼骨”，这些“鱼骨”必然与职业能力分析表的工作项目、工作任务和职业能力点对应，这种对接关系通过“课程与能力对接表”清晰地反映出来了。在课程结构表中的“职业能力”最好既写编号又写内容，但由于职业能力的内容偏多，也可以简化为只写编号，这样使得课程标准与职业能力点能有机对接。课程结构表中的知识、技能和态度，实质上就是鱼骨图的“刺”，结合职业能力点，对每一个学习任务的知识、技能和态度，即能力就可以进行概述了。

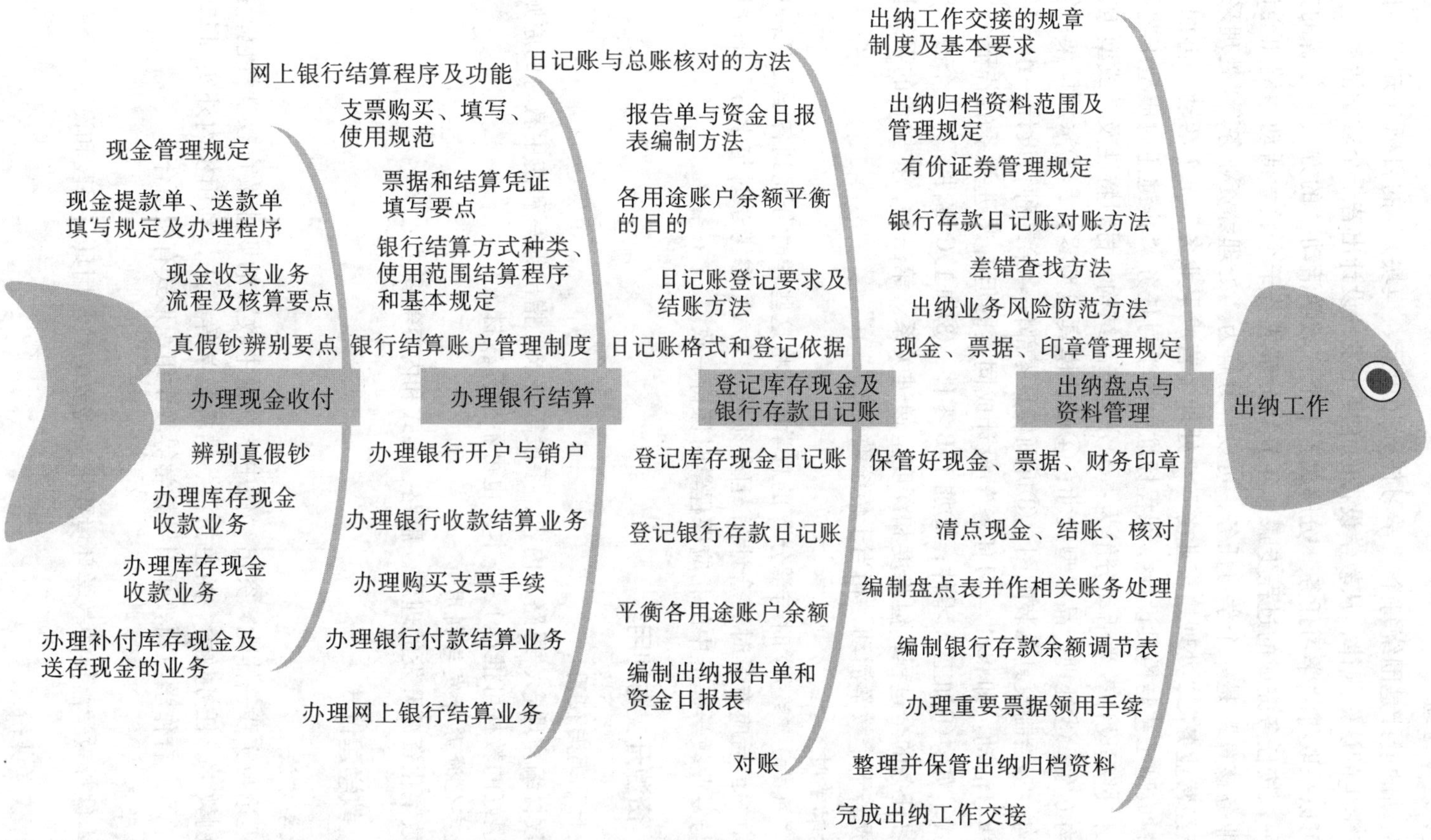

图4-4 出纳课程内容结构分析的鱼骨图

3．设计教学活动

教学活动的设计是围绕每个“学习任务（单元、模块）”的目标（知识、技能和态度），根据学生的认知规律，从教学设计的角度出发，设计出若干个教学活动，并确定相应学时。可以采取将“学习任务”分解成若干个“教学活动”的方式。分解的方式有三种：第一种，按任务完成的过程步骤（环节）分解成若干个教学活动。例如会计工作中的“经济业务核算”是一个学习任务，可设计分解为“处理筹资业务”“处理采购业务”“处理生产经营业务”“处理销售业务”“处理经营成果业务”5个活动。再如：模具制造中“塑料成型工艺与模具设计”课程标准中的学习任务“按键注射成型工艺与模具设计”，按工作过程设计教学活动分解为：①分析产品结构、材料特性及其成型工艺；②拟定模具结构方案；③处理产品成型尺寸；④设计模具成型零件；⑤添加模架；⑥设计模具其他结构；⑦绘制模具总装配图；⑧拆画模具零部件。第二种，设计一组（3个左右）递进式的学习活动。即将“学习任务”设计成同类的但有递进关系的若干个“教学活动”的方式。如：①加工A零件；②加工B零件；③加工C零件。每一个教学活动都要完成该学习任务的全过程，但难度和深度呈递进关系。第三种，按知识的系统性和逻辑关系分解成若干个教学活动，相当于传统教材的“节”。

4．分配学时

根据“（六）参考学时与学分”的总学时，将这些学时分配到各学习任务中去，课程结构表中的最后应有学时“合计”，且必须与“（六）参考学时与学分”的学时数保持一致，并与专业教学标准中的相应课程学时保持一致。

（八）资源开发与利用

1．教材编写与使用

说明教材编写理念、思路、内容、手段等要求，指出编写和使用教材的原则性意见，若目前有很好的教材可推荐1～2本，也可不推荐教材。

2．数字化资源开发与利用

说明数字化资源开发的理念、思路、形式和内容等要求。

（九）教学建议

1．教学方法

强化理论与实践一体化，突出“做中学、做中教”的职业教育教学特色，提倡项目教学、案例教学、任务教学、角色扮演、情境教学等方法，利用校内外实训基地，将学生的自主学习、合作学习和教师引导教学等教学组织形式有机结合。

2．教学条件

说明本课程教学需要的教学环境要求，需要的教学用具、手段和设备等条件支撑。

（十）教学评价

教学评价应体现评价主体、评价方式、评价过程的多元化，注意吸收家长、行业企业参与，校内校外评价结合，职业技能鉴定与学业考核结合，教师评价、学生互评与自我评价结合，过程性评价与结果性评价结合。突出技能竞赛、产品制造、以证代考等评价环节。不仅关注学生对知识的理解和技能的掌握，更要关注知识在实践中的运用与解决实际问题的能力水平。重视规范操作、安全文明生产等职业素质的养成，以及节约能源、节省原材料、爱护生产设备、保护环境、创新创业等意识与观念的树立。

三、任务驱动式课程教材的开发

教材是课程内容的重要表达形式，是学生学习的内容，是学习主体对其进行信息加工的客体，是培养学生高尚道德情操、传承人类知识精华、构建学生能力结构和发展学生学习动机的外部工具和手段。[①] 按工作过程以及工作任务的活动水平或重要性程度进行设置，可采用任务驱动的方式编制课程内容和开发教材。例如：项目课程、综合实践课程、学习领域课程、技能训练课程都是按照工作过程或与工作任务的相关性设置的，可以将一个个典型工作任务（项目）转化为学习任务，学生在完成工作任务的过程中学习相关知识、技能，养成相关的职业素养，形成相应的职业能力。下面以“会计基础”课程教材编写为例，阐述任务驱动式课程教材的开发。

（一）基于课程标准开发教材

课程标准是教材开发的重要依据，“会计基础”课程的课程标准见范例 4－3，该课程标准明确了该课程的性质、教学目标，特别是基于工作过程设计了课程内容主线，课程包括填制审核原始凭证、编制审核记账凭证、登记账簿、编制财务报表、整理和保管会计资料 5 个任务模块，以此为基础在课程结构及内容分析表中确定了课程内容的 5 个学习任务模块，并将课程内容与职业能力分析表的内容（以编码的形式）对应起来，从而梳理出每个模块的知识、技能和态度要求，即每个模块的教学目标，这些教学目标实质上就是职业能力，以此为目标导向进行教学活动设计，对每个模块设计出一个个教学活动。例如在第 190 页表中的模块 2“填制和审核记账凭证”中，设计了认识记账凭证、编制记账凭证、编制科目汇总表 3 个教学活动，这些都是教材开发的重要依据和参考。

范例 4－3

“会计基础”课程标准[②]（节选）

一、课程名称

会计基础

---

① 邓泽民，保金柱．职业教育教材设计［M］．北京：中国铁路出版社，2012：127．

② 广东省教育厅，广东省教育研究院．中高职衔接专业教学标准和课程标准：会计专业［M］．广州：广东高等教育出版社，2015：27．

二、适用专业

中职：会计、会计电算化以及其他财经商贸类专业

三、课程性质

本课程是会计专业的核心课程，也是一门项目课程。通过填制审核原始凭证等五个任务模块进行会计岗位基本技能训练，学生认知会计，掌握会计基本知识和基本技能，培养会计职业认同感，养成会计基本职业素养。

四、课程设计

（一）设计思路

本课程总体设计思路是以就业为导向，以能力为核心，以初学者体验会计工作过程为主线，以完成典型工作任务为内容，以能与其他岗位配合完成基本的会计工作和适应岗位能力要求为考核目标，形成模块化课程体系。

本课程以认同职业角色、履行岗位职责、夯实专业基础、掌握专业技能为基本目标，遵循人的学习规律，依照会计工作过程设计本课程模块。教学活动的设计是根据学生的认知规律，以工作过程为主线，技能目标、知识目标和态度目标蕴含其中。

（二）内容组织

依据专家对职业能力的分析，基于工作过程，确定本课程包括填制审核原始凭证、编制审核记账凭证、登记账簿、编制财务报表、整理和保管会计资料五个任务模块，如图所示：

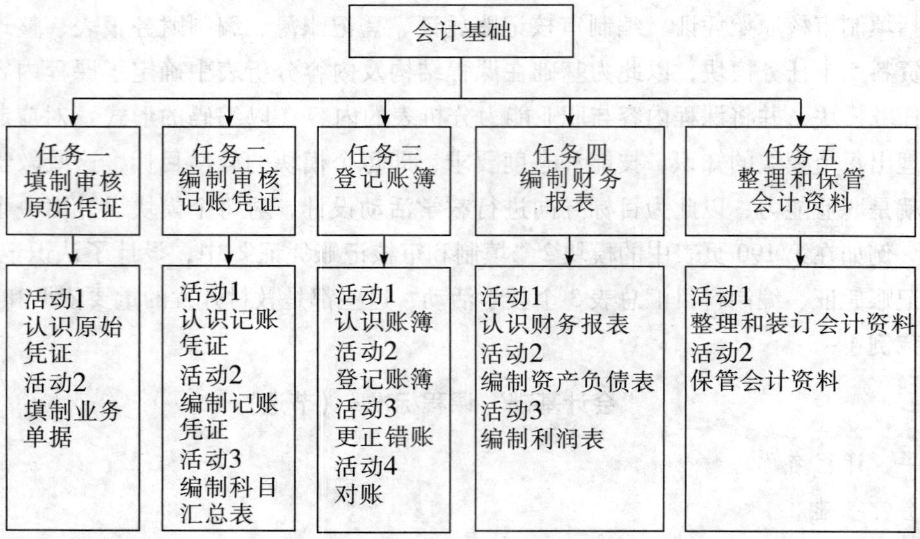

五、课程教学目标

通过任务引领教学活动，学生认知会计职业，清晰财会部门相关岗位的工作职责及基本工作流程，能初步运用会计的基本知识及技能，完成会计岗位最基本的工作任务；

具有爱岗、诚信、细致、严谨、责任心强的品质，有自觉遵守财经法规的意识，为形成会计职业能力奠定良好的基础。

1. 职业素养目标

(1) 初步形成职业认同感、会计思维方式，具备一定的会计职业判断能力。

(2) 养成认真的工作态度、细致的工作习惯、诚信的职业品质。

(3) 具有会计工作的安全意识和质量意识。

2. 专业能力目标

(1) 会填写、审核、整理和传递原始凭证。

(2) 会运用借贷记账法规范地编制记账凭证。

(3) 会规范登记会计账簿。

(4) 会选择正确的方法更正错账。

(5) 会正确地编制会计报表（简表）。

(6) 能按规定整理和保管会计档案。

六、参考学时与学分

参考学时：144 学时。

参考学分：8 学分。

七、课程结构

课程结构及内容分析表

序号	学习任务	职业能力	知识、技能和态度要求	教学活动设计	学时
模块 1	填制审核原始凭证	09-01-01、09-01-02	1. 能说出原始凭证的含义、分类、作用、填制要求、审核要点 2. 会填写企业常用的业务单据 3. 能审核企业常用的业务单据 4. 能读懂企业常用的业务单据所反映的经济信息，并进行分类和判断 5. 能依据原始凭证的审批流程，知道会计岗位及会计人员职责要求 6. 初步形成职业认同感，养成认真踏实的工作态度	1. 认识原始凭证 2. 填制业务单据	24

续上表

序号	学习任务	职业能力	知识、技能和态度要求	教学活动设计	学时
模块2	编制审核记账凭证	09－02－01、09－02－02、09－03－01、09－04－01	1. 知道记账凭证的概念、分类、作用 2. 能说出记账凭证的基本内容和填制要求 3. 会运用借贷记账法编制记账凭证 4. 会审核记账凭证 5. 会试算平衡，编制科目汇总表 6. 初步形成会计的思维方式，逐步培养会计的职业判断能力	1. 认识记账凭证 2. 编制记账凭证 3. 编制科目汇总表	72
模块3	登记账簿	10－01－01、10－01－02、10－01－03、10－01－04、10－02－01、10－02－02、10－02－03、10－02－04、10－03－01、10－03－02、10－03－03、10－04－01、10－04－02、10－05－01	1. 知道账簿种类及格式 2. 知道登记账簿的人员分工 3. 会启用账簿 4. 会登记日记账、明细账、总账，并规范结账 5. 会更正错账 6. 会对账 7. 养成严谨细致的工作习惯	1. 认识账簿 2. 登记账簿 3. 更正错账 4. 对账	24
模块4	编制财务报表	11－01－01、11－01－02、11－01－03	1. 知道财务报表的种类和编报要求 2. 会编制资产负债表 3. 会编制利润表 4. 养成诚实守信的职业品质	1. 认识财务报表 2. 编制资产负债表 3. 编制利润表	16
模块5	整理和保管会计资料	23－01－01、23－01－02、23－01－03、23－01－04、23－01－05、23－01－06、23－02－01、23－02－02、23－02－03、23－02－04、23－02－05、23－02－06	1. 知道会计档案保管的法律规定 2. 了解会计凭证的传递方式 3. 会整理、装订会计资料 4. 培养会计工作的安全和质量意识	1. 整理和装订会计资料 2. 保管会计资料	8
合计					144

（其他略）

基于会计基础课程标准，结合学生的认知规律，以及会计专业的特点，设计的会计基础课程教材编写大纲见范例4－4。传统的基础会计教材按照会计学科知识体系编排，先概述会计的性质，然后学习会计要素及平衡关系，以及复式记账理论，再学习交易或事项的确认记录，最后学习编制会计凭证、登记账簿和编制会计报表，这种知识体系编排使刚从初中升入中职的学生，从晦涩枯燥的会计理论开始学习，由于他们对企业经营感知少之又少，导致即使学完本课程，学生也会感到懵懵懂懂，很难与实际工作联系起来，难以有好的实效。基于工作任务编写的教材打破了传统的学科课程结构，从中职学生认知规律出发，以会计工作过程为主线，以学习任务为引导，以职业活动为基础，重新构建知识体系，即按照认识会计工作→掌握借贷记账法→处理基本经济业务→登记账簿→编制财务报表与资料保管→熟悉会计核算程序与基本规定的顺序编排教学模块，见范例4－4。学生通过体验会计工作的基本过程，在工作中了解会计工作的职责与要求，理解借贷记账法的基本理论，掌握会计工作的基本方法与规范，形成职业认同感和会计思维方式，以及认真细致、负责任的职业习惯，为后续会计专业课程学习奠定扎实的基础，并达到本专业学生应获得的职业资格证书中“会计从业资格证书”单项考证的基本要求。除模块2外，其他模块都与课程标准中的课程结构保持一致，增加的“第2模块掌握借贷记账法”是基于会计基础课程的考虑。因为借贷记账原理是非常重要的会计理论和方法，必须重点学习，所以要单列为一个独立模块学习，这一学习模块是后续学习模块的基础和前提。因此，课程标准是教材开发的基础，教材开发是课程标准的具体化，是课程标准的丰富和提升。

范例4－4

会计基础课程教材编写大纲（节选）

模块1　认识会计工作

任务1　体验经营活动

活动1　会计知识起步

活动2　模拟企业经营

任务2　填单据办业务

活动1　学写会计字

活动2　转账进账

活动3　提现金存现金

活动4　报销差旅费

活动5　收料、领料及产品入库

活动6　开发票销货

模块2　掌握借贷记账法

任务1　理解会计平衡式

活动 1　下棋测平衡
活动 2　打牌记科目
任务 2　理解借贷记账法
活动 1　编制会计分录
活动 2　填制记账凭证
活动 3　编制试算平衡表
模块 3　处理基本经济业务
任务 1　处理筹资业务
活动 1　筹资核算知识准备
活动 2　筹资业务核算
任务 2　处理采购业务
活动 1　采购核算知识准备
活动 2　采购业务核算
模块 4　登记账簿
（略）
模块 5　编制财务报表与资料管理
（略）
模块 6　熟悉会计核算程序与基本规定
（略）

（二）学习任务源自典型工作任务

1. 学习任务直接源自典型工作任务

会计基础课程教材的“模块 1　任务 2　填单据办业务”就是典型工作任务，“模块 3　处理基本经济业务”的筹资业务、采购业务等都是典型工作任务，还有“模块 4　登记账簿”和“模块 5　编制财务报表与资料管理”，可见，教材中的大部分学习任务直接源自于典型工作任务。

2. 学习任务与工作任务是间接关系

教材中所有的学习任务并不都直接源自于典型工作任务，在教材编制时，需要结合教材的整体设计或专业知识要求，设计与工作任务并非直接相关的学习任务。会计基础课程教材“模块 1　任务 1　体验企业经营活动”是基于本课程学习的整体性考虑，要求学生站在企业的角度来学习会计基本理论、基本方法和基本技能，这就要求刚从初中升入中职学校的学生初步认识企业及企业经营活动，为后续理解企业发生的经济业务打下基础。因此，“任务 1　体验企业经营活动与工作任务”是间接相关的。

3. 要高度重视知识性学习任务的设计

会计基础课程教材的每个任务之下首先是“知识建构”这一知识学习活动的设计，

教材中“模块2　掌握借贷记账法”的独立设计是基于重要知识的考虑，这些都是该课程必须要学习的知识。独立将知识抽离出来，一是为了给学习者更清晰的知识结构，便于对知识的梳理；二是为了提高学习效率，对于重要的知识，不仅要通过工作过程学习，而且要独立学习。该模块的“任务1　理解会计平衡式”设计了两个活动，“活动1　下棋测平衡”“活动2　打牌记科目”，虽然这些活动不是工作活动，但说明知识的学习并不都要靠传授式，而是可以用活动的形式在活动中学习。值得注意的是，“活动1　下棋测平衡”“活动2　打牌记科目”都是趣味性活动，通过下棋学习会计平衡式，通过打牌记住会计科目，这些趣味活动大大提高了学习效率。可见，在工作过程中可以学习知识，但并不是所有的知识学习都要通过工作过程，都要基于典型工作任务。

（三）任务的完成需要一定的载体

任务驱动式课程教材开发的核心是基于典型工作任务来设计学习任务，在完成工作任务的过程中形成职业能力。因此，在教材开发时，必须对典型工作任务进行情境化设计。首先，会计基础课程教材全书的情境都是基于设计一个服装公司，明确该公司的主要人物，如总经理、会计主管、会计、出纳、业务员、采购员、仓管员等（以卡通人物的方式区分），并以该公司一年的经营活动为载体开展各模块的学习。

此外，每一个活动中的“活动描述”就是用于情境的创设，“活动流程”进一步明确工作及学习的步骤，“活动资料”更是给出了与工作一致的工作资料，如增值税发票等。范例4－5展示了一个学习活动的情境创设内容。

范例4－5

活动情境的创设

活动3.2.2　采购业务核算（节选）

活动描述

佳美公司接到真丝连衣裙及男T恤的生产订单，为保证生产正常进行，采购部做好采购计划，组织采购生产产品所需的各种原材料，财务人员要对采购业务进行账务处理。

活动流程

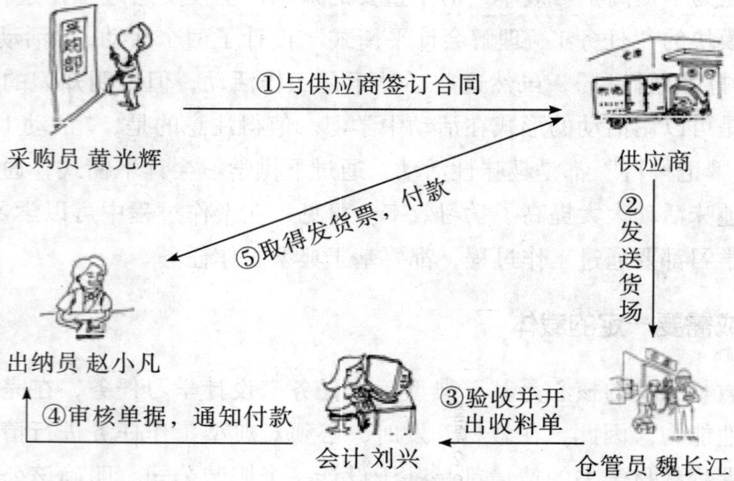

采购材料的业务流程

活动资料

【业务5】2012年4月2日佳美公司会计取得如下单证（抵扣联略）。

> **小提示**
>
> 抵扣联不附在记账凭证后，应另行装订，作为抵扣进项税额的抵税凭证。

XX增值税专用发票　　　　NO. 63477789

发票联　　开票日期：2012年04月01日

购货方	名　　称：A市佳美服装有限公司 纳税人识别号：440103190488800 地 址、电 话：A市中山五路12号 83000025 开户行及账号：建行A市中山支行 007123888				密码区	（略）	
货物或应税劳务名称	规格	单位	数量	单价	金　额	税率	税　额
女装面料		米	10 000	28.00	280 000.00	17%	47 600.00
男装面料		米	2 000	22.00	44 000.00	17%	7 480.00
合　计					¥324 000.00		¥55 080.00
价税合计（大写）	⊗叁拾柒万玖仟零捌拾圆整					（小写）	□379 080.00
销货方	名　　称：A市贸丰贸易公司 纳税人识别号：445678987721243 地 址、电 话：A市白云路28号 76874502 开户行及账号：工商银行白云路支行 077363523				备注	A市贸丰贸易公司 445678987721243 发票专用章	

收款人：邱德明　　复核：刘海涛　　开票人：邱德明　　销货方：

第三联：发票联购货方记账凭证

收 料 单

供货单位：贸丰贸易公司

发票编号：63477789　　2012 年 4 月 03 日　　收字第 01 号

材料类别	材料名称	材料规格	计量单位	数量	
				应收	实收
原料	女装面料		米	10 000	10 000
原料	男 T 恤面料		米	2 000	2 000
备注					

仓管主管　李霞　　　　收料　魏长江

中国建设银行
支票存根
60322355
58900868

附加信息

出票日期：2012年04月01日

收款人：A市贸丰贸易公司

金额：□379 080.00

用途：货款

单位主管王国强会计刘兴

支票存根

【业务6】2012 年 4 月 15 日，佳美公司向 B 市东阳贸易公司购进 5 000 米 10MM 男装面料，单价 22 元/米，价款 110 000 元，增值税 18 700 元；402#里料 5 000 米，单价 6 元/米，价款 30 000 元，增值税 5 100 元。佳美公司为该批材料投保所支付保险费 2 800 元，开出支票支付全部款项。佳美公司会计部收到增值税专用发票、保险费发票及支票存根。

【业务7】2012 年 4 月 18 日，所购面料和里料运到，如数验收入库。会计部收到收料单（注采购费用按买价进行分配）。

活动指导

1. 业务 5 的购料会计处理。业务 5 会计审核传递来“增值税专用发票”发票联等原始单据，判断该业务为材料采购业务。取得“收料单”，表明购进材料已入库，“原材料”科目增加；增值税专用发票上注明可抵扣的进项税额为55 080元；支票存根联表示已支付货款及税款。根据以上的分析，编制如下记账凭证。

简易记账凭证

日期	凭证		摘要	会计分录	附件
	字	号			
2012.4.2	记	2	采购材料，材料已入库	借：原材料—女装面料 280 000 —男T恤面料 44 000 应交税费—应交增值税（进项税额）55 080 贷：银行存款 379 080	2

2. 业务6的购料会计处理。业务6所取得的单据同样判断该业务为材料采购业务。但不同的是：①未取得“收料单”，表明购进材料未验收入库，“在途物资”科目增加；②“支票存根”表明价税款均已支付，“银行存款”科目减少；③另还支付了采购材料的保险费，该费用按规定应计入材料采购成本，即“在途物资”科目增加。根据以上的分析，编制如下记账凭证。

简易记账凭证

日期	凭证		摘要	会计分录	附件
	字	号			
2012.4.15	记	11	采购材料，材料未入库	借：在途物资—东阳贸易公司 142 800 应交税费—应交增值税（进项税额）23 800 贷：银行存款 166 600	3

3. 业务7的会计处理。业务7表示业务6所购材料验收入库，应计算并结转材料采购成本会计处理。业务7中所购材料到达入库。购入该批材料发生共同承担的采购费用，对于这些采购费用，应采用购进的材料物资的重量或买价等作为分配标准，分配计入各种材料物资的采购成本。采购费用分配计算公式如下：

$$\text{采购费用分配率}=\frac{\text{发生采购费用总额}}{\text{各种材料的分配标准（如：买价、重量、体积）之和}}$$

某种材料物资应负担的采购费用＝该材料物资重量（或买价）×采购费用分配率

业务7，以材料的买价为分配标准，则：

$$\text{采购费用分配率}=\frac{2\ 800}{110\ 000+30\ 000}=0.02$$

男装面料应负担的采购费用＝110 000×0.02＝2 200（元）

里料应负担的采购费用＝30 000×0.02＝600（元）

所以：

小提示

若分配率为近似值时，最后一种材料负担的采购费用为应用费用总额减其他材料负担采购费用之和。

男装面料的采购成本＝110 000＋2 200＝112 200（元）

男装面料的单位成本＝112 200÷5 000＝22.44（元/米）

里料的采购成本＝30 000＋600＝30 600（元）

里料的单位成本＝30 600÷5 000＝6.12（元/米）

在实际工作中，会计人员一般填写如下材料采购成本计算表。

材料采购成本计算表

2012 年 4 月 18 日

材料名称	单位	数量	单价	买价	采购费用		实际采购成本	单位成本
					分配率	金额		
男装面料	米	5 000	22.00	110 000		2 200	112 200	22.44
里料	米	5 000	6.00	30 000		600	30 600	6.12
合计	—	10 000	—	140 000	0.02	2 800	142 800	

会计主管　王国强　　　　复核　　　　制表　刘兴

佳美公司会计根据收料单、材料成本计算单，编制如下记账凭证。

简易记账凭证

日期	凭证		摘要	会计分录		附件
	字	号				
2012.4.18	记	14	购入辅料	借：原材料—男装面料 　　　　—里料 贷：在途物资—东阳贸易公司	112 200.00 30 600.00 142 800.00	2

（四）知识、技能的学习服务于任务的完成

范例 4－5 的“活动指导”内容设计是以财务人员完成对采购业务进行账务处理这一任务为主线，说明先做什么后做什么，以及如何做会计分录。与此同时，介绍了材料采购成本的计算及采购费用的分配方法，以及“材料采购成本计算表”的填写，这些知识和技能的学习完全是融合在工作任务完成之中，实现理论与实践一体。知识和技能的学习是由完成任务的需要所引发的学习，有利于学生建构自己的认知框架和提高学习效果。

（五）活跃的体例激发学习者兴趣

课程教材的编写要符合学生的认知特点，必须突出学生的主体性，换言之，就是要从学习者的角度编制教材。因此，教材的体例不仅仅是对工作或知识的描述及呈现，而且必须增强教材的趣味性。会计基础课程教材的编写体例见范例 4－6，“导语”采用趣

味性、文艺范的寓言、典故，导出每个模块的学习内容；“思维导图”以图示的形式概括了每个任务的结构（见范例4－6）；教材图文并茂，大量的卡通图示（见范例4－5）表现了职业情境，展示了业务流程，打破了传统会计教材的“沉闷”。教材形式的活跃，有利于激发学生兴趣，有利于学生认知的建构，有利于职业能力的形成。

范例4－6

会计基础课程教材的编写体例

模块
导语
　任务
　学习目标
　思维导图
　法律规章
　　活动1.1.1
　　　[活动描述]
　　　[活动流程]
　　　[活动资料]
　　　[活动指导]
　　　[活动评价]

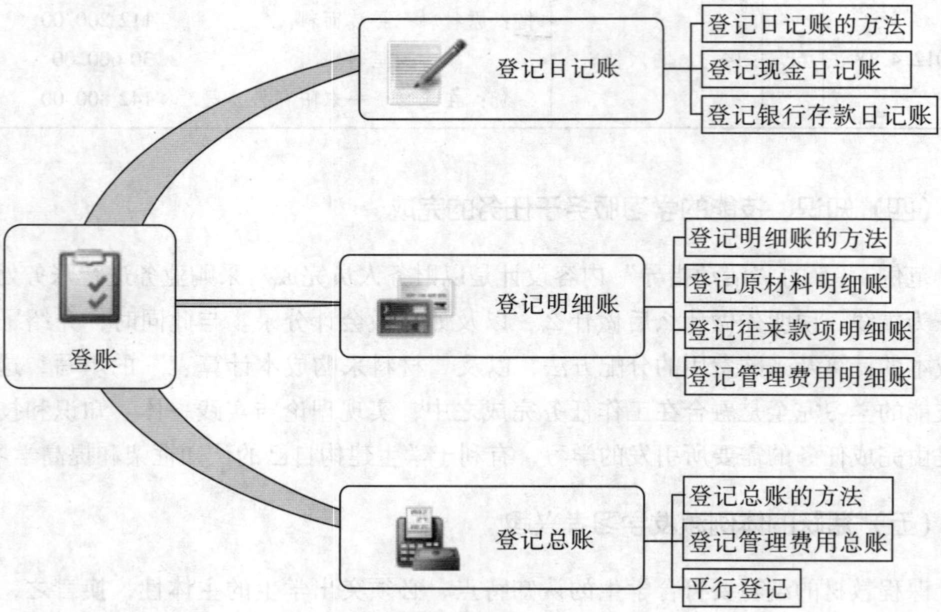

建账的思维导图

综上所述，课程及教材结构是影响学生职业能力形成的重要变量，职业教育课程及教材不仅要关注让学生获得哪些职业知识，而且要关注学生以什么样的结构来获得这些知识。职业教育课程要基于工作过程，与职业活动内容紧密联系，体现理论与实践一体，才能促进学生职业能力的形成。

第五章
课程评价及职业教育等级证书

第一节
课程评价概述

早在20世纪30年代，美国著名教育学家、课程理论专家泰勒在“八年课程改革”研究取得成功的同时，创立了课程评价的理论和方法，泰勒提出了著名的课程目标评价模式，他认为：教育的目的就是要改变人的行为，因此评价就是要衡量学生行为实际发生变化的程度，评价过程实质上是一个确定课程与教学计划实际达到教育目标程度的过程。职业教育具有教育属性和社会属性，这决定了其必须以职业活动为导向、以能力为目标、以学生为主体、以素质为基础、以项目为载体，开设知识、理论和实践一体化的课程。因此，课程评价的目标就是要判定职业教育课程是否有助于培养学生的专业理论、专业技能和职业素养，促进学生具备职业岗位所需要的能力。

职业教育课程评价就是通过收集和应用信息，对职业教育课程在实现培养目标过程中的可能性、有效性进行价值判断，以便为职业教育课程的改进做出决策。职业教育课程评价是测评学生的学习结果是否达到职业能力要求的重要途径，是判断教育教学是否有效的重要手段，是课程开发中不可缺少的一项重要活动，在课程开发中起着导向、诊断、修正等重要作用。职业教育课程评价具有广泛的外延，从纵向看，包括课程设计、课程实施和课程系统整体评价，从横向看，包括课程系统中各科目（狭义的课程）相互关系的评价，如在实现职业教育培养目标中，对这些科目之间的协调相融性、方向一致性等的评价。[①] 在我国，虽然初步形成了职业教育课程评价体系，但仍不能完全满足技术技能人才培养的要求，表现在以下几个方面：一是评价方法比较单一，过于依赖量化测验和传统的纸笔测验；二是评价主体比较单一，教师是唯一的评价者，学生只是被动的评价对象；三是评价标准过于简单，过多强调学生的共性和一般趋势，忽视了学生的个性发展；四是比较强调对学习结果的评价，相对忽视对学习过程的评价。

---

① 石伟平，徐国庆. 职业教育课程开发技术［M］. 上海：上海教育出版社，2011.

一、职业教育课程评价的特点

职业教育课程评价具有职业性、社会性、系统性、开放性、发展性和多主体性的特点。

（一）职业性

职业性是职业教育区别于普通教育的基本特性，职业教育的职业性主要表现在较强的岗位针对性、实践性以及对岗位变化的适应性，体现在面向职业岗位培养学生的职业能力。课程是职业教育的载体，职业教育的职业性必然要求其课程开发和评价具有职业性，职业教育是否成功，关键在于课程能否与学生未来的职业较好地匹配，这是在职业教育课程评价中必须高度关注的因素。此外，我国将“双证书”制度作为职业教育的一项重要制度，也促使职业教育课程评价更具职业性。“双证书”制度就是要实现学历证书与职业资格证书对接，要求依据产业发展和行业企业岗位职业能力标准所涵盖的知识、技能和职业素养要求，来进行职业教育课程开发和评价，进而将相关课程考试考核与职业技能鉴定合并进行，使学生在取得毕业证书的同时，获得相关专业的职业资格证书和岗位职业能力证书。由此可见，职业性是职业教育课程评价的一个重要属性。

（二）社会性

职业教育课程评价的目的是为了社会发展的需要，其结果要能对所评价的课程标准、课程方案及教材变革起到推动作用。职业教育作为一种社会性活动，具有一定的客观性，因此其课程评价不是个人或某一部分人的主观行为，而是要根据一定社会发展的需要、人的职业发展要求以及课程发展规律来进行，因而具有社会活动的基本特征。尽管课程评价活动无可避免地带有某些个人情感成分，反映个人或一部分人的某种价值取向，但从课程标准的制定、评价的目的、评价的过程、评价主体的选择确定以及评价结构的运用等方面来看，均具有社会性。因此，职业教育课程评价从本质上说依然属于社会活动的范畴。

（三）系统性

职业教育是一种有目的、有计划、有步骤的实践活动。任何教育现象都是在原来的基础上发展变化而来的，因而是一个连续发展变化的过程，比如教育发展水平从低到高的历程，受教育者的知识储备从少到多的历程，以及受教育者技术技能水平从初级到高端的历程等。因此，我们必须用系统的观点来考察，而不能仅仅凭借某一时的现象对其做出定性的主观臆断。同样，职业教育课程评价也应该遵循系统论的观点，从课程的开设、课程的实施以及课程的结果进行全面系统的评价，只有这样才能保证职业教育课程评价的过程和结果的真实性和可靠性。

（四）开放性

职业教育与经济社会发展的互动程度比其他教育类型要高，具有较高的开放程度。一方面，职业教育必须以服务为宗旨，以就业为导向，为经济社会和产业发展提供人才支撑；另一方面，经济社会及产业发展日新月异，不断对职业教育提出新的需求，因而职业教育是一种与经济社会和产业发展密切相关、随时互动的教育类型。职业教育课程是一个开放性的系统，随着经济社会发展及企业人才需求的变化而变化，因此职业教育课程是一个可持续发展的过程，课程评价作为职业教育课程调整的必需环节，也是一个可持续发展的过程，是不断适应外部变化的开放系统。职业教育课程评价的开放性主要体现在以下几个方面：一是对需求的应变。需求包括两个方面，经济社会发展的需求和人的发展需求。职业岗位千变万化、日新月异，在有效需求发生变化时，专业设置、教学目标、课程设置和课程内容都会随之变化，职业教育课程评价也会相应改变。二是课程评价实施主体多元化。现代职业教育的一个重要特征就是产教融合、校企合作，因此课程的开发、实施和评价不仅是学校的事情，而且是各利益相关方的事情，行业企业的参与也已成为新常态，因此职业教育课程评价已从教育内部转变为教育内部和外部共同进行，具有明显的开放性。

（五）发展性

职业教育课程具有发展性，其发展性有多方面的反映，主要体现在，其一是职业教育与普通教育的区别在于它与经济、社会、产业发展密切相关，是经济社会发展和产业升级的重要支撑，因此，职业教育课程必须随着经济社会和产业的发展而发展，职业教育课程设置、课程内容和课程评价不仅要与经济和产业发展同步，还要适度超前，具有一定的前瞻性。其二，职业教育课程开发不仅要关注学生的直接就业能力，还要关注学生职业生涯的可持续发展能力，职业教育必须培养学生良好的、积极向上的岗位迁移能力，才能满足其职业成长对能力和素质的需求。其三，职业教育课程本身也是不断发展的，随着教育教学改革的深化，以及产教融合、校企合作的推进，职业教育课程无论是在内容上还是在形式上，都产生了巨大的变化，课程理念不断更新，技术开发不断完善，职业教育的课程评价也呈现与时俱进和发展性的态势。

（六）多主体性

在职业教育发展过程中，要坚持政府主导、行业指导、企业参与的办学机制，职业教育的利益相关者除了学生、家长、教师之外，还有企业、社会和其他利益相关者，由此决定了职业教育课程评价不仅要求专家、学者、教师和学生加入，更要吸收行业企业和社会力量加入，因此职业教育课程评价主体具有多样性，需要用人单位、教学管理部门、专家委员会、行业组织、学生及家长等共同参与。

二、职业教育课程评价的类型划分

根据不同的评价目的和不同的评价内容，从不同的角度，采取不同的划分方法，可以将职业教育课程评价划分为不同的类型。

（一）课程设计评价、课程实施评价和课程系统评价

根据职业教育课程系统的结构功能划分，可分为课程设计评价、课程实施评价和课程系统评价。

课程设计评价是课程实施的基础，是对课程设计方案的评价，是对课程方案是否符合目标的情况，以及采用此方案可能取得的结果进行评价。由于课程尚未实施，缺乏可观察的外在行为标准，就会给评价带来困难。所以，课程设计评价一般采用专家反思、经验评定的方法来进行，而较少采用精细的量化方法。

课程实施评价是目前最为常用的评价方法，是对课程实施过程及结果的评价，主要表现为教学评价，可以根据评价目的的不同，采用不同的方法来进行。

课程系统评价是对课程系统的结构、功能及运行效益等进行多方位评价。可对课程系统各组成部分的合理性，以及对课程系统的内外条件、成本效益、推广价值等进行评价。课程系统评价一般应吸收各方面专家参加，着眼面宽，对近期的和长远的、预期的和非预期的、正面的和负面的均要考虑综合评价。①

（二）诊断性评价、形成性评价和总结性评价

根据评价的功能划分，可以将职业教育课程评价分为诊断性评价、形成性评价和总结性评价。在布鲁姆（B. S. Bloom）的评价体系中，把诊断性评价、形成性评价和总结性评价作为达成预定教育目标的序列手段，在学生学习的不同时段施行，以促进预定行为目标的达成。②

诊断性评价是指在职业教育课程实施开始之前，为了对课程开发的预测更准确、实施更可行而进行的测定性评价，或者是对课程实施的基础条件做出的鉴定。运用诊断性评价可以了解职业教育误程开发的前景和社会需求状况，以便针对目前的条件和需求确定相应的课程目标、内容、方法，同时也是为了解决问题搜集必要的资料，以找到解决问题的办法。诊断性评价可以为发现问题、修订活动方案提供依据。

形成性评价是在职业教育课程开发或者课程实施过程中进行的，是为了不断了解教学活动进行的情况，及时对教学活动进行调整，提高教学活动质量而进行的评价。其主要目的在于搜集职业教育课程开发或实施过程中各个局部的优缺点资料，作为进一步修

---

① 石伟平．职业教育课程开发技术［M］．上海：上海教育出版社，2011．

② 李雁冰．课程评价论［M］．上海：上海教育出版社，2002．

订和完善课程计划的依据。

总结性评价是在职业教育课程开发或者课程实施完成之后进行的，主要侧重于对课程活动的成果做出鉴定，并将鉴定结果告知相关人员。其主要目的在于搜集资料，对课程计划的成效做出整体诊断，作为进一步推广采用课程计划，或者在不同课程方案之间进行比较的依据。

（三）自我评价和外部评价

根据评价的主体划分，可以将职业教育课程评价分为自我评价和外部评价。

自我评价是指以职业教育课程设计或者课程实施者作为评价主体，是组织或群体对自身行为的指导思想、活动过程和结果等方面的评价。自我评价有助于评价者了解课程设计方案的内在理念和技术处理技巧，评价的结果可作为课程方案修订及完善的依据。其不足之处在于评价者可能局限于自己的思想观念，对其他人的设计思想知之甚少，导致课程评价缺乏应有的客观性。

外部评价是指以职业教育课程设计者或实施者之外的其他人作为主体而进行的评价。外部评价的实际效果取决于评价对象的参与程度和评价本身的科学性及公正性。外部评价可以为课程实施者提供更加宽广的视角和更加开阔的思路，从而能够取得更具客观性和令人信服的评价结论。

（四）量化评价和质性评价

根据评价方法划分，可以将职业教育课程评价分为量化评价和质性评价。

量化评价是把复杂的教育现象和课程现象简化为数量，对其进行全面深入的定量分析，从数量的分析与比较中制定出量化标准，并按一定的量化标准来判定评价对象的成效。量化评价是建立在科学实证主义认识论的基础之上，具有简单明确的特点，认为只有量化的研究和量化的数据才是科学的，才能得出客观可信的结论，才能直接反映评价对象的特点。

质性评价主张评价应全面反映教育现象和课程现象的真实情况，为教育和课程实践提供真实可靠的依据。质性评价在认识上反对把复杂的教育现象和课程现象简化为数字，认为这种做法提供的只能是歪曲的教育信息，且有可能丢失重要信息。质性评价以建构主义为理论基础，采用质的方法开展评定活动，以及指向学生学习特性的质的评估。质性评价关注的是学生学习的整体情况，以及在具体情境中运用知识的能力，评定内容侧重对知识的深层理解，问题比较开放或呈现非结构状态，甚至难以找到标准答案。质性评价要求学生、教师、家长共同参与评价过程，评价方法是动态的、多元的和情境化的。

（五）相对评价和绝对评价

根据评价的基准划分，可以将职业教育课程评价分为相对评价和绝对评价。

相对评价是指采用常模参照性测验对职业教育课程效果进行评定，它依据某门课程的结果在所有参与评价的课程序列中或常模中所处的位置来评价和决定其优劣，而不考虑其是否达到了某种目标要求，因此相对评价也被称为常模参照性评价。相对评价的基准是由被评价对象的整体状况来确定的，它随着集合体的变化而变化。由于不同的被评价对象形成的集合之间的基准可能存在差异，因此这个评价的基准只适合产生基准的集合，对于另外的被评价集合未必适用。相对评价的优点在于能清楚反映某门课程在整体中的位置，便于比较分析，能激发职业教育课程建设中的竞争意识，因而有利于课程的优化组合。但同时由于基准具有相对性，只能表示在某一个范围内的情况，而不能反映被评价对象的真实水平。

绝对评价是指用目标参照性测验对职业教育课程效果进行评定，它依据教育和课程目标来衡量职业教育课程建设是否达到了预期目标，而不以评定课程之间的差别为目的，故绝对评价也被称为目标参照性评价。绝对评价的基准是根据教育目标或者课程目标来确定的，相对来说是比较客观的标准。绝对评价的目的在于了解被评对象是否达到标准及达到的程度，它可以明确评价对象与客观标准之间的差距，能够促进职业教育课程开发和建设。但要制定一个适合所有课程的标准存在很大难度，同时标准是否能够评价出课程的优劣也难以确定。

（六）宏观评价和微观评价

根据评价涉及的范围划分，可以把职业教育课程评价划分为宏观评价和微观评价。

宏观评价是指针对影响职业教育课程未来发展前景和方向的各种因素的评价。这些因素主要包括教育目的、课程机构、教育制度、课程内容、教学方法以及课程的社会效应等，其对教育活动过程的影响是总体性的，对课程活动的范围能产生全局性的影响，因而对职业教育课程的建设发展和未来规划都具有宏观的指导意义。

微观评价是指对某项具体的课程活动、对实施和管理课程的组织者，以及对职业教育课程活动的整个过程进行评价。包括对职业教育课程的开展情况进行评价，对某门课程改革的具体方案、改进措施进行评价，对职业院校课程设置进行评价，以及对直接参与到课程实施中的教师与学生进行评价等。①

三、职业教育课程评价的作用

职业教育课程评价对提高教学质量，整合课程资源，促进课程优化具有非常重要的作用，同时也直接影响着职业院校学生的培养。随着职业教育课程改革的深入，构建现代职业教育特色的课程评价体系已成为提高职业教育课程建设水平的关键。职业教育课程评价的作用主要体现在以下五个方面：

---

① 郝路军．高等学校课程评估与课程评价的理论与实践研究［D］．兰州：兰州大学，2007.

（一）诊断作用

课程作为课程评价的客体之一，必然要成为职业教育课程评价的对象。课程评价对正在形成中的课程计划具有分析和诊断功能，可以有效地找出其优缺点，发现问题的症结所在，从而为修订课程计划提供建议，并能为科学确定课程改革的价值取向提供依据。职业教育课程评价是通过实验处理的方式来达到诊断课程的效果，其目的就是要掌握通过实验处理后所产生的结果，并通过控制课程以外的各种变量，使评价结果具有更高的信度和效度，从而减少实验处理和实验结果之间的差距。在职业教育课程评价过程中，需要运用定量的方法收集各种材料，进行科学的比较分析，在此基础上对课程计划进行改革。

此外，职业教育课程还可以通过考查课程计划所规定的培养目标是否能够实现，以及判断教学内容是否能够完成课程目标来评价，并通过实时监测课堂教学的运行及进度等方式，来诊断课堂教学效果的优劣，进而完成对人才培养方案和教学计划的诊断。

（二）修正作用

专业教学标准和课程标准在职业教育课程建设中具有非常重要的地位，对课程质量有着重要的影响，因此，职业教育课程评价的修正作用非常重要，这主要体现在对专业教学标准和课程标准的修正上。课程评价能够诊断专业教学标准和课程标准的不足之处，在找出症结的同时，必须对其进行相应的改进，才能起到推动课程建设的作用，因此对职业教育课程的修正应从以下五个方面进行：一是对职业教育课程标准编制指导思想的评价及修正，即对课程设置价值取向的评价及修正，它关系到整个职业院校的教育发展方向。二是对职业教育课程目标的评价及修正，课程目标是课程及教学活动的蓝图，是教育教学工作的指南，同时也是衡量课程最终质量的准绳，体现了特定的参与价值观，反映了一定的教育思想。三是对职业教育课程设置的评价及修正，包括课程设置与课程目标一致性的评价及修正、课程结构合理性的评价及修正、学时总量及其分配合理性的评价及修正。四是对课程实施的评价及修正，即对课程建设及整个课程开展过程的评价及修正。五是对课程质量的评价及修正，即人才培养效果的评价。①

对课程标准的修订，主要是对教学目标和专业内容两个方面加以评价及修正，具体包括课程教学目标与课程计划的一致性，专业内容的时效性、科学性，实现课程目标的可能性，课程目标与学生身心发展程度的衔接性，学科内容满足学生需要与兴趣的适当性等。

---

① 陈玉琨等. 课程改革与课程评价［M］. 北京：教育科学出版社，2001.

（三）判断课程的价值取向

职业教育课程评价可以对被评价对象的价值或特点做出判断。依据职业教育目标的两种价值取向，可以概括出职业教育课程的价值取向，包括以社会需求为主的价值取向和以人的发展需要为主的价值取向。职业教育课程目标或者课程编制的目的，就是为了适应经济社会对高素质劳动者和技术技能人才培养的需要，以及立德树人及学生身心发展的需要。

以经济社会需要为价值取向的课程评价，主要存在于行为目标评价模式之中，这种模式强调目标的意义，认为教育目标是进行评价的核心和关键，评价的开展就是从预定目标出发，对学生的学习效果进行评定，以判断学生是否达到预定的教育目标。当前职业教育课程改革中出现的项目课程、基于工作过程系统化的课程，均将学生学习效果作为重要的评价指标，强调终结性评价与过程性评价相结合，着重评价学生的职业能力是否得到提升。

以学生身心发展需要为价值取向的职业教育课程评价，则高度重视所有教育评价者的观点和看法，强调在评价中应反映从事教育评价的各种人的价值观念，评价应为参与评价者服务。马克思主义价值观认为，价值观念因主体的不同而有所差异，因而价值取向就会表现出多元性。但从人类社会的发展历史来看，价值取向又存在统一性或一元性的发展趋势，因而课程的价值取向必然表现为一元性和多元性的统一体。课程评价能够对两种价值取向做出判断和鉴别，通过协调两种价值的关系，引导他们更好地为教育目标服务，而不是偏离教育目标，从而实现两者的统一，充分发挥课程的功能。

（四）预测教育的需求

教育是为经济社会服务的，职业教育尤其如此。因此在职业教育课程开发、计划拟订之前，应该首先了解经济社会、教育和学生的需要，并以此作为课程开发的直接依据。能否培养经济社会发展所急需的技术技能人才，是职业教育能否适应经济社会发展要求的一个重要标志，也是职业院校生存和发展的关键与价值所在。当今世界日新月异，技术进步的速度令人眼花缭乱，经济社会对人才培养的规格和要求也呈现变化多端的趋势，职业教育课程作为人才培养的重要载体，必须适应经济社会发展的要求，为专业与岗位对接，课程内容与职业标准对接，教学过程与生产过程对接做出积极的贡献。课程评价可以为职业教育课程对人才培养的有效性进行判断，通过开展课程评价，可以了解掌握经济社会对人才提出了哪些要求，并可进一步预测未来社会发展需要哪种规格的人才，只有充分了解和掌握社会经济发展对职业教育的需求，教育决策者才能为职业教育课程改革确定正确的价值取向。同时，职业教育课程评价可以诊断学生的学习需要，诊断学生现今发展状况与本阶段发展目标之间的差距，并通过观察、测验等方式，根据特定的学习和发展目标来了解掌握学生对应于这些目标的具体表现。此外，职业教育课程评价还可以诊断出学生的个性特征及学习需要，根据所得结果制订下一步的学习目标和需要。

（五）确定课程目标的实现程度

职业教育课程目标作为一种教育价值观的体现，是衡量课程最终质量的标准，也是指导整个课程编制过程的准则。对课程目标的评价要注意：一是课程目标总和应与培养目标一致。任何学校的人才培养目标总是要通过课程来实现的，因此课程评价就要看课程目标是否能覆盖学校的培养目标；二是课程目标实现的可行性，即课程目标是否符合学校的客观基础，具备一定的客观条件保障，在工作中是否能得到保证。确定课程目标还需要对学生、社会、专业等方面进行大量研究，并对学校课程的要求进行考察、分析和判断。①

确定职业教育课程目标实现程度可采取需要评估的方法，需要评估作为当前确定课程目标时最常用的方式之一，是一种收集、分析信息的过程，其主要目的是为了识别社会、群体等各种机构的种种需要。表现在教育领域，需要评估是明确教育需要与确立需要之先后顺序的过程。在课程领域，需要是指这样一种情况，公认的学生行为或态度状况与所观察到的学生状况之间的矛盾之处。职业教育课程目标就是要培养适应经济社会需要的高素质劳动者和技术技能人才，开展课程评价的目的，就是要检测职业院校所开发的课程是否能培养出经济社会所需要的合格人才，或者在多大程度上培养出某种规格的人才，这也是衡量课程目标是否能实现的一种重要尺度。②

四、职业教育课程评价的意义

职业教育课程评价具有导向功能、诊断功能、决策功能和促进发展功能，对于科学合理地开发职业教育课程，实现人才培养目标具有十分重要意义。

（一）有利于优化课程结构，促进课程目标顺利实现

课程结构是指把学生的在校学习时间分成各个部分，在不同的学习时间安排不同的课程类型，由此形成一个课程类型的组织体系。一般来说，职业院校课程结构分为三大模块，公共基础课程、专业核心课程和专业方向课程，也可分为必修课与选修课，它们在职业院校课程安排的时间数和重要程度有所差异。同时，课程结构又受到各种因素的影响：一是课程流派。不同的课程理论流派和不同的课程理论思潮体现不同的课程价值观，也要求不同的课程类型及其相应的组织结构；二是课程的功能。结构决定着功能，特定的功能也必然要求其相应的结构；三是课程开发所处的层次。课程开发所处的层次是不同的，如学校层次、课堂层次，不同层次所要求的课程结构也会不同。职业教育课

① 陈玉琨等. 课程改革与课程评价［M］. 北京：教育科学出版社，2001.
② 郝路军. 高等学校课程评估与课程评价的理论与实践研究［D］. 兰州：兰州大学，2007.

程评价能够综合分析课程结构的各种因素，协调它们之间的相互关系，优化各种课程之间的比例结构，使得课程结构的效用实现最大化。

（二）有利于促进职业院校课程的开发，推动课程特色化发展

课程开发是职业院校内涵建设的抓手，对职业教育发展具有十分重要的意义。职业教育课程开发要考虑政治、经济、社会、文化、哲学、心理学等众多影响因素，更要关注课程开发过程中出现的问题，以及诸如学习目标、经验、内容、组织、教学、评价和课程改革等一般性问题。同时，职业教育课程开发是政府、行业和企业共同参加的过程，也是来自教育内部和外部专家共同协作的过程，并且不单是教育学者和课程专家的工作，而且是社会各有关方面共同合作的事业。职业教育课程评价就是要依据对这些活动的调查分析，揭示教育过程所具有的价值与效果，为课程开发提供有效的信息。由于课程评价具有预测职业教育需求的作用，能对经济社会急需人才的规格做出判断，因此课程管理者就能依据这种需求信息，来培养适应经济和产业发展的人才，这必然会促进职业教育课程的开发。

此外，课程不仅有国家一级的开发，而且有扎根于学校并以地方和学校为主的地方和校本课程的开发，从而推动职业教育课程开发朝着特色化的方向发展，这在一定程度上提高了职业院校和教师的积极性，也促进了职业教育课程开发系统的资源整合和确立。职业教育课程评价不完全局限于对既定目标达成程度的描述，而是更多地强调微观改进课程，即为课程的不断开发提供有效的信息来源，进而形成课程评价与课程开发之间开放互动的良性循环关系。

（三）有利于促进课程管理和决策的科学化，推动管理民主化

职业教育课程管理与决策的目的是使课程能够更好地开展和运行，课程管理和决策应遵循一定的程序和规则，以及科学的方法和逻辑，管理和决策的标准体系应是合理的和有科学依据的。由于课程评价具有诊断作用，因而能发现课程管理过程中存在的缺陷，也能进一步监督课程管理，确保课程管理在科学的理论指导下按照规范的程序进行。同时，课程评价还能促进课程管理和决策的民主化。由于课程管理和决策需要教师、课程专家、学生，以及行业企业、教育行政部门等各方面人员的广泛参与，最后由决策部门统筹决策，因此职业教育课程评价作为协调各方价值观和立场的过程，可以最大限度地在课程建设中体现来自各方的观点，促进课程管理朝着民主化的方向发展。课程决策的主要功能就是规划下一步的课程目标，这就要求所制定的课程目标既要基于前一阶段的目标，又要在此基础上有所创新，而课程评价恰恰能满足课程管理和决策的要求。一方面，课程评价能够检测出课程实施中存在的问题和不足，例如课程目标是否恰当，课程编制是否科学等；另一方面，课程评价可为下一步课程目标的制定提供直接的依据。因此，课程评价必然会促进课程管理和决策的科学化，使其更好地为课程的建设和发展

服务。

（四）有利于深化职业院校课程改革，提高课程与教学质量

职业教育课程评价是一种有组织、有目的、有计划的实施过程，通过多方面收集信息和反馈信息，修正和完善课程活动过程，对不同层次、不同对象进行评价，逐步建立客观、科学的评价标准和实施办法，为职业教育课程改革提供科学依据，确保改革者能准确把握职业教育课程改革中的新情况、新问题，切实掌握职业教育课程改革的方向、目标和发展趋势，对课程改革做出科学合理的调整，使改革能够按照科学的道路前进，取得良好的效果，从而不断提高课程开发质量和教育教学水平。由于职业教育课程评价能比较客观地反映出评价对象的实际状况和水平，比较准确地判断评价对象的优缺点及问题，因而必然会促使课程实施者发扬优点、克服缺点，推动课程建设更好更快地进行。由此可见，课程评价在职业教育课程建设和课程改革以及课程与教学质量的提高方面，都能发挥强有力的推动作用。①

第二节
基于能力测评的课程评价

职业能力培养是职业教育人才培养目标的重要组成部分，也是职业教育区别于其他类型教育的重要特征。作为职业教育的重要指导思想，以能力为本位的观点已经被我国职业教育界普遍接受，职业能力也成为职业教育研究和职业院校课程与教学改革中使用频率最高的概念之一。我国于20世纪80年代末开始从西方引入能力本位教育（CBE）理论，并已在许多职业学校进行了实验，劳动部门还按照能力本位教育理论的要求开发职业能力标准，建立职业资格证书制度。② 基于能力测评的职业教育课程评价，是能力本位教育理念在课程评价中的具体运用，也是符合职业教育能力培养要求的课程评价方法。

一、基于能力测评的课程评价思想

（一）职业教育课程评价必须基于职业能力

1．职业教育课程目标指向职业能力

职业教育课程是培养技术技能人才的预设方案和实施育人活动的媒介，具有定向性、适应性和实践性的特征。所谓定向性，就是职业教育课程是具有生产或就业指向的，根据特定职业领域的基本职业活动，促使学生掌握操作技能、服务技能或管理技能，以及

① 郝路军．高等学校课程评估与课程评价的理论与实践研究［D］．兰州：兰州大学，2007.
② 石伟平，徐国庆．职业教育课程开发技术［M］．上海：上海教育出版社，2011.

与之相适应的知识，这决定了职业教育课程是基于职业领域的，具有职业的定向性。所谓适应性是指职业教育应适应经济社会以及产业发展需求，适应用人单位对人才培养的需求，适应学生的学习基础和全面发展需求。这些需求是不断变化的，因此，职业教育课程必须适应这种变化及时做出调整。实践性是职业教育课程的突出特征，只有在实习、实训等实践过程中，专业知识、技能和态度才能被掌握，缺乏实践性的课程不能称之为职业教育课程。

2. 职业教育人才培养目标指向职业能力

21 世纪以来，我国政府高度重视职业教育，习近平总书记批示指出："职业教育是国民教育体系和人力资源开发的重要组成部分，是广大青年打开通往成功成才大门的重要途径，肩负着培养多样化人才、传承技术技能、促进就业创业的重要职责，人力资源开发的重要手段。"2014 年印发的《国务院关于加快发展现代职业教育的决定》中提出"深化产教融合、校企合作，培养数以亿计的高素质劳动者和技术技能型人才"，并明确提出"适应经济发展、产业升级和技术进步需要，推进专业设置、专业课程内容与职业标准相衔接，形成对接紧密、特色鲜明、动态调整的职业教育课程体系。全面实施素质教育，科学合理设置课程，将职业道德、人文素养教育贯穿培养全过程"。这些都充分说明，具备职业岗位所需要的能力已经成为职业教育人才的培养目标，同时也表明职业教育的人才培养不仅要考虑经济社会发展的需要，也要考虑人的全面发展的需要，由此决定了职业教育课程评价必须以能否培养学生职业能力作为核心和关键。广东省开展职业教育课程改革的指导思想是"能力核心、系统培养"，也要求课程评价指向职业能力的测评。

（二）基于能力测评课程评价的理念

职业教育课程评价必须是基于能力测评的，在课程评价方面应体现如下理念：

1. 在课程评价目标上体现发展性理念

职业教育以促进学习者综合职业能力发展和提高其职业素质为目标，决定了职业教育课程目标必须体现发展性理念。在职业教育课程评价工作中，应该以促进人的全面发展作为根本出发点和终极目标，通过课程评价促进学生的发展，促使学生专业能力、方法能力、社会能力和实践能力的提高，以及情感、意志、个性和价值观的养成。此外，职业教育课程评价还应该促进教师的发展，一方面，职业教育课程评价应推动教师专业发展，在理论水平和专业技术技能方面有所提升；另一方面，职业教育课程评价应促进教师向"双师型"方向发展，提升其动手能力。总之，职业教育课程发展性评价对于促进学生和教师的全面发展具有十分重要的意义，也体现了当前我国职业教育课程改革的内在价值追求，是职业教育课程评价的努力方向。

2. 在课程评价内容上体现"以学生为本"理念

职业教育课程评价不仅要关注学生书本知识的掌握程度，更要重视学生的学习兴趣、学习方法、创新精神和职业素养的培养。因此，职业教育课程评价的内容要体现以学生为本的理念，不仅要评价教师的教，还要评价学生的学；不仅要评价课程活动的结果，也要评价课程活动的过程；不仅要评价学生在知识、技能、智力和能力等认知方面的发展，还要评价情感、意志、个性、人格等非认知因素的发展。同时，必须尊重学生学习的主体地位，培养学生自主学习的意识和能力，建立以学生为主体的职业教育课程评价机制，将职业教育教学的选择权和参与权交还给学生，推动学生独立学习、自主学习和探索性学习。

3. 在课程评价标准上体现“多元化”理念

职业教育人才培养必须满足经济社会多元化的需求，这就决定了职业教育课程评价标准应呈现“多元化”的特点，即根据评价者不同的教育理念、多元化的价值观以及职业教育本身的多元化，来确定多元化的评价标准。职业教育课程评价不再仅仅关注认知方面的目标，同时要关注对学生能力、态度和情感的评定。在实践方面，职业教育课程评价标准的多元化表现在复杂的评价指标体系的建立上，评价者不再以一元的认知标准来对课程状况进行评价，而是将课程对学生能力和素质的培养也纳入评价指标之中。职业教育课程评价标准的多元化有一个基本的核心，就是以学生的全面发展为本。学生的全面发展也就是多元化发展，既包括学生个体的认知、情感、态度和能力等各个方面的发展，也包括具有个体差异的不同学生都能按照其个性及倾向性得到发展。具体而言，在职业教育课程评价中，标准因专业而异，因课程而异，也就是要针对不同专业和课程的不同特点，分别使用不同的评价标准，这种多元化的评价系统更加细致和规范，对学生来说更加公平，评价结果也更加真实可信。

4. 在课程评价方法技术上体现“多样化”理念

职业教育课程评价方式的多样化表现在量化评定与质性评定的互相结合与综合运用上，注重整体性评价。量化评价方法具有客观性、科学性、精确性的特点，可以减少人的主观推论，能够用现代科学技术所提供的统计工具加以处理。标准化测验和常模测验就是量化评价所开发的评价工具和手段。但是，量化评价方法把复杂的教育现象简单化，丰富的学生个性单一化，从而忽略了教育中最有意义、最本质的内容。我国职业教育长期以来比较重视量化的课程评价方法，追求对被评价对象的有效控制和改进。但是单一的评价方法不利于全面、深入地揭示职业教育课程的内涵和价值，评价过程也会显得比较封闭，缺乏灵活性和动态性。职业教育课程评价方法的多元化，就是要把各种评价方法结合起来，如量化评价与质性评价方法相结合，诊断性评价、形成性评价与终结性评价方法相结合，内部评价和外部评价方法相结合等。这样既可以充分发挥各种评价方法的优势和特长，又可以相互弥补缺陷和不足，使职业教育课程评价的结果更加客观和公正。①

---

① 于彦华. 高等职业学校课程评价研究［D］. 吉林：吉林农业大学，2008.

（三）基于能力测评课程评价的基本原则

职业教育课程评价对教学改革和课程改革具有较大的导向作用，对制约或促进学生发展起到关键作用，因此，基于能力测评课程评价应该根据职业教育学生的特点，以提高学生学习兴趣、塑造学生完美人格、培养学生健全心理、形成职业生涯可持续发展能力为目标，具体应遵循以下五项原则：

1. 关注学生情感的原则

职业教育学生大多是因为中考或高考成绩不理想而就读职业院校的，具有学习基础薄弱，逻辑思维能力较为欠缺的特点。由于他们在小学、初中或高中时的学业成绩欠佳，往往导致家长、老师的不认可，有过多次因考试分数不好招致老师、家长批评的经历，对考试评价怀有一种不自信的恐惧心理，表现出的却是无所谓的态度。所以职业教育课程评价应对学生的这一特殊情况予以考虑，用多层次的评价来关注学生的情感，使学生在充满温情的评价中保持平静的心态，在评价中找回原本属于他们的自信心，提高学生的抗挫折能力和适应环境能力。

2. 发掘学生潜能的原则

职业教育的学生虽然不擅长抽象的逻辑思维，不喜欢学习高深的理论知识，但对动手进行技术和操作很感兴趣，形象思维能力较强，而且他们情商较高，合作意识和心理承受能力较强，有着多方面的潜能，这正是需要通过职业教育来帮助他们挖掘的，也是需要通过评价来激发的。职业教育课程评价应该着眼于充分调动学生的各种潜能，促使学生的各种潜能尽可能多地在评价中得以展示，并通过评价进一步发现、发展学生内在的潜力，使之转化为现实的学习能力、分析能力和解决问题能力，从而更好地提高学生的学习兴趣，促进学生职业能力的全面提升。

3. 满足学生发展的原则

人是不断变化发展的，站在传统的角度来看，职业教育的学生是应试教育的失败者，在学习能力、学习方法和学习效果方面存在不少的问题，但这恰恰说明这些学生具有较强的可塑性。因此职业教育课程评价要采用“发展性评价”的方法，对学生学习的评价既要关注学习的结果，又要关注学习的过程；既要关注学习的水平，又要关注学生在学习过程中所表现出来的情感和态度；既要帮助学生正确地认识自我，又要让学生尽可能独立地完成学习任务，同时在评价中采用定量判断与定性分析相结合的方式，使学生初步具备未来职业发展所需要的知识、技能和综合素养。

4. 科学性和导向性原则

职业教育课程评价的科学性主要表现在评价内容、评价标准、指标体系和评价方式的科学性，即评价内容合理，反映职业教育能力本位的原则；标准和指标体系体现职业教育课程的特点，兼顾教育属性和职业属性；评价方式适合评价需要，符合技术技能人才成长规律，采用灵活多样的形式。此外，职业教育课程评价标准和指标设计要紧紧围绕人才培养目标，反映区域经济发展对技术技能人才的需求，体现职业岗位对从业者能力的相关要求。

5. 真实性原则

职业教育课程评价所要评价的应是学生的实际表现，而非对他们潜在能力的抽象假设。真实性评价策略与课堂实践的联系更加紧密，而不像传统的评价那样仅仅为了完成学校或教育行政部门的指令。真实性评价更加注重学生在学习中的真实感受，反映学生身心体验，帮助学生认识并欣赏自己，树立能做好事情的自信，可采用自我评价、同伴评价、自我反思等形式来进行。①

（四）基于能力测评课程评价的基本要求

1. 职业教育课程评价以促进知识、能力、素质协调发展为目标

职业教育的任务是为生产、建设、服务、管理等一线岗位培养技术技能人才，从这一点来看，职业院校学生的职业能力并不涵盖所有的职业领域，而主要指与生产、建设、管理或服务密切相关的职业。职业教育的课程设计应该达到培养职业能力和促进人的全面发展的目的，这就决定其不仅要使受教育者掌握职业岗位所必需的技术技能，还应该能促进学生身心发展，培养学生健全人格，使学生具备较高的人文素养和职业精神，能遵守道德规范等。通常，教育属性和职业属性两者之间的界限是很难把握的，侧重教育属性难以体现出职业的定向性，而侧重职业属性则教育会趋向于一种技能训练。因此，职业教育课程评价必须通盘考虑这两方面的问题，努力找到一个恰当的平衡点。为此，应将培养融知识、能力、素质三位一体的高素质劳动者和技术技能型人才作为职业教育人才培养的目标，充分发挥知识、能力、素质三者相互联系、相互促进、相辅相成的作用，遵循理论适度够用、技术技能培养为主的原则，在理论知识教学上应以“必需”“够用”为度，按照职业岗位的需要精选适合的专业理论知识。同时，优化能力结构，特别要关注复合能力和创新能力，并在职业教育人才培养中根据职业目标不同而有所侧重。

2. 职业教育课程评价应注重主体的多样性

职业教育以培养高素质劳动者和技术技能人才为目标，这决定了职业教育会有内外两个评价系统作为评价主体，即内在评价系统和外在评价系统。内在评价系统是指教育系统内部对职业教育课程的评价，如课时安排、课程内容选择、教材选择等指标的评定。外在评价系统则主要是受教育者工作的企业及用人单位对毕业生工作业绩的评定。外在评价系统往往更容易受人关注，因为它直接关系到学校办学的声誉及生源等一系列与学校利益密切相关的问题。实际上，内在评价系统更能对具体的专业建设和改进做出真正的贡献，它可以对职业教育课程的过程进行诊断，发现其中存在的问题，并提出修正方

① 于彦华．高等职业学校课程评价研究［D］．吉林：吉林农业大学，2008.

案；同时，也可以使课程和标准课程和课程之间做出比较，在课程没有结束的时候推测课程结果。

职业教育课程评价主体的特殊性表现在评价主体的多元化。评价主体的多元化体现在与课程形成各种关系的主体均有对其进行评价的话语权，人们必须关注来自不同方向的声音，而不仅仅是来自课程评价专家的意见。课程评价的主体既包括评价专家，也包括课程的实施者和接受者，即学校、学生和用人单位，评价者不再拥有绝对的主体地位，这样就能使评价更加全面地反映教育的实际状况，因此，评价主体的多元同时是评价标准多元和全面性的保证。值得注意的是，学生作为受教育者，具备对课程的认识和评价能力，能够对课程做出客观判断。毕业生是学校与就业市场对接的载体，在经过了整个教育教学过程之后，能够对本专业的课程体系有一个比较全面的认识。此外，用人单位应该成为课程评价的主体之一。

3. 职业教育课程评价要综合评价学生所获得的职业能力

学生的职业能力是胜任典型工作任务的主观条件之一，它直接影响着工作任务的完成效率。职业教育是培养高素质劳动者和技术技能人才的一种教育类型，这就要求其培养出来的学生必须具备与职业活动相关的能力。凡是完成典型工作任务所需要的能力都可看成是职业能力，这种职业能力是对工作效率和质量起决定性作用的能力，如理论知识的应用能力、操作能力、技术创新能力、交流沟通能力、信息搜集能力等。职业教育学生的职业能力包括从事典型工作任务所必须具备的多种能力，而不是所有能力的综合。

学生的职业能力是从事典型工作任务的多层面、多角度能力单元的有机结合。学生职业能力不能简单地等同于专业能力或操作技能，也不能将其局限于某一职业或某一岗位所需要的专业技能。随着经济社会的发展，社会对高素质劳动者和技术技能人才的能力需求发生了巨大变化，不仅要求其具有准确完成特定职业任务所需要的专业能力，同时还要求其具备可持续发展的职业素养。职业教育不再是普通的岗位技能培训，它所培养出来的学生应当具备多方位、多领域的职业能力。职业教育学生的职业能力是专业能力和职业素养的有机结合，专业能力可为学生提供未来从事特定职业活动所需要的技术技能，职业素养则为未来职业活动的变化做准备，是从事任何职业活动都离不开的能力。

4. 职业教育课程评价过程应始终贯穿终身教育理念

《国务院关于加快发展现代职业教育的决定》中提出“到2020年，形成适应发展需求、产教深度融合、中职高职衔接、职业教育与普通教育相互沟通，体现终身教育理念，具有中国特色、世界水平的现代职业教育体系。”由此可见，现代职业教育的一个重要标志就是强调终身教育理念。终身教育理念强调教育时间上的持续性，打破了职业教育仅限于学校教育和在校学习阶段的传统观念，提倡“时时要学习”；终身教育理念强调教育空间上的整体性，认为职业教育包括学校、家庭、社会等不同教育场所，应充分利用各个场所、各种形式开展教育，主张“处处皆教育”；终身教育理念强调职业教育的最终目标是促进人的全面发展，主张培养个人学习的自主性，提升其独立解决问题的能力，同时允许个人进行多样化的选择，促进教育方式和学习方式的个性化。终身教育理念是一个涉及范围广泛而庞大的教育领域，它将贯穿一生的教育加以统合，主张教育内容和形式的多样性，主张采用灵活多样的教育内容和形式，让受教育者依据个人的兴趣和需求自主选择教育内容和教育形式。职业教育课程评价应体现终身教育理念，重点评价课程是否满足“时时要学习”“处处皆教育”“形式多样化”等要求，是否具备开放性、灵活性和多样性等特点，是否满足学习者时时学、处处学的需求，是否能够提供适应开放学习、灵活学习和多样化学习的职业教育课程。[①]

二、职业能力测评的指标设计及方法分析

1. 职业能力测评指标

职业能力测评指标是指能反映测评对象特定属性的一系列考察方面或维度，也是表征测评对象特征状态的一种形式。指标体系是反映由某一测评对象数量和质量要求的指标的集合。一个完整的职业能力测评指标包括三个基本要素，即测评要素、测评标志和测评标准。测评要素是指将测评内容细化成条目，明确测评内容到底由哪些方面构成。测评标志是针对每一个测评要素，为其建立关键性特征描述或特征界定，特征必须可辨别和易操作。一般情况下，一个测评要素应该由多个测评标志来解释说明。测评标准是描述测评要素或要素标志的程度差异与状态水平的度量，对于这种程度差异或状态水平的表示，可以是数量的也可以是语言的，可以是精确的也可以是模糊的。[②] 测评指标体系通常是由多个指标构成的反映测评客体素质的深度、宽度和层次关系，也反映测评体系的理论架构。在指标体系中，一级指标下面涵盖多个二级指标，二级指标下面往往又包含多个三级指标，各级指标不断进行细化，直到具有易操作性的标志和标度为止。

职业能力测评要素的专业指标包括专业能力和职业素养（方法能力、社会能力），这是一级能力评价指标，其又可以细化为二级指标，例如专业能力包含专业知识、专业技能；职业素养包括沟通交流、数字应用、革新创新、自主学习、团队合作、解决问题、信息处理、责任意识、外语应用等能力。当然，评价要素还有其他的分类方法，如将职业能力分为专业能力、方法能力和社会能力，其中方法能力包括分析能力、决策能力、思维能力和创造能力；社会能力包括社会责任感、组织协调能力、安全和环保意识和心理承受能力。[③] 原则上是评价要素分类要涵盖职业能力所有的范围，不能遗漏。

2. 职业能力测评方法

职业教育的任务就是促进学习者综合职业能力发展和提高其职业素质，因此，选择

---

① 于彦华. 高等职业学校课程评价研究［D］. 吉林：吉林农业大学，2008.
② 张进辅. 现代人才测评技术与应用策略［M］. 重庆：重庆出版社，2006.
③ 柳燕. 高职学生职业能力测评研究［D］. 湖南：湖南师范大学，2014.

合适的能力测评方法就显得尤为重要。目前常见的能力测评方法有四种，分别是职业资格考试、PISA 测试、KOMET 测评和职业教育等级证书。

职业资格考试又称职业技能鉴定，是一项以职业技能水平为基准的考核活动，属于标准参照型考试，是由考试考核机构对劳动者从事某种职业所应该掌握的技术理论知识和实际操作能力做出客观测量和评价。职业技能鉴定是国家职业资格证书制度的重要组成部分，鉴定内容主要包括职业知识、操作技能和职业道德三个方面，这些内容是依据职业技能鉴定规范、国家职业（技能）标准和相应教材确定的，并通过编制试卷的方式来进行鉴定考核。职业技能鉴定分为知识要求考试和操作技能考核两部分。知识要求考试一般采用笔式，操作技能考核一般采用现场操作加工典型工件、生产作业项目、模拟操作等方式进行。通过考试者可获得由国家劳动行政部门鉴定并颁发的职业资格证书，两部分成绩都在 60 分以上为合格，80 分以上为良好，95 分以上为优秀。

PISA 测试是“学生能力国际评估项目”的英文简称，是一项由国际经济合作与发展组织（简称“OCED”）发起的学生能力国际评估计划。PISA 测试以即将或者已经完成义务教育的 15 岁学生为评估对象，旨在评估他们在即将完成或已经完成义务教育之后，是否掌握了参与社会所需要的基本知识与技能，以及将这些知识与技能创造性地运用于实际生活中的能力。PISA 测试包含有学生和学校两个问卷，各问卷分别包括阅读素养、数学素养和科学素养三部分，通过测试，可以测量出学生在这三个领域内所掌握的知识与技能，以及运用这些知识与技能的能力。此外，从实际意义上来看，PISA 测试不仅能向公众、教育者和政策制定者提供学生各学科能力的描述性信息，而且可对各参加国的教育质量进行横向比较。

KOMET 测试是“职业能力与职业认同感测评项目”的英文简称，采用严格的心理测评技术，对职业院校学生的职业能力和职业承诺进行大规模标准化测评。KOMET 测评技术使用是建立在典型工作任务基础上的开放性试题问卷，测评方案不仅符合认知规律，而且满足职业发展规律、技术标准以及社会规范的要求，不仅能对学生的职业能力水平以及职业教育质量做出评价，也可为职业教育决策提供可靠的实证基础，还能为职业教育课程和教学改革提供方法支持。

职业教育等级证书制度是各国衡量劳动者实际工作能力和技能不断提高的情况，促进劳动者对自身素质和技能水平提高所建立的劳动就业制度和教育制度的重要内容。它既是一种职业能力测评方法，也是一种职业教育评价制度。职业教育等级证书制度将在本章第三节详述。

以上四种能力测评方法均可应用于实践的能力测评方法，但存在一定的区别：

一是测评对象不同。职业资格考试以即将或正在从事某一职业领域的劳动者为测评对象，参与鉴定的人员一般为在岗职工，也可以是在校学生；PISA 测试以即将或已经完成义务教育的 15 岁左右的学生为测评对象；KOMET 测试和职业教育等级证书以职业院校学生为测评对象。

二是测评内容不同。职业资格考试鉴定的是参加考试鉴定者从事某一职业所应该具备的职业知识、操作技能和职业道德；PISA 测试评估的是 15 岁学生在即将完成或已经完成义务教育后，是否掌握了进入社会所需的基本知识与技能，以及将这些知识与技能创造性地运用于实际生活的能力；KOMET 测评和职业教育等级证书旨在对职业院校学生的职业能力及其发展、职业承诺等做出测量和评价。

三是测评方式不同。职业资格考试分为知识要求考试和操作技能考核两部分，分别通过纸笔测验和实训现场测试的方式进行；PISA 测试采用阅读素养、数学素养、科学素养三部分的学生问卷和学校问卷进行测评，类似于问卷调查；KOMET 测评使用的是一套建立在典型工作任务基础上的开放性试题问卷，每项任务有具体的工作情境描述，被测试者可以自由发挥作答。职业教育等级证书也有一套基于职业能力的评价方案和制度，由此可见，在职业能力测试方面，KOMET 测试和职业教育等级证书更为科学与合理。①

三、基于职业能力测评课程评价的组织

（一）评价内容

职业教育课程评价内容包括对课程目标的评价、对课程计划的评价、对课程过程的评价和对课程结果的评价，这四个方面相互协调、相互渗透、相互融合，形成一个相对完整的职业教育课程评价体系，从而更好地推动职业教育课程有序和有效地开展。

对课程目标的评价是职业教育课程评价的基础。职业教育课程目标也就是课程所要达到的目的，是课程实施的指南，也是衡量课程最终质量的准绳。它是对课程的指导思想、课程设置与结构、课程管理方式等方面的规定，是学校必须遵照执行的文件，是课程实施的总纲。②

对课程计划的评价是职业教育课程评价的前提。职业教育课程计划是课程目标的具体化，是对课程的一个总体安排，包括课程项目、门类和次数在整个课程体系中所占的比重、课时安排、重点难点、教学手段、考核的方式、方法或途径、达到的效果等方面。

对课程过程的评价是职业教育课程评价的核心。职业教育课程过程是指教师对课程教学内容的设计、策划和具体实施的情况，包括设计思路、操作内容设计、实施方式方法、课时安排、效果反馈途径等方面。

对课程结果的评价是职业教育课程评价的关键。课程结果的评价是对课程实施效果的评价，包括平时项目训练的熟练程度、操作考核成绩、职业资格证书以及终结性考核结果等方面。

---

① 李中玲．基于 KOMET 测评技术的高职学生职业能力测评研究［D］．湖南：湖南师范大学，2012．

② 陈玉琨．教育评价学［M］．北京：人民教育出版社，1999．

（二）评价主体

职业教育课程评价主体包括教育管理者、任课教师、学生、行业企业专家等。

（1）教育管理者（学校领导）。学校领导作为职业教育课程的管理者，由于所处位置较高，需要高瞻远瞩地对课程的整个过程进行高层次的掌控，对职业教育课程所需的师资队伍建设、设施设备配置、经费使用及教学质量监控的管理进行全方位的考量，从而全面地分析与改善基础条件，为职业教育课程的开展提供更好的软硬件保障。

（2）任课教师。任课教师作为职业教育课程的使用者，对课程有更全面的了解，由于其自身的知识和专业水平较高，看待问题比较全面，加之与学生直接接触，能了解学生对课程的一些想法，所以任课教师对课程的评价有直接的发言权，通过教师的评价可以了解多方面的因素，如课程内容是否完整，所包含的知识是否必需和够用，所包含的技术技能是否充分和有效，能否满足培养学生职业能力的需要等。

（3）学生。学生是职业教育课程的直接作用对象，可分为在校生和毕业生。在校生是指已完成部分学业但尚未毕业的学生。在校生可选择刚学完所评价课程的学生，让这部分学生对课程做出评价，可以检验学生是否对课程感兴趣，课程难易度是否合适，以及课程内容是否有趣、实用、易学等。毕业生的评价非常重要，通过毕业生对课程的评价，可以了解课程所讲授的知识与技能对毕业生工作能力的影响，主要检验课程的有效性和实践性。当今社会知识与技能更新的速度非常快，需要不断地更新旧的知识与技能，获取新的知识与技能，因此，毕业生的选择要考虑其工作时间，工作时间太短，毕业生还不能在工作中充分体会与发挥所学课程的作用，工作时间太长，易受其他因素影响。要把握好毕业生的工作时间，以便使评价的结果可以尽可能客观地反映课程对毕业生的作用，一般选择在工作后半年到3年之间的毕业生为宜。

（4）行业企业专家。传统的课程评价主体主要是领导、同行和学生，而职业教育课程评价主体除以上三者外，还应包括相关企事业单位的骨干技术人员、管理人员，这些一线专家对本行业领域所需要的技术技能最为熟悉，是内行，因而最有发言权。然而，如何使企事业单位的技术、管理骨干成为稳定的评价主体，是一个非常现实而具体的问题，要解决这一问题，有效的办法就是加强校企合作，邀请行业企业专家组建专业指导委员会，聘请他们参与人才培养方案的制定和课程开发与实施。[①]

四、基于能力测评课程评价流程

1. 提出问题

提出问题是职业教育课程评价的第一步。这一阶段的主要任务是明确评价目的和具体要求，即为什么要评价，以及通过评价能解决什么问题。这是课程评价的关键性工作，

---

① 梅婷. 高等职业教育实践课程评价研究［D］. 浙江：浙江工业大学，2008.

它直接制约着评价方案的制定、评价活动的组织实施等。

要合理确定职业教育课程评价目的。评价目的是指进行评价活动所要达到的目标和要求，它是制定评价方案的前提和依据。不同的评价目的会导致评价方案中评价准则、评价标准、评价方式有很大的不同。因此，评价目的的确定有助于科学地设计评价方案，也使评价活动不会成为一种盲目的、低效的或无效的劳动。职业教育课程评价目的必须以教育目标为基础，以能力培养为核心，与人才培养目标相一致，通过评价活动促进教育目标的实现。因此，评价目的必须充分体现国家的教育目标和学校的人才培养目标，符合教育规律和技能人才成长规律，并对教育活动具有指引作用。评价目的有多种表现形式，有时在评价方案中单独列出来，有时包含在方案的前言、引言或说明中，有时很详细，有时很简略。

要有效评价职业教育课程质量。课程是实现职业教育人才培养目标的重要途径，是组织教育教学活动的主要依据。人才培养的质量在很大程度上取决于课程的质量，关键在于课程环节的质量控制。职业教育课程质量将直接影响毕业生的从业能力，在人才培养工作中处于至关重要的地位。所以，有必要构建职业教育课程评价体系，通过对课程质量的有效评价，发挥评价的监督、导向和激励等作用，促进学校及其主管部门明确办学指导思想，充分重视课程的地位和作用，不断增加职业教育课程投入，进一步改善教学条件，加强教学基本建设，深化课程改革，提高管理水平，形成特色鲜明的职业教育人才培养模式。

2. 准备阶段

在明确了职业教育课程评价目的后，即进入准备阶段。准备阶段分为两部分，分别为组织准备和方案准备。

（1）组织准备。职业教育课程评价的组织准备包括成立一个专门的评价委员会和若干个专题评价小组。评价委员会负责组织和监督课程评价活动的具体实施，它一般是由教育行政部门的主要负责人牵头，吸收有关处室、科研、教学等部门负责人及教育评价专家、行业企业专家、学者和同行人员组成。其职责和任务有：确定职业教育课程评价的对象及评价重点；设计评价方案，制订评价工作计划；组织参与评价的有关人员并对其进行培训；掌握、控制课程评价工作的进程，把握评价方向，协调好评价活动的内外关系；对评价结果进行决策分析，得出最后的评价结论；向有关部门及人员汇报或反馈评价结果。

评价委员会下设若干个专题评价小组，其数量依据评价工作量大小而定，专题评价小组的组长一般由评价委员会的成员兼任，小组的其他成员可以是评价专家、行业企业专家、教学人员和行政人员等。专题评价小组的职责和任务是：认真学习和理解评价方案的指标体系；依据评价方案的要求，收集相关信息、资料和数据；对信息、资料和数据进行归纳整理、分析综合，进而得出初步的结论；向评价对象进一步核实，形成初步的评价结论；对专题小组工作进行总结，并向评价委员会进行汇报。

（2）方案准备。如果说评价的组织准备是明确了评价的主体，即由谁来评的问题，那么评什么和怎么评则是评价方案必须阐述清楚的。评价方案是根据一定目的及教育评价活动的一般规律，对评价的内容、范围、方法、手段、程序和组织领导等加以规范，并做出规定的基本文件。评价方案是贯穿整个评价活动的指导性内容，它具有目的性、规范性和可操作性等特征。

职业教育课程评价方案准备包括：内容范围的确立，评价方法的设计，评价时机的安排及经费预算四个方面。首先，需要确立评价的内容范围。职业教育课程评价的内容包括：对课程目标的评价、对课程计划的评价、对课程过程的评价及对课程结果的评价。其次，需要对评价方法进行设计，即确定评价工作的具体方法，包括设计评价指标体系，确定信息资源、信息资料收集的方法，以及信息资料分析处理的技术手段等。接着，需要对评价时机进行安排，只有评价进度安排得当，统筹考虑，才能最大限度地掌握时机、利用资源，也才能更加顺畅地开展评价活动，得到最为科学的结论。最后，需要对经费进行预算，即做好有限经费的合理安排，以免出现因经费原因而降低评价的准确程度，影响评价结果的科学性、实用性等情况，确保经费使用经济、合理，实现效益最大化。

3. 实施阶段

实施阶段一般包括设计评价准则和收集处理信息两个方面的内容。

（1）设计评价准则。评价准则是对评价内容的具体化，它是对评价活动的内容或某一方面质的规定，即对被评价对象属性的规定，并将内容具体化，区分出各部分的相对重要性。从内容上说，它是人们进行评价活动的基本依据，也是评价方案的核心部分；从本质上说，它是一定时期人们的价值观在教育问题上的反映，也是人们对教育活动客观规律认识的产物。

职业教育课程评价必然涉及对课程各方面的各项具体因素的评价，如果对这些因素同课程质量的本质联系不清楚或了解不全面，就会提出一些无关紧要或似是而非的准则，会把人们的注意力错误地引向一些与课程质量无关或关系不大的方向，甚至会使人们将一些对提高课程质量不利的因素当作有利的因素加以重视。所以，为了科学地进行评价，使评价真正有效地促进课程质量的提高，就要深入地研究课程，对课程认识得越深刻，评价准则才能设计得越科学。

指标体系是评价准则最常用的表述形式，除此之外，概括性问题也是用得较多的评价准则。评价指标是一种具体的、可测量的、行为化的评价准则，是根据可测或可观察的要求而确定的评价内容。它利用诸如行为等具体化的东西来表示被评价对象的抽象属性，是一种行为化的项目，因而是一种可测的项目。由评价指标按照一定层次组成的具有一定结构和功能的系统，称为指标体系。指标体系的科学性直接决定评价的水平，决定评价结果的可信度和有效性。指标体系作为评价准则的一种表述形式，用外在的行为来反映内在的思想，用具体的项目来反映抽象的内容，可为人们的测量提供便利的途径。

（2）收集和处理信息。收集和处理信息包括两方面的内容，一方面，是在职业教育课程评价指标体系设计的过程当中，进行信息的收集和处理，定性与定量分析相结合，以使该评价指标体系尽可能科学合理，减少主观干扰；另一方面，在评价指标体系确定之后，利用该体系进行职业教育课程评价，对评价主体提供的信息进行收集和处理。收集渠道多元、处理科学，是得出准确评价的重要基础。

4. 反馈阶段

对职业教育课程评价的反馈包含两方面的内容。一方面，对评价指标体系进行反馈，通过对各方信息的收集与处理，不断进行自我修正完善；另一方面，在对职业教育课程进行综合评价并得出结论后，对评价结果进行反馈，将评价信息经过处理后的结果向各有关部门与人员进行反馈，对比人才培养总目标和课程目标，通过分析与反思，找到问题所在，提出整改意见与措施。①

第三节 职业教育等级证书的设计

职业教育等级证书制度是各国衡量劳动者实际工作能力和技能不断提高的情况，促进劳动者对自身素质和技能水平提高所建立的劳动就业制度和教育制度的重要内容。在我国，开展职业教育等级证书制度试点是构建现代职业教育体系，打通技能人才成长通道的重要举措；是建立适应现代产业体系要求的职业教育证书框架体系的关键环节，对构建行业企业深度参与的第三方评价体系，倒逼职业教育人才培养模式改革，更好对接学分制度具有重要意义。2012 年 6 月，教育部批复同意在广东率先试点职业教育等级证书制度，通过建立以能力为基础的职业标准体系，构建以实际工作表现为依据的考评体系，形成基于能力核心的第三方人才培养质量评价体系。

一、职业教育等级证书的内涵和特点

（一）职业教育等级证书的内涵

当今世界开发不同标准的等级资格证书已经成为潮流。英国从 20 世纪 80 年代起，就开始建立“国家职业资格框架体系”，并以此来规范开发不同层次的等级证书。目前，德国信息与通信技术行业领域内最有影响力的四大组织——德国机械工会、德国邮政工会、德国电器与电子技术中央联合会和德国电信，与德国联邦职业教育研究所合作制定了基于技能分级的职业继续教育方案，开发出不同等级的资格证书。与我国相邻的日本，2010 年正式提出“职业能力提升战略”，主要任务是从培养能够推动新经济增长型人才立场出发，在全社会推行职业能力提升计划，并计划开发 7 个段位（等级）的资格证书。

① 梅婷．高等职业教育实践课程评价研究［D］．浙江：浙江工业大学，2008.

2004 年，欧盟签订了《马斯特里赫特公报》，将开发透明和互信的欧洲资格框架作为优先考虑的领域列入欧洲一体化进程，并设计出职业等级的 8 级框架，基于此框架，开发欧洲统一资格证书。2007 年，世界经济合作与发展组织（OECD）决定，在 15 个成员方开展“为工作而学习”的职业教育政策研究项目，提出了架设“为工作而学习”之桥的六条政策与措施建议，其中就有开发技能等级资格框架。从世界各国现代职业教育发展趋势可以看出，建立等级证书体系已经成为共识。

我国开发的职业教育等级证书是在职业学校教育中推行的一种制度，是对学生所具有的岗位群基本工作能力的证明，是对学生专业能力和职业素养的综合评价。职业教育学位证书、学历证书、职业教育等级证书三大证书构成了职业教育证书体系的主体部分。这三大证书又是职业教育证书体系与不同领域相结合而成的。与知识领域的交集是学位证书，与时间领域的交集是学历证书，与工作领域的交集是职业教育等级证书。如图 5－1 所示。

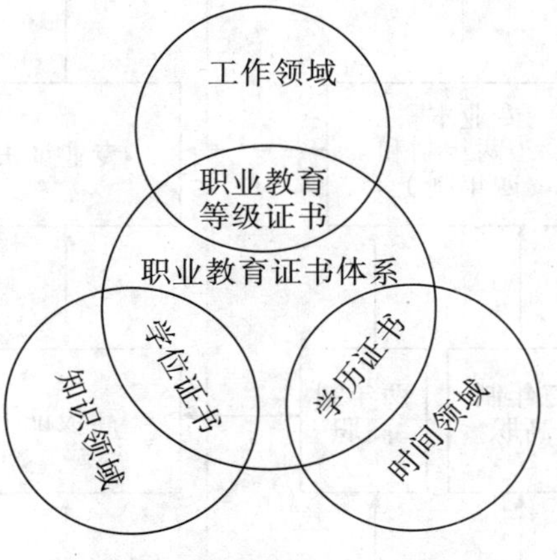

图 5－1　职业教育三大证书

职业教育等级证书是与工作领域相关的证书，而工作领域强调的是工作能力，工作能力随着时间的推移又是不断发展的，因此职业教育等级证书中的“等级”，体现了职业的成长和职业生涯的发展。

广东省开发职业教育等级证书体系的基本思路如图 5－2 所示，可以看出，教育层次从中职到博士，共分为 7 级，依托这 7 级，建立了职业教育学历学位证书、职业教育等级证书、职业资格培训证书三种证书路径。其中学历证书从中职到博士分为 5 级，学位证书从本科到博士分为 3 级，职业教育等级证书从中级到专家级分为 5 级，职业培训体系中的职业资格培训从初级到高级技师分为 5 个等级。三类证书从专业知识和技能内容范围看是逐步缩小的包容关系。学历学位证书包含职业教育等级证书内容，职业教育等级证书包含职业资格证书内容。职业教育等级证书是职业教育学历学位证书中专业核心课程内容，职业资格证书是职业教育等级证书某一个岗位知识和技能的内容，因为职业教育所对应的培养目标是岗位群，因此职业教育等级证书代表的是从事岗位群工作所具有的基本能力。因此从横向上看，三类证书是横向贯通的。通过增加学习内容，职业资格培训证书可以逐步过渡到职业教育等级证书、学历学位证书。

对于企业具有丰富经验的岗位人员，可以通过证书考核获得不同证书，从而积累证书课程学分，最后通过学习其他非证书课程内容，获取到学位证书，通过证书形成职业教育与培训之间的贯通通道。

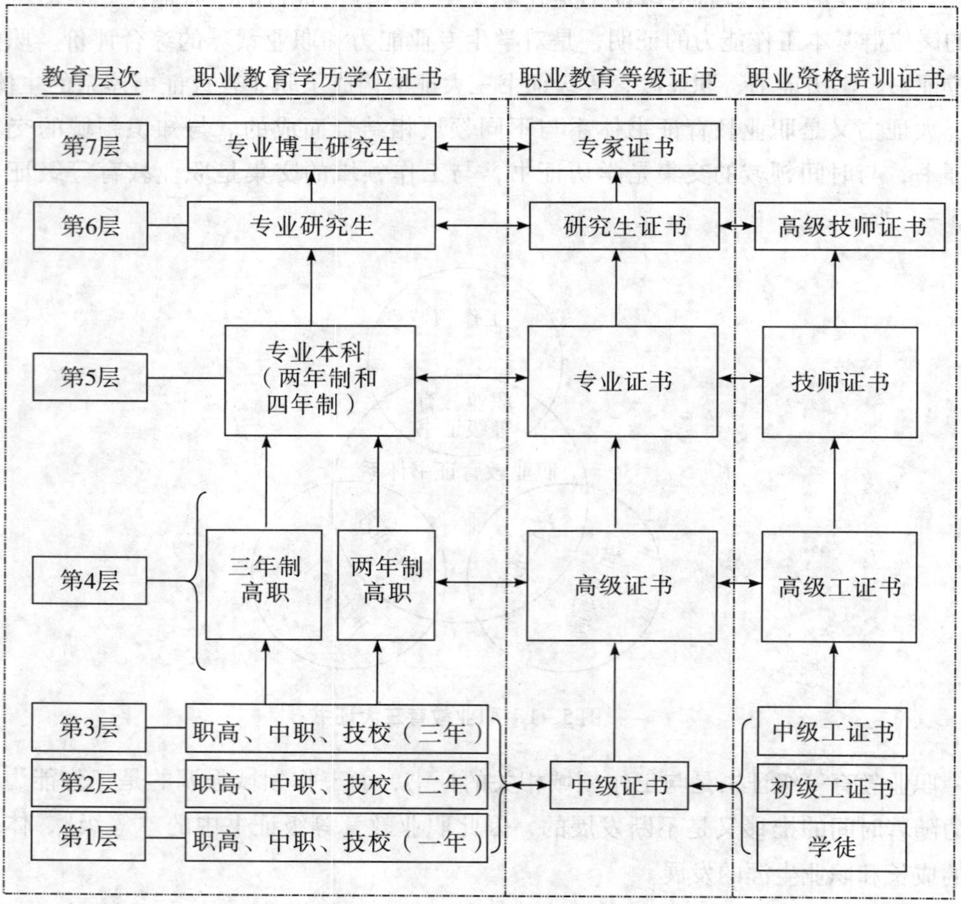

图 5－2　职业教育证书体系

（二）职业教育等级证书的特点

职业教育等级证书的理论与实践研究，是在构建适应经济发展方式转变和产业结构调整、中等和高等职业教育协调发展的现代职业教育体系的背景下进行的，具有以下特点：

1. 前瞻性和开创性

广东省经济总量长期居全国首位，2014 年广东省 GDP 总量达到 6.72 万亿元，人均 GDP 首次突破 1 万美元，处于产业结构升级和建立现代产业体系的关键时期。发达国家的经验表明，工业化后期的职业教育必须有一个成熟的证书框架体系，例如英国的 NVQ 和德国工商会、手工业协会的证书体系，而这一体系的显著标志，就是由行业协会或大型企业牵头组成的第三方颁证机构。我国职业教育没有自己的等级证书制度，而且我国行业协会或大型企业未能真正形成有公信力的、系统的职业资格证书，职业教育等级标准缺失导致行业企业无法判定职业教育毕业生的培养质量，致使职业学校无法控制技术技能人才的培养过程和结果，导致社会无法评价人才培养的质量。对于职业教育来说，职业教育等级证书制度试点是一项开创性的工作。一方面，职业教育作为一种类型可以形成与普通教育完全不同的评价体系和培养体系。另一方面，行业企业作为技能人才的用人单位可以取得人才培养过程和质量评价的话语权。此外，行业主导，学校、社会参与的第三方评价体系的建立，也为技术技能人才的成长提供了量化的测评体系和科学的评价制度。

2. 创新性和实用性

职业教育等级证书制度吸收了职业教育学历证书和职业资格证书在人才评价方面的优点，从产业链和岗位链对技术技能人才综合素质的需求出发，站在用人单位的角度，对技术技能人才培养的“出口”环节进行评价分析，使得人才培养质量可评可测，促进了职业教育与产业的深度对接，学校培养与用人单位需求的无缝衔接，专业理论、专业技能和职业素养的有机融合，是行业企业选拔人才、职业院校培养人才和学生成长成才的重要依据。

职业教育等级证书制度充分考虑了职业教育的职业属性和教育属性的结合。由行业协会、职业院校和有关专家共同研制等级标准和评价方法，并在实践中不断改进，从而得到了行业企业、职业院校、学生、家长和社会的认可，具有较强的操作性和实用价值。

3. 国际性和开放性

职业教育等级证书制度的研究和实践，是在学习借鉴英国、德国职业资格证书制度的基础上进行的，得到了英国颁证机构专家、德国工商会代表和两国职业教育专家的指导和帮助，德国凯勒软件有限公司提供了凯勒数控软件的技术支持。可见，证书制度是在学习借鉴了职业教育发达国家的先进经验的基础上建立的，根据广东省行业企业的具体情况将国际证书测试体系本土化，探索建立具有国际视野和世界水准的专业理论、专业技能和职业素养测试系统。

职业教育等级标准和测试系统，适用于各类中等和高等职业院校、行业企业和社会，能适应不同学习阶段的人员开展专业理论、专业技能测试的要求，并通过人机对话方式测试其职业素养，在测试中广泛采用完成工作任务和团队作业等方式，适合职业教育的特点，对设备、场地要求不高，大部分职业院校都可以在短时间内就近完成。

4. 系统性和完整性

职业教育等级证书制度系统设计了职业教育等级框架，考虑到工作的复杂程度，前期仅设计了相关专业中级和高级等级证书标准，模拟未来工作岗位对学生理论、技能、素养等多方面的能力要求，通过多种形式的测试，完成对测试者的综合评价，反映其综合职业素养，符合企业对技术技能人才的真实需求。

职业教育等级证书制度考虑了行业企业、职业院校、学生的实际情况，完整地设计了真实工作过程中各方面的能力要求测试，突出了对复合型能力和综合职业素养的掌握，立足于技术技能人才的全面成长，满足用人单位对人才全方位的需求，制定的评价标准方面具有系统性和完整性。

5. 严谨性和科学性

职业教育等级证书标准建立在大数据分析基础上，其测试方案来源于工作过程又高于工作工程，实现了各种能力测试和职业素养测评的标准化和定量化，通过各种数据形成测试的综合结论，确保了标准的严谨性和科学性。

职业教育等级标准充分吸收英国、德国职业证书标准的研究成果，结合职业院校人才培养过程，科学设计测试方案，并通过对企业一线操作人员的测试，动态修正测试分析方案，从而解决了与行业企业岗位要求同步的问题。①

二、职业教育等级证书的意义

（一）丰富了现有的职业证书体系

我国职业教育一直把双证教育作为职业教育的根本要求，双证教育是指职业学校学生在获得职业教育学历证书的同时，也获得一个或者多个职业资格证书，这实际上是将职业教育学历证书和职业培训证书融合在一起的实践形式，以此来强调职业教育的职业性。但是如果仅仅依靠现有的职业资格证书，还不能准确、完整地衡量专业所对应的岗位群的综合职业能力，解决不了职业教育的职业属性问题。职业教育等级证书制度将学历证书与职业资格证书融为一体，能够有效地解决职业教育的教育属性和职业属性结合的问题，实现了职业证书领域的新突破。

1. 解决了属性融合问题

职业教育等级证书属于职业教育范畴，而职业资格证书属于职业培训范畴，两种类型有不同的属性。职业教育是系统传授技术技能和职业素质养成的融合，而职业培训侧重短期传授技能，正因为这两种属性不同，在融合上产生了许多问题。职业教育和职业资格培训虽然目标都是就业，但是就业目标的定位不同，职业资格培训主要着眼于目前

---

① 李海东，漆军. 广东职业教育等级证书理论与实践研究［J］. 广东教育·职业教育，2014（5）.

的门槛准入，而职业教育不但需要达到门槛标准，还要考虑学生职业生涯的可持续发展。因此在教学设计时，仅仅参照职业资格标准，还不能解决学生发展问题，还需要参照职业岗位的综合能力标准。正因为这两种不同属性混在一起，反映到学校就产生人才培养目标不明、定位不准等问题。目前职业院校出现两种典型现象，一种是偏向知识传授而轻视技术技能，沿用学术教育模式，造成学生学习内容和岗位脱节；还有一种是仅仅关注职业培训，只要技能训练不要知识和素养，导致学生缺乏职业生涯的可持续发展能力。职业教育等级证书制度在职业学校教育中融入职业证书培训内容，实现了知识、技术技能与职业素养的有机结合，丰富了现有的职业证书体系。

2. 解决了专业培养的证书问题

首先，目前的职业资格证书存在较大缺陷，证书覆盖面窄，难以满足职业教育专业培养的需要。国家职业资格证书是表明劳动者具有从事某一职业或工种所必须具备的知识和技能的证明，一个职业包括一个或几个工种，一个工种又包括一个或几个岗位，许多职业资格证书划分过于细化，是工种证书，如数控车工证、数控铣工证等。职业教育专业培养不应只对应某一岗位培养人才。职业教育专业一般是从社会角度，把职业分类转化为教育分类而设置的。职业教育专业必须围绕岗位群来进行培养，才能保证学生有宽广的知识基础和技能基础，进而有宽广的就业面。如果仅仅参照一两个职业甚至一两个工种建设专业，则必然会导致学生就业面狭窄和职业发展不畅。职业教育等级证书融入岗位群的要求，较好地解决了专业培养与职业岗位需求对应的问题。

其次，职业资格证书发展本身滞后职业教育。从目前职业资格证书发展来看，职业资格证书开发明显落后于职业教育发展。我国 1999 年颁布了《职业分类大典》，有 8 个大类、1 838 个职业，随着时间的推移，新的职业不断涌现，旧的职业有的自动消失，或被赋予了新的内涵。2010 年，我国启动了《职业分类大典》的修订，可见我国的职业标准分类研制较为滞后。此外，我国颁布的国家层面的职业标准仅 1 055 个，覆盖面才 57. 4%，有 42. 6% 的职业还没有开发职业标准。2015 年我国颁布的《职业分类大典》共 8 个大类、1 481 个职业。但是，职业教育专业现在已经覆盖绝大多数职业，因此许多专业即使想双证教育，也无证可用，这也是许多专业难以推行双证教育的原因。

再者，职业资格本身管理制度上的不完善也影响专业发展。现在的考评制度虽然是由行业企业制定职业标准，按照职业标准开发题库进行考核，而且也有一套严谨的考核实施方法，但是由于人力资源和社会保障部门管理面过宽，职业的认可、标准制定、标准认定和考评工作都由政府行政部门来管理，效率难以提高，这是职业标准开发滞后于职业发展的主要原因，往往一种职业诞生许多年还没有列入职业目录，或者列入职业目录又要经过多少年才可能开发出职业标准。此外在证书考核实施过程中，经常出现职业标准更新较慢、题库质量较差且多年难以更改、证书考评难以做到严谨等诸多问题，这些问题造成证书质量不高，得不到企业认可，没有权威性。职业资格证书的这些问题从另一个方面也影响职业教育“双证书”制度的推行和专业双证教育的质量。职业教育等级证书着眼于行业发展人才需求，开发中有行业企业的深度参与，因而能弥补职业资格证书覆盖面窄、更新速度慢、企业认可度不高等问题。

3. 对国外双证经验借鉴的成果

德国有2万余种职业，如果按照每一两种职业标准进行专业开发将难以想象，这就形成职业数量繁多与职业教育专业数量有限之间的矛盾，专业数量有限的职业教育如何为数量繁多的职业提供高质量的技术技能人才，是教育界必须解决的问题。为了解决这种问题，德国职业教育专家从分析有关社会职业内在联系入手，按照行业门类对社会职业进行评价，然后对收集的评价数据进行处理，在此基础上，建立技术领域对社会职业进行分类，归并到这些技术领域，从而形成培训职业，再以这些培训职业为依据，将其分类转化为考虑学科的职业教育分类，形成职业教育专业。英国和德国相似，国家在行业职业标准的基础上，开发了工程、制造等11个大类的国家职业资格（NVQ），需要说明的是，英国的“国家职业资格”和我国“国家职业资格”虽然名称一致，但是内涵差异较大。英国国家职业资格属于职业教育等级证书，为现代学徒制培养服务，目前已经开发50个专业国家职业资格。德国工商大会IHK证书同样属于职业教育等级证书，目前已经开发250个专业证书，为双元制培养服务。

通过先进职业教育国家经验和目前双证教育存在的问题可以看到，站在职业教育的角度，仅仅依靠现有职业标准进行专业开发和开展双证教育是远远不够的，还需要教育专家从教育角度对相联系的职业进行归纳，形成同类职业并建立标准，进而在此基础上开发专业，这样职业教育的专业才能够适应社会需要和符合教育规律。职业教育等级证书，正是对同类型职业及岗位的一种归纳，能够有效弥补职业资格证书在教育方面的不足，完善证书结构，使得职业教育和职业培训能够做到互相补充和互相完善。

（二）为职业教育改革提供了着力点

《国务院关于加快发展现代职业教育的决定》明确提出“加快现代职业教育体系建设，深化产教融合、校企合作，培养数以亿计的高素质劳动者和技术技能人才”。近年来，国家对职业教育的支持力度逐年加大，职业教育进入大发展时期。国家加快发展职业教育的非政策文件不断出台，以精品资源共享课程建设、中央财政支持的实训基地建设、教学水平评估制度、国家示范性院校建设、国家骨干院校建设等为抓手，促进职业教育快速、健康地发展，工学结合、校企合作、工作过程系统化课程开发等已成为各职业院校的共识。但从现在大多数学校来看，职业教育的改革更多是一种外部推动，学校内在持续稳定的动力不强，主要原因还在于前一阶段职业教育处于规模扩张期，工作重点是办学条件的改善和学位数量的增加，当职业教育转变到质量发展的轨道上时，则需要学校更加注重内涵，更加注重人才培养质量的提升。从政府层面，现阶段需要找到改革的着力点，撬动职业院校内在改革动力，激发学校改革的主动性，职业教育等级证书提供了这种着力点。

职业教育等级证书是一种基于行业企业认可的证书，行业企业是证书开发主体，也是证书的利益相关方，第三方评价主体也自然应由行业企业来承担，只有这样，企业对人才培养的要求才能通过职业教育等级证书传达给学校。在证书实施过程中校企合作找到了着力点：行业企业通过职业教育等级证书，将职业岗位能力要求传达给学校，告诉学校培养什么样的人、怎样培养人，学校只有通过改革课程内容，实施工学结合培养，才能达到证书标准，才能培养出企业所需要的高素质劳动者和技术技能人才。

此外，政府通过职业教育等级证书，可以找到学校评估的量化指标。现有的学校办学水平评估虽然有一套完整的标准，但仍然是一种偏重宏观的过程性评价，评价中关注的要素主要是学校的办学条件，如校园面积、建筑面积、师资水平、图书馆藏量等，而人才培养质量的评价指标仅有就业率和对口就业率。职业教育等级证书重点评价学校培养的人才素质和水平，从专业理论、专业技能和职业素养三个方面测评人才培养质量。通过对测评对象的量化考核和与企业在岗人员进行比较测评，实现了测评方案与工作过程的衔接，测评结果与岗位要求的对接，测评环境与工作环境的连接，并能通过测评结果分析不同学校同一专业人才培养的量化排序，为各学校的专业建设提供客观真实的评价数据。

职业教育等级证书考核是一种类似高考的教考分离的第三方考核证书，是一种统一且严格的综合考核，具有权威性；同时，技术技能考核采用行业企业第三方评价，具有独立性，因此考核能够反映真实的人才培养水平，证书通过率排名可基本反映本专业人才培养的实力。职业院校办学水平看专业，专业水平看课程，通过职业教育等级证书考核，可以形成对专业建设和课程建设的倒逼机制，为了提高证书通过率，学校必须主动对接行业企业，按照岗位能力要求进行教育教学和课程改革，自觉自愿地进行校企合作和工作结合，否则必然落后。

（三）可以促进现代职业教育体系构建

现代职业教育体系的重要特点就是与现代产业体系相适应，并且形成上下衔接、横向贯通的终身教育通道。从微观来看，需要建立一套适应产业技术升级和更新的职业教育机制，而目前普遍存在的问题是，没有任何一条畅通渠道可以给职业教育迅速发展提供来自行业企业的最新信息，例如更新了哪些技术，具体技术描述是什么，甚至掌握这些技术所需的人才数量都难以获得。学校往往是通过自行组织调研获得信息，但这种方式无法常态化，且获得的信息片面有限，难免会造成职业院校人才培养和企业需求之间的脱节。职业教育等级证书的开发和实施以行业企业为主体，从机制上解决了脱节问题。行业协会等组织承担信息收集、整理、发布、企业标准制定和更新等重要角色，学校购买其相关服务，通过这种运行机制，行业协会能将教育和产业有机联系起来，行业企业信息能够及时更新并反映到教学中，从根本上解决了产教脱节问题，学校也能够专心从事教学设计和组织教学，学校和企业各司其职、各取所需，各自发挥自身的优势。

职业教育等级证书还能促进职业教育内部衔接沟通。职业教育等级证书的“等级”本身体现了职业教育的层次性，是职业教育作为一种教育类型进行分层培养的重要依据。职业教育等级证书高低级之间本身就是衔接的，因此按照职业教育等级证书标准设计课程，自然就形成高低层次之间的衔接。

此外，职业教育等级证书能够促进学历教育和非学历教育的沟通。职业教育等级证书代表岗位群基本工作能力，因此学生通过证书课程学习，自然就能掌握岗位群基本能力要求，与某一职业的职业资格要求也能相互贯通。同样，企业员工也可通过相关考核，取得相应层次的职业教育等级证书，获得相关的证书课程学分，学历课程与证书课程建立了对应关系，这些证书课程学分也能转化为学历教育学分，这样就实现了学历教育与非学历教育的贯通。从另一个角度，企业员工可在岗位工作中不断获得更高一级职业教育等级证书，这种过程又是终身教育的过程，企业也可以通过证书对员工的能力给予评价，促进企业人力资源管理水平的提升。

三、职业教育等级证书的开发及实施

（一）职业教育等级证书开发思路

职业教育等级证书开发的远期目标是将职业教育分为6个级别，每个级别对应不同级别的职业能力，中职对应3级，高职对应4级，应用本科对应5级，专业学位研究生对应6级。每个级别的职业教育将设置对应级别的职业教育等级证书。考虑到目前的实际情况，现阶段拟将职业教育等级证书确定为两个级别，分别为中级和高级，中职对应中级职业教育等级证书，高职对应高级职业教育等级证书。

职业教育等级证书的开发首先需要制定某一级别的职业教育等级证书标准。每一级别职业教育等级证书标准开发首先需要确定该级别证书服务的岗位群，接着开发出岗位群职业能力标准，将职业能力标准按照任务模块进行归纳整理，其中每一个任务模块包含技能和理论两个部分，然后确定职业素养标准，最后将所有任务模块根据重要性确定权重。职业教育等级证书开发完成后，需要根据证书标准开发题库，制定理论试题、实操试题、素养试题进行测试，通过测试考查学习者能力水平。

职业教育等级证书实际代表着职业能力的高低，以数控技术专业为例，其职业教育等级证书的中级证书就比高级证书的职业能力要求要低，同时职业能力类型要少，即高级证书涵盖了中级证书要求的内容。职业教育等级证书标准采取模块化的形式，包含专业理论、专业技能和职业素养三个单元模块，通过测试对应工作岗位所必需的相关能力，来评价学习者是否达到职业教育等级证书的要求。考核包括理论、实操和答辩三个环节，当三个环节均合格，即可获得教育部门与行业企业联合颁发的职业资格等级证书，也可通过小组完成工作任务的形式来进行考核，职业教育等级证书制度如图5－3所示。

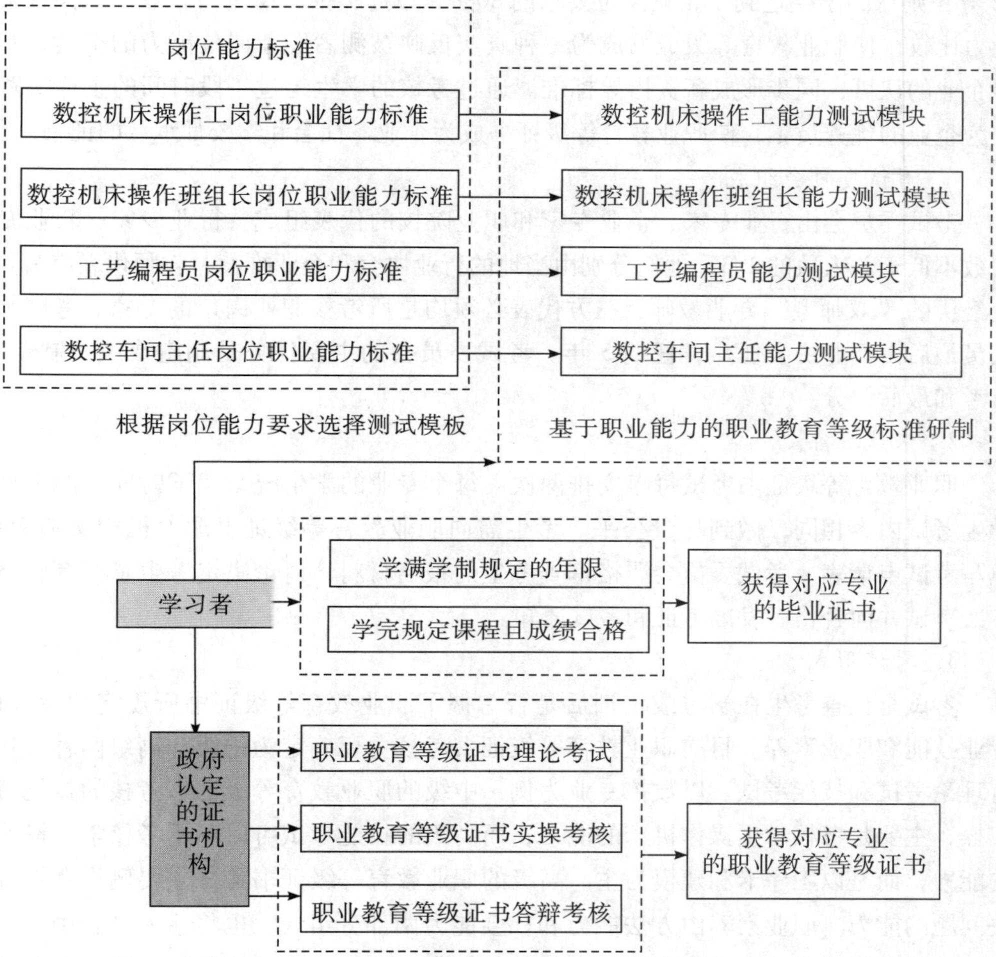

图 5－3　职业教育等级证书开发思路框架（以数控专业为例）

（二）职业教育等级证书的实施

学生完成所有的职业教育等级证书课程并达到合格后（或者在职人员得到认可后），方可申请职业教育等级证书考试。考试由省教育厅授权，行业企业和学校共同组成第三方颁证机构进行。为加强考试过程的公正、公平，职业教育等级证书考试采取教考分离的形式，职业院校通过开发相关课程组织教学，使学生获得职业教育等级证书所必需的专业理论、专业技能和职业素养，第三方的颁证机构独立完成考核工作，对学生的职业岗位能力进行科学系统的测试，通过测试企业一线员工，形成职业教育等级证书标准，并以此标准来衡量学生的能力水平，从而达到将学生的测试结构与企业一线员工测试结构相比较的效果。例如：企业一线员工测试分数为 100 分，学生测试分数为 90 分，则认为学生达到了企业岗位要求的 90%，如企业一线员工测试分数为 90 分，学生测试分数为

72 分，则认为学生达到了企业岗位要求的 80%，以此类推。通过与企业一线岗位员工的能力比较，使职业教育等级证书成为一种真实反映被测者职业岗位能力的工具，并能获得企业的认可，同步形成薪资指导标准。通过考核的学生经过一段时间的企业实践后能成为企业的优秀员工，使职业教育等级证书成为企业、社会和学校都承认的证书。

1. 考试委员会组成

考试委员会由行业专家、企业专家和职业院校的代表组成。行业专家、企业专家代表数不低于总人数的2/3，他们分别由当地的行业协会和企业推荐，教师代表应为具有企业经历的“双师型”专业教师，三方代表必须均是所考核职业岗位的专家。考试委员会成员最后由行业协会任命，任期 5 年。考试委员会的主要任务是制定或组织制定考卷、监考和最后评分。

2. 考试准备

职业教育等级证书考试每年安排两次，每个专业的学生统一考试时间，同一批次的学生考试内容相同，做到尽量公平。考生需向职业教育等级证书颁发机构交书面报名，填写考试申请表。考试委员会严格审查考生的报名材料，讨论决定考生是否有资格参加本次考试并向合格者发准考证和考试通知。

3. 考试形式

考试是检查考生在学习或培训后是否掌握了职业教育等级证书所规定的专业理论、专业技能和职业素养。目前职业教育等级证书考核主要确定为中级和高级两种，每种都有理论考试和技能考试。以数控专业为例：中级的职业教育等级证书考核的技能考试有实操，主要是考核学生操作机床的能力，而高级的技能考试可以不用考核学生操作机床的能力，而是以工序卡和建模为主。高级的职业教育等级证书考试主要侧重考核分析解决问题的能力。职业素养由方法能力和社会能力两部分组成，也将融入试题中。理论考试和技能考试将会公布考试大纲和考核的知识点。理论题全省统考，技能题建立题库进行现场组题、分批考试。

每年两次将组织专门人员进行封闭出题，专门人员由行业企业和学校等多方组成，共同出题，共同监督，严格规范考试。理论题将全省统考同一套题，技能题则分批次出题。

4. 考核地点

职业教育等级证书考核的地点由考试委员会研究确定，各考点均经过场地、设备等的评估与核准，同时拥有足够数量的、经过培训的考评员，并有巡查机制。

5. 考核发证

职业教育等级证书考试委员会根据考试的情况，划定通过考试的分数线，专业理论、专业技能和职业素养考试全部合格，可认定为考试合格通过。考试如果不及格，考生可有两次补考机会。补考时，只需补考没有合格的科目，已经合格的科目成绩有两年的有效期。如学生通过考试，则由颁证机构颁发职业教育等级证书。证书上注明考生的个人情况、所学职业、考试各科分数、参加考试时间、考试委员会主席签名等。如考生没通过考试，考试委员会会同时通知学生，并告知哪些科目需要补考。

广东省已形成了职业教育等级证书制度的基本思路，并进行了初步探索。作为建设现代职业教育体系的重要举措，作为职业教育的一项新的尝试，作为能够被社会行业企业认可的证书，职业教育等级证书还需要不断深入研究和实践。

附　录

1．汽车运用技术专业职业能力分析行业专家研讨会实　录

时间：2014 年 3 月 30 日（8：30—18：00）

地点：广东交通职业技术学院

主持人：广东省教育研究院杜怡萍教研员

背景说明：行业专家名单见第三章第三节，本次研讨会录像资料由“中高职衔接汽车运用技术专业教学标准和课程标准研制”项目组及广东交通职业技术学院郭海龙副教授提供，广东技术师范学院研究生周柳笔录整理，广东省教育研究院教研员杜怡萍修改、评析。

（职业能力分析会前的辅导）

杜怡萍：欢迎各位光临！非常感谢广东交通职业技术学院（以下简称“交通职院”）及汽车运用技术专业项目负责人对我的信任，这是我在这承接的第二场关于汽车运用技术专业的职业能力分析会。刚才我们几位领导，孟院长、李主任都讲了这次分析会的目的和重要意义，他们都讲得非常好，职业能力分析是我们进行课程专业建设非常关键的环节。今天的主角不是我们，是在座的各位。我把今天的主角介绍一下，可能你们相互之间已经认识，我们大家相互再认识一下。（按名单介绍行业企业专家）

非常欢迎你们，也非常感谢你们！因为今天确实天气不好，下了这么大雨，但是没想到大家都来得比较准时。有时候这么特殊的环境，赶过来不容易啊，路上都在积水。会前，项目组交给我一沓厚厚的资料，实际上咱们各位行业的专家，你们在来之前做了很多的“作业”，而且做得很好，你们确实花了很多工夫。另外，交通职院这次给我的清单后面都有个推荐人，我估计比如像吴老师、罗老师跟你们的沟通也是比较多的，所以我们前期做了很好的工作，为我们今天的分析会议打下了一个很好的基础。刚才我又给大家发了一叠资料，这些资料和你们前些天填的表有很密切的关系。我们今天最后要填出什么表呢，在此之前，我先跟大家说明今天开这个分析会到底要怎么做，给大家稍微讲一下，不会很长。

> **评析：**主持人聊天气，旨在与行业专家迅速拉近距离。

我们今天的话题就是围绕中职也有、高职也有的汽车运用技术专业需要的人才能力、人才标准，所以请来在座的各位行业企业专家，来召开一个研讨会，你们是最有发言权的。我们这一次研讨会的目的其实很简单，就是要做职业能力分析，说得通俗一点就是

要知道企业用人标准。这对于咱们来自一线、来自企业的优秀员工的你们来说非常熟悉，对于我们做教育的而言可能较为陌生，又是很想知道的。所以今天的工作对你们来讲也不是特别复杂的工作。就是将你们熟悉的职业能力的岗位内容、要求、流程告诉我们就可以了，只是需要按照我们规定表格的形式来告诉我们。交通职院在前期做了很多调研，还有我们广州市交通运输职业技术学校（以下简称“交通职校”），两个中高职衔接的学校，认为咱们汽车运用技术专业，无论是中职还是高职毕业生，主要去4S店（汽车维修企业）的售后部门。有这么多岗位，将这些岗位分为三大类，第一大类是机电维护系列，一般来讲我们中高职学生都要从学徒做起，然后到维修工、到班组长、到车间主任等这样一个发展通道。第二大类是车身维护，也是从学徒不断上升。第三大类就是售后服务、前台服务，是从基础工作做起，再不断上升。刚才，我们并没有请各位专家做自我介绍，是因为这里前期写了你们一个发展路径的介绍，你们都是工作4年以上的，来自不同毕业学校，也有不同的学历，但现在都是主管，都非常非常优秀，你们就是我们职业院校的学生走向社会的榜样。这三个发展渠道的岗位形成了我们培养人才最基本的目标岗位群。我们通过调查，第一岗位群、第二岗位群、第三岗位群的发展时间路径是随着时间推移的，更多的会向工程师、管理层发展。对于我们中职、高职的学生来说，主要面向第一、二、三岗位这个程度去培养。前面郭海龙主任也介绍了一下，我们在去年的10月份也做了这样一个机电维修系列的岗位分析，包括维修工、主管、售后经理的岗位群的分析。今天要做的是另外两大系列岗位群的分析，第一大系列是车身维护。车身维护岗位我们也有点犹豫，先请吴主管和何主管来说一说，车身维护是分成三个岗位来分析好，还是分成两个岗位来分析好？美容喷漆是合在一块呢，还是分开？在咱们企业里是分开还是放在一块？

> **评析：**层层递进式说明研讨会目的，并要通俗化，避免专家产生为难情绪。

> **评析：**说明岗位选择的背景及依据。

> **评析：**明确本次研讨会分析的岗位。

何永祥：在企业是分开。

杜怡萍：好的，现在不同的车对美容的要求都比较高，车身维护分美容、钣金、喷漆三个岗位来分析，我们也知道，在企业这些岗位也是从学徒到维修工，再到车间主管，我们主要针对这三个岗位中的维修工和车间主管，他们要做些什么工作。比如，喷漆维修工和车间主管，车间主管也要会维修工的工作，可能会有很多工作内容和能力要求是重叠的。你们手上的表格呢，喷漆维修工和主管都是在一个岗位里面，可能程度不一样。我们最后再来考虑这个。这个是第一个岗位类别，有3个岗位，各有两个不同的层级，这个其实相当于6个岗位及层级。美容也是这样，分为维修工和车间主管两个层级来分析，钣金也是这样。第二大类是售后服务这个岗位群，主要分析前台、配件和保险三个岗位。前台最初一般是从服务员做起，还是叫业务员？再到主管。配件也是从管理员到主管，保险是从专员到主任。因为售后经理我们上次已经分析了，所以这一次我们主要分析售后岗位的三个岗位的两个层级，基础层级和主管层级的工作、要求和职业能力。这是我们今天想分析的，那么加起来总共是6个岗位。今天我们比较辛苦一点，刚才郭海龙主任也说了，这个脑力劳动的强度会比较大一些。但是你们之前已经做了很多工作了，对分析会是有帮助的。

那么今天我们要做什么呢？开这个职业能力分析大会，总共有五大项内容。第一项内容，咱们的学校已经做过了，汽车运用技术专业的中高职毕业生从事岗位的发展路径。你们的简历我这里也有了，我们前期做了一些工作，由于时间关系，这个已完成，我们就不在现场做了。那么接下来还有四项工作。第一步是列出各岗位的主要工作项目，以前台服务顾问为例，我主要做哪几块事情，比如接待、产品介绍。接下来第二步是将每项工作任务分解成5~7个工作任务，比如说接待，都有哪几个步骤？或者说我要做接待，有哪几个事项？没有逻辑关系的，我们把它叫作事项。以及每完成一个步骤或者事项应该具备的职业能力点。就是我们手上拿到的这个表的第三个层级，职业能力。第三步列出每个岗位的通用能力，你们看到这个表的最后都有一个关键能力。各位专家在前面做作业的时候，做得很好，每个岗位都列得很细。实际上就是我们做人、与人沟通、个人发展等等这方面的能力。在这每个步骤进行中，都会及时打印分析成果。第四步，请大家确定每个工作项目和每项职业能力的完成程度和达成程度，就是表格中的第二列和最后两列，在表格中打分或打钩。在这过程当中，我们有一个小小的要求，我们会用一些“动词+名词”的方式来表述这些职业能力。比如说前台，他需要“介绍产品性能”，这种“动词+名词”的形式表述。当然做不到也没关系，会后我们项目组会给大家做资料的整理。请大家看看资料的范例，我们基本上采取“动词+名词”这种方式清晰地表达，需要做什么、会做什么的能力。好，这是我们的四大项工作内容。我再将它概括一下，就是采取层层分解的方式，有这么几个步骤：第一步，我们要确定每个岗位的工作项目，就是有哪些工作领域和职责。比如说，我现在是保险岗位的，作为保险的专员或主管，我有哪些工作，在哪些领域。第二步，就是针对每个工作项目的工作任务及职业能力进行分解。一般来说每个工作任务分解成5个左右的工作任务，比如说我要做这个项目，我要做哪几个步骤，哪几件事情来完成工作任务。再对每个工作任务的要求进行分解，这个工作任务的能力要求，比如说用到什么样的工具、什么样的方法、什么重要的知识。比如说我做保险的，需要计算，需要用到数学知识，这个需要达到什么程度。第二步其实就是两个分解，将第一步的工作项目分解成工作任务，将工作任务分解成职业能力。第三步，就是通用能力，就是我们平时讲的职业素养，来进行针对性分析。第四步，我们会回顾和确认。第五步，是任务评定。实际上第四步和第五步我们会放在一块，打印出来回顾和确认的时候就将这个评定工作一起完成，确定工作项

> **评析：** 说明职业能力分析流程。

> **评析：** 再次梳理研讨会的流程及要求。

目的程度。我们一共就这四大项工作内容请大家来完成，我们采取这样一种层层分解的方式来将一个岗位的工作项目、工作任务、职业能力要求分解出来。

接下来我们采取头脑风暴的方式请大家自由发言，现在分析会议正式开始。

（分析前台服务岗位）

杜怡萍：前台服务，我们请了三位来自企业的主管，我们从前台服务岗位开始分析。我们先把表格当中第一列和第三列定位，其他列就都好办了。所以我们先暂时不要看前面做了什么。一般我们做到主管级别，是不是要先做顾问的事情？那我们先把顾问要做的事情先定下来，然后再加上主管要做的事情。所以我们想先问三位：一般前台顾问需要做什么事情？

乔亢亢：我是在东风日产做的，东风日产有一套流程，从你预约开始，先预约客户到店，然后接待，开始与客户沟通，介绍有哪些产品。

杜怡萍：只做这些？与客户沟通，能不能概括一下？这项工作做什么？叫作客户洽谈？只做这一块的事情吗？

乔亢亢：预约服务、接待服务、资金服务、数据引导。

杜怡萍：到时候我去洽谈，是给另外一个人做，不是他做的？

乔亢亢：洽谈也是他。先预约，然后做保养维修或是其他项目。

杜怡萍：第二步是洽谈。

乔亢亢：洽谈就是客户有什么需求，需要维护什么内容，把这些记录好。

杜怡萍：洽谈里面也包括记录？

乔亢亢：包括记录。然后检查客户的车辆。然后看看有没有需要推销的。

杜怡萍：洽谈时也推销，是合在一块。

乔亢亢：其他没有什么了。

杜怡萍：主管呢？到了主管以后，除了做这些以外，还需要做什么？

乔亢亢：假如客户有抱怨，前台解决不了，主管要解决投诉。还需要协调配件，或者售后部、车间，主管还要与其他部门协调。

杜怡萍：这是乔主管的介绍。周磊主管呢，从您的工作角度讲，您认为前台顾问和主管要做哪些事情？

周　磊：前台顾问，我觉得工作项目可以分为两大类。第一大类是维修接待，里面分五个项目。第一个是车辆预约，维修接待包括在预约里，是整体；第二个是接车和检查车辆；第三是提车；第四是账单及付款；第五是送别客户。维修顾问首先要有诊断能力、解决投诉的能力，故障的初步诊断能力。其次要对一个项目有个初步的判定。最后要有推销、销售技巧，主管和顾问都要做，服务过程都包含了推销。第二个大类最主要就是处理投诉，维修顾问也是要有这个能力的。基本上就是这些。协调工作其实也有，上下协调。主管要跟各个部门协调。

杜怡萍：肖主管，那我们先回顾一下，看您是否认同，或者是有另外一个思路。比较主要的是维修接待，第二项工作是初步诊断，第三是要推销，第四是处理投诉，第五是协调工作。这五块工作，还有吗？这样表述行吗？

评析：主持人要快速归纳，记录员要同步记录。

肖四海：大体流程，服务站都是差不多的。

杜怡萍：主要是维修接待？

肖四海：其他品牌我不太清楚。我接触的品牌，预约是给到客服部的。品牌不同，可能不一样。

杜怡萍：客服也是我们前台服务吧？

肖四海：那不是，那是单独一个部门。一般服务专员或者服务顾问，业务接待做预约的，基本很少。

杜怡萍：品牌不同不一样，可能不一定在前台做的。那么还是可以把预约放在维修接待里？

肖四海：可以放在这个环节里。接下来，就一般是互动，接车的时候互动接待、预检车辆之类的。

周　磊：其实这个跟客户一起环车检查，跟检查车辆差不多。环车检查就是绕车辆一周。

杜怡萍：就是接待与环车检查。修好了就是提车吗？

肖四海：不，这个互动性接待是客户到店的第一步。然后还有一个是维修项目工单、费用的确认。接下来，就是派工。

杜怡萍：也是由前台服务来分配吗？

肖四海：这个是由各个品牌自己公司来确定的。前台的服务专员和机师、班组是对应的。

杜怡萍：实际都是跟维修的班组交流。

肖四海：比如说前台几个人，哪几个服务专员和哪个机组是对接的。接待是由车间工长来派工的。

杜怡萍：分派工作完了。

肖四海：就要控工，控制工作的进度。

杜怡萍：分派工作和控工，写在一块，是在沟通这一块，即分工及控工。

肖四海：然后就是交车的环节。交车的环节要进行费用结算、账单解释。这之前加一个终检。正常的话服务专员要去终检有没有漏项之类的。

杜怡萍：交车及解释账单、付款，然后再送别客户。好，我们维修接待基本上包括这样一些步骤。

肖四海：送别客户之后，这个看各个公司的要求，有些服务专员是要去管理客户的，他要有一个客户跟进的程度。

杜怡萍：跟进客户。

肖四海：修后关怀。

杜怡萍：很人文啊，很人本啊，修后关怀，我们经常被关怀的。这个关怀也是一种很大的推销啊。好，这是维修接待。我们确认一下，这第一列是维修接待。下一块？

周　磊：问诊能力也很重要，就是这个问题出在哪里。

杜怡萍：这个咱们一般前台服务都要做吗？还是主管做？

肖四海：服务顾问要做。

杜怡萍：就是问诊。问诊一般有哪些步骤呢？

肖四海：主要是通过客户的描述，你加以分析，然后根据实车的一个情况。

杜怡萍：分析客户的描述。

乔亢亢：这个主要是根据他的汽车的理论知识来分析，这个要了解清楚。比如客户说我的车哪里有异响，是哪个位置，他起码有个大概的判断，车间师傅去实施的时候，也知道是哪个位置。

杜怡萍：您讲的就是客户的描述与汽车的理论知识相连，然后判断故障。还有吗？

> **评析：**“还有吗?”是主持最常采用的追问用语。

肖四海：故障的初步诊断。

杜怡萍：就是一个问，一个诊。那推销，我们应该怎么做呢？在具体的过程中，虽然不是主要的职责，但还是要去做。要做些什么？

乔亢亢：推销这个很重要，跟收入挂钩。介绍产品的功能及优势。

肖四海：在互动式接待的过程中，在质量检查的时候，你要发现问题，针对发现的问题，进行适当的推销，把握推销时间。

杜怡萍：根据故障、根据预检的情况来推销。好，处理投诉包括哪些内容和事项呢？

周　磊：首先你要有积极的态度吧，不管客户怎么抱怨。第二要有倾听的过程，理解客户。第三是要有同理心，站在客户的角度去想。

杜怡萍：因为这个都是具体的要求，那么在处理投诉的时候，在企业旦面有几个步骤？

乔亢亢：澄清、归纳、同感。我们自己澄清。

杜怡萍：澄清的过程就要有积极的态度，有同理心去倾听了。

李海东：这里面有没有登记啊？

杜怡萍：登记是不是在澄清里面呢？

乔亢亢：首先你澄清的话，客户他抱怨的什么内容，你先了解内容以后，再跟客户解释。这个投诉分很多种，是现场投诉，还是打产业电话投诉，都不一样。基本的步骤是这样的，这三个步骤不一定要记下来，是按照这个步骤来做，具体的不一样。

杜怡萍：这个是我们关于前台、服务以及主管要做的事情。还有一项是协调工作，对内协调和对外协调。

杜怡萍：那么刚才前台这个岗位已经定下来了，接下来我们做一个完整的分析示范给大家看一下。现在请前台的三位专家来分解一下。维修接待是一个工作项目，预约是该工作项目的第一步，即第一个工作任务。对于预约，我们需要怎么做，用什么工具，用电话还是邮件？还会用到什么技能，比如说洽谈、沟通的技能？如何预约，有哪些要求，预约应该怎么做，我们分解一下。然后具体细节你们可以在下面完善。

评析：已完成一个岗位的工作项目的分解时，可以做一个完整的分析过程示范，即针对一个工作项目分解成工作任务，再分析完成该任务应具备的能力。通过示范，让专家迅速地明白要分析的过程。

周　磊：预约，第一点有个限时接听，要求电话6声之内或者彩铃25秒以内接听。第二就是自报家门，一定要说出自己的公司名、姓名和职位。第三要收集客户信息，包括客户姓名、电话、车牌、车型、当前里程。

杜怡萍：收集客户信息，企业里面一般都有专门的表格吗？

周　磊：有，我们公司的是可以直接打印出来，也可以制定自己的标准的流程化制度，就放在电话下面，每个人都按照这个标准去接。

杜怡萍：会有录音的吗？

周　磊：我们有录音，但是可能每个公司不一样。第一，我们预约员是归前台的。第二，如果预约员两三声接不到的话就会转到前台服务顾问去接听。

杜怡萍：数据库信息有自制表格。

周　磊：之后，有初步的报价。再把以上信息总结后重新陈述给客户。

乔亢亢：初步报价前面应该再加一个初步确定维修项目。

周　磊：然后需要提醒客户携带预约手册、保养手册，询问客户有无其他服务需要，最后就是提前一天以电话或短信形式提醒客户。预约就大概包括这些。

杜怡萍：这是预约的基本内容和程序，在这过程当中，我们会用到什么样的工具呢？

周　磊：主要是电话、电脑。

杜怡萍：电脑？

乔亢亢：有专门的预约系统。

杜怡萍：要能够使用电脑上的预约系统。那么预约是与人沟通的过程，咱们前台有没有一些需要掌握的技能，比如说用语。

肖四海：具备一定的专业知识和标准化术语。这个每个公司不一样。在“提前一天以电话或短信形式提醒客户”前面要加一个“客户到店半小时前要再提醒一次”，这个每个品牌可能不一样，因为如果不到的话要重新预约。

杜怡萍：好，基本上每个岗位都是这样一种分解的过程，一般我们一天可以做4个岗位，今天我们有6个岗位，而且每个岗位又是不同的层级，时间比较紧，总请大家来，大家也挺忙的。这样，接下来，我们马上将刚才分析的内容打印出来，给3位专家。请前台的3位专家到另外的会议室讨论，并且我们有助理主持人会引导大家完成其余的工作项目分解成工作任务，再分解出职业能力的工作，完成表格其他部分。

（打印前台服务的分析表给相应专家修改补充，再接着分析配件岗位）

杜怡萍： 配件岗位也分为了专员和主管。主管肯定也掌握专员的工作内容，当然程度不一样。有一些主管的工作比较特别，那么我们先把专员的工作列出来，然后再把主管的工作加进去，它们的程度我们下午再去评定。请问，配件这个岗位主要做哪几件事情？

评析： 先集中后按岗位分组分析，是提高职业能力分析会效率的一种工作方式。但不能不集中分析就分组，必须通过集中分析，相互启发，明白分析会的要求。

吴景江： 我们一般都分成三类或四类。第一类就是库内管理，仓库的分布、建设，库房的摆设管理。第二类就是配件的采购，这个采购跟你们想的可能有点差别。第三类是仓库配件的进库。第四类是仓库配件的出库。

许晓丹： 还有配件的库存管理。上面说的是配件的分布，这个是仓库的进销、存销几大类。

杜怡萍： 那将库内管理改成仓库管理，就可以囊括这个库存管理了。仓库管理包括配件的摆设和进销存管理。还有吗？

吴景江： 库容库貌。现在的企业不仅要求你按照一定的规律摆放，而且要摆放得整齐。

杜怡萍： 维护仓库的容貌。

吴景江： 还有一些配件需要维护的，要做配件的检查维护。

杜怡萍： 仓库管理，包括仓库配件的摆放、进销存管理、维护库容库貌、检查维护配件。那配件的采购有哪些步骤？

许晓丹： 确认客户需求。

吴景江： 一个是维护库存，另一个是针对车间的需要。

杜怡萍： 一个是库存确认，一个是维修需求确认。还有吗？

吴景江： 我们一般先分析需求。因为每个公司定库存不同，我们公司首先要根据配件的出库情况、厂家的供货情况、季节因素来确认供货单。

杜怡萍： 确认计划单。

吴景江： 这个是制订计划的前期工作。

杜怡萍： 制订计划，在制订计划的过程当中需要收集信息。

吴景江： 发出订单。

杜怡萍： 将制订计划和发出订单放在维修计划下面。

吴景江：另外就是要跟踪订单。

杜怡萍：好，那我们来确认一下。配件采购包括库存的确认、维修的确认、制订计划、跟踪订单。

吴景江：这个一般都是指面向厂家采购的。还有一些是你们所理解的，面向市场采购的。

杜怡萍：再往下就是配件入库，配件入库需要做些什么事情呢？

许晓丹：首先是到货验收。

吴景江：然后安排上架。到货验收之前还有一项是需要提前安排货位。还有一个工作是对车间公布到货情况。有一些是车间向你订的，就要及时公布，他们好安排使用。

许晓丹：配件入库还有一项是到货索赔。如果货物有短缺、不对的，需要处理。

杜怡萍：配件出库有哪些步骤？

许晓丹：首先是确认报价，要确认之前订的货与车主订的货是否一样。

吴景江：第二个就是出库，办理出库手续。

许晓丹：还有一个是领料。领料是他们过来，我们知道他们要领什么。最后的出库，是定位拿货。

吴景江：比较大的仓库会分得比较细一点。

杜怡萍：确认领料，然后是发货。配件出库包括确认价格、确认领料、发货。

吴景江：在发货那里，还需要打印凭证。出库那里还有一个专门对内部的领用和借用的管理。

杜怡萍：好，那四大项工作的任务基本确定了。我们马上打印出来，辛苦你们两位下去再完善组合一下。

（分析保险岗位）

杜怡萍：保险岗位也是主管和专员的级别。对于保险这个岗位，主要需要做哪几件事情？

余艺明：保险岗位分在保险公司的保险岗位和在4S店的保险岗位。一般在4S店的保险理赔专员和前台的服务顾问做的工作大部分是一致的，流程也大部分是一致的。保险理赔专员一般是从维修接待开始，维修接待里面要先环车检查，在环车检查的时候要做的是了解客户的维修需求和维修内容。然后就是收集资料和洽谈。第二项工作就是定损，与保险公司对接。首先要初步评估损伤，其次就是针对事故车辆拆检，接着就是确定维修项目及价格，最后是和保险公司一块进行修复验车，旧件回收。第三项是派工维修，发行、缮制施工单，订购零件。第四项是完工交车。交车前要检查，跟客户一起维修确认项目以及价格，结算。第五项是处理投诉。处理投诉这部分与前台服务专员处理投诉的部分差不多。

> **评析**：一般分析完两个岗位后，专家们就会非常明确分析的要求，分析的进度会加快。

杜怡萍：与前台服务岗位相同的工作，等前台的几位专家完成后我们再来看是否有需要补充的，这里就不再重复了。

余艺明：再下一步就是整理赔案。收齐客户资料，确认资料是否齐全，递交资料给保险公司，确认赔付情况。最后是客户维系。

杜怡萍：好，请卓裕主管来告诉我们保险公司这一块。你先确认一下不同点进行补充，相同的我们保留。第一是维修接待，你们没有？第二是定损。

卓　裕：定损我们有，就是交接。

杜怡萍：有不同的吗？

卓　裕：这个以车行为主。我们还有一个保险责任的划分。再有就是核定配件价格。

杜怡萍：我感觉是不是4S店做的多一些？

卓　裕：前期都是4S店负责。

杜怡萍：接下来是施工维修，你们有吗？

卓　裕：我们没有，我们有的是勘查现场。第一要接受客户的调度，第二协助客户现场施救、查明事故情况，第三就是现场拍照，第四就是初步判定保险责任，第五是缮制现场查勘报告，第六是现场估损，最后是告知客户后续理赔流程。

杜怡萍：除了这一块跟4S店不一样，还有没有其他不一样？

卓　裕：我们除了定损、定修，可能还要定财产即财产定损。其他部分都差不多。

杜怡萍：我想问一下您负责保险理赔这一块，您本身是汽车专业吗？

卓　裕：对，要有相关专业背景。

杜怡萍：谢谢你们！我们马上将你们分析的记录打印出来，请你们修改完善，你们也分组去分析吧。

（分析钣金岗位）

杜怡萍：对应钣金这一岗位，有哪些工作？

何永祥：6S管理。第一是钣金维修基础内容，掌握车身结构基础知识、知道受损车辆维修步骤、知道维修的安全维护知识。第二是零件拆卸及安装（内板件、外板件的拆卸安装）。第三是钢板维修，钢板损伤评估、掌握手锤和手顶铁的维修方法、会使用垫圈焊机的维修方法、会使用缩火维修方法、检查表面维修状况，这是钢板维修的基本方法。第四是焊接，一个电焊、气体保护焊。第五是钢板的更换，拆装板件、保护车身。第六是玻璃拆装。

杜怡萍：好，我们总结一下。6S管理是每个岗位都必须遵守的，6S管理要求有非常具体的规定，我们记下来就可以了，就不在这里复述。除6S管理还有总共包括六项工作。第一项维修的基础内容，第二项零件的拆卸及安装，第三项钢板维修，第四项焊接，第五项更换钢板，第六项是玻璃拆装。

评析：显然对于第四、第五个岗位，专家们对分析要求非常熟悉，表达很精练，很准确。

（打印钣金岗位的分析表，接下来分析喷漆岗位）

吴志锋：喷漆的大项就是钣喷作业。喷漆是一个流程、流水

线。步骤是车身结构、安全生产、确定维修项目、环氧底漆、原子灰、中途底漆、中途打磨、新件喷涂。（直接在电脑上输入）

（一般上午完成各岗位工作项目的分析和工作任务分析，下午1点钟就分组分析，大约到下午4点钟，分岗位分析工作可以完成）

（分析职业素养）

杜怡萍：今天是我们分析的岗位最多，是最具体的一次职业能力分析会，这是因为你们前期做了非常多的工作。并且对我的意图理解得非常快，可能是学工科的缘故，逻辑能力非常强。我提议，我们以掌声对我们行业专家的辛勤劳动，对我们自己的辛勤劳动表示鼓励。现在我们已经把工作项目、工作任务、职业能力比较细致地梳理出来，我们现在还差“职业素养”没分析。很多专家已经写了很多条职业素养了，这在所有的岗位是共通的，当然不同的岗位可能有特殊的地方，例如说安全生产，有些岗位要求特别严，例如钣金和喷漆。我想，为了我们大家都能够把这项“职业素养”填好，接下来所有专家都参加，把你们在工作当中，认为对于作为一个汽车应用维修的岗位人员，应该有哪些具体要求，而对于你们岗位的特别要求，就在手头上资料里单列。我们通过调研发现，作为一名优秀企业员工，除了技术好之外，“职业素养”这一块很重要。我们也查阅了一些文献，不同国家、地方的资料分解不一样，我们初步列了11大块，列了“沟通交流、数字应用、革新创新、自主学习、团队合作、解决问题、信息处理、责任（安全）意识、外语应用、组织能力、吃苦耐劳及其他”。我们接下来就从第一项开始，每位专家各抒己见。将每一项细化，比如说沟通交流，我们不能说沟通交流强，要明确强到什么程度，他应该怎么去与人沟通交流。比如说他跟上级的沟通、客户的沟通，需要掌握什么样的沟通技巧。

> **评析**：不断地感谢、肯定，有利于激励专家再接再厉，尤其是下午精神已越来越疲惫。

乔亢亢：明白上级的意图。

余艺明：认真听取客户的诉求。

乔亢亢：对客户提到的维修要求能及时、准确传达到相关部门。

卓　裕：能够表达清晰。

杜怡萍：我想问一下，特别是在这个售后前台服务这一块，这个沟通技巧，需不需要我们在学校里面学习这样的课程？是通过实践的磨炼，还是学校学习来学到这种技巧？

乔亢亢：要学习。

杜怡萍：所以你们在企业有沟通技巧的培训吗？

乔亢亢：有专门的培训，诸如5S、2W。还有常用的封闭式提问和引导式提问。

杜怡萍：是企业里面专门培训的吗？

乔亢亢：是的。比如说封闭式问题就是客户反映问题，我们回答“是”或“不是”；引导式提问就是客户说我后面有异响，你要引导他确定是哪个地方。这是两个常用工具。

吴志锋：还有与同事之间的沟通。

杜怡萍：与同事之间的沟通要达到什么程度？

吴志锋：起码能够增强同事之间的信任感。

何永祥：遇到问题要及时反馈。

杜怡萍：第一大项“沟通与交流”我们就讨论到这，如果还有需要补充的，我们打印出来再补充。第二大项“数字应用”，“数字应用”主要是在这些岗位里面对数学、数据的信息等的要求，在这些岗位对数学、数据方面的要求高不高，需要到什么程度？

乔亢亢：要会常用公式，单位换算。

杜怡萍：其实就是加减乘除吧？我看很多对数学的要求都不高，还有要会单位换算。

乔亢亢：单位换算就是比如说加水或者加油多少毫升以及升之间的换算。

许晓丹：还有Excel，要会用Excel进行数据统计。

杜怡萍：Excel要会到什么程度呢？

许晓丹：就是汇总、函数分析，透析表使用。Excel很厉害的话，仓库的配件分析很快。

杜怡萍：你们有专用的表格吗？

许晓丹：没有，都是自己弄的。我们只给你要统计的数据，至于怎么统计是你自己想的。所以你Excel很好的话，就比较好。

杜怡萍：那咱们保险要不要这么复杂的计算？我发现保险的东西我们永远看不懂的。

卓　裕：其实很容易的，就是加减乘除。

杜怡萍：好，第三项“革新创新”，在我们企业里面肯定很倡导革新创新。那到什么程度？改你们的流程，这是不允许的吧。

卓　裕：可以用于优化流程。

杜怡萍：企业鼓不鼓励优化流程？

余艺明：看在哪方面。

卓　裕：在服务这块还不错。

余艺明：我们公司每个月都会收集一些意见，可以让每个部门积极发表自己的改进意见，看哪一些可以采用，被采用的会有奖励。

杜怡萍：技术革新多不多？

吴景江：技术革新很多都由后台去开发。

何永祥：可以改善工具或者方法，在可能的范围内。

杜怡萍：好，那“自主创新”这一块，咱们倡导得多吗？怎么倡导怎么学？学什么？

乔亢亢：学习新知识、新技术。每个品牌发布新汽车、新车型都要去学习。

吴景江：我们有很多技术通告、产品通告要学习。有些问题要怎么解释，现在很少人教你，都要自己去学习。

余艺明：学习管理能力、管理知识，才能往上升。

杜怡萍：我想问一下咱们关于对新的信息技术的学习方面的问题，因为随着互联网、信息技术的发展，这一块在企业是怎么要求的？

乔亢亢：能够熟练运用，如办公软件的应用。

杜怡萍：好，那么“团队合作”这一块，肯定很重要，在我们的工作当中，怎么才叫团队合作得好，如何团队合作，具体怎么表现？

余艺明：有凝聚力。

杜怡萍：如果我这个人不太爱讲话，肯定不能以我为中心，那应该怎么办呢？我可能没凝聚力喔。

余艺明：能够服从安排。

乔亢亢：有集体荣誉感，能够完成团队任务。

许晓丹：能够做到工种与工种之间的衔接。

杜怡萍：好，那在“解决问题”这一块，我们企业有哪些要求？或者是怎么表现才能够成为优秀员工？

余艺明：及时反馈问题，具有谈判能力，特别是处理投诉的时候。

杜怡萍：比如说我们的技术岗位，我们的钣金、喷漆这一块，解决什么样的问题？或者解决问题的要求是什么？

何永祥：要能够形成解决问题的思路。

杜怡萍：对于咱们学徒是不是就没有了，只有对主管才有？

何永祥：不能这样说，每个人遇到问题的时候都应该有这样的思路。

杜怡萍：好，再往下，“信息处理”。刚才我已经提到了一项，现在是信息化的时代，对信息处理的要求是什么？

余艺明：保密客户信息，及时更新客户资料。

杜怡萍：我想问一下在咱们服务这一块，有没有专门的信息处理系统的软件？

吴景江：DMS，叫经销商系统。各个行业都有DMS。

杜怡萍：前面提到的要会使用常用的办公软件。

吴景江：还有要会阅读电子目录。

余艺明：也要及时传递信息。

杜怡萍：信息处理说了这么多，证明信息还是很重要的。企业中有三流：物流、信息流、资金流。接下来，“责任安全意识”，你们说一下有哪些具体表现。我记得今天上午说的要懂得安全方面的知识。

吴志锋：懂得安全保护意识，能够使用防护工具。

何永祥：注意污水、废弃物排放。

许晓丹：知道危险品的处理方法，易燃品之类的不能放在一起。

杜怡萍：包括放置、使用。

吴景江：还包括轻取轻放物品。

乔亢亢：正确使用维修设备。

杜怡萍：嗯，不正确使用就容易出危险了。好，“外语应用”这一块，对我们的员工重要吗？

许晓丹：要有基本的专业英语，读懂专业术语及汽车用语。

杜怡萍：在会话当中，会涉及应用英语吗？比如说接待啊之类的。

余艺明：很少。

周　磊：保修，有时候要写维修报告，2007 年开始都是全英文的。要会写基本的英文诊断流程报告。基本上能够把诊断报告翻译成英文的就行了。

杜怡萍：换句话说，有英语的优势好就业。

许晓丹：懂得汽车的专业术语、缩写。

杜怡萍：好，“组织能力”这一块。

乔亢亢：能合理分工。

周　磊：能调动员工的积极性。

余艺明：能组织娱乐活动。

乔亢亢：团队建设。

余艺明：开展公司之间的联谊。

杜怡萍：好，下一项“吃苦耐劳”，怎么才算吃苦耐劳？

乔亢亢：要吃苦耐劳。

杜怡萍：在时间、精力上要有牺牲精神。

余艺明：能够接受加班。

杜怡萍：刚刚吴主管说许主管很吃苦耐劳，你举个例子说一下。

许晓丹：我们仓库要搬货啊，要自觉去搬货，这个是没有钱的。

杜怡萍：不怕辛苦、任劳任怨。

余艺明：我们都是经常牺牲休息时间，例如休息时间还回来工作。

杜怡萍：就是经常回来加班吧。

卓　裕：要耐得住寂寞。

杜怡萍：还有吗？其实是有很多，只是突然不知道从何讲起是吧。好，除了前面我们讲到的“沟通交流、数字应用、革新创新、自主学习、团队合作、解决问题、信息处理、责任（安全）意识、外语应用、组织能力、吃苦耐劳”之外，还有没有其他是你们非常想讲的？

余艺明：职业道德。

许晓丹：责任心。

吴景江：要认真，像我们仓库如果数字一搞错那就麻烦了。

乔亢亢：仪容仪表。

余艺明：服务态度好。

周　磊：心态要敬业。

余艺明：要爱岗敬业。

杜怡萍：好，那这个表格会打印10份分发到大家手上，我们再来梳理一遍。咱们接下来就进入到修改、整理和评定等级的环节。

（打印及分发表格）

杜怡萍：大家今天非常了不起，已经看到了自己的成果。接下来我们对照这个表，每个岗位需要做的工作项目已经很清楚了，我们要再做文字修改。第二步还要对每个工作任务或者事项，需要什么技能、使用什么工具、方法、理论、要求等会儿修改的时候再按照这个补充一下。重点是对第五列做补充调整。通用能力的表现，刚才我们已经做完了，我们再看一下表格当中有没有什么遗漏，对您所在的岗位有什么特殊要求，需要补充。现在我们这个步骤已经是回顾、确认的阶段，这个速度是很快的。最后需要对工作项目、职业能力的程度做出评定。比如说前台岗位的职业能力分析，我们这里有对工作项目的评定，分为两个评定：一个是前台顾问和前台主管的工作程度分别要达到什么评定。比如说对于前台岗位的维修接待，前台顾问是达到3还是2，前台主管是达到5还是6？有一些是前台顾问不用做的，那就不要评。其他的岗位依次类推。第二个评定是能力要求中的高、中，根据职业能力出现的频率和程度评定，不常见的、出现得不多的就是中，有些甚至可以划掉不评定。我们大概有半个小时的时间来完成这些，谢谢大家。

（企业专家对文字进行修改，主持人布置后续工作）

杜怡萍：项目组的老师，结合上一场的职业能力分析会，汽车运用技术专业就有九个岗位的职业能力分析表在这里，最后我们想变成有编码的正式职业能力分析表，那么就需要对这些特定的岗位和岗位群的职业能力进行条目化、系统化、精确化的描述，乃至于制度化的规定。当然就目前来讲，我们达到制度化的规定可能需要汽车行业协会来完成，但是我们至少可以做到条目化、系统化、精确化。所以我们今天需要将职业能力分析表进行总结并且丰富。为了更具有代表性，要搜集其他国内外的资料，发到其他企业、不同的品牌店来咨询他们的意见，最后用比较法来处理材料。说白了就是，我们现在做的只是职业能力分析会，虽然交通职院和交通职校前期做了很多准备，但现在还请你们将职业能力分析表与国内外的行业企业的职业标准、国家的职业标准进行融合比较和分析。将这个职业能力分析表进行丰富，我们将来做出来的表不仅仅是今天这样的表格，虽然今天的已经很具体，但是最后肯定会更丰富。那么怎么做这个整理工作呢？细化是这样的，第一是对于表述不当的进行修改，用语将更加精练。第二是参照国内外相关的职业能力资料进行完善补充。第三是对没有分析完整的工作内容请专家补充。第四步很关键，我们现在拿到手上的表格是按岗位来做的职业能力分析表，我们最后看到的是汽车运用技术专业的职业能力分析表，要将今天的6个岗位和上一场的3个岗位职业能力分析表整合到一起。然后你们会发现，有一些岗位的职业能力点、工作任务、工作项目是重合的，我们就要整合、归纳。选择科学、准确的表述方式整合，因为我们后续的课程不会按岗位设课程，CBE能力本位的弊端我们需要规避，按岗位设课程会造成职业能力的很大重复。第五是如果职业能力之间有包含的，以最详细的为主，并且做文字处理。最后我们再来编码。这里我有一个小小的建议，我们可以按照岗位分责到人，然后再团队合作、整合。这个表格最大的特点就是编码，编码在最后才进行，免得重复修改。编码跟能力模块库相联系，所以一旦编码定下来就不要动了。还要确定不同层次的学习水平，我们现在不用确定到本科了，只需确定中职和高职。我们有两种编码方式，一个是假如我们现在确定了中职是3级、高职是4级的话，那么我们以中职是L3，高职是L4，有一些职业能力是一样的，只是程度不同，那么我们就标清楚是L3还是L4。另一种编码的方式就是，职业能力点一样，程度不同，完全按照岗位群的层级去分。无论你怎么表述中职、高职的职业能力，下面都要附注释来说明。把工作项目数、工作任务数、职业能力点分到岗位、岗位群。

本次会议的最后工作就是请参会的所有人员填写评估表，对这次会议的所有内容的一个评价，麻烦大家填写一下。

感谢各位行业专家的积极参与和辛勤劳动，感谢项目组和交通职院的认真组织和辛勤付出，谢谢大家！

刘越琪：随着现在高职或者职业教育的发展，这种活动在我们学校还会越来越多。所以，这次感谢大家来指导我们的工作，然后今后有可能还要进一步麻烦大家。刚才说了一些后期工作，涉及我们学校的，肯定还是会按照杜老师的要求做好工作。除此以外，这个项目本身也会按照广东省教育研究院的进度来赶上或者超过进度。

李海东：首先非常感谢各位专家，今天这场职业能力分析会，是有史以来我们两个最，第一个是岗位最多，第二个是效率最高。那么效率高一方面得益于专家的高水平，很快就把我们想到的、没想到的东西都说出来了。刚才我跟郭海龙主任交流的时候也提到了，很多我们没有想到的东西都说出来了，这对我们以后学生培养、人才培养的帮助非常大。这个是一方面，另一方面是初步把汽车岗位梳理了一遍，基本上有9个岗位。这个是很伟大的工作，我们把岗位梳理出来以后，不管是我们的课程也好、课程标准也好，才有了基础。所以首先要感谢专家的认真参与，第二也非常感谢学校对我们的支持、对项目的重视。学校的团队组织非常得力，可以作为我们职业能力分析会的范本。不仅是前期一对一的沟通，整个过程效果都非常好。再有，今天这个成果非常具有标志意义，因为我们职业教育发展到今天，作为一种教育类型，跟普通教育已经是并驾齐驱了，我们最缺的其实是标准，而这些专业标准一定要来自企业。我们这一套思路是借鉴国外的先进发达国家职业教育的经验，国外有个特点是行业协会很发达，这些行业协会来把持和主导第三方办证机构和标准委员会。而中国的行业协会不强，很多都是中小企业，发挥的作用不大。这种情况下就起不了像国外的行业协会的引领标准、进行行业内规范的作用。我们想培育做这个事的行业协会，包括刘院长的职业团队下一步想做这个职业等级证书，也是想请行业协会来给我们做一个标准，通过证书的形式，告诉我们一个标准，然后我们通过标准促使学校改革。广东省教育研究院从去年开始，就是致力于把这个职业标准立起来，教育厅也很重视，每年投资几百万来立这个标准。树立这个标准也很难、周期也长，所以我们大概在6月份可以给大家汇报汽车专业标准的时候，还会请大家来，看看这个标准像不像，是不是原汁原味地反映了大家的意见，我们还可以修改。这个标准要契合大家岗位职业能力的需求。我们通过这样的标准培养的学生一定是符合你们的需求的。所以今天这个事情是功德无量、也是卓有成效的，衷心地感谢大家！

（会议结束）

2. 商务英语专业职业能力分析行业专家研讨会实录

时间：2015年6月28日（8：30—18：00）

地点：广东省外语艺术职业学院五山校区综合楼203室

主持人：广东省教育研究院杜怡萍教研员

背景说明：本次行业专家研讨会不仅是对商务英语专业对应岗位的职业能力分析，而且要对列席人员进行培训。本次研讨会笔录资料由“中高职衔接商务英语专业教学标准和课程标准研制”项目组及广东省外语艺术职业学院袁洪副教授提供，由广东省外语艺术职业学院2014届毕业生麦泽旋现场速录，广东省教育研究院教研员黄文伟整理。

杜怡萍：非常感谢广东省外语艺术职业学院，很高兴我们在这里召开商务英语专业职业能力分析现场观摩会。刚才，李海东主任对召开此次会议的目的做了说明，接下来，我将和大家在这里共聚一天。

今天研讨会的主要任务包括：第一，我和在座的10多位行业专家把与商务英语专业对应的岗位要求梳理出来；第二，对如何组织职业能力分析行业专家研讨会进行辅导和提示。为提高行业专家研讨会的效益，我先给列席的各个项目组老师提四点向商务英语专业项目组学习的要求：(1) 向商务英语专业负责人袁洪老师学习。会议资源调配非常不容易，这点商务英语专业项目组做得非常好，如何争取更多资源，大家可以向袁老师请教。此外，此次研讨会将相关资料整理出了一本会议材料，该材料后面还备有会议记录纸，便于大家记录。(2) 关于会场的组织。如行业专家们应该如何坐，此次会议将同一岗位专家安排在一块，便于专家们相互研讨，这个细节要学习。此外，还有会场的布置，这次会场还布置了茶歇，现场还有速录员把整个会议进程记录下来。可见，袁主任在会议前期做了很多准备工作。(3) 大家要学习现场工作人员是怎样工作的。此次研讨会现场包括学院领导、组织者和工作人员，这是前期会议调配、组织要重视的。记录员的工作进度要非常快，要与整个会议进程同步，这些人员的工作情况大家都可以去观察。(4) 建议大家努力把会议记录中的4页纸填满。这里，我做了一张记录表的基本格式，其中，第一列是步骤，第二列是步骤内容，第三列是主持人工作内容，第四列是行业专家工作内容，第五列是记录员工作内容，第六列是你的体会。大家可以借助这张表去观察。我建议大家学习一定要到位，要把组织者、主持人、记录员等关键人员培训好。

接下来，我会按照会议议程就今天的职业能力分析现场观摩会做相关培训。刚才贺佐成处长也提到了，为了能做好商务英语专业中高职衔接的教学标准，希望各位行业专家能关注该专业的教学改革。今天我们要做的专业教学标准，就是想从企业那里了解，我们学生到你们这些岗位就业，你们的要求是什么，因为我们希望企业对于送过去的学生用得更顺手。今天会议的内容是职业能力分析，也就是把你们熟悉的职业岗位内容流程告诉我们，时间会长一点点，但是这个分析对于行业专家们来说很简单。今天会议有这些内容：(1) 自我介绍职业生涯发展路径。你们的成长经历是我们学生学习的榜样。(2) 列出各岗位的主要工作项目。每一个岗位做哪些领域的工作，把每一天或者每一段工作切割，我们叫作工作项目。(3) 每个工作项目要做哪几个步骤，每一个工作任务需要具备哪些知识、技能和方法，我们分析要细就细在这里，以项目为主线把这些任务梳理出来。(4) 每个岗位职业素养的具体表现。(5) 对每项工作项目和职业能力的完成程度进行评定。我们第二步把职业能力分析表中的第一列做出来，第三步把第三列和第四列做出来，第四步把表下面的职业素养做出来，第五步把第二列和最后两列做出来。评定的标准在会议材料中的第 13 页。比如文员要接听电话，要达到第几级，你们打个级别。另外，表中的这个高不是指高职，这个中不是指中职。高是指这个能力点出现的频率很高、很重要就在“高”这里打钩，一般就在“中”这里打钩，还有很少就干脆不在这些能力点出现，最后形成正式的职业能力表的时候，这些评定会起作用。

这是我们今天要做的五件事情。前期我们项目组做了大量调查，商务英语专业就业方向很发散，高职的对口就业率是65%左右，商务英语就业领域主要分布在外贸业务员、业务员、文员和销售人员。通过项目组前期的调研，我们基本梳理出来了商务英语专业不同岗位的发展阶段，对于这个表，在座的行业专家如有不同看法也可以告诉我们项目组。对高职的目标岗位是二三级，这个表标不标准，专家再去判断，今天从高职培养的目标岗位中选择了跟单员、业务员、英文客服、文员作为分析的岗位。我们今天的分析岗位就是跟单员（跟单主管）、业务员（业务主管）、英文客服（客服主管）、文员（行政主管），这样一算共 8 个岗位，我很难做得完。跟单员、跟单主管这两个工作岗位会不会相近，如果区别很大，我们就分开两个岗位做；如果差不了多少，我们就合在一张表做；如果差异性很大，我们会侧重在跟单主管这一级。像学前教育专业，即使是主管教学的副园长与园长间的岗位要求也不一样，这个是正常的。我们要注意的是，第一，对每个岗位有哪些工作领域和职责进行分解、定位；第二，将每个工作项目分析出工作任务及职业能力；第三，对通用能力的表现进行分析；第四，修改确认，最后确定程度。我们采取层层分解的方式对岗位的能力进行分层。

最后，关于此次会议的要求，一是避免现场过于嘈杂；二是采取头脑风暴法，参与人员一律平等，自由发表自己的看法，讨论时要互相尊重，列席人员不参与讨论、不发言、不在下面议论，重在听、思。接下来，我们的职业能力分析研讨会正式开始，首先请各位专家做自我介绍。

杨火勇：我于 2004 年 7 月毕业于江西财经大学外贸英语专业，第一份工作是在江门的企业做跟单员，第二份工作是 2012 年在佛山，现在一直在做业务。

何嘉佑：我于 2010 年毕业于广东省外语艺术职业学院商务英语专业，第一份工作也是跟单员，2010 年在广州跟一个英国设计师做服装，跟他们在这边采购、跟单、出货，包括他的私人助理都做了，因为他们刚来到中国，很多东西都不懂。2011 年回顺德，回自己的工厂开发业务，做酒店用品。

李巧莲：我叫李巧莲，我不是外贸业务员，我于2002年毕业于嘉应学院法律专业，第一份工作是文员，2003年转到外贸这块，主要也是做跟单员，直到现在。

赵寅金：我叫赵寅金，江西人。我的毕业时间是2011年，学校是江西财经大学，专业是国际贸易。第一份工作是2011年在广州做跟单员。第二份工作是在半年后，即2012年做业务员。现在第三份工作是外贸业务员，一直做到现在。

刘娜丹：大家好，我叫刘娜丹，我于2008年毕业于广东外语外贸大学。第一份工作也是做跟单，做了两年多差不多三年开始做外贸业务，现在做到业务经理。做业务员可以从跟单做起，我们在了解之后才会做业务。

黄丹枫：早上好，我是广东省外语艺术职业学院2007级的毕业生，我2010年出来工作，第一份工作是外贸业务员，大概做了半年之后尝试自己创业。

杜怡萍：想问问三位专家，跟单员和跟单主管有什么区别？

杨火勇：在中小企业没有多少区别。

杜怡萍：那么，外贸业务员主管和业务员区别大不大？

刘娜丹：还是有点差别。虽然主管也需要达成业绩，但他还有一个最主要的任务是管理团队。

黄丹枫：我们这边区别很大。

赵寅金：跟单主管要协助老板。

杜怡萍：如果区别比较大，我们就分开分析。请负责英文客服的三位专家介绍。

任亚莉：我于2008年毕业于哈尔滨理工大学，接着进东莞的企业做生产管理，2010年来到广州，在中国移动做英文客服。从2010年5月份到现在一直做英文客服班长。

廖彩云：大家好，我叫廖彩云，客服人员做自我介绍时，习惯性会介绍自己名字的每一个字，让大家深刻记住。因为通过电话来听名字一般不会知道是由哪些字组成。我高中毕业就出来工作，也是由于家境或者其他原因。大学我是在暨南大学读夜校。我1999年进入寻呼台，2001年到中国联通做客服，2009年做电信客服，2012年开始做团队经理。

邓玉蝉：大家早上好。我一直在外资公司做，使用普通话的机会不是太多。我们公司本来是外资企业，我是广州本地人，我跟廖经理一样也是高中毕业，以后进修商务英语，最后修习广州大学的金融专业。我的第一份工作是做客服，1995年做中港客服，2000年转到手机业务客服，2005年升到主管客服，2007年到现在一直在项目经理的位置上。

杜怡萍：我想问一下客服岗位的专家，客服和客服主管差异性大吗？

廖彩云：完全不一样。

李昱萱：各位领导、老师好，我今天有8个字想要分享，第一是感恩，第二是感谢，第三是缘分，第四是责任。2002年我毕业于河南医科大学临床系，毕业后有一年的门诊经验，后来重新进行职业定位，2004年到2011年的七年时间，我从文员做起，三年后转为主管，两年之后又转为经理，在现在的公司从2012年做到现在。

吴婵晶：大家好，我叫吴婵晶，2005年毕业于广东外语外贸大学。第一份工作是外贸业务员，接着又做了董事长专员、品牌专员，两年之后就是品牌主管，2014年开始做市场方面的品牌事务经理。

杨燕燕：我于2004年毕业于广东工业大学，我的第一份工作是在外资企业，主要是做品质经理助理，2005年加入现在这个公司，加入的时候是品质工程师，2010年是品质经理。

杜怡萍：从刚才12位专家的工作历程中可以看出，作为商务英语专业的学生，如果进入了这个职业领域，会有一个非常好的发展前景。我们为什么做这个环节，就是想通过12位优秀的行业代表的自我讲述，对我们前期调查做一些修正，现在，我们先休息15分钟。

杜怡萍：我们应该如何确定一天所要分析的岗位以及行业专家的名单？中职一场，高职一场，这样可以看出职业生涯发展的路径，按照这样去请行业专家做能力分析也行。一般一个专业对应4~6个岗位，从纵向来确定岗位数，如从文员到行政主管，如果横切就把它割断了。我们可以纵向去看一天要确定的岗位数，对于联系紧密的岗位，虽然分高职和中职，但是可以放在同一天。今天的跟单员和跟单主管放在一块分析。我们学生去大型企业的也不是那么多，区分度不是特别大，对于外贸业务员我们侧重分析外贸主管和外贸业务员。对于英语客服，我们问一下三位，普通客服和客服经理差异性大吗？

邓玉蝉：差异主要在于他们的能力，比如说客服主管比一般客服的对外协调能力和业务上的能力更高。

杜怡萍：只是程度的问题。客服包括客服主管我们都分析。文员现在侧重在文员主管经理这一级。我们原来有过这样的文员岗位分析，是财经文员。我们侧重在行政管理的岗位分析。咱们来自各个企业的专家都是经理、主管、领班这一级，你们就分析自己岗位这一块。

我们如何梳理岗位数？如何请专家？大家请看一下材料的第7页。按分析岗位找资深的在这一岗位工作过的优秀工作人员，可以是自己学校的毕业生，也可以不是。接下来，我们先从跟单员岗位分析开始，请3位专家告诉我，外贸跟单员主要做哪几个领域的事情？自己的工作可以切割成几块？

杨火勇：目前来讲，我的跟单工作主要包括四块。第一，陪同接待客户。客户包括国内和国外。第二，安排样品。挑选一些需要的样品。第三，收到样品。包括接单及跟单，接到这个单要转化成工程语言，有的是英语，要进行转化。第四，出货安排。

何嘉佑：我是在工厂，这边的工作包括三个方面：产前、产中和产后。第一，产前跟单包括准备和采购。准备包括拿到客户的订单，与厂长沟通；采购包括订单上的原料、包装，跟厂长安排生产的时间等。第二，在生产中跟进产品质量还有货期。如果客户要求20天出产品，我们就会告诉他们要25天或者30天，要预留一些时间出来。第三，离产品生产出来还差3天时，要联系客户确定出货的时间、方式，还要检验货品，因为货品在检验合格后才能出厂。如果是一些新的客户，老板还需收了货款才能出货，如果是老客户就能省去这个步骤。

李巧莲：我所在的企业跟前面两个不太一样，我们是工厂与客户之间的中介方，前面的几个步骤是一样的，但我们除了跟国外客户沟通之外，还要与工厂那边协调，就是在下订单出货时，跟工厂做具体的协调。

杜怡萍：如果是跟单主管，还要做哪些事情？

李巧莲：办公室日常事务的处理。

杜怡萍：日常事务包括哪些？

李巧莲：团队培训、团队建设。特别是要处理好团队里遇到的困难。

何嘉佑：有时候要处理一些突发的事件。如生产出现的问题，印刷的颜色有什么问题要马上跟客户联系，有些还涉及赔偿。

杜怡萍：还有没有补充？

杨火勇：我们是中小型企业，没有跟单主管的职位。

杜怡萍：刚才大家讲了很多内容，我们来梳理一下。陪同接待客户，安排样品，接待及跟单，安排出货，生产前的跟单、生产中的跟单、生产后的跟单，还有一些单位需要做团队建设和危机处理，还有其他日常事务吗？

何嘉佑：还有很多，如招聘，有时候我们自己来做，因为我们最清楚需要什么人，老板不可能负责。有时候一些员工闹矛盾，我们也要跟他谈谈话。

杜怡萍：刚才3位专家做了很好的示范，马上把记录打印给你们，如果你们对这个表格的第一列要调整也可以。现在，我们进入外贸业务主管这块的分析，外贸业务主管要做些什么？

赵寅金：主要是销售管理和销售规划。管理主要包括管理业务员，以及他们工作的分工安排。此外还有销售监督、销售环节的统筹等。业务员如果有什么问题还要协助处理。

刘娜丹：我认为赵经理说得差不多，外贸业务主管主要是管理人，你要怎么样建设你的团队？比如同事怎样完成预定目标？目标怎样分解？我们对业务员的关心要多一点，包括团队关怀和辅导等，还有就是绩效考核，这个也非常重要，因为做业务主要以业绩为主。

黄丹枫：我再补充一点，就是销售数据的分析，还有推广平台的决策，包括每个平台多少钱？怎样去做？这需要提供一定的数据给我分析。我们做阿里巴巴的平台，我就定了今年的目标，外贸主管负责这样的目标，他需要做这样的事情，帮助我们制定这样的目标。

杜怡萍：对于外贸业务主管，一个是销售规划，一个是人员管理，此外还有销售监督、销售环节统筹、销售分析、建立推广平台。主管和经理侧重在管理，你们能不能跟我谈一下外贸业务员的工作包括哪些？

刘娜丹： 第一是熟悉产品，很多时候，职场新人进来是什么都不知道，经过一些专业的培训可能会好一点。一个很专业的业务员，通过跟客户的面对面交流可以显示出他的专业度。第二，分析询盘。要分析客人的背景，因为他的需求最后是要细化的。第三，业务员自身的谈判能力和销售技巧。第四，怎样处理客户遇到的问题，这是售后跟进。

杜怡萍： 熟悉产品、分析询盘、谈判沟通、售后跟进，掌声送给我们两个组的专家，他们很快对职业岗位进行了分解，其他两位同意刘经理对外贸业务员的岗位分析吗？

赵寅金： 同意，但是还有一些补充。

黄丹枫： 我觉得分析外贸业务员比较有意义，因为今天研讨的对象主要是毕业学生的就业岗位群，而主管一般是在销售岗位3年后的位置。

杜怡萍： 从学生的角度讲，就是培养业务员。按照黄总讲的，我们也需要对业务员进行重点分析。

黄丹枫： 还有就是文档的编写能力，比如说你接到产品之后，不仅要能翻译规格书，还要有计算机运用能力。

杜怡萍： 还有没有补充？

赵寅金： 开发客户的技巧培训也很重要。首先是寻找开发客户的平台，如果你已经有平台，比如阿里巴巴，你可以在里面寻找客户。另外就是推广产品的具体文案制作，因为一封好的邮件、一份好的方案能够吸引客户。我曾经带过几个新人，当客户回复我们以后，他们就不知道怎样回复了，他们知道这个意思，但是回复不合时宜，所以要恰当回复客户。

杜怡萍： 项目如何分解成任务，这个我们待会再具体谈。

黄丹枫： 国际视野。

杜怡萍： 这个是能力点的要求，待会我们会在职业素养这块补充。业务员包括熟悉产品、开发客户、分析询盘、谈判、沟通、跟进六大项目，加上前面的六大项。下面看一下英语客服这块，客服主管主要做什么？

任亚莉： 接线，就是话务。第一，接线，就是10086。第二，翻译，中国移动推出了人工翻译，我们能够人工参与一个翻译的过程，客户在国外进行漫游可能需要语言方面的沟通，我们通过微信还有电话等各种方式进行翻译。第三，国际IP技能，中国移动把一些网络卖给国外的运营商，网络如果出现问题，国外的客户会找我们帮他们解决。

廖彩云： 客服也分呼出和呼入管理。客服主管主要还是管人，客服方面则是业务执行多一点。客服呼出包括对客户的关怀、一些优惠的宣传，还有一些是原有价值的提升，因为我们也会服务一部分的群体，如果客户打电话过来咨询，这个就是回复客户，这些领域差不多，里面更细的内容就更多。呼入方面就像10086、10000，客户打进来主要是进行业务咨询、业务受理、处理投诉。客服主管就是人员管理。

邓玉蝉：客服最终目的是提供服务，满足客人需求。刚才提到跟单中间也涉及客服，客服包括面对面客服，而咨询台也属于客服的类型。我有面对面的客服，也有话务，还有网上客服。

杜怡萍：你能把他们的不同谈一下么？

邓玉蝉：面对面是要走出去的，比如跟单也是面对面客服。

杜怡萍：这种客服主要做什么工作？

邓玉蝉：一般要接触客户，当了解了客户的需求后再满足客户。一般客服分两种，一种是在线，一种是呼出呼入。如处理客户的查询、受理客户的要求，无论是在线还是语言，他的功能基本在于要满足客户的需求。主管则主要在管理，主管在能力上要求更高。主管分为不同类型，如现场主管、培训主管，还有监控主管。

杜怡萍：现场主管做什么事情？

邓玉蝉：现场主管主要管人，包括员工的上班时间、绩效、提成，这要看公司的类型。如果公司比较标准化，一定会有质量的监控，包括他的目标。他要分析人员的效率，一个小时内能够接多少电话，或者回答的标准。

杜怡萍：这就是现场主管，质量主管跟客服有点远。我们客服比较复杂。接线包括呼出和呼入，翻译也是呼出呼入的工作。国际IP做什么？

邓玉蝉：国际IP只有呼入这一种类型。

任亚莉：它是一种通过电话的沟通方式。

杜怡萍：国际IP岗位有哪些要求？

任亚莉：熟悉网络术语，有中、英、粤语的沟通和书写能力，可以协调客户、维护网络，还要有抗压能力。

经理有生产管理任务，就是指生产上的所有事务，包括质量业务都要去做。还有团队建设，比如说进出口团队的一些活动，这样就可以活跃气氛。还有督导交流、排班、绩效考核，这些都是客服主管需要做的。

杜怡萍：国际IP、呼入和呼出业务，然后是面对面客服、人事管理、生产管理、督导交流，这些项目主要放在第一列，也可以再调整。3位负责行政管理岗位的专家在工作过程中怎样开展行政管理？

李昱萱：我们接到学校关于商务英语专业职业能力分析会邀请的时候，想到外贸文员岗位，我们去学校招学生的次数也不少，有时同一个专业的同学过来公司面试，我们一个都不录取，因为他们身上没有我们想要的亮点。就我们公司而言，外贸文员和行政文员的岗位不同，外贸公司的文员主管跟外贸主管也不同。

关于外贸文员这块，除了职业素养，共列了4项。第一，外贸文员偏重英文书写能力。第二，英语口语能力及Excel表格的使用。Word文档不熟没关系，但是Excel表格很重要。第三，付款方式的操作。商务英语的理论知识很多，但是岗位体验极少。如产地交货流程、AFAS的流程、FSOB、CIF还有港头交货，只要有一个细节没做对，公司的损失就会非常大，有时一单就是上百万的金额，就会产生理赔的风险。我们的学生有理论知识，但是体验这块比较缺乏。第四，法律知识与风险防控，如合同法、国际运输的法律，等等。

杜怡萍： 我想问一下，外贸文员以及主管在工作中具体做什么事情，我们熟悉外贸的流程后，是不是按这个流程做事情，还是有其他的事情？

吴婵晶： 从涉外企业或者品牌企业来看，文员的工作首先是接待，包括各种会议安排。此外，还有翻译工作，如书面翻译、口头翻译。还有沟通协调，包括部门内的沟通和外部的沟通。这都会涉及进出口、订单跟进工作。我们不是进出口公司，工作包括跟进出口公司的衔接、询盘、制作进出口的资料、订单、证件、出货还有运输，包括最后后续订单的跟进，还有供应商的工作对接。出货进口也是后续的跟单，还有对账。文员这个级别，如果是主管，除了这些基本执行的任务还有团队管理、项目管理，最后有危机处理。

杜怡萍： 现在我们梳理一下文员，包括文员主管这个岗位。吴经理讲的包括接待、会议安排、沟通协调、翻译、订单跟进、风险项目管理、危机处理。

李昱萱： 现在我对外贸文员主管做深入的解剖。除了接待，外贸文员主管的工作任务还包括办公环境5S管理、固定资产管理（即每支笔、纸这些的管理）。此外，还涉及考勤、人员招聘、培养、晋升（也就是人员的梯队建设）、公司各类活动的组织等。

杜怡萍： 外贸付款方式的跟进是指什么？

李昱萱： 之前说外贸术语也是外贸操作流程，文员基本不会涉及。

杜怡萍： 我们还请杨经理从工作角度进行分析，看看文员主管包括哪几个工作领域。

杨燕燕： 我们公司比较大，有2万人，我们没有专门的文员主管岗位，因为我们每个部门都有文员，我大概归了一下类。第一，我们所谓的文员主管叫助理，一般就是管理基层的工作人员，基层人员做的工作则包括前台接待，还有办公电脑、投影仪的安排。第二，文员主管要管理基层文员，让他们按照每个部门的需求做会议准备和会议记录。主管可能会去监控这些工作有没有做到位，以及召开内部会议时做不同的协调安排和通知。还有内部会议的前期准备。第三，要进行会议记录，要跟不同的部门就各种报表数据进行分析，要出日报、周报和月报。因为每一个部门都有自己的KPI（关键绩效指标），每天要更新KPI的部门是什么，每周要总结周报，分析做的报表是否合理，这就是判断监督。而且对基本报表反映的信息能够进行提炼，还要进行审核和评估。这些报表包括不同部门KPI的报表。一些办公用品、经费预算的执行。下面的人员要用的纸和笔，都是文员去准备，主管需要做的就是评估他的预算是不是在合理的范围内，即预算经费的管理。第四，员工活动的组织和关系协调，如组织茶话会和沟通会，还有团队的活动、公司组织的晚会，这些都需要文员去组织安排。组织协调还包括后勤工作的安排，你的上司或者客户需要的车、酒店等。第五，基层文员的培训激励和绩效考核，也就是类似团队的发展。我们是美商独资企业，我们没有给文员在接触客户时配备专门翻译，因而文员的语言能力就是必备的，不然他们在企业是很难生存的。我们企业中有各种各样的人，并不是说专门招中国人，新加坡人、欧洲人、中国人都在一个团队。

杜怡萍：不同业务范围的企业，他们的文员工作也有不同。因为这个领域非常大，不管怎么样，从我们培养学生的角度，作为文员我们要做什么？接待肯定要做。另外，办公室管理、环境管理是不是可以放在一块？

杨燕燕：我觉得就叫办公管理。

杜怡萍：接下来就是会议组织、报表资料整理和汇集，这就是文书的工作。还有资产的管理、考勤、订单跟进、风险管理、梯队建设、组织公司活动等。

丁梅玲：还有临时任务的处理。

吴婵晶：我会建议保留项目管理，如果从主管的角度看，他一定要具备项目管理能力。

杜怡萍：那我们就保留，我们不存在对与错，多多益善。请跟单员岗位的3位专家做一个示范，第一列工作项目还换吗？有没有调整？

何嘉佑：没有。

杜怡萍：总共九大项工作，我们现在把C这一列做出来了。我们要陪同接待客户，有哪些步骤？我们接下来将对所有的工作项目进行确认，然后分解成C列。

杨火勇：关于接待客户，首先是跟客户沟通，就是安排行程，如果需要送客人到机场，是否需要准备车；还包括水果、咖啡等接待用品的准备，会议室的选定和沟通等。接下来，我们要陪同客人巡查公司的样板室或者生产线，记录并拍摄客人选中的产品，最后整理形成报表。报表相当于报价表的基础信息。

杜怡萍：确定行程、巡查样板室及生产线、确定客户选择的产品招牌，然后整理记录表。还有没有补充？

何嘉佑：客户来了就跟业务员沟通好，我们的工作就是配合业务员来做，我们不能喧宾夺主。

杜怡萍：至少轮到我们做我们也会这样做。有没有事项要补充？

李巧莲：基本就是这样。

杜怡萍：沟通行程要确定是否用车，要确定地点和准备接待用品。我们怎样和别人沟通行程，我们要完成这样的任务要用到什么技能，请我们专家再发散思维发言一下。

何嘉佑：客户来之前一定要深入研究这个客户的背景。比如他是从中东来的，你带他吃饭就一定不能有猪肉。一定要耐心，不懂一定要问。有时客户来自不同的国家，有些客户的母语不是英语，有的英语口音很重，我们听不懂就要多听他说几句，要弄清楚他的意思。

杜怡萍：沟通行程是要了解什么东西？行程安排还是什么？

李巧莲：行程安排一定要确定一下，然后根据时间安排落实其他安排。

杜怡萍：协调部门、落实行程。我们一般用的沟通工具是什么？

李巧莲：电话和邮件。

杜怡萍：在沟通过程当中有什么特别的要求？除了了解文化背景、生活习惯这些，还有没有其他？刚才我们通过陪同接待这样的工作项目，层层分解做了示范，各位专家也明白了我们的意思，基本确定了工作岗位的项目，即A列的项目，接下来我们要对每个工作项目确认一下，下午重点对每一个工作项目分为哪几个步骤进行分解，这个会放在C列。最后，通过分组方式完成D列工作任务的职业能力分析，即会做什么、能做什么的技能，以及相关的工具、方法、知识的要求，下午有4位助理主持协助分组同时进行分析。今天上午专家们的工作暂时先到这里，还有十几分钟，专家可以先写一写。

（以下是培训内容）

不少老师可能会问我，职业能力分析会是否有必要开。如果专家们在家里写好，或者我们先把它写好，拿给专家看一看，判断一下不就行了？我的回答是：都不行。因为如果是我们搞教育的人写，得不出各位专家对工作岗位原汁原味的认识，我非常忌讳让行业专家们自己填写这个职业能力调查表，先写好就不是头脑风暴的方法。不同的人来自不同企业，工作的内容都不一样，头脑风暴让专家没有压力地说出自己的看法，大家在来来回回调整的过程中将每个岗位的工作项目分析得比较清楚。我们的原则是信息多多益善，因为很难得有这么多行业专家集中在一起，大家也是一种交流，能将岗位具备的共同的东西拿出来。我们前期不要给专家布置太多作业，因为说比写容易，所以我刚才讲的两种情况都不要。我们通过头脑风暴的研讨会，完成搭架子的工作。

我们要学会培养主持人，当老师们体验一下后，下一次就可以坐在我这个位置上了。下午我们采取分组的方式会提高效率，我们非常强调用头脑风暴的方式把A列和C列这两个架子搭起来。最后讲一下行业专家的聘请，通常一个岗位至少请两个人，因为开一场会不容易，有时同一个岗位可以请到三个人。这个项目组非常好，今天请了不同类型的企业的行业专家。其实，我们请同一岗位的行业专家要分布在不同企业类型，不要同一个类型的企业请几个，也不要同一个企业的请几个。比如文员这块，你把一家企业的文员找来，同时又把他的主管找来，这样不合适，不要找具有上下级关系的行业专家。不要太顾及成本，因为行业专家太少没有氛围。所以在找专家这一块要注意代表性。

大家要仔细观察主持人的表现，我不能说我最优秀，我星期五已经主持了一场（职业能力分析会），今天又是一场，主持人的工作类似于同传，你们对同传应该非常熟悉，同传非常累，它是把一种语言变成另外一种语言，我就是把行业专家的语言翻译成我们想要的语言，要用非常精练的语言说出来，要一直保持很兴奋的精神状态。如果我软绵绵的，大家也一定会很没劲。要找一个会调动氛围的人做主持人，因为兴奋状态下出来的东西会更多。

主持人要会使用一些语言。大家观察一下，今天我用得最多的就是追问的语气。如“还有呢”。今天时间非常有限，又要分析又要做培训，从今天上午的进程来讲，我们稍微滞后半个小时的时间。上午的工作就先到这里，谢谢大家。

（以下是下午会议内容）

杜怡萍：职业能力分析会不仅仅我们做标准需要，学校做人才培养方案同样需要，它是学校内涵发展与人才培养质量监控的载体或者文件。大家都来自学校，这里还有我们教务处的领导在。学校的人才培养方案是一年一小改，三年一大改，专业课程，尤其是专业培养目标、专业课程体系以及资源配置都会发生相应的变化。

2013 年开始，我们总结了一套教学标准研制方法，比如前期调查，我们有调查的方法和工具，还有调查的模板。到第三阶段也就是课题体系转换阶段，我们还有卡片张贴法等。当然，形式只是其次，关键在于我们将分析的能力转化为课程。在第四阶段，我们如何编制课程，我们通过标准研制理论以及方法可以为学校的人才培养方案修订服务，这对于完善或建立全新的人才培养方案都是非常有用的。

目前，广东交通职业技术学院、广州番禺职业技术学院、清远职业技术学院正在用我们这套方案进行学校内所有专业的人才培养方案修订。前面第一阶段的调研，就是目标定位，希望在座的各个项目组能把这些方法学好。如果有朝一日你做学校领导，或者你的领导很喜欢这些方案，你就可以发挥才能做好这些事情。不论作为教师还是企业培训人员，如果不懂得专业性的东西是没办法搞研究的，所以我一直对专业看得很重。如果有一个专业为载体，你搞研究会更加有底气。基于专业背景，你就能充分理解专业建设、课程教学论，你的发展就会非常好，这是我的一点感触。

我们下午的安排是，将每个岗位的工作项目加以修订，再确认每个项目的工作任务，最后再分组，到时候我们各位老师也可以分组观看。我在下午 3 点左右会有 1 个小时跟列席的老师交流，如项目组在前期的调研工作和后期的职业能力分析工作中遇到什么问题，对这个表有什么疑问，怎样组织会议，等等。我也会邀请袁洪主任和潘主任谈谈体会。将来，我们还会请他们这个团队派代表为第三批或者第四批标准研制项目组做职业能力分析会介绍。每个小组的活动时间将在 4 点之前结束，由助理主持人带着专家共同完成，专家们可以在表上填写或者口述，助理主持人就边问边答。A 列和 C 列完成之后我们将打印出来。打印完表之后，我们的专家们最后做项目评定，如跟单员和跟单主管，现在我们一看就知道，对于这个项目，跟单员要做，跟单主管也要做，但做的事情不一样。我们下午 4 点必须完成分组的工作，4 点到 5 点我们就会按照议程进行会议。12 位专家进行头脑风暴，基本把这个表内所有的项目填完，5 点之后我将对今天这个会议的会后工作以及其他项目组在工作中存在的其他问题跟大家做交代和辅导，最后就是袁主任的总结，辛苦各位了。

接下来以外贸跟单员为例，把工作项目做重新调整。第一，陪同接待客户；第二，安排样品；第三，接待及跟进；第四，安排出货；第五，团队建设；第六，危机处理。接下来，请三位专家对每一个工作项目应该分为哪几个工作步骤或者事项做说明，比如，安排样品应该做什么工作？

杨火勇：第一，与业务员确定样品的细节；第二，制作样品单；第三，向业务员及时反馈样品的进度；第四，做样品寄出的准备工作。

李巧莲：最终要跟客户确认一下样品样板是不是其所需要的，在制作样品单之后跟客户做最后的确定。

杜怡萍：这个是与客户落实样品吗？

李巧莲：是与客户落实样品设计。

何嘉佑：还要留一套样品做记录，以防客户收到之后要修改，这叫作样品备份。

杜怡萍：大家认为将跟单及跟进分为三大块有没有问题？安排出货应该怎么做？

李巧莲：出货前应首先安排验货员验货。

杜怡萍：就是安排验货，可能要协调一些人员。

李巧莲：如通知船务部门落实订舱，协调车队安排车过来装柜。另外就是报关，因为货物装完之后要把清单移交报关，最后通知单证部制作文件。

何嘉佑：有时候是客户安排第三方来验货，我们要配合那些中间方验货。

杜怡萍：主管侧重于团队建设这块，需要做什么？

何嘉佑：分工合作。比如有些跟欧洲的单，有些跟南美的单，技术要求不同，你就要安排分配工作。

杜怡萍：主管所做的团队建设，还有好几个岗位也要做这个事情，我们最后再把它整合。最后一项是危机处理，有什么危机？

杨火勇：反馈样品给客户，流程方面的危机。

杜怡萍：出现危机应该怎么办？

杨火勇：首先向业务员反馈，配合业务员协同处理危机。

杜怡萍：要不要写总结和报告？

何嘉佑：要，避免下一次出错，总结错误。

（其他工作项目的工作任务分解略）

杜怡萍：到这里我们已经把六大项目的工作任务梳理出来了，虽然不多，但是很细，在这里对3位跟单员专家表示感谢！下面请助理主持带着3位专家再做更细致的分析。刚才我们把跟单员的工作项目和工作任务确定了下来，下面我们再看一下外贸业务主管，看看我们上午写出来的工作项目，A列即熟悉产品、分析询盘、谈判沟通、售后跟进，要不要改？

刘娜丹：售后跟进前面要加订单跟进。

杜怡萍：开发客户放在熟悉产品后面比较好一些，销售规划。

刘娜丹：这个是主管的。

杜怡萍：业务员不做的就不用评定。销售规划、人员管理还有销售监督，销售环节统筹跟监督有没有相似之处？

赵寅金：可以合在一起。

杜怡萍：数据分析、建立推广平台建设。这里有10个左右的项目，这是工作的项目。

黄丹枫：数据分析跟销售规划可以合在一起，它是销售规划中的一个内容。

杜怡萍：我们有10个工作项目，每个工作项目应该分成哪几步或者哪几个事项？我们怎样熟悉产品？要做什么事情？

刘娜丹：关于熟悉产品，第一，如果有条件最好去工厂，亲自了解一下实物，就是实地考察；第二，了解产品的用途、特征；第三，确定产品卖点；第四，对每个产品的中英文描述要很熟悉；第五，明确产品的定位，是欧洲还是亚洲卖得好。

刘娜丹：明确产品有没有瑕疵，鞋类产品会不会出现一些交税问题等，这个算是自己对产品的了解。

杜怡萍：了解产品特征与用途，明确产品瑕疵。几位还有没有补充？开发客户、搜索客户、制作文案、回复客户，还有没有调整？

刘娜丹：我觉得搜索客户很重要，我们开发客户前一定要先搜索。此外，制作文案应该要有语言编辑能力，编辑产品信息。

黄丹枫：从形式上讲，开发客户第一步是用搜索引擎搜索客户。另外，要通过社交平台开发客户，要具备写作开发邮件的能力，还有一个展会开发和平台客户开发，也就是B2B平台开发。

杜怡萍：搜索客户、展会开发客户、通过社交平台开发客户、B2B平台客户开发。

刘娜丹：还有通过客户开发客户。

杜怡萍：开发客户就这些任务。我们来分析询盘应该怎样做。

赵寅金：第一，要确认客户，比如确认客户需要的产品及客户目标产品等。第二，根据搜索客户的网站，了解客户对于产品定价或者质量的需求。

刘娜丹：还有客户类型和客户购买意向的强弱。

黄丹枫：购买意向应该在客户的具体需求里边。

刘娜丹：询盘是虚盘还是实盘要确认。

黄丹枫：客户背景调查。我们客户类型分析注重客户是经销商还是批发商。

刘娜丹：询盘至少要读5遍以上。

杜怡萍：严读询盘信息5遍的规定，这是经验。谈判沟通有什么样的事情要做？先做什么后做什么？如何谈判？

赵寅金：要根据客户的意图和目标产品，把需求反馈给公司，分析产品是否符合他的要求。

杜怡萍：看他的要求是否跟你的产品吻合。

赵寅金：分析自己的产品是否跟他的需求对接。

杜怡萍：谈判资料准备方面呢？

刘娜丹：要准备谈判资料和样品。

赵寅金：谈判技巧因客户不同而不同，比如对于不同价值和不同质量的产品有不同的谈判策略。

刘娜丹：要掌握客户心理。

赵寅金：掌握客户心理，并在谈判过程中不断修改产品。此外，产品的成交条件、运输条件都需要谈，要确定订单条款。

杜怡萍：订单条款有专门的文本吧？

刘娜丹：每个国家都不一样。

杜怡萍：对于谈判有没有需要注意的地方？

黄丹枫：要随时做记录，谈的过程中很多事情没谈下来，或者客户谈的需求点，都需要翻笔记的时候才能发现，国外的卖家都很看重这一点。

赵寅金：一开始回邮件的时候，相关的邮件你要仔细查阅，如果订单客户来邮件，你要反复查阅以前客户的邮件。

杜怡萍：原有的信息不要遗漏，要及时记录并理解。

刘娜丹：还要加一个邮件写作能力，就是你发邮件的时候，邮件的吸引力很重要。

杜怡萍：订单跟进要做些什么事情？

刘娜丹：第一，跟工厂那边沟通好。第二，制作生产单。第三，跟进订单进程。第四，控制产品合格率。第五，验货。工厂做完后，我们对一些产品突击检查，第三方也有代理过来检查。第六，收款结汇。产品合格之后，客户就会打订单过来。中间收款结汇之后产品已经做好，看到产品之后自己才会放心。订单跟进过程中，工厂稍微做错而你又没检查就会全部错，这些都由业务员承担。我们跟工厂结账，也要跟客户结账。

杜怡萍：订单跟进还有什么？

赵寅金：做完生产单后，要确定材料准备。验收产品之后就是包装和运输。结款结汇分两种情况，大部分是余款付清再收，有的是发货后见到提单客户再结款。还有包装运输单证的制作，即要保证能制作准确无误的单据，确认客户清关的问题。

刘娜丹：跟进订单的进程要改一下，可以改成确定生产交期。

杜怡萍：这样调整之后我们再修改。售后跟进是跟进哪一些？如何做？

刘娜丹：第一，联系客户对产品进行反馈，这是必需的。第二，解决可能遇到的产品问题，可以放到联系客户的产品反馈里面。第三，关爱客户，要跟他保持联系。第四，定期推出新产品和报价。

杜怡萍：看一下销售规划，我们应该怎样做？哪些是属于外贸业务主管做的？

刘娜丹：第一，核实财务目标，比如今年要做多少万。第二，制定月度、季度目标，分配目标。第三，分解目标。我们有分旺季和淡季。

杜怡萍：人员管理方面，除了人员培训、绩效考核外，还有什么？

刘娜丹：人文关怀。

赵寅金：人员激励。

刘娜丹：协助完成业绩。

黄丹枫：我觉得这属于销售监督。

杜怡萍：销售监督与统筹这块怎么做？协助销售还有什么？

赵寅金：调控销售进度。

黄丹枫：统计邮件发送量。

杜怡萍：统筹是做什么？

刘娜丹：总结。

赵寅金：对订单审核，然后安排生产。

杜怡萍：最后一个推广平台建设。我们要做哪些事情？

黄丹枫：推广平台的确定，包括制订平台的投入方案、开展平台的人员招聘、培训平台的操作人员。

杜怡萍：就是平台运营管理。

刘娜丹：还有平台的成本控制。

杜怡萍：控制平台运营成本。现在先休息一下，接下来我们将分析英语客服的工作任务，A 列这些项目需不需要调整？

（外贸业务岗专家分组分析）

任亚莉：第一，呼入。第二，呼出。第三，面对面，就是前台服务。第四，互联网方面的客服。

邓玉蝉：还有危机预警、系统反馈。

杜怡萍：部门协调要通过系统反馈信息。

邓玉蝉：还有汇报总结。

廖彩云：还有项目策划。

杜怡萍：我们回顾一下，看看英语客服要做哪些事情。客服基本包括四大块：互联网客服、呼出业务、呼入业务、前台服务。主管包括部门协调、人事管理、数据分析、数据督导、危机预警、项目策划、项目总结汇报。

（英语客服岗位的工作项目分解成工作任务略）

杜怡萍：麻烦 3 位专家跟着崔老师去那边。最后一个岗位，文员岗位，先看一下今天上午定下来的工作项目，这个还改吗？

杨燕燕：我们已经把表统一了。

杜怡萍：很好！马上就分组分析。

（分组分析 2 ~3 小时，分组分析实录略。以下是分组后的集中分析的内容）

杜怡萍：各位专家辛苦了。刚才看到大家踊跃表达，这非常好，接下来，还有两件事，第一件事，完成的文字需做修改，有一些条目可以再做修订；第二件事，要做项目评定。大家看看第 13 页，每个岗位分为若干项工作。第一是熟悉产品，业务员可能达到第四级，对于业务主管则要达到第六级，对于同一个工作项目，不同层次人员要求的程度不一样。还有一些项目业务员不用干，是业务主管要干的，比如销售监督与统筹。干脆业务员这块就不用打等级。对于业务员和业务主管都要做的，可以不做评定。第二个就是请大家给前面的能力点打钩。刚才分组说的就是能力点，我们还是以熟悉产品为例，如实地考察这个能力点，它要求出现的频率是不是很高，如果重要性程度很强，你们就在“高”打钩，一般就在“中”打钩。在专家做作业的时候，我再跟列席的老师们交流一下。刚才有一位老师问我，下午的时候观察专家，发现有些专家晾在那里没事做，他就有这样一个想法，即今天早上就分成四个组，按岗位来走。如果你有四个非常熟练的主持人，可能没问题，但即便你有四个主持人，主持的风格还是不一样。比如，今天各位专家对这个能力的梳理思路不一样，详细程度不一样。另外，我们专家对我们所要的东西，他们不是没有，就是不知道我们想要什么，所以要有相互交流、相互碰撞的过程。我们开行业专家研讨会先不要分组，要先进行头脑风暴，这涉及我们什么时候分组，是完成了所有的工作项目就分组，还是工作任务完了再分组，最后把工作任务梳理清楚再分组。从工作项目到工作任务，这是搭架子的过程。我们以跟单员这组为示范，文员这个组的专家不用我说就把任务写完，他们已经非常熟悉分析程序和要求就可以提早分组。我们也做过把工作项目完成了就分组做工作任务，在专家非常熟练以及我们的助理主持非常熟练的情况下可以早一点分组，但至少要工作项目搭架子完成后分组。第一列要开展头脑风暴，分组之后还有不少岗位，需要对第一列再调整，所以搭架子很重要。我们请各位专家做一下作业，待会再继续完成。接下来，我们按照议程请12位专家分析所有的岗位，不仅包括现场的这些岗位，很多在企业的工作人员对通用性能力也就是职业素养比较看重，比如团队合作、信息处理的能力。接下来，我们拿到分析表。现在是对职业素养分析，就不分岗位，可能程度分的不一样。我们通过对国内外资料的查询，发现大家对职业素养认识不一样，国家人事部门的核心技能，人的可持续发展的技能，比如为人处世、处理问题的方法和能力。通过对国内外资料的查询，发现对职业素养的提法分为十大项：沟通交流、数字应用、个性创新、自主学习、团队合作、解决问题、信息处理、责任（安全）意识、外语应用、其他。刚才很多专家想讲能力，这是大家通用的，专家围绕着这十个方面，沟通交流在我们工作当中有哪些优秀员工做得好，把他们的具体表现告诉我，掌握什么方法、礼仪，等等这些，你们想到哪些就说出来。

任亚莉：要关注沟通的对象，对领导一般用汇报工作。

杜怡萍：对平级用的方式可能不一样。

杨火勇：沟通对象以结果为导向，有客户叫我们出货，跟我们讲，赶不到交付日期就要空运，我们赶了90%，最后他同意了，客人也保住了。

杜怡萍：基于目标导向。

李昱萱：要注重礼仪。首先要尊重对方，要注意眼神的交流，注意倾听和回应。

杜怡萍：在沟通的时候，客服有专门的用语，是吧?

任亚莉：是规范用语。

杜怡萍：像这样的规范用语有多少?

廖彩云：礼貌用语十字。比如说“您好”“对不起”“再见”等。

杜怡萍：虽然大家都知道，但是可能用得不恰当，还是要注重礼貌用语。

邓玉蝉：要注意互动。

杨燕燕：有专门培训沟通的技巧。

杜怡萍：如果后续开发教材，资料可以公开吗？

杨燕燕：可以的。以前我们在日本，不管你是报告还是只让领导知会都比较保守，在欧美企业讲的则是沟通的时候要敞开。

杜怡萍：我们很多学校既要教育学生，也要做职业培训。还有没有补充的？

吴婵晶：要强调灵活沟通。我们涉及的跨部门沟通通常会遇到障碍，这时可以借一些助力。

杜怡萍：这是沟通交流所应具备的职业素养，接下来，在这些岗位里面的数字运用有哪些？数学应达到什么水平？我们还有结算，可能要做汇率的结算等，数字运用的水平应该到什么程度？

吴婵晶：数字运用比较少。

杜怡萍：业务员和跟单员需要掌握到什么程度？

李昱萱：跟业绩相关的数字、汇率换算。

何嘉佑：心算能力要很强，跟单这块高中水平就可以。

杜怡萍：刚才有一个项目说要数据分析，要达到什么程度？

杨燕燕：统计学和图表制作的能力。

杜怡萍：PPT用得多吗？

杨燕燕：多。

邓玉蝉：函数。

杨燕燕：会计电算化。

杜怡萍：数字运用还有没有？

刘娜丹：我们有一个折扣计算。你要知道产品打多少折。

杜怡萍：英语客服这块对数字不一定那么敏感，业务员和跟单员比较敏感。

邓玉蝉：我们也敏感，我们要计算。

杜怡萍：非常感谢各位专家。革新创新在这些岗位要求多吗？现在说万众创新，怎样创新？

吴婵晶：创新体现在细节。公司有很多表格，你需要在运作的过程中不断完善。因为我们会利用表格这个工具将工作流程化。

邓玉蝉：话术的语言。

杜怡萍：怎样表达会更好？还有哪些方面需要？

邓玉蝉：绩效创新可以，比如说计算方法不一样，不同的管理方法。

李昱萱：随着公司的发展，绩效也会不一样。

杨火勇：流程要创新。

杜怡萍：还有吗？

杨燕燕：如果创新方面跟企业结合，像我们日常用的，现在看到学校教的很少，A3的模式，DMAIC，是一种工具。这是创新的时候要运用的工具。还有小改善，像我刚才讲的比如修正表格，我们公司的员工自己撰写改善提案。

刘娜丹：H5招聘，现在很多招聘放在58同城，微信上面也有一个专门做招聘的，动画做得非常漂亮。

杜怡萍：大家都说了很多前沿的东西，你们作为主管和经理，希望看到员工有什么样创新的表现？

何嘉佑：还有些装柜软件，正规的工程图纸就可以把装柜装得满满的，可以提高效率。

杜怡萍：对我们员工有自主学习这方面的要求吗？

大家：有。

廖彩云：提升学历，学习技术，如果你是会计专业，工厂想要学生自己学习技术。

杨火勇：要跟进你所从事行业的前沿领域。

杜怡萍：与时俱进，关注前沿发展。

丁梅玲：碎片化学习。

廖彩云：兴趣爱好，在这个领域以外我想多学什么东西。

杜怡萍：企业里面对员工进行什么样的倡导。

任亚莉：继续参加培训。

杨燕燕：我们很重视跨部门学习，跨部门和跨技能培训都有。

杜怡萍：对学习这块还有吗？在学习工具方面大家讲到软件，现在经常提到互联网。

丁梅玲：微课堂。学院有翻转课堂、微信学习平台、网络上的慕课、网易等。

杨燕燕：我们跟学校合作，像华南理工大学在我们那里开班，新员工有两年在我们学校学习。

丁梅玲：我觉得应该有个读书计划，如制订职业发展的计划。要学习行业前沿的知识、技能并运用。

杜怡萍：团队合作这块很重要，团队如何合作？企业对团队合作有什么要求？

李昱萱：服从领导安排，以团队利益为重。

杨燕燕：通过拓展活动提高团队凝聚力，提高团队合作意识。

廖彩云：具有奉献精神，可以在乎，但是不要计较。

何嘉佑：性格互补，像《激情与速度7》就是一个很成功的团队。电影对于企业的团队合作很有借鉴作用。

丁梅玲：团队是指有共同目标的组织。一定要设立共同目标，要有一定的沟通渠道和方式，这个团队才能维持。例会是一种沟通渠道，还有活动策划。最重要的是团队的领导者，领导者要倡导这种精神，鼓励团队的发展。

杜怡萍：优秀的团队有什么特征？

李昱萱：积极主动乐观。现在很多学生出来后心理承受能力挺小的，像巨大的婴儿，在心理这块容易受挫，所以要内心强大。

杜怡萍：抗挫能力要强。

杨燕燕：优秀的团队执行力很强。还有，他的团队内部授权和责任比较明确，责任和分工明确。

杨火勇：对团队做出贡献的要进行奖励。

刘娜丹：我们公司流行一句话，心在一起才是团队。倡导心在一起。

任亚莉：团队成员有了业绩后要给予肯定，要多表扬，少批评，要看到对方的亮点。

杜怡萍：解决问题的能力当然要有，我们如何才能做得更好？

黄丹枫：不要害怕问题，不要回避问题。

杨燕燕：首先，解决问题一定要懂得运用正确的工具找到原因。有很多工具可以学，如5W、8D等各种各样的工具。FTA就是用正确的工具找到原因，用PDCA的循环的思维去解决问题。

杜怡萍：在我们的企业当中，怎样去解决问题？自己解决不了怎么办？

杨燕燕：逐级上报问题。逐级上报不等于推卸你的责任给上级解决，而是得到上司的帮助，不过最终还是要自己解决。

杜怡萍：要准备3个解决问题的方案。

李昱萱：授权给团队，注重团队解决问题。

廖彩云：熟悉解决问题流程。

杜怡萍：关于信息处理，怎样去处理信息？用什么工具？在企业是不是有专门的工具？客服呼入呼出有什么信息交流的软件？

杨火勇：K3。

李昱萱：OA系统。

杨燕燕：SAP绩效软件。

任亚莉：还有排班软件。

杜怡萍：像银行都是有专用软件吗？

廖彩云：我们有专门的软件。

邓玉蝉：CRM系统、CTI，还有交换机（IT）。

李昱萱：现在还有企业QQ，它类似于OA系统，但是没有OA系统那么全。

何嘉佑：如果是业务员，他们会用到海关数据，就是给钱买海关数据，然后研究竞争对手的数据。

杜怡萍：从咱们的岗位来讲，除了要分析我们使用哪些方面的工具，还有怎样获得信息，信息如何处理。

何嘉佑：有一个软件叫小满快发。

杜怡萍：我们前面讲到用表格处理信息，要学会收集整理信息，那么像业务员要注意哪些信息的收集？

黄丹枫：客户资料分类管理。

赵寅金：汇率变动。

黄丹枫：用产品的关键词搜索数据。

赵寅金：同类产品的更新换代。

邓玉蝉：竞争对手信息。

李昱萱：员工信息也重要。

何嘉佑：翻墙，登录到国外的网站。

黄丹枫：VPN 代理服务器。

杜怡萍：再看看责任（安全）意识，我们有安全问题吗？

邓玉蝉：消防安全。

杜怡萍：信息保密。

廖彩云：人员安全，员工上下班安全。

吴婵晶：公司资产安全，商标安全。

黄丹枫：订单风险控制。

杜怡萍：责任心这块有什么要求？

廖彩云：遵守规范。

何嘉佑：还有公司的资金收款安全，有些业务员负责收款。

任亚莉：像我们公司有“五条禁令八项服务”，比如不能未经客户同意操作一些信息。

邓玉蝉：还有互联网上的安全，不能打开有病毒的网页。

杨火勇：出货单证的安全。

吴婵晶：要及时发现问题。

廖彩云：发现问题肯定要上报，要有责任感。

杜怡萍：外语应用是专业能力，改成“语言应用”用什么语言？粤语，普通话，英语？基本都要用粤语吧。

杨燕燕：用普通话，中国人之间说普通话。

杜怡萍：在外资企业，你们是用英语进行流利沟通。

杨燕燕：对，要用规范的语言写邮件，不能太口语化。

杜怡萍：刚才说到书写用语，一些礼貌的用语。

任亚莉：英语客服的服务对象来自全球，他要了解各国使用的语调、语音，你需要听他的声音就可以判断他是哪个国家的人。

杜怡萍：要了解不同国家的语音语调。

杨燕燕：要了解行业术语，他讲的话你要听得懂。外贸有外贸的简写，生产有生产的简写，这些需要了解。

廖彩云：不同的语音，语态也不一样。

杜怡萍：刚才说到有一些行业的专门用语也要掌握。

杨燕燕：学生去企业的时候，他的英语发音相对比较容易懂，但有些人的口音真的很重。

杜怡萍：要强调英语的发音。

丁梅玲：最少达到商务英语的二级。

黄丹枫：如果是商务英语客服，他的四级基本要480分以上，不然我觉得英语是他的弱点。

刘娜丹：有些客户的母语不是英语，毕业生最好能够懂小语种（其实是少用的语种），像俄罗斯语。

杜怡萍：最好能够会第二外语。最后一个“其他”，在企业里面很看好这个人，关于在企业对人倡导性的用语，我们列一下。

刘娜丹：绽放，有什么东西都可以跟别人分享。

李昱萱：忠诚。

杨燕燕：员工的情绪控制能力，压力的自我管理能力。

李昱萱：态度要谦卑。

廖彩云：少抱怨。

吴婵晶：适应能力强。

邓玉蝉：有耐心。

黄丹枫：要有正能量，内驱力强。

廖彩云：每天精力充沛，做营销每天像打鸡血。

李昱萱：积极主动工作。

丁梅玲：很好的个人形象。

黄丹枫：懂得感恩。

吴婵晶：常微笑。

邓玉蝉：要有目标。

刘娜丹：团队精神、责任心。

杨燕燕：时间管理。

李昱萱：自主学习能力强。

杜怡萍：对一个人的要求，其实你们有很多的感受。在这里，我们非常感谢专家们的积极配合。接下来，我们把记录打印出来发给每位专家。关于职业素养，专家们对“高”和“中”做评定就行了。现在，请专家们做文字的修订和评定最后的“高”和“中”。

（以下是后续工作内容）

杜怡萍：我们今天表面完成了4个岗位，实际已经达到8个，共包括4大类岗位，8个小岗位，35个工作项目，140个工作任务，430多个职业能力，100多个职业素养点。后续我们应该怎么做？这里我给大家梳理一下，今天用到的方法就是“二维四步五解”法。我们可以从两个维度来梳理职业能力，除了后面一个小时的头脑风暴做的是职业素养，前面做的都是专业能力。职业能力分解有很多种方式，我们从两个维度分解。“四步”包括：第一，确定岗位；第二，将每个岗位分解为若干个工作项目；第三，再分解为工作任务；第四，将完成每个工作任务需要的能力要求分析。这就是四步分解。对职业能力5个点去解析，不见得每个任务都有5个方面的能力，但是我们尽可能对这5个方面进行挖掘。我们后续工作需要做很多补充，行业专家不容易，采取层层分解的方式来剖析职业能力。这就是我们对实践的理论提升。

后续工作怎么做？第一，对表述不当的用语进行修改。第二，参照国内外相关的职业能力资料，修正、补充、完善。前期做调查的时候做了很多职业标准或者企业的职责，或者企业的岗位说明书等这些的调查。往里面插东西，每一个任务对应的能力点是不是更丰富了？第三，请行业专家对没有完整分析的工作内容进行补充。今天发现有一些任务可能还没有写，我们后续可以再做。第四，将所有岗位的职业能力分析合并在一张表中。第五，对相同的工作项目、工作任务、职业能力进行归并，选择更为准确、科学的描述。今天几乎所有岗位的主管都有团队建设，对于这一块相同的工作项目，还有一些工作任务相同，还有一些能力点相同，工作项目、工作任务相同只能留下一块，这些工作最后由项目团队选择更为准确、更为科学的描述。第六，如果职业能力间属于包含关系，则以详细的职业能力描述为准。今天做的就是获得职业能力的渠道，在调查阶段通过这么多渠道获得职业能力，这个时候才去梳理，我想通过行业专家把这个架子搭起来，工作项目、工作任务搭起来后再插能力点就比较好。今天的职业能力分析会是架构，把细节插进去。最后会看到的是有编码的表，我们形成正式的职业能力分析表，前期9个项目做职业能力分析，他们都有编码。我们在最后才编码，编码之后的职业能力分析表就是我们要的职业能力标准，职业能力标准对特定岗位或岗位群中职业能力条目化、系统化、精确化描述与制度化规定。制度化谁去做？应该是行业协会去做，或者国家的人社部门去做。我们想去做制度化，但是做不到，所以我们做出来的表叫作职业能力分析表，因为我们没有办法做到制度化。

确定不同层次的学习水平，最后出来职业能力分析表，不只有中职L1、L2，还有高职L1、L2。专业的职业能力分析表，评定没有了，“高”和“中”没有了，为什么我们要合并？我们最后建课程不是按岗位来设课程。我们看一下旅游管理，有一个工作项目就是出团退团的通知，这个工作项目可能在导游这个岗位，在我们职业生涯路径属于第二层级，这个层级就是L2，这个L2是属于中职要去达到的。这个L2在高职的培养里面要重复，就是L2在中职要学，在高职也要学。业务员有很多能力在中职要学，像模具设计与制造专业，这个工作项目既属于第二层级的岗位，也有可能属于第三层级的岗位。有一些工作项目是外贸业务员需要做的，但外贸主管也要具备相关能力，那就是L3。这个项目也不同，属于L3具备的能力要中职去学，属于L3的岗位能力但属于高职去学，所以有区别度的问题。这几个工作项目是用职业素养的例子，怎样用L1、L2，在第一层级的岗位里边出现，也在第二层级的岗位出现，同一个岗位都会有，这个工作项目都有可能。这个项目属于L1的水平层次，也属于L2的水平层次，但是程度不一样。

这个表实际也是相对的，我要严格区别L1、L2、L3，并通过项目组讨论，这个PPT我也发给大家。一般来讲，我们专业对应岗位是4~6个，最后分析的能力点是500个左右，我很高兴告诉袁主任我完成了任务，加上后续的工作补充，应该会更多更好，今天虽然是500多个，重复合并也会少一些。一个好的主持人对一天会议的贡献非常大，我看过很多分析出来的专业职业能力，别人分析就只有十几二十多个项目，我自己分析就有这么多的项目，就是我们怎样去挖掘问题。会后我们要把所有项目和任务数统计好，这个岗位名称有了，对照你的职业能力分析去统计，比如跟单员有多少项目，有10个项目，25个任务写在这边，就是我们汽车专业所做的统计表，但有一些重复。这个表是判断工作量的表，也为学校做下一步的能力库建设提供非常重要的参考。完成那个表以后我们要做职业能力分析报告，对我们这个阶段做概述，做了什么岗位，分析了什么。

对于职业能力模块库的建设，由各院校决定是否做，但是各个学校都要有这个概念，各个院系能够建立能力模块库。每个任务或者工作项目建一个模块，当你要建课程时就把这个模块拿出来。一个学校开的专业，有很多专业是共通的。这个是交通职院的职业能力模块，这个模块到底应该放在工作项目还是放在工作任务，或者是放在职业能力点，我自己觉得，课程用到的能力点不用那么细，建到工作任务就行了，粗一点建到工作项目就行。大家看一下能力的要求，这些不就是能力点的要求。把一个工作项目或工作任务截下来就是能力模块，再补上模块的评估要点。

这个是广东科技职业学院的职业能力模块。今天辅导就是这些，最后讲三个感谢，第一，非常感谢我们的行业专家，感谢这么优秀的专家对今天分析会的大力支持，用热烈的掌声感谢你们。第二，感谢我们的项目团队以及咱们广东省外语艺术职业学院为我们这次分析会提供的好的示范，最后我想请他们讲感受，是怎样组织这个会议，如何进行资源调配。第三，要感谢几位助理主持。掌声向大家表示感谢。还有来自各个学校的老师，希望你们做得更好。谢谢你们。最后请袁主任做总结。

袁洪：首先讲的是职业能力分析行业专家研讨会的筹备工作，第一是人，主持人和专家极其关键。第二是有哪些事情，就是我们今天的流程。第三是后勤的事。关键在于思考和关注细节，注重协调。任务的布置与协调一个是借力，借学校各个领导的力，团队的力。第四是指导。第五是督促，要联系和协调这个事是不是做好了。最后就是验收，我是星期六早上做的验收，我按着方案的点逐个打钩。今天我们早上进行了开幕式，按照原定的议程圆满完成了所有的任务，在这个过程当中，杜老师利用这个时间，做了很多培训，在座的专家充分利用自己的行业经验为我们做深入的解剖，我们今天对8个岗位的工作项目和工作任务做了分析，提到35个项目，430多个职业能力点，感到收获颇丰。

今天所有的成果属于我们在座的全体人员，包括台前幕后的人员。杜老师辛苦了一天，利用娴熟的技巧做到言之成理、言之有序。希望我们行业专家继续关注我们的专业，关注项目的研制，同时也感谢兄弟院校的同行。感谢你们为我们会议做出的努力，感谢台前幕后工作的领导和同学们，让我们感受到了团队合作的融洽。最后让我们用热烈的掌声献给参加此场会议的每个人。

3. 汽车运用技术专业课程体系建构教育专家研讨会实录

时间：2014年4月12日15：30—18：00，13日8：30—16：30

地点：广东交通职业技术学院

主持人：广东省教育研究院杜怡萍教研员

背景说明：本次教育专家研讨会第1天下午有三项议程：（1）项目负责人郭海龙介绍标准研制工作进展及阶段性成果；（2）会议主持人杜怡萍辅导课程体系建构要求；（3）教育专家研讨专业教学标准的前半部分内容，主要确定专业培养目标、人才规格。以下笔录仅是第二天会议内容。

本次研讨会录像资料由“中高职衔接汽车运用技术专业教学标准和课程标准研制”项目组及广东交通职业技术学院郭海龙副教授提供，广东技术师范学院研究生周柳、林婷进行笔录整理，广东省教育研究院教研员杜怡萍修改。

杜怡萍：各位专家，早上好！昨天我们讨论并确定了汽车运用技术专业中职、高职人才培养目标、规格，晚上各位专家又阅读了项目组准备的资料，辛苦大家了！

现在专家会议继续进行。按照今天上午的安排，请大家看一下议程。今天上午主要是要确定中高职的专业核心课程、专业方向课程。我们把课程的名称、内涵定下来，达成一种共识，接下来我们才能做课程能力的对接。请大家看一下，昨天发给了专家一份中职学段和高职学段的专业课程记录表，分为专业核心课程、专业方向课程。为了便于大家的沟通与衔接，首先采取头脑风暴的方式，专家们都要对中高职课程进行讨论。我们在做中高职衔接的过程当中，两方人员像这样坐在一起并不容易（中职专家与高职专家相邻而坐）。我们经常看到的现象是高职一拨、中职一拨，然后两个团队的领导再碰头。我觉得通过我们这样的过程才能融合，所以在这里采取这个形式。我们先做核心课程，中高职的专家都要先来讨论中职的核心课程。我会把主持权交给组长，因为专业课程之间的关系我没办法引导大家，有一些课程大家要怎么取舍，因为大家会写出十几门课程来。相应的，我们要设多少门课程呢？这里有一个资料汇编，里面有编写说明，有一些课时的安排，大家可以作为参照。另外昨天下午大家讨论得非常好，我们项目组再次修正了人才培养目标，各位专家已经看了，如果大家还有异议，就在上面直接修改，我们再归纳。尤其昨天各位专家提出来的，对于中职学校培养目标的表达太偏向就业为导向，不管怎么样我们以后会做调整，我们现在先把方向定下来，我主要想确定中职面向的哪些岗位群职业能力的培养，并且界定这个范畴。如何表达得更好呢？我也想请各位专家到时候提建议，我们再做修改。为什么我们这个写讨论三稿、讨论几稿呢？就是想获得大家的意见。好，那我们依据这个目标来确定这个相应的课程。接下来，每个专家都来发表自己的意见吧，不分先后顺序，想好了就说吧。昨天我打印了几个学校的人才培养方案，里面有教学计划和相应课程，我们可以用来做参考。我们的顺序是先确定中职的核心课程，然后再确定高职的核心课程，最后确定中职的方向课程以及高职的方向课程。你们在列这张表的时候，请大家再多做一件事情，如果中职的核心课程和高职的核心课程是衔接的，请大家用“＊”来表示。因为最后我们要把衔接课程特别拿出来，这个是我们将来在做课程标准的时候要特别注意它们的衔接性和针对性，避免重复。

专家1：我们昨天把留下来的作业讨论了一下，没有像你刚才说的那么全，我们就先抛砖引玉，然后再看看后面你们怎么补充。

杜怡萍：好的，那您代表中职先说一下。

专家1：先谈谈我们的想法，我们是课程体系的建构，讲建构就是要有一条核心路线，我们这个没有核心路线，我们的主导思想就是以高职为主导的衔接。从岗位上考虑，中职这块主要解决汽车维护，另外一个就是更换，从这两点去考虑，再加上一些故障维修。我想的是这么几块，第一是汽车维护，应该是核心环节。第二是汽车构造拆装，把课程和拆装基础结合起来的。第三是修理，我们考虑的主要是机械维修、发动机的机械维修、汽车底盘维修。电器这一块主要考虑汽车电器维修，重点在发电机、起重器、充电器、灯系的电路。电控部分、自动波这些在中职到底该怎么搞，我们有几种意见，就是以学生做电控系统维护为主，在做维护的时候要有最基本的认识，这是电控部分。这个也是在高职要重点讲的部分，在中职一点都不讲也不可能。电控系统的维护或认识，这门课程要有。基本的核心课程还有一个要考虑的方向是车间修护。其实我们是否称作“方向”还是要确定一下，到底是“拓展”还是“方向”？

杜怡萍：方向也可以拓展，可以从就业的深度来确定方向。

专家1：第二个方向是配件管理。

杜怡萍：其他中职或高职的专家有其他的意见吗？我用其他颜色的笔来标示。

专家2：刚刚吴老师说得挺对的，因为我们这个项目是建构，建构一定要有明确的指导思想和主线，到底是怎么样的一个基础构建，这个取决于不同的方向、方法。我自己认为，汽车还是要借鉴于国外的东西，是以设备或者系统的结构为途径，还是以车为对象，根据车的系统和结构走。车无非就是发动机、底盘、电器和电子这些相关要素。我个人理解，以这个作为逻辑和关系，围绕着昨天的岗位群（机电维修、服务部门和钣金）展开。我跟你们的方向不一样，因为高职是从上往下走，我认为中职应该是除了公共基础课程、高中课程外，要侧重汽车发动机的构造与维修，这包括拆装、认知，然后底盘的构造与维修，最后是汽车电器的构造与维修。我们都讲构造、认知、拆装。然后加一些综合汽车训练，我们有整周的实训课，训练对汽车售前的检验与车辆日常的维护，还有中级工的训练，我们希望在中职把职业资格证书对接。专业课这一块，第一个我同意吴老师的意见，因为中职毕竟是学段的目标，最好不用“专业方向”，还没到“方向”的程度，用“拓展”就好。到了高职，为了衔接，高职主要是电控，因此我认为基础课程加一门汽车电子控制基础，这是一个融合课程，可以作为特色课程。第二个是中职衔接的，汽车发动机的原理和故障。名称也差不多，我们可以对着来，因为是两个学段嘛。然后是汽车底盘的原理与故障手段、名称基本上对接。还有汽车电器及电子的原理与故障。我们的中职再加两个综合课，汽车的综合性能检测，检测线那一块，然后是汽车的综合故障诊断。就跟着我们目标里面，中职是常见的、综合的故障，可以跟目标结合起来。再加上综合技能训练课，我们也安排整周的，就是二级维护保养以及高级工的，这样我证书也有了。加上方向，一是可以有新能源汽车、汽车新技术，包括车联网的远程汽车诊断，这也是汽车维修。第二个方向是汽车保险与理赔，因为我们调研的话有服务顾问和汽车理赔这两个岗位，跟配件管理一块。顾问方向有售后接待、营销模块。这样就与我们的总体目标对接了。

杜怡萍：好，这样专业方向也基本确定，专业课也基本罗列出来了。各位专家再继续发表意见，我们在这上面（白板）再进行确认。

专家3：我想了两个方面。一个是从中职开始，主要侧重于技能训练，机电维修领域，在高职要再上一个台阶。还有一个是从领域上考虑，中职主要是技能的训练，到了高职除了机电维修领域衔接以外，还有另外一个方向，比如说售后服务、保险评估。从课程上考虑，中职这个阶段，以技能训练培训为主，在职业能力分析方面，我们可以从专业基础课程选一到两门作为核心课程，比如说经验常识、评估认识，还有基本维修的规律，比如说汽车维修技术基础。另外还有一个，我们每门课都涉及实训，如果将实训单列，课程是不是就多了？

专家2：我的综合技能训练是整个课程，不是单列的。

专家3：还有一个是汽车的使用与维护，增加一个“使用”。高职这边我想机械、电子方面应更深化。在咱们的汽车机械基础知识上进行运用，就是汽车机械技术应用。后面要讲到很多电控方面的知识理论，还应该有汽车电控基础应用，其他的就是发动机、底盘、电控系统的基础应用，还有汽车车身电控系统，这些就是核心课程。高职这方面有典型车系的综合故障总维修，和一个汽车维修质量检验。还有一个是顾问方向，就是汽车维修服务接待与客户沟通，售后服务顾问方向可以扩展到汽车配件营销与管理。还有一个方向是保险理赔方向。最后一个是二手车鉴定与评估。

专家4：中职这块改革十来年了，我们最早的课程就是三块：汽车发动机构造与维修、底盘构造与维修、汽车电器设备。这三本书出来以后全国都一样，后期就开始进行课程改革，尤其最近的示范校建设，高职中职都有，有三大任务。第一个改革培养模式，打破传统的以学校、课堂为中心的知情意结合。第二个改革教学模式，主要是由课堂教学改革成项目教学、案例教学、情景教学、榜样教学。第三个创新教学内容，主要是搞好几个对接，课堂要对接岗位、教材要对接技能的，这是我们示范校建设的中心任务。目前我们在中高职衔接的时候，一要考虑中职的现状，可操作性比较好；另外一个是基础路线。其实我们跟高职衔接一点都不矛盾，从人的认识规律上来看，有感性认识和理性认识，中职偏重感性认识，高职偏重理性认识。从一个学生的成长规律来看，他是从学徒到专家这样一个成长过程。我认为中职在衔接，主要是从学徒开始，根据认识规律到后来的综合型的，或者你都可以做老板型的去开店，两边不能齐步走，不能同一个要求。不然中职学生一入学，他会厌学的。在衔接的时候要注意这几个问题，这样的话两边都好用，要不这个东西去了以后不好用就放在那了。我搞衔接的就用这个，我不搞衔接的肯定就不用这个了，不然没法就业了。其他的在设置课程的时候没问题，这三门课在设置的时候要有新意，如果只是和以前一样那就没意义了，要有新的思想。

杜怡萍：即使名称是一样的，它的课程结构也要发生改变。

专家5：为什么我们要把汽车构造与汽车维修分开呢？因为到实际场所中是没有汽车构造这个工作的，我们把它当作平台。学生入学时对汽车不了解，要完成工作必须有这个基础，知道这个梗概，这属于认识基础的类型，我们拆开汽车让你认识一下，然后把它装好，讲讲原理。到汽车机械维修部分，这是要做工作的，做工作就要有工作任务，工作任务是完整的，你要做计划、要实施、要做顾问，现在都是行动导向这一套。在构造拆装的时候，我们也可以这样做。假如，我们把汽车构造与维修放在一块，我认为构造就是让学生完成一个故障诊断，这个东西坏了需要换上，那就让中职学生把它拆出来、换上、装好。是不是这样一个想法？那你就要这样去建构。原来我们的想法是这样，在那边建立个平台，在这边设置任务。

专家2：实际上美国的ASE也是这种体系。

专家6：我怎么感觉今天的材料还有英国证书式的想法，将中职高职分一下，中职有哪些能力，高职有哪些能力。

杜怡萍：其实这是能力的划分，是基于任务划分它能力的程度。这个仅供参考。

专家6：如果按照这个级别来划分的话，那我们刚才讨论的那些就要推翻了。

杜怡萍：不是这个意思，我们这个划分主要是为了确定我们中高职的职业能力相对应的岗位在哪里。至于某个能力点是否放在中职或者高职，这个我们还可以修订。这个能力分析表只是我们建构课程的一个依据而已，基于能力来建构课程是我们的一个共识嘛，还有你要考虑学生的认知、实际发展，还有高职形成策略性知识等等。

专家7：我们目前的建构，基础路线是什么？如果针对这个分级的话，那就是针对岗位能力来建构课程体系。

杜怡萍：我们不是基于岗位能力，是基于职业能力。

专家7：那如果你这调查研究出来的能力点、一级二级是我们列出的课程当中涵盖不了的，怎么办？

杜怡萍：我们也并不是需要涵盖所有的能力，只是尽可能多的涵盖。涵盖不了的我们还有选课啊。最后涵盖多少我们是有统计的，涵盖不了的到底是什么问题我们再来研究，我们总体的思路还是根据工作的过程。

专家7：好吧，那还是渗透到各种课程中去，不要单独列。

杜怡萍：接下来涉及课程与课程之间的联系，请组长（专家6）来主持。

专家8：今天这个你们的主导思想和基础不一样，最后的结果完全是两回事。刚才吴老师说的，基于职业能力走的话就跟这个没关系了。

杜怡萍：你们先跟这个走，再跟能力去对应，完全是能力组合也会出问题，我估计现在出来的课程没有人能够上，改革太大了。

组　长：我觉得我们还是就事论事，这个课题是汽运专业的中高职衔接，咱们昨天已经有个初步结果，有个总体目标、中职目标、高职目标，咱们就围绕这个。原先按照咱们说的三个岗位“机电维修”“服务顾问”“保险理赔”，基本上意见都统一了。但是刚才说的确实有个问题，我们现在构建的基础路线和指导思想都没有确定，导致意见发散。那就接着杜老师的套路，大家头脑风暴一下。还是在我们昨天讨论成果的基础上，否则思路一打开，大家都是专家，都有自己的一套。

专家9：好像有个课程体系，我看张老师出了一个框架，把中职和高职的课程写得比较清楚，我们基于这个基础再调整一下。我希望把底盘维修加上检测、检修。高职涉及提升的问题。我倒觉得发动机这块可以叫汽车发动机系统检修，高职的话就是三个检修加上一个综合故障诊断。这样中职和高职就有一个衔接，中职的话是放在维护检修，高职是在提供检修和诊断排除。

组　长：我觉得大家总的认识都差不多，只是个别的措辞问题。比如说中职主要在机械性，高职主要是在电控。还有没有专家有不同的意见？

专家10：刚刚吴主任说中职阶段除了机械以外，还有电控认识，我觉得很有必要。

专家11：这个其实叫电控基础就可以了。

组　长：这点我有不同的意见，因为我做过这个。虽然说中职是三年，现状的话是只有两年，第四学期还有转段考试，但我觉得衔接还是放在机械系统，包括拆装、构造、认知、简单的维修等等，然后把基础课，比如说机械基础、检测实务等放进去。到了电控，还是认知学段问题，放在高职，高职实际上也就2年。我们现在的高职是3年，2年里面还要做毕业设计、毕业论文。所以衔接的时候，虽然我们头脑风暴想了很多，但是实际上我们要搞清楚重点在哪儿，因为我们现在是核心课程，我觉得就是突出重点。

专家5：有个关键的问题，我们“3+2”的学制，就业怎么安排？中职只考虑以就业为导向的话，就是“2+1”，后面一年基本上顶岗实习、就业，实际上在中职真正学习核心课程的时间也就1年左右，如果考虑中高职衔接，这些学生是不是在中职阶段也考虑一年的顶岗实习？还有就是我们高职这2年，是不是至少有1年是顶岗实习包括做毕业设计？那么一年内你学习专业课程的时间也不多。所以这里还要再考虑中职的侧重点，能完成多少教学任务，高职能完成多少，要考虑整个课程的偏重比例。包括我们刚才讲的对电控的认识，认识到什么程度。比如说“2.5+0.5”，那中职就可以学多一点，这部分学生就不用那么早下去顶岗实习。就比如说汽车售后服务这个岗位，学生一旦去实习，基本上就不想再去读高职，这个的前提是他基础好；如果他基础不好又不想干活，他可能干完一年就会回到这里来读“3+2”。所以如果统一考虑，就把我们整个教学安排的时间、学制都考虑进去，现在教育部已经不再提倡这种“2+1”的概念了，已经慢慢淡化了。究竟“3+2”的侧重点是在中职还是在高职？如果两个阶段都1年的话，那学生在企业就有2年了。

杜怡萍：我先说一下，因为当时你们也在讨论这个问题。现在教育部已经知道我们很多学校的情况，也知道这个“2+1”的“1”对应的专业含金量有很大的问题。现在我们说的是“2.5+0.5”，这个“0.5”我们写的不是顶岗实习而是项目实习。这个项目实习也可以采取顶岗实习的方式，540课时。希望中职和高职来共同商量项目实习的内容，可以在学校的工厂或者是工作室进行，所以我们不主张在中职阶段就把学生推向社会顶岗实习。但是又考虑到很多学校的条件不允许，或者比如说像汽车售后这个行业，就业行情很好，基本上回来上高职的学生就不多了，可能中高职衔接也衔接不了了，所以我们写的是“2.5+0.5”。然而“2.5+0.5”也出现问题，转段是在哪里呢？是在第四或者第五学期，广东省教育厅文件这次写的是第四学期，以往我们有些学校是在第五学期。所以我们真正的核心课只能放在前两年，到了第五学期的时候可能是方向课。这与您刚刚考虑的是一样的。那么高职是两年，顶岗实习去掉半年，也是“1.5+0.5”。基于这样的考虑就有了我们资料上的课时。接下来的课程，如果大家没有异议的话，就可以开始筛选了。我们中职虽然写的是6~9门核心课程，包括综合实训、项目实习，但是不一定安排满，把最主要的确定出来就可以了。

专家7：我们在招生的时候，教育部已经规定了，在入学的时候将班级定为转段班的，非转段班的学生不能够报。另外就像你说的2年，有半年是拓展，帮助了就业。另外我们这个课题研究，这里说是教学标准，我们没有这种说法，都说是培养方案，你这个格式跟我们培养方案也是一样的，这样的话可以叫作“中高职衔接五年一体的培养方案”。

组 长：“五年一体”是专门的名字了。

杜怡萍：“五年一体”是另外一回事儿了。这里写的招生对象就是针对“3+2”的。我打断您一下，为什么用“专业教学标准”呢？我们不是叫“教学标准”，教学程度难以标准。专业教学标准我们很少提，我们都是讲人才培养方案、人才指导方案、课程指导方案。这个名称我在后面做了一个定义式的解释，这个解释是根据教育部2012年410个高职的专业教学标准发布时候定义的。你们说这是人才培养方案，那也是人才培养方案，为什么我用“专业教学标准”呢？我是在整个区域性的层面，用行政性的名称。这个意见我也在思考。这个标准只是一个最基本的标准。

组 长：实际上框架超越计划，这只是个框架。说实在，各个学校还是有差别的，在全省范围运用，叫普适性，这个标准宜粗不宜细，因为各个地区包括各所学校千差万别。像这种，我没说电工与电器，如果有需要可以加起来，但不是主要课，它不列在标准中，大家拿出最主要的。我看我们这个原则，6~9门课实在是太多了，因为时间的限制。中职在第四学期转段就开始了，实际上他的执业证书还没到手，非常不合理。所以留半个学期，让他考证书，而且即使我们已经录取他了，他拿不到职业技术资格证书的话，是没有升学资格的。所以刚开始的时候，我们先围绕项目的界定范围抓主要点。我们按照杜老师说的，如果没有太大意见的话，就开始筛选吧。我们一个个看，哪个培训课，高职跟它对接就行了。那么，第一个“汽车使用与维护”，要不要？中职的专家？

专家7：要。这个名称是“汽车与维护”还是“使用维护”？

专家1：“使用维护”是他要学会用这个车，他不一定会，但是他知道怎么用。

组　长：这个“构造”和“机械维修”，我们用哪个？

专家8：因为构造以后马上讲维修，汽车构造、拆装都要，学生先把这个原理弄清楚了，然后再学维修。

专家1：这个要放在一年级讲。

专家8：“拆”和“装”放在一起，学了“拆”再学“装”，然后维修单独来。

组　长：底盘维修，看看用什么名称。

专家9：第一门课程，我建议叫“汽车认识与维护”，使用的程度很难定义。刚一上来就是科普性的认识，然后就是简单的维护。

杜怡萍：“认识与维护”，还是“使用与维护”？

专家1：维护，是车没坏去保养，按里程规定的项目就要保养。修理是坏了才修的，它是不一样的概念。

专家9：使用？他初中刚上来，你叫他怎么使用？实际上是扫盲式的学习。

杜怡萍：那不提“使用”也不提“认识”行不行？就叫“汽车维护”行吗？

（大家讨论）

组　长：那就直接用“汽车维护”。有些常用的、有共识的，我们就往上面写。“发动机构造与维修”，还是“发动机机械维修”，还是“发动机检修”？大家的意见是？

（大家讨论）

组　长：那就先这么写，我们到时候有需要再修改。第三个，“电器”，“汽车电器”？

专家9：“器材”的“器”，范畴小一点，“气体”的“气”范畴大一点，一般用在高职。

组　长：尽量用现在都用的词，不要搞个新词出来。汽车的设备检修？这个综合训练要不要强调？肯定要强调，这个很重要。

杜怡萍：叫“综合技能训练”行吗？

专家10：我觉得没有必要这样，因为我们的课程都是一体化的，不像以前上完理论再上实训，我们现在是理论和实训一起上。

专家1：我们考证基本上采用强化。

组　长：行，按照中职的，就没有必要单列，都融在各个课程里面了。汽车维修技术基础呢？

专家10：我觉得可以放在基础课里面，其实很多都是要学的，但是不能放在核心课程里面。

杜怡萍：我们现在核心课的概念里面包括基础课。因为我们的分类方式太多了，中职教育部颁发的也没有专业基础课，叫“专业技能”，它也包括基础课。所以如果你们需要的话，很重要的话，我觉得也可以放在核心课里面。

专家10：其实电工、电子这些都是很重要的。

组　长：机械基础、电类基础，这些肯定都是很重要的。

专家11：你那些基础里面，首先要介绍一下核心课程。

组　长：专门叫“汽车维修技术基础”吗?

专家11：没有，很多叫“一体化教学”，它放到核心课程里去了。发动机机械维修方面，很多基础的要跟学生介绍一下。

专家1：我建议两边商量完了以后，高职衔接哪些内容再重新统一一下。

（大家讨论）

组　长：那我们先这四门。空调要不要？把它先融在电器那里面，内容可以自己界定嘛。

专家11：启动、电源、灯光、空调，这些我们可以自己加。

专家1：对，你留几个空，然后各个学校的专家自己加。

组　长：对，不要搞那么多，不要一下子搞死了。那各位专家，我们再看看怎么在中职的基础上做一些对接。

专家8：那我说一些，就高职这块的话接着说。因为时间太短，只有两年的时间，然后有半年是下企业和顶岗实习、毕业论文，课程的时间很紧张。我建议把“汽车发动机构造与故障诊断”及“汽车底盘构造与原理”这两门课合在一起。因为这两门课程就是叫“汽车构造原理与检修”，这个课程主要在中职就解决了，但是这门课程又不能丢，因为中职上来以后没有衔接的过程不行，一上来就是电控的课程也不行。这个衔接起来就比较好，把这两门课合起来，课时不能太多。所以由于高职课时的问题，我们现在建议把这两门课合成一门课，这个就是一个综合性的检修，包括我们的课程，有几个典型的工作任务，让他们复习一下汽车构造的基本知识。第二个建议，我觉得高职的重点应该在故障诊断、电控系统。接下来“汽车综合性能检测”和“汽车综合故障诊断”这两门课的话，我的建议也是综合起来，叫“汽车检测与故障诊断”。高职的核心课程不宜太多，因为时间太紧了。

组　长：对，只有一年半，而且还要对接。

专家8：但是还有一点，我们现在高职设置的核心课程，基本还是在机电。三大岗位群，主要还是在机电维修，其他的服务管理这一块，没有体现出来。高职的学生在企业做几年之后，应该有个提升的空间。我们在这方面没有体现出来。

组　长：汽车维修企业管理。

专家8：对，我觉得汽车维修企业管理一定要加进去。这个是高职的重点，要不然他提升的空间就不大。这一块就要包括服务顾问这块内容。

组　长：这个就包括职业能力点了，四级五级这块。

专家8：对，这些都包括在里面了。

专家3：刚才那个汽车维修管理应该作为一个运用，因为还有个汽车检测专业，这个运用的面更广一些。还有就是前面那里我有个不同意的地方，就是“汽车构造与运用”，我们要考虑中职衔接，那从名称上肯定要看出衔接的层次关系。这个“汽车构造与原理”，拿出去以后肯定觉得是高中毕业的学生来学的。

组　长：还是发动机、电控系统检测？

专家3：就是要这三类课程对接。

专家8：我们现在的课程是这样的，构造还是有一门，不能上了高职以后没有基础构造了。到了高职，在中职学的汽车构造这部分理论还是有衔接，如果没有衔接的话，到了高职直接上电控，机械部分实际上有些学生上的时候也忘得差不多了。我的意思是汽车构造与检修还是要有一个，但是课时很少。

专家3：因为这个“3+2”作为一体化衔接，主要的构造原理，不能说学生忘了。

杜怡萍：对，要利用多余的课时来补。

专家1：有个麻烦，中职去的时候没有很多人，还有一批是从高中进来的，那一批怎么办？所以说前面一批一定要很熟，不然后面一批没法搞。

专家10：你衔接不了的话再设一门课程，但不是核心课程。

（大家讨论）

专家8：一般我们现在的课程是这样的，汽车发动及电动系统结构与检修，要讲结构、构造，再检修。

（大家讨论）

组　长：汽车综合性能检测是对应检测线的，这个是很大的一块，所以如果合在课程里面可能内容很大，课时量也很大。

专家8：但是现在的话，汽车综合性能检测很多学校都不会开了，针对检测线的话，有检测线的学校比较少，一般学校没有。

专家12：针对检测线，根据我的了解，大部分院校做了一定的技术，做了试车、验车，所以这个课程最适合它了。

专家8：但是我们这个课程，检测的意义不是检测线的意义。

组　长：这个名称是用“检测”还是用“检验”？

专家3：在工作性能检测方面，这个检测内容非常多。

专家13：这个我觉得要考虑一下岗位，我们学生有多少去了这样的岗位。

专家7：能不能设置一个方向，像这个保险、营销都是一个方向，你这个检测也是一个方向。实际上检测线这个岗位也可以作为一个方向。

杜怡萍：这个方向我觉得应该是各个学校自己去把握。

（大家讨论）

杜怡萍：刚才的意思就是，学生学检测的时候，肯定会有故障诊断，基于问题去检测。就是说这门课要不要单设？

专家1：综合故障可以设，但是它是系统的。有两种学习方法，一种是你去测故障参数，根据参数看有没有故障；另一种是你学习这个故障现象，知道在这种情况下是有故障的。

杜怡萍：那这三门课能不能重叠呢？

（大家讨论）

组　长：那高职的差不多就这样了？大家看看，还有什么不同的意见？现在主干课差不多了。中职的？

杜怡萍：这个还没定。

（大家讨论）

专家7：高职的去掉了，这个也可以去掉，这个其实是同个性质。

杜怡萍：不用这个基础课了吗？

专家7：这些知识还是会讲到，但是作为一个核心课程，刚才高职去掉的那两个跟这个的性质是一样的。

组　长：高职一定要开，这是基础方面，而且要比它深。（专家讨论中）那么就说汽车机械基础和汽车电子电工基础，在中职这段要不要放？

专家9：我觉得这里不要放了。

组　长：那我们就不要了，正好有对接的。大家还有没有什么意见？那就删掉吧。中职的5门，高职的6门，是吧？那方向课呢？

杜怡萍：刚刚说的1~2门就可以了。中职有2个方向。

组　长：刚刚说的中职是车身修护和配件管理，有没有不同意见？

专家2：车身修护跟钣金喷漆其实就是一门，钣金喷漆不属于2个课程都可以。

组　长：应该是可以的。那方向这一块，就写“车身修护”，钣金喷漆也是属于这一块的。还有一个配件管理，是吧？

杜怡萍：叫“钣金修护”吧？还是叫什么？“钣金维修工艺”？

组　长：要给中职的找一个标准的课程名称。

杜怡萍：喷漆是什么？

专家5：喷漆在钣金里也有，比如说车身的结构、板件修护、车身修护、焊接，还有很多支撑的地方也有。

杜怡萍：我知道，在分析里面都有了。

专家5：如果是一个方向课程的话，就叫“钣金工艺基础”，可能会合适一点。

组　长：小温，你来说一下，规范一下课程名称。

（大家讨论）

专家2：汽车钣金工艺，因为它只是针对汽车的，喷涂也可以。而且你还要跟汽车美容联系在一起。

杜怡萍：汽车美容，美容还要不要？那就不写美容了，别写那么多了。

组　长：那就配件管理。

专家3：我觉得刘院长把营销删除了，删除得好，因为前面写着专业面向汽车售后。

组　长：我们叫“汽车运用专业”，而不叫“汽车技术营销专业”，但是实际上汽车运用技术会拓展，但是课程量要少一点。那吴老师觉得汽车配件要吗？

专家3：要，汽车配件是要的。

组　长：应该用什么概念呢？方向课程或者是拓展课程？（专家讨论中）配件管理。

专家10：配件管理有一个仓库管理和订单管理，汽车配件营销与管理。

杜怡萍：除了配件管理，还有汽车仓库管理，汽车营销管理还是汽车配件管理？汽车配件与营销管理，还是汽车管理，汽车配件管理与营销？我们在分析的时候，所有东西都在营销。这是一门课，还有其他的？

组　长：没有了。那就到高职的方向。汽车新技术。

杜怡萍：三个，还有保险与理赔，是不是所有学校都是？

组　长：不是，它主要是拓展。有各种各样的，有节能、环保等等。这个是岗位里面要拓展的一块。检修应该是挺好的。

专家9：后面一个可能作为一个方向会比较好。普及、介绍性的知识就不要了。

杜怡萍：还要不要再减？先打上去。

组　长：那这个是后来才出现的，远程汽车技术。但是产品，原则上是出来一个系列的远程故障诊断。

（大家讨论）

组　长：这两个，汽车维修、服务和接待，要找一个规范的名称。

专家10：客服很重要，就是它一个在维修服务阶段，一个是客服阶段，就是客户服务阶段，就是接电话。

杜怡萍：就是专门培养客服人员的，是吧？

专家10：汽车维修服务与客服。

杜怡萍：维修服务是不是应该包含客服？

专家8：是不是汽车来了之后的服务？

杜怡萍：是不是维修接待？接待这些都包含了，我们当初分析的时候都包含了投诉这些内容，还有跟踪、回访。

组　长：怎么样？还有吗？

杜怡萍：还有一个，机电维修，这个还要吗？已经有很多了。

专家8：这个可以不要。

杜怡萍：你还加上毕业顶岗实习期，这个全部放在核心里面是吧？

专家11：刚刚客服顾问里面有没有包括营销那一块？

杜怡萍：没有。它不属于市场营销那个专业。这个地方不要了，顶岗实习要。差不多了，我们休息一下，组长辛苦了。

（以上完成了中职、高职核心课程和专业方向课程的确认，马上打印出来给专家们修改确认。接下来，是将能力转化到课程，实现能力与课程对接的环节）

杜怡萍：我现在要做的就是课程与能力的对接。今天上午有一位老师也讲过这个问题，我是从能力的角度组织课程还是从课程的角度来对接能力？其实我觉得两个出发点的目的都是要课程与能力对接，实际上，我们大家在思考课程时，也是围绕能力的培养，也是考虑能力的培养的。接下来我们要做什么呢？假如我们完全从这个职业能力分析表去组合课程的话，就太多排列组合了。相对来讲，我们定了核心课程。刚才各位专家在讨论的过程当中也界定了这些核心课程的范畴，接下来我们就是将这些课程与能力对应起来。我简单说一下，其实，专家会发现，是不是所有的能力都要放在我们课程里面？不一定。另外，可能我们这些课程里面的内容这个能力表也没有包括，换句话来说，我们这个能力还没有分析得那么完整，其实大家都知道能力是一种内隐的心理特征，很多都是看不到的，能够把百分之七八十表述出来已经很不容易了。所以我们在定这个课程的时候，还要考虑一下学生的职业生涯的发展。我现在提供的职业能力分析表，只能说是依据之一，还有些职业能力可能在大家的心目当中，所以请大家来，你们都是我们广东省中职、高职界的顶尖人物。那接下来，我们要做什么事情呢？给大家看一下这个图片（卡片张贴法），就是贴纸条，对大家来讲，不是特别难。怎么贴呢？比如说徐老师是B5，朱院长就是A6，这个编号就跟你们走了。那么接下来，就请你们在这个卡片上面写字，比如说我要做中职的汽车维护课程与能力对接，你可以在上面写着“汽车维护”这个课程名称。中职、高职的专家都要做所有的课程，不是说我是中职的就做中职的，高职的就做高职的。之后，我们这个汽车维护对应的能力就到这个职业能力表里找。你认为这里面哪一些工作项目应该放在汽车维护里面，就把编号写上去。就在这张纸的课程名称下面写上这些编号。比如说，我认为04所有的能力点都要放上去，写04就可以了。如果你认为04里面的04－02要放上去，其他的不要的话，那你就写04－02。你认为哪一些能放上去就写哪一些。假如你前面写的是工作项目，后面不认同的话就不要全部写了。写了这些课程名称之后，你就到这个职业能力分析表去找，我建议各位专家侧重在工作项目和工作任务。那么这个项目组在项目后面列的中职高职的L1、L2，这些仅供你们参考，不要拘泥于这个。这里有一个小小的原则，同一个工作项目或者工作任务，甚至是职业能力点，中职、高职不能重复太多。从学习的角度来讲，也要举一反三。从我们以往来讲，这些属于专业能力的工作项目、工作任务、职业能力点，重复不要超过3次。比如说，我选了04，整个我都选了，你划“—”，打“正”字，表示你已经选了。不然到后面，一门课程都不知道你选了多少次，重复太多不好，漏掉也不好。除了75项的职业素养外，一般来讲都不要超过3次，这仅是一个基本原则。请大家看一下第75项，职业素养，请大家不要忘了，每门课程都必须关注职业素养的培养，要将职业素养渗透在专业课程之中。当然，前面也有些工作项目有职业素养的描述。这些职业素养，你可以整块拿过去，也可以拿一点。我建议拿得细一点，职业素养重复的次数不做限制。因为素养需要长期训练才能养成，尤其是这个安全意识。总之，我们前面的1~74项，最好不要重复太多，不超过3次，最后的75项，可以多次重复。我建议先从中职的核心课程开始，从汽车维护开始去找。做完中职的核心课程就转到高职的核心课程，做完核心课程就转到方向课程，大家就用下午的时间做这个，看看你们的意见。

专家4：这个工作量很大。

专家7：我就全部写好，这个放哪里，那个放哪里。看一遍就知道了。

杜怡萍：这是一个好办法。我们现在正在开发这个软件，以后一点击，马上就统计。

专家3：我就把6门课程写在左边，每一项我都把它对应上去，对不上的做一个记号。基本上看一遍就知道了。

专家2：关键是我们是对应到任务还是任务里面的小项？

专家9：像维护的，01、02、03全部大项目对过去，有些可以对得小一点。

专家10：我举个例子，65页，04发动机拆装和故障诊断，它里面包括几个级别的，前面的比较简单，发动机的替换，再难一点就是发动机的检修，再往后就是系统的故障诊断以及故障的分析。

杜怡萍：现在给每人一张刚刚定的课程名称的纸。各位专家，如果你们觉得哪一个大点要选，但是里面有一个小点不要，那就打一个括号，注明哪一个小点除外。

（专家们写能力卡片，张贴在相应的课程中，大约需要3小时，主要在下午1点到4点完成）

杜怡萍：各位专家，看着白板上每门课程下五颜六色的卡片，很高兴哦！现在我们已完成了能力到课程的转化，课程与能力对接起来，非常感谢大家的辛勤劳动！

你们如果对昨天发给你们的人才培养规格还有修改意见的话，直接在那张纸上修改，反馈给我们项目组。最后有三件事情，第一，对我们整个的资料，有什么意见的，可以在上面写，严厉地提出来，这也是为了我们项目组的进步。第二，就是现在发的评估表，请大家对我们这个会议进行评估，请大家多提意见，因为我们也在探索能力到课程的转换方法。第三，就是对“人才培养目标和人才培养规格”这张纸提出修改意见。

刘越琪院长：为了构建现代职业教育体系，也是代学校感谢各位老师、各位专家对我们学校的支持，也借这个机会，对大家表示感谢，希望大家回去路上一路顺风。

（教育专家可以先行离开会场，主持人对项目组布置后续工作）

杜怡萍：中职的人才培养目标的表述太偏于职业导向了。他们在改，看怎么表述会比较好。每一次都在进步，这一次请的专家水平也非常高，他们本身也很有经验，你们的基础工作也做得非常扎实。当然他们没有做到最后，没有把这个课程和能力的对接表对接起来。所以，接下来我就分两个方面快速讲完，课程与能力对接表的整理，第三组在机电那边讲过，就是统计整理职业能力的对接统计表。这些统计表就是昨天发给专家的空白表，包括了中职课程与能力的对接，还有高职课程与能力的对接，还有一个对接，就是今天专家打了“＊”的中高职衔接课程，尤其要注意它们的关系。所以这个对接是三个对接。打了“＊”的往往都是只有能力重叠的。重叠的可能比较多，怎么去对接，就是一个梯度的问题、难易度的问题，这里要注意。这张表将是衔接我们专业教学标准和课程标准的重要的工作底稿。就是这几个步骤，这个PPT我会留给大家。第一，筛选提炼职业能力，有些写待粗，有些写得细，有些还没有，这个就需要提炼。最后把代码对应的是工作项目的写工作项目，对应职业能力的就写职业能力。第二就是这个表，现在它就好填了，它包括中职核心课程、高职核心课程、中职方向课程、高职方向课程，课程名称已经出来了。要做哪一项呢？主要课程要求和内容要描述出来。这里要求150字以内。今天你们已做了笔录，你们懂专业的，一听各位专家讲就明白了。而且今天各位专家已经把这些课程基本上界定了。你们就用这些界定的词将这些能力高度概括出来。最后就是根据这个能力概括专业的主要教学内容和要求，那么概述出来的这一部分就跑到课程标准里面去了。大家手上都有的模板，前面那一部分就是主要教学内容吗？跟能力对接的，29页，后来我们加了一个对接专业能力，加了一个编码，看到没有？所以这两个部分都跑到这边来了，还会跑到哪里去呢？那就是我们的课程标准，大家看一下43页，这里有能力的，知识、技能、态度跟这个是紧密相关的，所以这些对接表是我们做专业教学标准和课程标准的一个重要的工作底稿。按计划，今天下午所有专家把这个做完，由于统计工作跟不上，对接表的完整版放在会后，要特别注意衔接课程之间的目标和内容。建议成立每个课程的编写小组，大概三人，两个是项目组的院校老师，一个是非项目组的院校老师，项目组的院校老师是执笔人，另外一个可以找外校的老师审核一下，比如说在专家组里面找一个老师审核。课程编写小组要承担课程与能力对接表的整理与编写。稍后可以把这些卡片撕下来，同一课程的叠在一块，就可以由课程编写组完成统计工作，注意统计要完整不要重复或遗漏。课程编写组还要完成课程标准的撰写，就是这个项目组还要写误程标准，先梳理再写课程标准就会快很多。另外要加强组内外的沟通，例如中职课程要与高职课程衔接，课程编写组之间要做好沟通，否则内容容易重复，这是整理。

最后就是撰写标准。前期我们召集了4位教务处处长，由他们确定专业教学标准和课程标准编写的框架说明，今天大家看到的是第四稿，这是我们编写专业教学标准和课程标准的重要参考。请项目组成立这个专业教学标准的编写组，刚才已经建议成立课程标准编写组，专业标准编写组要跟课程组联系，因为这两个组的工作是相辅相成的。那么参照这些资料和已有的模板，这里我要特别说一下，昨天的专家也给我私下提了一点建议，你们调查了26个学校的人才培养方案，你们手上都有，而且你们本来也是中高职衔接的，那么就把已有的资料利用一下。可能另起炉灶也不知道整体的水平在哪里，就利用原有的东西。有些学校对课程的描述还是非常不错的，可以借鉴一下。课程编写小组也与专业教学标准保持一致，也是参照这些模板，我的建议就是不管我这个模板是不是最好，你先按这个模板套一遍，有些感性认识，你写了的话，再现场修改就很快了。在4月下旬我们将会有一个专门的撰写的培训会。关于专业教学标准，我给大家推荐一个工具，编写说明的40页，要分析课程内容，分析课程内容实际上对应在哪里，43页，第四项有个课程设计，第七项有个课程结构，都有出来一个课程结构的主线。比如说以工作过程为主线的，也能以知识为它的逻辑主线。课程设计实际上就是了解第七点课程结构里面包含哪些课程内容、单元、章节，基本上就定下来了。课程结构里面的学习任务怎么出来呢？实际上是基于你前面的课程与能力的对接表，那么在43页的这个表，我这里写的是职业能力。以04工作项目为例，下面有很多是按照工作过程来的任务，有些是按照工作事项，一个工作事项也可以当作一个学习任务和一个学习成果。能够做成鱼骨图就最好了。你们这些技能点基本上已经有了，就是你们这些职业能力分析表，大部分还是侧重于技能、方法，知识偏少，可能在你做课程的时候就要对知识进行弥补。现在已经布置了会计专业在做，他们就说我一门课程，我这条鱼要画多长啊？如果这是由几个工作项目组成的话，我觉得你就不要画一条鱼，由几个独立的工作项目组成就画几条鱼。当然在我的模板最后，并没有要求一定要把这条鱼画出来。只是告诉大家这个思路，写在43页这个表里面，不是要大家画这条鱼。因为有了这些能力对应的知识，这些学习任务就出来了。每一个课程，你不是把它的每一个项目都做出一个鱼骨图，但是至少做出一两条鱼吧？43页写的职业能力，至少是基于工作任务或者工作项目的职业能力。这个是基于工作项目还是工作任务，你们自己去定。

郭海龙： 那大一点的就是学习任务了。

杜怡萍： 学习任务就要作为一个课程的结构了。

郭海龙： 那么鱼骨图中间的呢？鱼骨图之间的应该就是职业能力，主要是职业能力。这个职业能力是以工作项目去表达还是以工作任务去表达，抑或是以职业能力点去表达？那换句话说，如果是职业能力点，也不一定是按照步骤一、步骤二去做的，不一定那么机械，肯定是并列关系的，这张图出来了，跟你们做的职业能力应该是一致的。你这个职业能力分析，知识还是偏少的。希望你们能够出几个模板出来，5月份全部做完，5月份验收完就可以出版了。所以6、7月份你们就可以启动一些核心教材的编写。大家继续辛苦吧！谢谢！

（会议结束）

4. 中高职衔接汽车运用技术专业教学标准

根据《广东省教育厅关于开展中高职衔接专业教学标准和课程标准研制工作的通知》（粤教教研函〔2013〕7号）以及《关于开展2013年职业院校对口自主招生三二分段试点工作的通知》（粤教职函〔2013〕5号）的精神，特制定本专业教学标准。本标准适用于中高职对口自主招生三二分段的专业教学，是明确中高职衔接汽车运用技术专业的培养目标和规格、组织实施教学、规范教学管理、加强专业建设、开发教材和学习资源的基本依据，是评估教育教学质量的主要标尺，同时是社会用人单位选用职业院校毕业生的重要参考。

一、专业名称及代码

中职学段：汽车运用与维修（专业代码：082500）。
高职学段：汽车运用技术（专业代码：520104）。

二、招生对象

中职学段：初中毕业生及同等学力者。
高职学段：转段考核合格的中职学校相应专业的正式学籍学生。

三、基本学制与学历

（一）学制

中高职衔接（“3+2”学制）：中职学段三年，高职学段二年。

（二）学历

中职学段学习合格取得中职教育学历，高职学段学习合格取得专科学历。

四、培养目标

（一）总体培养目标

本专业培养与我国社会主义现代化建设要求相适应，德、智、体、美全面发展，具有综合职业能力，面向汽车售后服务行业，从事汽车机电维修、服务顾问、保险理赔等岗位生产、服务、管理一线工作的高素质劳动者和技术技能型人才。

（二）分段培养目标

1. 中职学段培养目标

本专业培养面向汽车售后服务行业，从事汽车机电维修、备件管理、汽车装潢等岗位工作，具备汽车维护、汽车总成零部件拆装小修、汽车简单常见故障的诊断与排除专业能力，拓展汽车钣金喷漆、汽车配件管理、汽车美容及精品加装专业能力，具有良好的沟通、团队协作能力、较强的服务意识、良好的职业道德，具有继续学习能力的生产服务一线中等应用型高素质劳动者和技能型人才。

2. 高职学段培养目标

本专业培养面向汽车售后服务行业，从事汽车机电维修、服务顾问、汽车保险理赔等岗位工作，具备汽车总成检修、汽车综合故障诊断与排除、汽车维修企业管理专业能力，拓展新能源汽车维修、前台业务接待、汽车查勘定损与理赔专业能力，具有良好的职业道德和团队精神、较强的实际动手能力和创新能力，能够自主学习，在生产、服务、管理一线的发展型、复合型高级技术技能人才。

五、职业范围

（一）职业生涯发展路径

表 1　汽车运用技术专业职业生涯发展路径

<table>
<tr><th rowspan="2">发展阶段</th><th colspan="6">就业岗位</th><th rowspan="2">学历层次</th><th colspan="2">发展年限</th></tr>
<tr><th>机电维修</th><th>钣金</th><th>喷漆美容</th><th>配件管理</th><th>服务顾问</th><th>保险理赔</th><th>中职</th><th>高职</th></tr>
<tr><td>Ⅵ</td><td colspan="6">总经理　行业专家</td><td>高职</td><td rowspan="3">8 年以上</td><td>12 年以上</td></tr>
<tr><td>Ⅴ</td><td colspan="6">售后经理（售后总监）</td><td>高职</td><td>8 ~ 12</td></tr>
<tr><td>Ⅳ</td><td colspan="3">技术经理（车间主任）</td><td colspan="3">服务经理（前台主任）</td><td>高职</td><td>5 ~ 8</td></tr>
<tr><td>Ⅲ</td><td>班组长</td><td>班组长</td><td>班组长</td><td>配件主管</td><td>服务主管</td><td>保险理赔主管</td><td>高职
中职</td><td>3 ~ 7</td><td>2 ~ 5</td></tr>
<tr><td>Ⅱ</td><td>机电工</td><td>钣金工</td><td>喷漆美容工</td><td>配件员</td><td>服务顾问</td><td>保险理赔员</td><td>高职
中职</td><td>1 ~ 3</td><td>0.5 ~ 2</td></tr>
<tr><td>Ⅰ</td><td>学徒</td><td>学徒</td><td>学徒</td><td>仓管员</td><td>服务顾问助理</td><td>保险理赔助理</td><td>中职</td><td>0 ~ 1</td><td>0 ~ 0.5</td></tr>
</table>

注：（1）不同企业因品牌、规模的不同，其岗位略有差异，本发展路径表综合了宝马、别克、丰田、日产、奥迪、奔驰、起亚、奇瑞、现代、通用、雪铁龙等品牌，较为全面地呈现了汽车运用技术专业毕业生的职业生涯发展路径。（2）学历层次为总体水平描述，具体应结合岗位，表中 分别对应中职、高职和中高职重叠的岗位及层级。

（二）中职学段面向职业范围

表2　中职学段面向职业范围

序号	对应职业（岗位）	专业（技能）方向	职业资格证书举例
1	汽车机电维修学徒	汽车机电维修	汽车修理工初级 汽车维修电工初级
2	汽车机电维修工		汽车修理工中级 汽车维修电工中级
3	汽车钣金学徒	汽车钣金维修	汽车维修钣金工初级
4	汽车钣金操作工		汽车维修钣金工中级
5	汽车钣金班组长		汽车维修钣金工高级
6	汽车喷漆美容学徒	汽车喷漆美容	汽车美容装潢工初级 汽车维修喷漆工初级
7	汽车喷漆美容操作工		汽车美容装潢工中级 汽车维修喷漆工中级
8	汽车喷漆美容班组长		汽车美容装潢工高级 汽车维修喷漆工高级
9	汽车配件仓管员	汽车配件管理	汽车配件销售员初级
10	汽车配件管理员		汽车配件销售员中级

以上岗位的主要任务和内涵如下：

1．汽车机电维修学徒岗位

服从班组的工作安排，学习车辆维修作业流程和方法，学习车型知识及故障常识，了解维修过程需注意的事项，逐步进行实操练习，进行汽车维修设备简单维护、汽车维护保养、部件拆装更换等工作。

2．汽车机电维修工岗位

服从班组的工作安排，使用工具（普通、专用）、夹具、量具、仪器仪表及诊断检测设备，负责针对汽车发动机、底盘、电器等机械系统常见故障的维修工作，保障生产安全和生产效率，准时交车，完成汽车维修设备的维护、保养和简单故障排除等工作。

3．汽车钣金学徒岗位

服从班组的工作安排，学习车身修复作业流程和工艺，了解修复过程需注意的事项，在钣金操作工的指导下，安装调整工艺装备、准备修理工具，对汽车车身及各类钣金件进行检查、更换等。

4. 汽车钣金操作工岗位

服从班组的工作安排，使用工具、夹具、量具和仪器、汽车维修钣金专用工具等，进行汽车车身钣金件的修理、钣金构件加工成形、汽车车身相关件修理。能够对汽车车身及各类钣金件进行调整、修理、整饰等，能够利用各种钣金加工修复工具对单个钣金件进行修复调整等，能够对相关钣金维修设备工具的保养、维护。

5. 汽车钣金班组长岗位

按照车身修复工作任务的总体进度要求，安排报修车辆车况检查、报价、实施修复、钣焊等工作，跟进车辆的维修进度，并对钣金修复质量进行监控、分析评估和提出处理方案，保障维修质量，并能够利用整车矫正设备对整车进行框架矫正，进行班组管理。

6. 汽车喷漆美容学徒岗位

服从班组的工作安排，学习美容喷漆作业流程和工艺，使用专用设备及工具，对车辆的内、外部进行清洁、保养。能够完成迎客接待、外部清洗、内饰清洗、车体打（开）蜡、美容设备维护保养、喷涂前车身表面预处理、调漆、车身表面喷涂等工作。

7. 汽车喷漆美容操作工岗位

服从班组的工作安排，使用专用设备及工具，对车辆的内、外部进行清洁、保养和装潢，并指导车主对车辆的非机械部分进行正确的维护保养。能够完成设备一般故障的排除、漆面研磨与抛光、车身封釉、汽车防护装饰、喷涂质量检验及分析等工作。

8. 汽车喷漆美容班组长岗位

按照车辆喷漆、美容工作任务的总体进度要求进行美容喷漆工作安排，监控工作进度和质量。能够进行复杂设备故障的排除、车体涂层整体翻修、车身与内部装饰、汽车视听装饰、班组管理等工作。

9. 汽车配件仓管员岗位

使用配件管理专用软件和办公软件进行汽车配件进、销、存、盘点等工作，负责季度、半年和年终盘点等工作。能够完成采购到货配件的验收，采购到货物料入库账务处理及实物条码采集，配件的入库上架，库存物料的存储防护及库内、收货区6S，配件的出库检料及交接，缺料反馈及保证账务的准确性。

10. 汽车配件管理员岗位

贯彻厂家及公司的配件管理流程和规定，负责配件计划、报价、进销存等工作，协助配件经理、主管规避配件管理风险，为维修前台、车间提供高效高质的配件服务工作。指导仓管员进行配件采购、配件计划、交收及运送零配件、零部件接收和储存的协调、配件入库、配件仓库管理、配件出库、管理仓库设施等工作。

（三）高职学段面向职业范围

表3　高职学段面向职业范围

序号	对应职业（岗位）	专业（技能）方向	职业资格证书举例
1	汽车机电维修工	汽车机电维修	汽车修理工中级
2	汽车机电维修班组长		汽车修理工高级
3	汽车技术经理（车间主任）		汽车修理工技师
4	服务经理（前台主任）	汽车维修业务管理	汽车修理工高级技师
5	售后经理		
6	汽车配件主管	汽车配件管理	汽车配件销售员高级
7	汽车服务顾问助理	汽车服务顾问	汽车服务顾问初级
8	汽车服务顾问		汽车服务顾问中级
9	汽车服务主管		汽车服务顾问高级
10	保险理赔助理	汽车保险理赔	汽车估损师初级 汽车保险公估师初级
11	保险理赔员		汽车估损师中级 汽车保险公估师中级
12	保险理赔主管		汽车估损师高级 汽车保险公估师高级

以上岗位的主要任务和内涵如下：

1．汽车机电维修工岗位

服从班组的工作安排，使用工具（普通、专用）、夹具、量具、仪器仪表及诊断检测设备，负责针对汽车发动机、底盘、电器等电控系统常见故障的维修工作，保障生产安全和生产效率，准时交车，完成汽车维修设备的维护、保养和简单故障排除工作。

2．汽车机电维修班组长岗位

按照汽车机电维修工作任务的总体进度要求，安排报修车辆维修工作任务，跟进车辆的维修进度，并对车辆故障维修质量进行监控、分析评估和提出处理方案，保障维修质量，并能够进行汽车发动机、底盘、电器系统综合故障的诊断和排除工作，进行班组管理。

3．汽车技术经理（车间主任）岗位

使用通用工具和专用设备，能够分析汽车发动机、底盘、电器系统综合故障，并进行技术培训、技术与质量管理及考核工作，制订月度计划、工作报表等工作，对车间各部门进行协调管理。

4. 服务经理（前台主任）岗位

负责售后前台接待与服务的管理工作、业务接待的指导工作、前台与车间及备件等部门的协调工作、索赔业务和保险业务的日常管理工作，完成对本部档案资料的整理、归档和保管工作的指导，妥善处理客户投诉，负责各类营业活动的信息传递、反馈及总结工作，负责保有客户之维系及掌握，设定接车员每月的招揽目标和达成率考核目标。

5. 售后经理岗位

使用通用工具和专用设备，能够诊断分析汽车疑难故障，进行整个企业售后部门的运营管理、市场管理、服务管理、团队管理相关工作，提高售后部门整体运行效率和工作质量。

6. 汽车配件主管岗位

根据企业需求，负责配件订货计划和库位改善，建立合理的备件库存量；负责制定配件的储备上下限定额；负责到货配件的入库；负责新车计划、配件知识的培训工作；负责紧急件的订货管理；负责对新老车型、库存限额制订合理的计划；负责提升部门员工专业能力和现场管理能力；配合财务部进行每月的盘点工作。

7. 汽车服务顾问助理岗位

服从工作安排，学习汽车服务顾问工作流程和注意事项，并在服务顾问的指导下，完成进厂保修车辆的接待工作；做好接待车辆的委托保修工作，确认派工维修；负责出具维修与保养车辆的费用结算单，联系财务完成结账工作。

8. 汽车服务顾问岗位

服从工作安排，完成进厂保修车辆的接待工作；做好接待车辆的委托保修工作，确认派工维修；负责出具维修与保养车辆的费用结算单，联系财务完成结账工作；协助前台主管完成客户投诉处理及客户满意度调查工作；加强对客户接待的沟通技巧，协调车间进行维修作业；负责对厂家旧（备）件的索赔、鉴定工作；负责上级议定之各项招揽进厂目标及精品目标；每月依招揽报表做3DC、7DC招揽回访及分析，并做预约回厂工作安排。

9. 汽车服务主管岗位

按照企业整体工作任务要求，负责业务接待的指导工作，不定期反馈和总结业务经验；负责本部门与车间及备件等部门的工作协调；负责完成对本部档案资料的整理、归档和保管工作的指导；保障业务质量，妥善处理客户投诉，不断提高客户对服务的满意度。

10. 保险理赔助理岗位

服从工作安排，学习保险理赔岗位工作业务流程、业务知识和注意事项，并在保险理赔员的指导下，能够进行现场查勘、事故车辆估价、事故车辆客户的回访等常规工作。

11. 保险理赔员岗位

服从工作安排，高效率、高质量地进行现场查勘，事故车辆估价，事故车辆招揽，技术支援，事故车辆客户的回访，提高客户业务的满意度。

12. 保险理赔主管岗位

按照企业整体工作任务要求，指导保险理赔员高效地进行现场查勘，事故车辆估价，事故车辆招揽，技术支援，事故车辆客户的回访，保险车辆维修索赔程序；保障工作质量，妥善处理客户投诉，提高客户业务的满意度，进行保险理赔业务管理。

六、人才规格

（一）中职学段人才规格

1. 职业素养

（1）具有良好的道德品质，吃苦耐劳，爱岗敬业，遵纪守法；

（2）具有安全生产知识和责任意识，保证工作质量，具有较强的服务意识，提高顾客满意度；

（3）具有良好的团队合作精神和人际交往能力，具备较强的工作执行能力，能高效完成工作；

（4）具有良好的节能环保意识，并始终贯穿于工作中。

2. 专业能力

（1）具备汽车构造与维修（偏机械）、汽车车身修复、汽车美容、汽车精品、汽车喷漆、汽车配件相关专业知识及初步的团队管理知识，能够完成岗位工作；

（2）能够阅读简单的汽车维修设备使用说明书和车主手册，能阅读汽车电路图等汽车维修相关技术资料；

（3）能独立规范使用工具、量具和仪器设备完成汽车维护保养作业；

（4）能按维修规范完成汽车维修零部件检测与更换；

（5）能与同事配合，完成汽车总成小修、部件检验工作；

（6）能运用汽车维修工具进行汽车机械系统、电器系统常见简单故障的检修；

（7）能使用工具、夹具、量具和仪器、汽车维修钣金专用工具等，进行汽车车身修复作业，会对设备和工具进行维护保养，能够进行汽车钣金班组管理；

（8）能使用汽车美容专用设备及工具等，进行汽车美容作业，会对设备和工具进行维护保养；

（9）能使用汽车精品加装工具，加装各类汽车精品，会对设备和工具进行维护保养；

（10）能使用喷漆专用设备及工具，进行汽车美容喷漆作业；会对设备和工具进行维护保养，能够进行汽车美容喷漆班组管理；

（11）能使用专业软件，进行汽车零配件仓库管理、汽车零配件管理。

（二）高职学段人才规格

1. 职业素养

（1）具有良好的道德品质，吃苦耐劳，爱岗敬业，遵纪守法；

（2）具有安全生产知识和责任意识，保证工作质量，具有较强的服务意识，提高顾客满意度；

（3）具有较好的沟通能力、团队合作与组织管理能力，并能有效处理信息，具备解决问题的能力；

（4）具有较强的自主学习能力，能够在工作岗位上有所革新和创新；

（5）具有节能环保的意识，并始终贯穿于工作中。

2. 专业能力

（1）具备汽车构造与维修（偏电控）、汽车售后服务业务、维修企业管理、汽车配件及管理、汽车维修接待、汽车结构和保险理赔相关专业知识，以及团队管理知识，能够完成岗位工作；

（2）能够运用汽车维修工具，会进行汽车机械系统、电控系统综合故障诊断与排除工作；

（3）能够运用汽车维修工具，会进行汽车疑难故障诊断与排除工作；

（4）能够进行汽车维修质量的检验工作；

（5）能够进行汽车维修技术管理和培训工作；

（6）能够进行企业运营管理、市场管理、服务管理、团队管理工作，能对班组、车间和售后各部门进行管理；

（7）能够对汽车配件业务进行管理；

（8）能够进行汽车服务接待工作；

（9）能够指导服务顾问工作，并进行服务顾问业务管理工作；

（10）能够进行现场查勘、保险理赔等相关工作；

（11）能够指导保险理赔工作，并进行保险理赔业务的管理工作。

七、课程结构

（一）中职学段课程结构

表4　中职学段课程结构

课程模块	课程名称	课程性质
公共基础课程	语文	必修课
	英语	必修课
	数学	必修课
	计算机应用基础	必修课
	职业生涯规划	必修课
	职业道德与法律	必修课
	经济政治与社会	必修课
	哲学与人生	必修课
	公共艺术	必修课
	体育与健康	必修课

续上表

课程模块		课程名称	课程性质
专业课程	专业核心课程	汽车维护	必修课
		汽车构造与拆装	必修课
		*汽车发动机机械检修	必修课
		*汽车底盘机械检修	必修课
		*汽车电器设备检修	必修课
		项目实习	必修课
	车身修复方向课程	汽车钣金工艺	限选课
		汽车喷涂工艺	限选课
		汽车美容与装饰	限选课
	汽车配件管理方向课程	汽车配件营销与管理	限选课

注："＊"表示中高职的衔接课程。

（二）高职学段课程结构

表 5　高职学段课程结构

课程模块	课程名称	课程性质
公共基础课程	思想品德修养与法律基础	必修课
	毛泽东思想和中国特色社会主义理论体系概论	必修课
	形势与政策	必修课
	高等应用数学	必修课
	实用英语	必修课
	计算机应用基础	必修课
	体育与健康	必修课
	就业指导与职业生涯规划	必修课

续上表

课程模块		课程名称	课程性质
专业课程	专业核心课程	*汽车发动机电控系统检修	必修课
		*汽车底盘电控系统检修	必修课
		*汽车车身电控系统检修	必修课
		汽车维修质量检验	必修课
		汽车综合故障诊断	必修课
		汽车维修企业管理	必修课
		顶岗实习	必修课
	汽车新技术方向课程	新能源汽车检修	选修课
	汽车保险与理赔方向课程	汽车保险与理赔	选修课
		汽车二手车鉴定与评估	选修课
	汽车服务顾问方向课程	汽车维修接待	选修课

注：“ * ”表示中高职的衔接课程。

八、课程内容及要求

（一）中职学段课程内容及要求

1．公共基础课程

表6　中高职衔接汽车运用技术专业中职学段公共基础课程

序号	课程名称	主要教学内容和要求	参考学时
1	语文	本课程依据《中等职业学校语文教学大纲》开设，要求学生掌握语文基础知识，掌握日常生活和职业岗位需要的现代文阅读能力、写作能力、口语交际能力，具有初步的文学作品欣赏能力和浅易文言文阅读能力。本课程设置语文综合实践活动，通过创设生活情境和职业情境，提高学生综合运用知识、技能、方法的能力。学生掌握基本的语文学习方法，养成自学和运用语文的良好习惯。加强阅读与鉴赏经典作品的欣赏能力与基础写作能力，为学生的继续发展服务	162

续上表

序号	课程名称	主要教学内容和要求	参考学时
2	英语	本课程依据《中等职业学校英语教学大纲》开设，以满足各专业学生就业与升学需求为目标，以融合文化素养、职业技能、语言知识为原则，巩固与延续初中基础英语知识，培养学生听、说、读、写技能，并初步形成日常生活和职业场景的英语应用能力。能听懂和说出简单指令；能读懂简单的应用文及进行简单写作；能理解语法项目的形式与意义，并应用于交际任务；能在交流中做到语音、语调基本达意	162
3	数学	本课程依据《中等职业学校数学教学大纲》开设，要求学生掌握必要的数学基础知识，培养观察能力、空间想象能力、分析与解决问题能力和数学思维能力，为学习专业知识、掌握职业技能、继续学习和终身发展奠定基础。教学内容由基础模块与拓展模块两个部分构成，基础模块包括：集合、不等式、函数、指数函数与对数函数、三角函数、数列、平面向量、直线和圆的方程、立体几何（选学）、概率与统计初步（选学）；拓展模块包括：三角公式及应用、平面解析几何（椭圆、双曲线、抛物线）、概率与统计	162
4	计算机应用基础	本课程依据《中等职业学校计算机应用基础教学大纲》开设，要求学生学习计算机基础知识、Windows 桌面操作系统的功能及使用、办公软件的使用、计算机网络的基础知识及使用。通过学习，掌握计算机操作的基本技能，具有常用的文字处理能力、常用的数据处理能力和一定的演示文稿处理能力，具有一定的信息获取、整理、加工能力和网上交互能力，为以后的学习和工作打下基础	90
5	职业生涯规划	本课程依据《中等职业学校德育课课程教学大纲》开设，旨在引导学生树立正确的职业理想和职业观念，学生能够根据社会需要和自身特点进行职业生涯规划。课程分成五大模块：职业生涯规划与职业理想；职业生涯发展条件与机遇；职业生涯发展目标与措施；职业生涯发展与就业、创业；职业生涯规划管理与调整。通过课堂体验、活动探索形成生涯规划能力，树立正确的职业观、择业观和成才观	36
6	职业道德与法律	本课程依据《中等职业学校德育课课程教学大纲》开设，从了解文明礼仪开始，循序渐进地陶冶学生的道德情操，增强职业道德意识和法治观念，指导学生掌握与日常生活和职业活动密切相关的法律常识。教学中注重引导学生合作探究和实践学习，坚持贴近学生、贴近职业、贴近社会，增强德育教育的针对性、主动性和时代感，做到理论与实际相结合，知、信、行相统一	36
7	经济政治与社会	本课程依据《中等职业学校德育课课程教学大纲》开设，从商品的交换与消费切入，透视企业的生产与经营、个人的收入与理财相关的经济现象；站在社会主义的基本经济制度和社会主义市场经济的立场上，坚持对外开放的基本国策，投身到小康社会的经济建设中；了解我国民主政治的发展道路，拥护社会主义政治制度；做到参与政治生活，依法行使民主权利，履行义务、承担责任，关注改善民生和国际社会、维护国家利益，明白建设和谐社会人人有责	36

续上表

序号	课程名称	主要教学内容和要求	参考学时
8	哲学与人生	本课程依据《中等职业学校德育课课程教学大纲》开设，旨在运用唯物论原理，鼓励学生坚持从客观实际发展，脚踏实地在人生路上自强不息地行动。学生能用普遍联系、发展变化和矛盾观点辩证看问题，树立积极的人生态度；能坚持认识和实践的统一，懂得透过现象认识本质，提高明辨是非的人生发展能力；能做到顺应历史潮流，在掌握历史规律的基础上，清晰人的本质与利己利他的关系，凭着理想信念与意志责任，在社会劳动奉献中发展自我，创造人生价值，实现人的全面发展与个性自由	36
9	公共艺术	本课程依据《中等职业学校公共艺术课程教学大纲》开设，以审美教育为核心，通过艺术作品赏析和艺术实践活动，使学生了解或掌握各种艺术门类的基本知识、技能和原理，认识不同艺术类型的表现形式、审美特征，掌握欣赏艺术作品的方法、要领及规律，增强学生对艺术的理解与分析评判的能力，从而提高学生对艺术的鉴赏力，对美丑的分辨力，净化心灵，陶冶情操，丰富学生的人文素养和精神世界，拓展学生的审美视野，发展创新思维与合作意识，帮助学生形成正确的世界观、人生观和价值观，对提升学生今后的生活品质和文化品位有积极的促进作用	36
10	体育与健康	本课程依据《中等职业学校体育与健康教学大纲》开设，以树立“健康第一”为指导思想，传授体育与健康的基本文化知识、体育技能和方法。学生掌握两项以上体育技能，通过参与集体性体育活动，培养良好的人际关系和合作精神。学习与职业生涯相关的体育运动项目，认识体育对提高就业和创业能力的价值，提高综合职业素质，养成终身从事体育锻炼的意识、能力与习惯，提高生活质量，为全面促进学生身体健康、心理健康和社会适应能力服务	144

2. 专业核心课程

表7　中高职衔接汽车运用技术专业中职学段核心课程

序号	课程名称	对接职业能力	主要教学内容和要求	参考学时
1	汽车维护	01；02；03；75	本课程的主要任务是培养学生在规定的工作时间内，以经济的方式，借助维护作业工单，独立或合作完成新车检测 PDI、汽车维护保养工作，要求学生掌握汽车一、二级维护保养的作业项目和操作规范的基本技能。学生学习本课程后应能根据工单给定任务完成车辆相应行驶里程的维护，使车辆达到安全、舒适性使用要求和经济性生产要求	72

续上表

序号	课程名称	对接职业能力	主要教学内容和要求	参考学时
2	汽车构造与拆装	01；04－01；04－02；04－05－01；05－01；05－02－01；05－03－01；05－04－01；05－05－01；75	本课程的主要任务是使学生掌握汽车及各大总成特别是发动机、底盘系统的总体构造和工作原理；培养学生使用正确工具按照维修手册规定的步骤完成发动机、底盘总成、电器元件拆装；同时培养学生学习的方法和能力，具备必要的与人沟通的能力，独立并主动学习的能力，在拆装工作过程中发现隐患问题和解决问题的能力，为学生的可持续发展打下良好的基础	126
3	*汽车发动机机械检修	01；04－01；04－03；04－04；04－05；04－06；04－08；04－09；04－11；04－12；04－13；04－14；08－01；75	本课程的主要任务是使学生掌握发动机的构造原理，并在此基础上，掌握现代汽车发动机机械系统部分的故障诊断和维修技术；同时培养学生学习的方法和能力，具备必要的与人沟通的能力，独立并主动学习的能力，在检修工作过程中发现隐患问题和解决问题的能力，为学生的可持续发展打下良好的基础	90
4	*汽车底盘机械检修	01；05－02；05－03；05－04；05－05；05－06；05－07；05－08；05－09；08－02；75	本课程的主要任务是使学生掌握相关理论知识的基础上，掌握现代汽车底盘机械系统，包括传动系统、转向系统、行驶系统、制动系统的故障诊断和维修技术；同时培养学生学习的方法和能力，具备必要的与人沟通的能力，独立并主动学习的能力，在检修工作过程中发现隐患问题和解决问题的能力，为学生的可持续发展打下良好的基础	162
5	*汽车电器设备检修	01；04－07；04－10；06－01；04－15－01；06－02；06－03；06－06；06－07；75	本课程的主要任务是使学生掌握汽车电器设备的相关知识，从而促进学生掌握汽车电器构造组成和原理，能正确地拆装汽车电器的各个总成件，进而能利用所学知识对汽车故障进行诊断和维修，能运用各种仪器、仪表对汽车电器系统（包括启动系统和空调系统）进行检测并进行相关数据分析；能分析、检测汽车电器设备系统的各个参数；能对汽车电器的性能进行检测。同时培养学生学习的方法和能力，具备必要的与人沟通的能力，独立并主动学习的能力，在检修工作过程中发现隐患问题和解决问题的能力，为学生的可持续发展打下良好的基础	90
6	项目实习	—	通过项目实习，使得学生深入生产实际，深化和充实专业知识和技能，学习汽车维修生产过程和工艺要求，进行汽车维修生产训练；能熟练掌握汽车维修常用工具、量具、仪表和机具设备以及汽车检测诊断仪器设备的使用，进一步提高操作技能，积累汽车维修经验，初步具备上岗工作的能力	540

注：(1)“对接职业能力”栏目下职业能力编码，与《中高职衔接专业教学标准和课程标准：汽车运用技术专业》附录中的职业能力分析表对应。(2)“＊”表示中高职的衔接课程。

3．车身修复方向课程

表8　中高职衔接汽车运用技术专业中职学段车身修复方向课程

序号	课程名称	对接职业能力	主要教学内容和要求	参考学时
1	汽车钣金工艺	01；27；28；29；30；31；32；33；75	通过本课程的学习，学生能够了解各种车身的结构特点和维修要求，尤其是承载式车身的维修要领；掌握简单薄板的手工成形工艺操作方法，车身覆盖件的钣金成形技能、车身结构件（车身钢板、玻璃）的更换方法和焊接技术等，掌握车身维修常用设备工具的使用和维护操作，最终使学生具备合格的职业规范，能够胜任维修中的工作	126
2	汽车喷涂工艺	01；20；24；25；75	通过对本课程的学习，使学生熟练掌握汽车喷涂生产工艺过程，掌握典型车身部件喷涂的操作技能、喷涂作业标准及其评价指标，具有组织和安排喷涂作业生产过程及工艺方法的能力，自觉遵循安全作业规范及6S的工作要求，为今后从事汽车喷涂工作奠定坚实的基础	144
3	汽车美容与装饰	01；20；21；22；23；75	通过对本课程的学习，使学生熟练掌握汽车美容及精品加装生产工艺，掌握汽车外部美容、汽车内饰美容、汽车车窗贴膜、精品加装的操作技能、作业标准及其评价指标，具有组织和安排美容及精品加装作业生产过程及工艺方法的能力，自觉遵循安全作业规范及6S的工作要求，为今后从事汽车美容与装饰工作奠定坚实的基础	72

注："对接职业能力"栏目下职业能力编码，与《中高职衔接专业教学标准和课程标准：汽车运用技术专业》附录中的职业能力分析表对应。

4．汽车配件管理方向课程

表9　中高职衔接汽车运用技术专业中职学段汽车配件管理方向课程

序号	课程名称	对接职业能力	主要教学内容和要求	参考学时
1	汽车配件营销与管理	01；34；35；36；37；38；39；40；41；43；75	通过本课程的学习，使学生掌握汽车配件市场调查与预测方法；熟悉汽车零配件检索常用工具和检索方法；熟悉汽车零配件订货管理、入库管理、仓务管理、销售和出库管理等内容；通过上机实习，使学生学会汽车零配件管理数据库的建立和使用方法，能够熟练使用市场上流行的汽车配件管理系统软件，进行汽车配件库存情况查询，开各种单据，了解汽车配件订货、入库、仓管、出库、销售等程序。提高学生的专业素质，培养创新能力	90

注："对接职业能力"栏目下职业能力编码，与《中高职衔接专业教学标准和课程标准：汽车运用技术专业》附录中的职业能力分析表对应。

（二）高职学段课程内容及要求

1. 公共基础课程

表 10　中高职衔接汽车运用技术专业高职学段公共基础课程

序号	课程名称	主要教学内容和要求	参考学时
1	思想品德修养与法律基础	本课程是高校大学生进行思想道德和法制观念教育的必修课，通过该课程的理论学习和实践体验，帮助大学生形成正确的理想信念，弘扬爱国主义精神，确立正确的人生观和价值观，加强思想品德修养，增强学法守法用法的自觉性，全面提高思想道德素质和法律素质，使之成为品学兼优的社会主义现代化建设应用型人才	72
2	毛泽东思想和中国特色社会主义理论体系概论	本课程主要对学生进行中国特色社会主义理论与实践教育，使学生能够正确地理解和掌握毛泽东思想、中国特色社会主义理论的科学体系、精神实质和立场、观点、方法，树立建设中国特色社会主义的坚定信念，培养运用马克思主义的立场、观点和方法分析和解决问题的能力，增强执行党的基本路线和基本纲领的自觉性和坚定性，积极投身全面建设小康社会的伟大实践	72
3	形势与政策	本课程通过了解国际、国内形势，使学生全面正确认识党和国家面临的形势和任务，正确认识世情、国情、党情，正确理解并拥护党的路线、方针和政策；增强学生的爱国主义责任感和使命感，不断提高学生的爱国主义和社会主义觉悟；增强实现改革开放和社会主义现代化建设宏伟目标的信心和社会责任感，提高当代大学生投身于国家经济建设事业的自觉性和态度，明确自身的人生定位和奋斗目标	36
4	高等应用数学	通过本课程各个环节的教学，使学生获得必需的数学知识，逐步培养学生的抽象思维能力、逻辑推理能力、空间想象能力和自学能力。主要内容包括函数、极限、连续，一元函数微分学、一元函数积分学、向量代数与空间解析几何学、多元函数微分学、多元函数积分学，无穷级数与常微分方程等。为学习后继课程和进一步获得数学知识奠定必要的数学基础	72
5	实用英语	本课程以培养学生实际应用英语的能力为目标，侧重职场环境下语言交际能力的培养，使学生逐步提高用英语进行交流与沟通的能力。同时，使学生掌握有效的学习方法和策略，培养学生的学习兴趣和自主学习能力，提高学生的综合文化素养和跨文化交际意识，为提升学生的就业竞争力及未来的可持续发展打下必要的基础	144

续上表

序号	课程名称	主要教学内容和要求	参考学时
6	计算机应用基础	在中职计算机应用基础课程基础上，进一步学习计算机、计算机网络、信息安全等方面的基础知识和办公软件高级应用，学习多媒体基础知识及使用、网页基础知识及使用。通过学习，提高计算机应用综合素养，提高办公软件高级应用技能，具有简单处理图像、声音、视频等多媒体的能力，简单的静态网页制作与发布能力	72
7	体育与健康	本课程以身体练习为主要手段，通过合理的体育与健康教育和科学的体育锻炼过程，达到增强体质、增进健康和提高体育素养为主要目标。课程主要涉及体育与健康的基本理论、田径、球类、武术、运动保健等内容，通过学习，学生掌握各专项运动的基本知识、技术和技能；加强身体全面训练，改善身体形态、机能，提高学生的身体素质和运动能力，增进健康；掌握科学锻炼身体的方法和保健养生及运动损伤预防常识	72
8	就业指导与职业生涯规划	本课程是关于职业启蒙、职业目标、职业意识、求职技巧和创业准备的应用型课程，教学目的是培养学生的社会能力和方法能力，提高其可雇用能力。让学生理解职业与成才的关系、理解职业生涯设计的意义和基本内容，让学生学会认识自己和社会，初步完成职业生涯设计；让学生初步形成职业意识，学会初到企业的通用的行为规范，学会处理企业中的人际关系；让学生初步学会求职申请和面试的基本技巧	36

2. 专业核心课程

表 11　中高职衔接汽车运用技术专业高职学段专业核心课程

序号	课程名称	对接职业能力	主要教学内容和要求	参考学时
1	*汽车发动机电控系统检修	01；04－01；04－05；04－06；04－07；04－08－02；04－09－02；04－09－04；04－12；04－13；04－14；04－15；75	通过课程的学习，使学生掌握汽车发动机电控的基本理论知识，能够对汽车发动机电控系统常见故障现象进行总结，分析故障原因，查找故障部位；通过实训培养学生的实践技能，掌握正确的故障诊断方法，能够对汽车发动机电控系统的重要部位进行检测和调整，具备对汽车发动机电控系统典型故障进行诊断、检测与排除的能力	72
2	*汽车底盘电控系统检修	01；05－05－05；05－07－03；05－09－03；05－09－04；05－10；05－11；75	通过课程的学习，使学生掌握汽车底盘电控系统的基本理论知识，能够对汽车底盘电控常见故障现象进行总结，分析故障原因，查找故障部位；通过实训培养学生的实践技能，掌握正确的故障诊断方法，能够对汽车底盘电控各系统的重要部位进行检测和调整，具备对汽车典型故障进行诊断、检测与排除的能力	72

续上表

序号	课程名称	对接职业能力	主要教学内容和要求	参考学时
3	*汽车车身电控系统检修	01；06－04；06－05；06－07；06－08；06－09；06－10；75	通过课程的学习，培养学生在掌握相关理论知识的基础上，能够按专业技术规范要求，使用通用工具、检测专用工具、设备和维修资料等，以小组合作的形式完成待修车辆车身与舒适控制系统，包括：汽车车载网络系统、汽车空调系统、中控门锁与防盗系统、巡航控制系统、安全气囊系统、电动车窗、座椅及后视镜、汽车信息娱乐系统等方面的故障诊断、元件检测以及维修作业	72
4	汽车维修质量检验	01；08－01－07；08－02－12；10－01；10－02；10－03；10－04	本课程的任务是使学生掌握汽车维修质量相关法律、法规及标准，熟悉各级维护与维修质量检验的主要内容，能借助仪器、设备进行维修质量控制的能力	72
5	汽车综合故障诊断	01；04－16；04－17；05－11；05－12；06－11；75	通过本课程的学习，使学生掌握汽车故障诊断的基本理论知识，能够对汽车常见故障现象进行总结，分析故障原因，查找故障部位；通过实训培养学生的实践技能，掌握正确的故障诊断方法，能够对汽车各系统的重要部位进行检测和调整，具备对汽车典型故障进行诊断、检测与排除的能力	72
6	汽车维修企业管理	01；09；10；11；12；13；14；15；16；17；18；19；75；	通过本课程的学习，使学生掌握包括汽车维修企业的班组管理、战略管理、服务流程管理、客户关系的经营管理、顾客投诉管理、运营管理、汽车维修质量管理、现场管理、配件管理、市场管理及团队管理等相关基础理论及方式方法	54
7	顶岗实习	—	毕业生产顶岗实习是学生在理论与实践教学环节完成后，即将毕业时的综合性生产实习。让学生深入实际开阔眼界，深化与充实进口汽车专业知识，以及进行车辆维修操作、检测、生产管理和技术管理等方面的综合管理等多方面的综合训练，可根据工作需要和本人的技能参加顶岗劳动，每人掌握2～4个主要工位的操作技能，参与某一个科室的生产技术管理工作，从而获得从事本专业实际工作的初步能力。学生在顶岗实习过程中，要坚持每天写日记，实习结束时必须完成实习鉴定工作，实习鉴定则由所在车间主任填写并盖章，而且还必须上交实习总结。实习指导教师根据实习鉴定（50%）、平时表现（30%）和实习总结（20%）评定学生实习成绩	500

注：(1)“对接职业能力”栏目下职业能力编码，与《中高职衔接专业教学标准和课程标准：汽车运用技术专业》附录中的职业能力分析表所对应。(2)“＊”表示中高职的衔接课程。

3．汽车新技术方向课程

表 12 中高职衔接汽车运用技术专业高职学段汽车新技术方向课程

序号	课程名称	对接职业能力	主要教学内容和要求	参考学时
1	新能源汽车检修	01；07；75	通过本课程的学习，培养学生掌握新能源汽车原理与构造知识；掌握新能源汽车动力系统安装、检测、调试；掌握新能源汽车混合动力和纯电动系统安装、检测、调试；熟悉汽车新能源技术；能排除新能源汽车特别是纯电动汽车和混合动力技术汽车常见故障；能进行新能源汽车的故障分析与排除和新能源汽车系统的生产工艺文件制定	44

注："对接职业能力"栏目下职业能力编码，与《中高职衔接专业教学标准和课程标准：汽车运用技术专业》附录中的职业能力分析表对应。

4．汽车保险与理赔方向课程

表 13 中高职衔接汽车运用技术专业高职学段汽车保险与理赔方向课程

序号	课程名称	对接职业能力	主要教学内容和要求	参考学时
1	汽车保险与理赔	66；67；68；69；70；71；72；73；74；75	通过本课程的学习，培养学生基本的保险意识；使学生熟悉汽车保险的产品，把握保险公司承担责任的界限以及免赔的规定；使学生熟悉承包、理赔的基本流程；使学生掌握汽车保险责任事故的查勘定损流程、损失评估原则及方法、识别欺诈的基本常识等	72
2	汽车二手车鉴定与评估	—	本课程的任务是介绍二手车鉴定评估的标准、依据、原则、程序及基本方法，二手车交易咨询与服务，二手车技术状况鉴定及回收等方面的内容，为二手车市场服务提供必要的理论基础和专业技能。通过学习本课程要求学生了解掌握汽车的基本构造及性能；要求学生了解二手车交易市场的形成及发展概况；要求学生掌握二手车的技术基础知识和二手车鉴定评估的基础理论知识；要求学生掌握如何对二手车进行技术鉴定和价值估算的方法及具体操作程序；要求学生学习了解国家对二手车交易的有关政策、法规及二手车交易过户、转籍的办理程序等；要求学生以所学理论为依据，具有实际二手车交易评估能力	72

注："对接职业能力"栏目下职业能力编码，与《中高职衔接专业教学标准和课程标准：汽车运用技术专业》附录中的职业能力分析表对应。

5．汽车服务顾问方向课程

表 14　中高职衔接汽车运用技术专业高职学段汽车服务顾问方向课程

序号	课程名称	对接职业能力	主要教学内容和要求	参考学时
1	汽车维修接待	01；49；50；51；52；53；54；55；56；57；58；59；60；61；62；63；64；75；	通过学习汽车服务接待，使学生能描述汽车维修服务接待的工作流程，服务接待沟通的方法、各车型主要维修项目和服务跟踪等知识；能按照服务接待流程完成客户接待工作；能按照礼仪的要求接待客户；能描述维修服务接待工作流程；能描述客户预约的方法；能描述客户接待的方法；能描述与客户进行有效沟通的方法；能描述维修车型的主要维修服务项目；能描述主要维修服务项目的预计工时和费用；能描述交车和结算的工作内容和流程；能描述客户异议处理的内容和注意事项，并建立顾客档案进行跟踪服务，同时形成一丝不苟、热情服务的工作态度，养成严格按服务流程开展工作的习惯	54

注："对接职业能力"栏目下职业能力编码，与《中高职衔接专业教学标准和课程标准：汽车运用技术专业》附录中的职业能力分析表对应。

九、教学安排

（一）中职学段教学安排

表 15　中高职衔接汽车运用技术专业中职学段教学安排

课程类别	课程名称	学分	总学时	各学期周数、学时分配					
				1	2	3	4	5	6
				18	18	18	18	18	18
公共基础课程	语文	9	162	4	2			3	
	英语	9	162	4	2			3	
	数学	9	162	4	2			3	
	计算机应用基础	5	90		3	2			
	职业生涯规划	2	36	2					
	职业道德与法律	2	36		2				
	经济政治与社会	2	36			2			
	哲学与人生	2	36				2		
	公共艺术	2	36		2				

续上表

课程类别		课程名称	学分	总学时	各学期周数、学时分配					
					1	2	3	4	5	6
					18	18	18	18	18	18
公共基础课程		体育与健康	8	144	2	2	2	2		
		已安排课程小计	50	900	16	15	6	4	9	0
		……	…	…	…	…	…	…	…	…
		小　计	61	1 100						
专业课程	专业核心课程	汽车维护	4	72			4			
		汽车构造与拆装	7	126	4	3				
		*汽车发动机机械检修	5	90			5			
		*汽车底盘机械检修	9	162			4	5		
		*汽车电器设备检修	5	90			5			
		项目实习	28	540						28
		已安排课程小计	58	1 080	4	3	18	5	0	28
		……	…	…	…	…	…	…	…	…
		小　计	81	1 450						
	车身修复方向课程	汽车钣金工艺	7	126				7		
		汽车喷涂工艺	8	144					8	
		汽车美容与装饰	4	72				4		
		已安排课程小计	19	342	0	0	0	11	8	0
		……	…	…	…	…	…	…	…	…
		小　计	19	350						
	汽车配件管理方向课程	汽车配件营销与管理	5	90					5	
		已安排课程小计	5	90	0	0	0	0	5	0
		……	…	…	…	…	…	…	…	…
		小　计	19	350						
	任选课	……	11	200	…	…	…	…	…	…
已安排课程合计			127	2 322	20	18	24	20	17	28
总　计			172	3 100	28	28	28	28	28	28

注：各校在此基础上，结合学校实际情况，将课程体系设计完整后，（1）中职学段总学时数为 3 000 ~ 3 300，公共基础课程学时不少于 1/3，专业核心课程占 1 400 ~ 1 500 学时，专业方向课程占 300 ~ 400 学时。（2）“＊”表示中高职的衔接课程。（3）“项目实习”由中高职对口院校共同商讨实习内容、形式和时间，包括项目工厂实习、工作室实习等多种形式，原则上安排在第六学期进行。（4）总学分不少于 170。（5）“……”表示由各院校自行安排的必修课程、选修课程。（6）“已安排课程合

计”项合计了公共基础课程、专业核心课程以及一个专业方向课程（选已安排学时最多的专业方向），专业方向课程未重复计算。(7)“总计”项说明：①根据相关文件，表中只给出公共基础课程、部分专业核心课程、部分专业方向课程的合计学时，各学校可根据自身情况添加任选课和特色课程，添加后总学时建议不大于3 300；②添加特色课程后，周学时合计建议不大于28。

（二）高职学段教学安排

表16　中高职衔接汽车运用技术专业高职学段教学安排

课程类别		课程名称	学分	总学时	各学期周数、学时分配			
					1	2	3	4
					18	18	18	18
公共基础课程		思想品德修养与法律基础	4	72	2	2		
		毛泽东思想和中国特色社会主义理论体系概论	4	72			4	
		形势与政策	2	36	1	1		
		高等应用数学	4	72	4			
		实用英语	8	144	4	4		
		计算机应用基础	4	72		4		
		体育与健康	4	72	2	2		
		就业指导与职业生涯规划	2	36	1		1	
		已安排课程小计	32	576	14	13	5	0
		……	…	…	…	…	…	…
		合　计	35	600				
专业课程	专业核心课程	*汽车发动机电控系统检修	4	72	4			
		*汽车底盘电控系统检修	4	72	4			
		*汽车车身电控系统检修	4	72	4			
		汽车维修质量检验	4	72		4		
		汽车综合故障诊断	4	72		4		
		汽车维修企业管理	3	54		3		
		顶岗实习	28	500				28
		已安排课程小计	51	914	12	11	0	28
		……	…	…	…	…	…	…
		合　计	58	1 050				

续上表

课程类别		课程名称	学分	总学时	各学期周数、学时分配			
					1	2	3	4
					18	18	18	18
专业课程	汽车新技术方向课程	新能源汽车检修	3	44			3	
		已安排课程小计	3	44	0	0	3	0
		……	…	…	…	…	…	…
		合　计	14	250				
	汽车保险与理赔方向课程	汽车保险与理赔	4	72			4	
		汽车二手车鉴定与评估	4	72			4	
		已安排课程小计	8	144	0	0	8	0
		……	…	…	…	…	…	…
		合　计	14	250				
	汽车服务顾问方向课程	汽车维修接待	3	54			3	
		已安排课程小计	3	54	0	0	3	0
		……	…	…	…	…	…	…
		合　计	14	250				
	任选课	……	6	100	…	…	…	…
已安排课程合计			91	1634	26	24	13	28
总　计			115	2000	28	28	28	28

注：各校在此基础上，结合学校实际情况，将课程体系设计完整后，(1) 高职学段总学时数为2 000，公共基础课程占20%～30%，专业核心课程占1 000～1 100学时，专业方向课程占200～300学时。(2) “*”表示中高职的衔接课程。(3)“顶岗实习”包括毕业实习、毕业设计等多种形式，原则上安排在第六学期进行。(4) 总学分不少于110。(5)“……”表示由各院校自行安排的必修课程、选修课程。(6)“已安排课程合计”项合计了公共基础课程、专业核心课程以及一个专业方向课程（选已安排学时最多的专业方向），专业方向课程未重复计算。(7)“总计”项说明：①根据相关文件，表中只给出公共基础课程、部分专业核心课程、部分专业方向课程的合计学时，各学校可根据自身情况添加任选课和特色课程，添加后总学时建议不大于2 000；②添加特色课程后，周学时合计建议不大于28。

十、教学基本条件

（一）师资条件

1．中职学段

（1）校内专职教师要求。

专任教师生师比规模达到18:1。主讲教师具备本专业或相近专业大学本科以上学历（含本科）；应接受过职业教育教学方法论的培训，具有开发职业教育课程的能力；具有助理讲师以上职称、高级维修工以上技能证书。实操指导教师具备本专业或相近专业大学专科以上学历（含专科）；有技师以上资格，有丰富的企业维修生产经验。

（2）企业兼职教师要求。

兼职教师授课比例达到30%以上。企业兼职教师应具备大学专科以上学历，具有高等级技能证书，在相应的职业岗位上工作5年以上，具有丰富的业务从业经验和管理经验。

2. 高职学段

（1）校内专职教师要求。

专任教师生师比规模达到18:1。主讲教师具备本专业或相近专业硕士研究生以上学历（含硕士）；应接受过职业教育教学方法论的培训，具有企业工作经验或企业顶岗实习经历，具有3年以上职业教育授课经历，具备开发职业教育课程的能力；具有讲师以上职称和技师以上技能证书。实操指导教师具备本专业或相近专业大学本科以上学历（含本科）；有高级技师以上资格，有5~8年丰富的企业维修生产经验。

（2）企业兼职教师要求。

兼职教师授课比例达到40%~50%。企业兼职教师应具备大学本科以上学历，具有高等级技能证书，在相应的职业岗位上工作8年以上，具有丰富的从业业务经验、培训经验和管理经验。

（二）实训实习条件

本专业应配备校内实训实习室和校外实训基地。

1. 校内实训实习室

为满足三二分段核心课程教学需要，中职院校必须具备汽车发动机机械实训室、汽车底盘机械实训室、汽车电器设备检修实训室、汽车整车拆装与维护实训室等；高职院校必须具备汽车发动机电控系统实训室、汽车底盘电控系统实训室、汽车车身电控系统实训室、汽车整车综合故障诊断实训室。

为满足三二分段方向课程教学需要，根据实际情况，中职院校应该具备汽车钣金实训室、汽车涂装实训室、汽车配件营销与管理实训室、汽车美容装饰实训室；高职院校应该具备新能源汽车检修实训室、汽车维修业务接待（包括礼仪）实训室、汽车性能检测实训室。

实训设备的台（套）数按照5~6人/台来配比，在实验设备台数不足的情况下，教学组织实施可以按照大班教学小班实训的方式（即小班为25~30位学生，大班为50~60位学生）来实现。

主要实训室及设备和所需数量如表17所示。

表17 主要实训室及设备和所需数量推荐

序号	学段	实训室名称	主要工具和设施设备		
			名 称	规 格	数 量（台、套）
1	中职	汽车发动机机械实训室	实物解剖发动机	发动机实物解剖而成，能展示发动机内部结构及工作过程	1
			发动机各系统示教板	能展示发动机各系统组成及工作原理	1
			汽油发动机零部件	两大机构与五大系统	4
			柴油机燃料系零部件	包括喷油泵、输油泵、滤清器、喷油器等	4
			汽油发动机附翻转架	发动机完整，翻转架功能正常	4
			柴油发动机附翻转架	发动机完整，翻转架功能正常	4
			发动机拆装工具	与发动机配套	4
			吊车	与发动机配套	2
			发动机维修测量常用量具	测量范围与发动机适应，包括量缸表等	4
			工作台	保证发动机拆装实训零件和工具摆放	4
			其他小型工量具、设备等	用于发动机机械系统的拆装、测量、检修和清洗	4
2	中职	汽车底盘机械实训室	汽车实物解剖车	部分剖切；能够展示汽车底盘总成安装位置，主要系统能通过人力或动力驱动；满足结构、原理教学需要	4
			总成实物解剖教具	底盘各大总成实物剖制而成，能展示内部结构和零部件安装位置；满足结构、原理教学需要	4
			转向系及前桥总成	实物；零部件齐全	4
			离合器总成（台架）	实物总成；零部件齐全	4
			手动变速器总成及翻转架	实物总成；零部件齐全；翻转架功能正常	4
			自动变速器总成及翻转架	实物总成；零部件齐全；翻转架功能正常	4
			传动轴	实物；零配件齐全	4
			后桥、悬架及车轮总成	实物台架；零配件齐全	4
			液压制动系统台架	实物台架；零配件齐全	4

续上表

序号	学段	实训室名称	主要工具和设施设备		
			名 称	规 格	数 量（台、套）
2	中职	汽车底盘机械实训室	通用工具	与所选底盘配套	8
			汽车底盘拆装专用工具	与所选底盘配套	2
			量具	与所选底盘配套	8
			轮胎拆装机及动平衡机	拆装轮胎演示和动平衡教学	1
			工作台	保证汽车底盘拆装实训零件和工具的摆放	4
			其他小型工量具、设备等	用于底盘机械系统的拆装、测量、检修和清洗	4
3	中职	汽车电器设备检修实训室	汽车蓄电池	解剖件和实物；包括常见各类蓄电池	8
			充电机	为亏电蓄电池充电	1
			交流发电机与电压调节器	实物；零部件齐全	10
			启动机	实物；零部件齐全	10
			点火系统示教板	实物示教板；展示点火系统工作原理	2
			点火系统部件	零部件齐全	2
			照明、信号系统视教板	实物视教板；展示照明、信号系统功能原理；满足教学需要	2
			仪表、报警灯及电子显示示教板	实物视教板；展示仪表、报警灯及电子显示功能原理；满足教学需要	2
			汽车手动空调系统教学实训台	实物台架；零部件齐全；满足手动空调系统教学的需要	2
			汽车手动空调系统部件	实物；部件齐全	2
			空调制冷剂加注回收机及检漏、测压设备	实物；满足教学需要；电子检漏仪	1
			实训车辆	满足整车电器相关教学及汽车辅助电器系统教学（包括电动刮水器、洗涤及除霜装置、电动汽油泵、电动车窗、天窗、电动后视镜及电动座椅，启动预热装置，汽车电器线路等）；车况良好	1
			拆装工具及其他小型工量具、设备等	用于电气设备的拆装、测量、检修和清洗	4

续上表

序号	学段	实训室名称	主要工具和设施设备		
			名称	规格	数量（台、套）
4	中职	汽车整车拆装与维护实训室	实训车辆	轿车；主流车型；整车拆装和维护教学使用；车况良好	4
			举升机	车辆举升教学使用；配套设备齐全	4
			通用工具及工具车	与所选车型的拆装、维护实训配套；工具齐全	4
			专用工具	与所选车型配套；工具齐全	2
			车辆维护、拆装、清洗相关耗材	与所选车型配套；质量性能优良	2
5	中职	汽车钣金实训室	轿车车身	实物；覆盖件齐全	1
			举升机	大于3吨	1
			车身校正仪	与车型配套	1
			车身测量系统	可测量轿车车身三维尺寸；电子或机械	1
			气体保护焊设备	焊接电压：16～25 V 焊接电流：40～200 A 额定负载持续率：60%	2
			电焊设备	电流及压力满足汽车车身焊接要求	1
			外形修复机	工作范围：钢板厚度0.35～1.2 mm	2
			工作台	满足焊接实训要求	2
			风挡玻璃割刀	满足汽车挡风玻璃的拆卸实训	1
			气动切割锯	满足汽车所用金属板材切割	1
			等离子切割机	满足汽车所用金属板材切割	1
			单轨道打磨机	可根据不同涂层要求更换打磨砂纸	1
			砂带磨机	可根据不同涂层要求更换打磨砂纸	1
			热吹风枪	满足铝板整形及脱胶操作等的加热	1
			气动拉、冲铆机	满足铝合金车身结构件的更换	1
			气动钻	满足铝合金车身结构件的更换	1
			车身密封胶打胶枪	满足车身密封胶、黏合剂施涂	1
			常用钣金工具	满足钣金实训要求	2

续上表

序号	学段	实训室名称	主要工具和设施设备		
			名称	规格	数量（台、套）
6	中职	汽车涂装实训室	喷烤漆房	符合环保要求；能满足喷涂需要；能满足教学需要	1
			调漆机	具有所选品牌汽车修补漆全部色母	1
			电子秤	精度0.1 g，量程5 kg	1
			计算机	能安装相关软件；可上网	2
			调漆工作台	能满足调漆需要	1
			干磨设备	具有吸尘功能	4
			底漆喷枪及枪尾压力计	口径1.6~2.0 mm	4
			面漆喷枪及枪尾压力计	口径1.3~1.5 mm	4
			油水分离器	与喷枪配套	4
			红外烤灯	满足汽车修补漆干燥要求	4
			压缩空气机及管路系统	压力和气量能同时满足喷涂和干磨需要；配备油水分离器	1
			粘度计	4#	1
			其他喷涂用防护用具、测试、测量、清洗工具及小型设备	用于工作防护，如面具、护目镜；用于测量喷涂效果，如光泽仪、膜厚仪、硬度仪等	2
7	中职	汽车配件营销与管理实训室	学生用计算机	Intel 酷睿 i3/4 GB/500 GB 以上；具备上网功能	10
			教师用计算机	Intel 酷睿 i3/4 GB/500 GB 以上；具备上网功能	1
			投影仪	LCD；标准分辨率1 024×768，最大分辨率1 400×1 050	1
			扫描仪	大于600 dpi	1
			交换器	48口以上	1
			服务器	Intel 酷睿 i3/4 GB/500 GB 以上；具备上网功能	1
			汽车模拟销售软件	网络版；可互动学习；具备考核功能	1
			汽车配件销售、管理软件	网络版；可互动学习；具备考核功能；包括国内常见车型的相关数据	1
			汽车整车	用于模拟销售教学	1

续上表

序号	学段	实训室名称	主要工具和设施设备		
			名　称	规　格	数　量（台、套）
7	中职	汽车配件营销与管理实训室	模拟销售音响	可移动	1
			摄像机	用于拍摄和回放	1
8	中职	汽车美容装饰实训室	臭氧消毒机	功能正常；满足教学需要	1
			汽车美容抛光机	功能正常；满足教学需要	1
			汽车美容吸尘器	功能正常；满足教学需要	1
			汽车美容发泡机	功能正常；满足教学需要	1
			美容工具和用品	数量足够；质量性能良好	2
			烤膜机	功能正常；满足教学需要	1
			贴膜工具	数量足够；质量性能良好	1
			电钻	功能正常；满足教学需要	1
			防盗器	功能正常；满足教学需要	1
			倒车雷达	功能正常；满足教学需要	1
			中控锁	功能正常；满足教学需要	1
			汽车功放	功能正常；满足教学需要	1
			车体封胶枪	功能正常；满足教学需要	1
			汽车套装喇叭	功能正常；满足教学需要	1
9	高职	汽车发动机电控系统实训室	电控汽油发动机实训台	实物，配有组合仪表、压力表等；具有直观的电控系统电路图和检测点；具有诊断接口；满足结构、原理、故障设置、诊断实训教学需要	2
			电控柴油发动机实训台	实物，配有组合仪表、压力表等；具有直观的电控系统电路图和检测点；具有诊断接口；满足结构、原理、故障设置、诊断实训教学需要	1
			汽油机柴油机测试工量具	满足汽缸压力、歧管压力、燃油压力、点火正时、转速、温度等参数测量	2

续上表

序号	学段	实训室名称	主要工具和设施设备		
			名称	规格	数量（台、套）
9	高职	汽车发动机电控系统实训室	汽缸泄露测试仪	压力测量范围：0～0.8 MPa 进气压力测量范围：0～1 MPa 精度：±2%	1
			冷却系统测试仪	与发动机型号相适应	1
			柴油机喷油正时测试仪	与发动机型号相适应	1
			手动真空泵	0～－100 kPa	2
			汽车专用万用表	测量电路参数	2
			汽车示波器	双通道	4
			汽车故障电脑诊断仪	与发动机相适应	4
			汽车发动机喷油清洗监测仪	与发动机相适应	1
			柴油机喷油器检测仪	与发动机相适应	1
			喷油泵试验台	与发动机相适应	—
			发动机电子听诊器	可查明噪声源；满足教学需要	—
10	高职	汽车底盘电控系统实训室	电控自动变速器及翻转台	实物总成；零部件齐全；翻转架功能正常	4
			无级变速器及翻转试验台	实物总成；零部件齐全；翻转架功能正常	1
			双离合器自动变速器及翻转试验台	实物总成；零部件齐全；翻转架功能正常	1
			自动变速器试验台	选用主流车型典型结构自动变速器；能进行自动变速器试验；满足教学需要	1
			ABS/EBD 制动系统实训台架	能模拟 ABS/EBD 工作原理；可设置故障；能满足教学需要	2
			ASR 防滑驱动系统实训台架	能模拟 ASR 工作原理；可设置故障；能满足教学需要	2
			汽车电控悬架实训台	能模拟实现汽车电控悬架工作原理；可设置故障；能满足教学需要	2
			汽车电控动力转向系统实训台	能模拟实现汽车电控动力转向工作原理；可设置故障；能满足教学需要	2

续上表

序号	学段	实训室名称	主要工具和设施设备		
			名 称	规 格	数 量（台、套）
10	高职	汽车底盘电控系统实训室	四轮定位仪及配套设备	能进行四轮定位检测和调整；满足教学需要	1
			汽车故障电脑诊断仪	与发动机附自动变速器实训台相配套	1
			其他小型工量具、设备等	用于底盘电控系统机械元件的拆装、测量、检修；电器元件的测量、故障诊断	4
11	高职	汽车车身电控系统实训室	汽车多媒体信息娱乐系统实训台	能模拟实现汽车多媒体信息娱乐系统功能；可设置故障；能满足教学需要	2
			汽车电控安全气囊实训台架	能模拟实现汽车电控安全气囊工作原理；可设置故障；能满足教学需要	2
			汽车防撞雷达系统实训台架	能模拟实现汽车防撞雷达系统工作原理；可设置故障；能满足教学需要	2
			汽车中控门锁与防盗报警系统实训台架	能模拟实现汽车中控门锁与防盗报警系统工作原理；可设置故障；能满足教学需要	2
			汽车巡航控制系统教具	能模拟实现汽车巡航控制系统工作原理；可设置故障；能满足教学需要	2
			汽车导航系统教具	能模拟实现汽车导航系统工作原理；可设置故障；能满足教学需要	2
			汽车自动空调系统教学实训台	能模拟实现自动空调系统工作原理；可设置故障；能满足教学需要	2
			汽车电控座椅系统教学台架	能模拟实现汽车电控座椅系统工作原理；可设置故障；能满足教学需要	2
			GPS 卫星导航系统教具	能模拟实现 GPS 卫星导航系统工作原理；可设置故障；能满足教学需要	2
			汽车车载网络控制系统教学实训台	能模拟实现车载网络控制系统工作原理；可设置故障；能满足教学需要	2
			实训车辆	具备车身电控系统各大功能；车况良好	1
			汽车故障电脑诊断仪	与实训车辆相适应	1
			拆装工具及其他小型工量具、设备等	用于车身电控系统部件的拆装、测量、检修；电器元件的测量、故障诊断	4

续上表

序号	学段	实训室名称	主要工具和设施设备		
			名称	规格	数量（台、套）
12	高职	汽车整车综合故障诊断实训室	实训车辆	轿车；主流车型；整车故障设置与排除教学使用；车况良好	4
			整车故障设置和排除实训车辆	实车；具有故障设置箱，可快速设置故障；车况良好	2
			举升机	车辆举升教学使用；配套设备齐全	4
			通用工具及工具车	与所选车型的拆装、故障排除实训配套；工具齐全	4
			专用工具	与所选车型配套；工具齐全	2
			车辆拆装、清洗、故障排除相关耗材	与所选车型配套；质量性能优良	2
13	高职	新能源汽车检修实训室	电动汽车	纯电动汽车	1
			混合动力电动汽车	油电混合	1
			新能源汽车动力电池实物及解剖件	原车实物；功能正常	1
			新能源汽车驱动电机实物	原车实物；功能正常	1
			混合动力汽车动力系统总成及翻转架	原车实物；零部件齐全；翻转架功能正常	1
			混合动力汽车综合教学实训台	基于实车，零部件齐全；仪表齐全；具有电控系统电路图和电路检测点；具有诊断接口；能满足教学需要	1
			纯电动汽车综合教学实训台	基于实车，零部件齐全；仪表齐全；具有电控系统电路图和电路检测点；具有诊断接口；能满足教学需要	1
			电池管理系统实训台	可设置每块单体电池；可对电池系统进行充放电参数设置；具有电池参数测试传感器；可完成故障诊断实训	1
			新能源汽车电动空调系统实训台	原车部件；配套部件齐全；可进行故障模拟	1
			电动汽车充电桩	国标充电接口；交流充电模式	1
			电动汽车充电设备实训台	原车部件；功能正常；可模拟故障教学	1

续上表

序号	学段	实训室名称	主要工具和设施设备		
			名 称	规 格	数 量（台、套）
13	高职	新能源汽车检修实训室	汽车故障诊断仪	与车型配套	1
			新能源汽车维修专用工具	用于汽车的拆装、检查、测试、测量、故障排除	2
			新能源汽车维修防护工具	用于新能源汽车维修安全防护	40
14	高职	汽车维修业务接待（包括礼仪）实训室	学生用计算机	Intel 酷睿 i3/4 GB/500 GB 以上；具备上网功能	10
			教师用计算机	Intel 酷睿 i3/4 GB/500 GB 以上；具备上网功能	1
			投影仪	LCD；标准分辨率 1 024×768，最大分辨率 1 400×1 050	1
			扫描仪	大于 600 dpi	1
			交换器	48 口以上	1
			服务器	Intel 酷睿 i3/4 GB/500 GB 以上；具备上网功能	1
			汽车维修业务接待软件	网络版；包括国内常见车型的相关数据	1
			汽车整车	用于模拟销售教学	1
			仪容镜	礼仪实训	2
			梳妆台	整理仪容	1
			摄像机	用于拍摄和回放	1
15	高职	汽车性能检测实训室	汽车制动检验台	功能正常，可完成生产任务；满足教学需要	1
			汽车轴重测试台	功能正常，可完成生产任务；满足教学需要	1
			汽车侧滑检验台	功能正常，可完成生产任务；满足教学需要	1
			汽车车速表检验台	功能正常，可完成生产任务；满足教学需要	1
			汽车前照灯检验仪	功能正常，可完成生产任务；满足教学需要	1

续上表

序号	学段	实训室名称	主要工具和设施设备		
			名称	规格	数量（台、套）
15	高职	汽车性能检测实训室	汽车尾气分析仪	功能正常，可完成生产任务；满足教学需要	1
			柴油机烟度计	功能正常，可完成生产任务；满足教学需要	1
			声级计	功能正常，可完成生产任务；满足教学需要	1
			发动机综合性能检测分析仪	功能正常，可完成生产任务；满足教学需要	1
			汽车四轮定位仪	功能正常，可完成生产任务；满足教学需要	1
			汽车底盘测功机	功能正常，可完成生产任务；满足教学需要	1
			汽车转向盘转向测试台	功能正常，可完成生产任务；满足教学需要	1
			悬架振动检验台	功能正常，可完成生产任务；满足教学需要	1

2. 校外实训基地基本配置

设立企业专家和专业教师共同组成的专业指导委员会（或校企合作办公室），按照“立足本地、辐射周边”指导思想，分别与4S店和综合维修厂等企业深度合作，签订合作协议，满足学生的校外实训要求。企业实训基地数量上按不低于10∶1（生企比）的标准配置。

实习企业具有能够满足学生实习（实训）要求的条件，如能提供与学生专业实践教学和技能训练相关的工作岗位及工作任务，保证合格的企业指导教师和学生半年以上的实训时间等。

十一、教学实施建议

（一）教学要求

公共基础课程在教学过程中，要符合教育部有关教育教学基本要求，针对中高职衔接生源，应注重文化基础课程的教学质量，重在培养学生基本科学文化素养、服务学生专业学习和终身发展，突出“以学生为中心”理念，强调探究性学习、互动学习、协作学习等多种学习策略，充分调动学生学习积极性，做到学以致用，为学生综合素质的提高、持续学习能力的提升、职业能力的形成和可持续发展奠定基础。

专业课程的教学按照职业岗位（群）的能力要求，强调理实一体化，突出“做中学、做中教”的职业教育教学特色，教学方法上充分运用行动导向教学法，采用任务驱动教学法、项目教学法、小组协作学习、角色扮演教学法、案例教学法、引导文教学法、头脑风暴法、卡片展示法、模拟教学法、自主学习法等多种教学方法，从而促使学生职业能力的培养，有效地培养学生逻辑思维能力和解决问题及可持续发展的能力。通过校内理论学习、实操训练、校外实训基地综合实习，不断提高学生的知识和技能，满足企业岗位需求。在教学过程中，通过数字化资源、仿真资源的开发与利用，结合实物教学，提高教学质量。

（二）教学评价

所有必修课和学生选定的选修课等，均在教学过程中或完成教学目标时进行知识和技能考核，合格者取得该课程学分，考核中不仅关注学生对知识的理解和技能的掌握，更要关注知识在实践中运用与解决实际问题的能力水平，重视规范操作、安全文明生产等职业素质的形成，以及节约能源、节省原材料与爱护生产设备，保护环境意识与观念的树立。

评价体系包括笔试、实践技能考核、项目实施技能考核、岗位绩效考核、职业资格技能鉴定、企业认证考核、技能竞赛等多种考核方式。根据课程的不同特点，每门课程评价采用以上一种或多种考核方式相结合的形式进行。

（三）教学管理

教学管理过程中要具有一定的规范性和灵活性，能够合理调配教师、实训室和实训场地等教学资源，为课程的实施创造条件，要加强对教学过程的质量监控，促进教师教学能力的提升，保证教学质量。

教学管理一般在主管院长的领导下，实行学院（校）、分院（系、部、科）两级负责，学院是教学管理的主体力量，主要通过以下形式进行：

（1）建立教学管理组织协调系统，专业教研室配合教务处、各分院（系、部、科）对日常课堂教学及教学建设工作进行管理和监控，及时解决教学中出现的问题。

（2）学院、分院（系）两级督学系统，聘请有丰富教学经验和教学管理经验的老教师、退休的教学管理人员组成校院两级督学小组，实现“督教、督学、督管”。

（3）建立学生课堂教学效果反馈系统。每学期期中，召开教学质量座谈会，反馈教学过程中存在的问题。学期末，由学生会组织学生填写“课堂教学效果反馈表”，对所有上课教师的教学效果进行反馈。

（4）建设网络教务反馈系统，通过网络获取教学信息。每学期以分院（系、部、科）为单位，综合各种渠道的检查结果和反馈结果，采取先定量后定性的办法，对所有任课教师的教学效果和质量进行评价。评价结果经分院（系）审核后，将结果存入教师教学工作档案，作为教师晋职、评优的重要依据。

附表1　参与项目开发的行业技术专家团队

序号	姓　名	单　位	职称、职务
1	阮少宁	广州沙河丰田汽车销售服务有限公司	教授级高工、副总经理
2	韩　青	广州广德宝汽车销售服务有限公司	售后经理
3	周来贵	广东广物东本汽车贸易服务有限公司	售后经理
4	胡文忠	广州南现汽车销售服务有限公司	售后经理
5	杨美芳	广州安骅汽车贸易有限公司	车间主管
6	张　伟	广东恒远汽车贸易有限公司	车间主管
7	林成忠	佛山珅宝汽车销售服务有限公司	车间主管
8	何志光	广州市南菱通汽车销售服务有限公司	维修组长
9	易木水	广州鸿粤雷克萨斯汽车销售服务有限公司	机电组长
10	马建富	广州沙河丰田汽车销售服务有限公司	维修组长
11	何永祥	广州沙河丰田汽车销售服务有限公司	钣金主管
12	吴志锋	广东广物福恒汽车贸易有限公司	喷漆主管
13	肖四海	江门市福恒汽车销售服务有限公司	售后前台主管
14	周　磊	广州昌宝汽车销售服务有限公司	售后前台主管
15	乔亢亢	广州龙日汽车销售服务有限公司	售后前台主管
16	吴景江	广州世祥汽车销售有限公司	配件主管
17	许晓丹	佛山市东本汽车销售服务有限公司	配件主管
18	卓　裕	中国人民财产保险股份有限公司中山分公司	保险理赔中心主管
19	余艺明	江门华通丰田汽车销售服务有限公司	保险理赔主管

附表2 参与项目开发的学校教师团队

序号	姓 名	单 位	职称、职务
1	郭海龙	广东交通职业技术学院	副教授、系主任
2	张永栋	广东交通职业技术学院	讲师、专业负责人
3	刘越琪	广东交通职业技术学院	教授、副院长
4	李 军	广东交通职业技术学院	副教授、汽车与工程机械学院院长
5	孟国强	广东交通职业技术学院	副教授、汽车与工程机械学院副院长
6	潘伟荣	广东交通职业技术学院	教授、书记
7	温福军	广东交通职业技术学院	讲师、日产项目负责人
8	廖均博	广东交通职业技术学院	讲师
9	蒋翠翠	广东交通职业技术学院	讲师
10	张胜宾	广东交通职业技术学院	讲师、专业负责人
11	黄俊刚	广东交通职业技术学院	讲师
12	刘建平	广州市交通运输职业学校	高级讲师、校长
13	陈高路	广州市交通运输职业学校	高级讲师、科长
14	邱志华	广州市交通运输职业学校	高级讲师、副科长
15	林根南	广州市交通运输职业学校	讲师、车身修复
16	胡源卫	广州市交通运输职业学校	讲师、教研组组长
17	武 华	广州市交通运输职业学校	高级讲师、教研室主任
18	巫兴宏	广州市轻工职业学校	高级讲师、副校长
19	侯文胜	佛山市顺德区中等专业学校	高级讲师、汽车部部长
20	赖慧豪	东莞理工学校	高级讲师、教务科长
21	许德恒	广州市白云行知职业技术学校	高级讲师、汽车部部长
22	黄国莹	清远市职业技术学校	高级讲师、汽车科长
23	朱方来	深圳职业技术学院	教授、汽车学院副院长
24	范爱民	顺德职业技术学院	副教授、系主任
25	赵文龙	广东工贸职业技术学院	系副主任、教授
26	张红伟	广州科技贸易职业学院	副教授、机电系主任

5. 汽车运用技术专业中高职衔接课程标准举例

中职学段：*汽车发动机机械检修课程标准

一、课程名称

*汽车发动机机械检修。

二、适用专业

既可以适用于中高职衔接的中职汽车运用与维修专业，还可以适用于职业技术学校汽车运用与维修专业。

三、课程性质

中等职业学校汽车运用与维修专业核心课程。

四、课程设计

课程设计遵循以学生为中心的理念，以岗位能力培养为主线，采用岗位任务驱动模式，将“教、学、做”串成一线，构建“做中教”和“做中学”的一体化模式。

充分利用岗位任务来构建学习情境。以实际生产任务的方式提出学生应该完成的任务，将完成任务需要掌握的职业能力、职业素养、知识点融入任务之中，让学生带着任务参与到教师的课堂教学中去。选择具有代表性的典型工作任务进行系统化加工、构建学习情境。学习情境要具有合理的梯度结构，能力要求由低到高，遵循学生的检测规律；贯彻以学生为主体的教学理念，为学生创造更多的动手操作机会，实现“教、学、做”一体化；采用任务驱动教学方法，学习小组接受教师安排的工作任务，学生在完成工作任务的过程中使教学目标得以实现；强调学生的主动性，培养学生自我管理能力、分析问题和解决问题的能力。

根据上述教学方法，本课程学习情境由发动机维护、发动机传动带的检查与更换、曲柄连杆机构的故障诊断、发动机配气机构的故障诊断、发动机汽缸盖与汽缸体的故障诊断、发动机燃油供给系统的检查、发动机冷却系统的故障诊断、发动机润滑系统的故障诊断、发动机大修共9个学习情境组成，如表18所示。将6S、诊断流程、检测仪器应用融入教学情境，并采用任务工单和小组合作的方式锻炼培养学生独立解决问题、团队合作等基本素养。

表18　汽车发动机机械检修学习情境

序号	学习情境	任务单元	教学地点
1	发动机维护	1. 发动机定期维护的目的	媒体教室
		2. 发动机维护的项目和内容	
		3. 遵循工作安排与6S要求，安全规范地进行发动机维护作业	
2	发动机传动带的检查与更换	1. 发动机传动带的检查周期	多媒体教室
		2. 发动机传动带张紧度对其他系统的影响	
		3. 检查和调整发动机传动带的张紧度	整车区
		4. 安全规范地更换发动机传动带	
3	曲柄连杆机构的故障诊断	1. 曲柄连杆机构各零部件的名称、安装位置及作用	多媒体教室
		2. 按照技术要求检查活塞连杆组与曲轴飞轮组	实训区（带投影）
		3. 按照技术要求装配曲柄连杆机构	
		4. 安全规范地诊断发动机曲柄连杆机构的故障	
		5. 安全规范地对配气机构各零件进行检测	
4	发动机配气机构的故障诊断	1. 叙述发动机配气机构各零部件的名称、安装位置及作用	多媒体教室
		2. 叙述发动机配气机构各零件损坏的原因	
		3. 查找配气机构方面可能的故障	实训区（带投影）
		4. 安全规范地对配气机构各零件进行检测	
5	发动机汽缸盖与汽缸体的故障诊断	1. 发动机汽缸盖与汽缸体各零部件的名称、安装位置及作用	实训区（带投影）
		2. 检测汽缸盖和汽缸体平面的变形、裂纹及汽缸的磨损	
		3. 对汽缸盖平面、汽缸体平面和汽缸磨损进行修复处理	
		4. 安全规范地诊断发动机汽缸盖与汽缸体的故障	
6	发动机燃油供给系统的检查	1. 汽油发动机燃油供给系统各零部件的名称、安装位置及作用	多媒体教室
		2. 柴油发动机燃油供给系统各零部件的名称、安装位置及作用	
		3. 使用燃油压力表检测燃油压力	整车区（带投影）
		4. 更换发动机燃油滤清器	
		5. 安全规范地对燃油供给系统的典型故障做出正确的诊断与排除	

续上表

序号	学习情境	任务单元	教学地点
7	发动机冷却系统的故障诊断	1．发动机冷却系统的组成与作用	多媒体教室
		2．发动机冷却系统各部件安装位置及冷却液的流经路线	
		3．对冷却系统的主要部件进行拆卸、检测和维修	整车区（带投影）
		4．安全规范地对冷却系统的典型故障做出正确的诊断与排除	
8	发动机润滑系统的故障诊断	1．发动机润滑系统的组成与作用	多媒体教室
		2．发动机润滑系统各部件的安装位置及润滑油的流经路径	
		3．对机油压力进行测试及结果分析	整车区（带投影）
		4．更换发动机机油与机油滤清器	
		5．拆卸与检测机油泵及压力调节器	
		6．安全规范地对润滑系统的典型故障做出正确的诊断与排除	
9	发动机大修	1．发动机大修的项目	多媒体教室
		2．收集拆卸、安装和安装后检查发动机总成的步骤及注意事项	
		3．以小组合作形式完成将发动机总成从车上的拆卸与安装，以及安装后的质量检查	整车区（带投影）

五、课程教学目标

通过对本课程的学习，使学生掌握汽车发动机机械的基本理论知识，能够掌握正确的故障诊断方法，能对汽车发动机机械系统部分的故障诊断和维修技术进行总结，分析故障原因，查找故障部位并对汽车发动机机械的重要部位进行检测和调整，具备对汽车发动机机械系统典型故障进行诊断、检测与排除的能力。

（一）素质目标

（1）具有安全生产知识和责任意识，保证工作质量，提高顾客满意度；
（2）具有良好的沟通交流能力，通过团队有效合作，提高工作效率；
（3）具有较强的自主学习能力，能够在工作岗位上有所革新和创新；
（4）具有吃苦耐劳品质，做到爱岗敬业；
（5）具有较好的组织能力，并通过信息有效处理，具备解决问题的能力。

（二）能力目标

（1）掌握6S管理，指导维修前准备事项；

（2）能对发动机进行维护作业；
（3）能对发动机传动带进行检查与更换；
（4）能对曲柄连杆机构进行故障检修；
（5）能对配气机构进行故障检修；
（6）能对发动机汽缸盖与汽缸体进行故障检修；
（7）能对发动机燃油供给系统进行检查；
（8）能对发动机冷却系统进行故障检修；
（9）能对发动机润滑系统进行故障检修；
（10）能对发动机总成进行拆卸与安装处理。

（三）知识目标

（1）熟练使用各种检测工具、仪器；
（2）熟悉发动机机械总体结构；
（3）能描述发动机维护作业的方法；
（4）能描述发动机传动带的检查与更换方法；
（5）能描述曲柄连杆机构的故障检修技术；
（6）能描述配气机构的故障检修技术；
（7）能描述发动机汽缸盖与汽缸体的故障检修技术；
（8）能描述发动机燃油供给系统的检查方法；
（9）能描述发动机冷却系统的故障检修技术；
（10）能描述发动机润滑系统的故障检修技术；
（11）能描述拆卸与安装发动机作业的方法。

六、参考学时与学分

参考学时：90
参考学分：5

七、课程结构

表 19　汽车发动机机械检修课程结构

序号	学习任务	职业能力		知识、技能、态度要求	教学活动设计	学时
1	发动机维护	01	6S 管理	1. 礼貌礼仪，与客户沟通技巧 2. 挖掘车辆日常使用过程中的故障现象规律，检查信息记录文书	故障说明 ↓ 故障问诊 ↓ 故障分析 ↓ 故障检测 ↓ 故障排除 ↓ 质检报告 ↓ 交车	8
		04－01	维修前准备	1. 认识发动机维护作业的维修工具、设备 2. 发动机维护作业的项目 3. 开展维护作业的注意事项		
		03－03 03－08	发动机机舱的检查	1. 检查发动机舱 2. 排放并加注发动机机油 3. 检查燃油管路、排气管 4. 更换发动机冷却液 5. 检查发动机传动带并调整气门间隙		
2	发动机传动带的检查与更换	04－02	发动机部件更换	1. 检查发动机传动带的张紧度 2. 拆卸非自动（自动）张紧型传动带 3. 更换非自动（自动）张紧型传动带	故障说明 ↓ 故障问诊 ↓ 故障分析 ↓ 故障检测 ↓ 故障排除 ↓ 质检报告 ↓ 交车	8
3	曲柄连杆机构的故障诊断	04－03	检修曲柄连杆	1. 测量汽缸压力 2. 通过检测汽缸压缩压力，判断汽缸密封性 3. 分析汽缸压力低于标准压力的原因	故障说明 ↓ 故障问诊 ↓ 故障分析 ↓	16

续上表

序号	学习任务	职业能力		知识、技能、态度要求	教学活动设计	学时
3	曲柄连杆机构的故障诊断	04－03－03	使用量具检测活塞、活塞环及活塞销	1. 认识活塞 2. 检测活塞环侧隙 3. 检测活塞环端口间隙 4. 根据汽缸体选配活塞、活塞销和活塞环	故障检测 ↓ 故障排除 ↓ 质检报告 ↓ 交车	
		04－03－04	使用量具检测连杆	1. 述说连杆的作用 2. 测量连杆小头孔径与油膜间隙 3. 检测和校正连杆变形		
		04－03－01	使用量具检测曲轴、飞轮	1. 述说曲轴的作用 2. 检测曲轴裂纹 3. 检测曲轴弯曲变形 4. 检测曲轴轴颈磨损		
4	发动机配气机构的故障诊断	04－03	检修曲柄连杆	1. 测量汽缸压力 2. 通过检查汽缸压缩压力，判断汽缸密封性 3. 分析汽缸压力低于标准压力的原因	故障说明 ↓ 故障问诊 ↓ 故障分析 ↓ 故障检测 ↓ 故障排除 ↓ 质检报告 ↓ 交车	16
		04－04	检修配气机构	1. 认识配气机构组成 2. 拆卸凸轮轴 3. 拆卸汽缸盖		
		04－04－01	使用量具检测凸轮轴	1. 检测凸轮轴弯曲变形 2. 检测凸轮轴的磨损 3. 检测凸轮轴油膜间隙与轴向间隙		
		04－04－04	使用量具及专用工具检测气门组件	1. 认识气门组 2. 拆卸气门组 3. 清洁气门组 4. 检测气门挺杆 5. 检测气门弹簧 6. 检测气门		
		04－04－02	使用量具及专用工具检测、调整气门间隙	1. 安装配气机构 2. 明确气门间隙类型 3. 调整气门间隙		

续上表

序号	学习任务	职业能力		知识、技能、态度要求	教学活动设计	学时
5	发动机汽缸盖与汽缸体的故障诊断	04－03－02	使用量具检测汽缸体、缸盖及缸套	1. 熟悉不同类型的汽缸体 2. 检测汽缸体（盖）的裂纹 3. 检测汽缸体（盖）的变形 4. 认识量缸表 5. 测量汽缸 6. 计算汽缸的圆度、圆柱度和最大磨损量等	故障说明 ↓ 故障问诊 ↓ 故障分析 ↓ 故障检测 ↓ 故障排除 ↓ 质检报告 ↓ 交车	8
6	发动机燃油供给系统的检查	04－05－01	明白汽车各类燃料系统（例如汽油、柴油和液化气等系统）的结构及工作原理	1. 汽油机与柴油机燃油供给系统的区别 2. 燃油供给系统各零部件的安装位置 3. 分析燃油供给系统各零部件的作用	故障说明 ↓ 故障问诊 ↓ 故障分析 ↓ 故障检测 ↓ 故障排除 ↓ 质检报告 ↓ 交车	8
		04－05－05	使用燃油压力表检测燃油压力	1. 认识压力表 2. 连接压力表 3. 检测燃油压力		
		04－05－03	使用燃料系统诊断和测试仪器设备，确认汽车各类燃料系统的故障点（车型维修手册）	1. 分析燃油压力低的故障原因 2. 检查油管及相应的元件 3. 借助维修手册排除燃油供给系统故障		

续上表

序号	学习任务	职业能力		知识、技能、态度要求	教学活动设计	学时
7	发动机冷却系统的故障诊断	04－08－02	使用冷却系统诊断和测试仪器设备	1. 冷却液的流经路线 2. 读取冷却液温度 3. 检查冷却液液位 4. 测试冷却系统压力 5. 借助维修资料分析冷却液温度过高可能的原因	故障说明 ↓ 故障问诊 ↓ 故障分析 ↓ 故障检测 ↓ 故障排除 ↓ 质检报告 ↓ 交车	8
		04－08－04	选择更换冷却液	1. 检查冷却液质量 2. 排放冷却液 3. 加注冷却液		
		04－08－03	查找、排除汽车冷却系统的故障（维修手册）	1. 节温器、水泵的安装位置 2. 检查节温器阀门升程 3. 检查水泵		
8	发动机润滑系统的故障诊断	04－09－01	判断不同润滑油性能	1. 检查机油液位与机油质量 2. 根据使用环境温度选择合适的机油	故障说明 ↓ 故障问诊 ↓ 故障分析 ↓ 故障检测 ↓ 故障排除 ↓ 质检报告 ↓ 交车	8
		04－09－02	使用润滑系统诊断和测试仪器设备	1. 检查机油液位与机油质量 2. 排放机油 3. 更换机油滤清器 4. 加注机油 5. 拆卸机油泵 6. 检查限压阀 7. 检查机油泵		
		04－09－04	使用量具检测机油压力、机油压力调节阀	1. 机油的流经路线 2. 读取机油压力 3. 检测机油压力 4. 借助维修分析机油压力过低可能的原因		

续上表

序号	学习任务	职业能力		知识、技能、态度要求	教学活动设计	学时
9	发动机大修	08－01－01	懂得发动机大修原理及故障诊断方法，能够带领组员进行发动机大修	1. 发动机大修是什么 2. 发动机大修的工作流程 3. 制订发动机大修工作计划	故障说明 ↓ 故障问诊 ↓ 故障分析 ↓ 故障检测 ↓ 故障排除 ↓ 质检报告 ↓ 交车	10
		08－01	发动机大修	1. 从车上拆下发动机总成 2. 安装发动机总成 3. 发动机总成质量检查		
合　计						90

注：“职业能力”栏目下职业能力编码，与《中高职衔接专业教学标准和课程标准：汽车运用技术专业》“附录　汽车运用技术专业职业能力分析表”中的编码对应。

八、资源开发与利用

（一）教材编写与使用

（1）教材编写贯彻“以职业能力培养为本位，以学生为主体，升学为导向”的理念，打破传统学科式教材编写框架，按照工作过程导向，以岗位工作任务为引领编制教学情境，故障案例为导引在不同任务步骤中融入相应知识点、不同诊断设备及诊断检修方法。通过对项目实施过程的控制、注意事项的讲解、实施方法的引导，实施“教、学、做”一体，更加注重学生技能的形成过程，满足中职学生就业或升学的需要。

（2）教材编写以广东省常见车型或维修设备为基础，教材内容的设计应该尽可能直观、明晰，多采用图表。教材知识点的难易程度要与职业类学生学习能力相对应，实践内容要考虑实训教学环境需求。

（二）数字化资源开发与利用

1. 多媒体教学

根据教学目标和教学对象的特点，通过教学设计，合理选择和运用现代教学媒体，借助如挂图、幻灯片、投影片、录像带、视听光盘、多媒体软件、仿真软件等媒介，有利于中职学生的感性认识，激发学生的学习兴趣，通过视频创设形象生动的工作情境，促进学生对知识的理解和掌握。建议本门课程加强常用课程资源的开发，制作课程教学PPT、实训视频、试题库，搜集各类车系维修手册等资料，建立自身的教学资源库。

2. 网络课程

充分利用网络技术和电子资源，诸如电子书籍、电子期刊、数据库、数字图书馆、教育网站和电子论坛等网上信息资源，使教学从单一媒体向多媒体转变；使教学活动从信息的单向传递向双向交换转变；使学生从单独的学习向合作学习转变。同时，有条件还可以建立网络课程，通过网络实现课程内容的自我学习和资料查询。

九、教学建议

（一）教学方法

（1）本课程理论知识点采用课堂教学结合小组讨论教学模式和方法；构造原理、操作技能采用视频教学和分组现场一体化的教学模式和工作过程系统化的行动导向的教学方法。

（2）为保证教学安全和实践效果，每位指导教师负责组织和指导15～20名学生，学生分组控制在4～5人/组。

（3）教师在讲授或演示教学中，应使用多媒体教学设备，配备丰富的课件和视频教学辅助设备。

（4）评价方式以学生自评为主、学生互评为辅，教师在评价过程中起引导调控作用。教师评价内容：要观察学生的学习过程，根据学生自我评价和小组评价情况，给出总体评价和改善意见。

（二）教学条件

表20 汽车发动机机械检修主要工具和设备

设备名称	规格	数量
实训车辆（轿车或小型货车）	本地区主流车型配置，车况良好	若干辆
汽油发动机总成附大修台		若干台
发动机零部件（汽缸盖及配气机构、汽缸体、曲柄连杆机构、冷却系统及润滑系统组件等）	实物、零部件齐全	4套
汽车举升器工位	含举升器、压缩气路、工作灯和尾气抽排设备（共用）	4位
顶起升降设备	两工位共用1个，用于从整车上拆卸和安装汽车总成（共用）	4台

续上表

设备名称	规格	数量
工作台		4个
拆装专用工具	与汽车和各总成配套	1套
常用工具	或采用48件套装工具	8套
工具车		4台
零件车		8台
常用测量仪器（支架、百分表、外径千分尺、刀形尺、塞规、量缸表、数字万用表、汽缸压力表、弹簧秤、直尺、机油压力表、塑料线规、皮带测力器）	满足发动机测量需要	各8套
手持式压力测试仪	冷却系统检测	1个
发动机综合分析仪	满足发动机综合性能测试需要	1台
发动机吊机		1个

十、教学评价

本课程采用理论考核和实操考核相结合，过程评价与终结性评价相结合的考核方式。理论考核采用笔试形式，考核内容侧重于汽车发动机机械检修等，理论考核占本门课程考核的比例为30%。过程考核采用项目考核累计方式，须完成2次左右的抽签考试，要求学生在规定时间内完成对规定项目的规范操作，考核内容侧重于对学生安全、环保、6S理念及规范操作的考核，过程考核占本门课程考核的比例为70%。过程考核中分为素质考核、实操考核和工作页考核三方面，素质考核以小组学生的平时表现如工具清理、卫生清洁、学习工作态度、社会能力训练、方法能力训练等方面作为评价标准，实操考核以学生在规定时间内完成规定项目的规范操作作为评价标准。在过程考核的每一个环节中，均采用“小组自评＋小组互评＋教师评价”的方式，考核比例如表21所示。

表 21　汽车发动机机械检修课程考核比例

考核方式	过程考核（70%）			终结性评价（理论考核）（30%）
	素质考核（10%）	实操考核（30%）	工作页考核（30%）	
实施方法	教师评价 + 小组自评 + 小组互评	教师评价 + 小组自评 + 小组互评	教师评价 + 小组自评 + 小组互评	教考分离、统一组织
考核标准	安全、纪律、协作精神	任务计划、任务完成情况、操作过程、工具使用	预习内容、过程记录、过程分析	题型不少于 5 种（填空题、选择题、判断题、名词解释题、问答题、论述题），分数比例由命题教师自定
说明：造成设备损坏或人身伤害的项目计 0 分				

（撰稿人：段群、唐蓉芳、冯明杰）

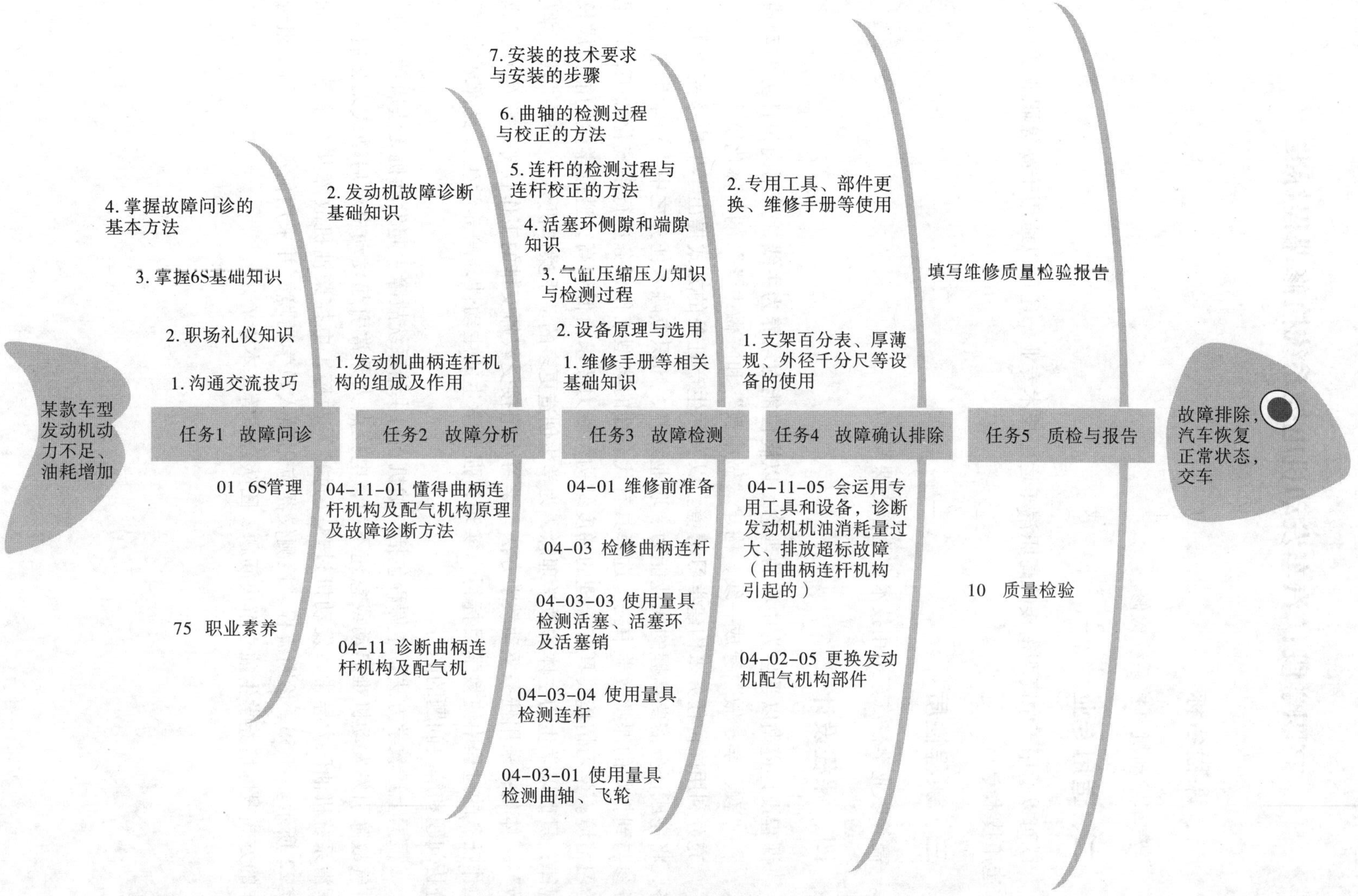

图1 汽车发动机机械检修任务情境设计案例
(以发动机曲柄连杆机构的故障诊断为例)

高职学段：* 汽车发动机电控系统检修课程标准

一、课程名称

* 汽车发动机电控系统检修。

二、适用专业

既可以适用于中高职衔接的高职汽车运用技术专业，还可以适用于高等职业学校汽车运用技术专业。

三、课程性质

高等职业学校汽车运用技术专业核心课程。

四、课程设计

课程设计遵循以学生为中心的理念，以岗位能力培养为主线，采用岗位任务驱动模式，将“教、学、做”穿成一线，构建“做中教”和“做中学”的一体化模式。

充分利用岗位任务来构建学习情境。以实际生产任务的方式提出学生应该完成的任务，将完成任务需要掌握的职业能力、职业素养、知识点融入任务之中，让学生带着任务参与到教师的课堂教学中去。选择具有代表性的典型工作任务进行系统化加工，构建学习情境。学习情境要具有合理的梯度结构，能力要求由低到高，遵循学生的能力成长规律；贯彻以学生为主体的教学理念，为学生创造更多的动手操作机会，实现“教、学、做”一体化；采用任务驱动教学方法，学习小组接受教师安排的工作任务，学生在完成工作任务的过程中使教学目标得以实现；强调学生的主动性，培养学生自我管理能力、分析问题和解决问题的能力。

根据上述教学方法，本课程包括汽油机燃料供给系统故障引起发动机无法启动，进、排气故障引发发动机难启动或怠速不稳，电控点火异常引起发动机难启动或无法启动，润滑系统机油压力异常，发动机过热（过冷）故障，电控柴油机故障共 6 个情境，如表 22 所示。将 6S、诊断流程、检测仪器应用融入教学情境，并采用任务工单和小组合作的方式锻炼培养学生独立解决问题、团队合作等基本素养。

表 22　汽车发动机电控系统检修学习情境

序号	学习情境	任务单元	教学地点
1	汽油机燃料供给系统故障引起发动机无法启动	1. 现代汽车电控系统结构、故障诊断、检修技术概述	现场教学或仿真教学
		2. 现代汽车随车诊断系统	
		3. 汽车电控系统检修规范与基本步骤	
		4. 汽车电控系统电路原理图阅读与使用	
		5. EFI 发动机电控燃油喷射系统组成与工作原理、故障检修思路与方法	
		6. ISC 电控发动机怠速控制系统组成与工作原理、故障检修思路与方法	
		7. 解码器的使用与燃油系统数据流分析	
		8. 汽车专用示波器使用与燃油系统常见波形分析	
		9. 汽车专用万用表使用技术	
2	进、排气故障引发发动机难启动或怠速不稳	1. 进、排气系统检修规范与基本步骤	多媒体教室整车区
		2. 汽车电控系统电路原理图阅读与使用	
		3. 发动机进、排气电控系统构成与工作原理认识	
		4. 发动机进、排气电控系统故障检修正确思路与方法	
		5. 发动机进、排气电控系统故障诊断	
		6. 解码器的使用与进、排气数据流分析	
		7. 汽车专用示波器使用与常见波形分析	
3	电控点火异常引起发动机难启动或无法启动	1. 进、排气系统检修规范与基本步骤	现场
		2. 汽车电控系统电路原理图阅读与使用	
		3. ESA 发动机电控点火提前控制系统组成与工作原理、故障检修思路与方法	
		4. 解码器的使用与点火系统数据流分析	
		5. 汽车专用示波器使用与点火系统常见波形分析	
4	润滑系统机油压力异常	1. 润滑系统检修规范与基本步骤	现场
		2. 润滑系统测试仪器使用	
		3. 润滑系统故障修复	

续上表

序号	学习情境	任务单元	教学地点
5	发动机过热（过冷）故障	1. 冷却系统检修规范与基本步骤	现场
		2. 冷却系统测试仪器使用	
		3. 冷却系统故障修复	
6	电控柴油机故障	1. 冷却系统检修规范与基本步骤	现场
		2. 电控柴油机系统组成与工作原理	
		3. 电控柴油机系统测试仪器使用	
		4. 柴油机常见数据流分析与波形诊断	

五、课程教学目标

通过对本课程的学习，使学生能够掌握汽车发动机电控的基本理论知识，掌握正确的故障诊断方法，对汽车发动机电控系统常见故障现象进行总结，分析故障原因，查找故障部位并对汽车发动机电控系统的重要部位进行检测和调整，具备对汽车发动机电控系统典型故障进行诊断、检测与排除的能力。

（一）素质目标

（1）具有安全生产知识和责任意识，保证工作质量，提高顾客满意度；
（2）具有良好的沟通交流能力，通过团队有效合作，提高工作效率；
（3）具有较强的自主学习能力，能够在工作岗位上有所革新和创新；
（4）具有吃苦耐劳品质，做到爱岗敬业；
（5）具有较好的组织能力，并通过信息有效处理，具备解决问题的能力。

（二）能力目标

（1）掌握6S管理；
（2）知道维修前准备事项；
（3）懂得汽车进、排气系统故障检修；
（4）懂得使用万用表检测线路；
（5）懂得检修、诊断燃油、点火系统故障；
（6）懂得诊断进、排气系统故障；
（7）懂得使用冷却系统、润滑系统诊断和测试仪器设备诊断冷却、润滑系统故障；
（8）其他发动机电控系统检修；
（9）掌握团队、自主创新等关键能力。

（三）知识目标

（1）掌握6S基础知识；

(2) 汽车电控系统结构、故障诊断、检修技术、性能参数;
(3) 掌握维修手册的使用和电、机械相关基础知识;
(4) 汽车电控系统检修规范与基本步骤;
(5) 汽车电控系统电路原理图阅读与使用;
(6) 各种维修工具使用;
(7) 理解发动机各电控系统结构、工作原理、检测方法。

六、参考学时与学分

参考学时:72
参考学分:4

七、课程结构

表 23 汽车发动机电控系统检修课程结构

<table>
<tr><th>序号</th><th>学习任务</th><th colspan="2">职业能力</th><th>知识、技能、态度要求</th><th>教学活动设计</th><th>学时</th></tr>
<tr><td rowspan="5">1</td><td rowspan="5">汽油机燃料供给系统故障引起发动机无法启动</td><td>01</td><td>6S 管理</td><td>掌握 6S 基础知识</td><td rowspan="5">故障说明
↓
故障问诊
↓
故障分析
↓
故障检测
↓
故障排除
↓
质检报告
↓
交车</td><td rowspan="5">16</td></tr>
<tr><td>75</td><td>职业素养(通用能力、核心技能)</td><td>1. 礼貌礼仪,与客户沟通技巧
2. 挖掘车辆日常使用过程中的故障现象规律,检查信息记录文书
3. 计算机基础及高等数学</td></tr>
<tr><td>04-01</td><td>维修前准备</td><td>1. 汽车电控系统结构、故障诊断、检修技术、性能参数
2. 掌握维修手册的使用和电、机械相关基础知识
3. 汽车电控系统检修规范与基本步骤
4. 汽车电控系统电路原理图阅读与使用</td></tr>
<tr><td>04-15</td><td>发动机电控系统检修</td><td>1. 解码器的使用与数据流分析
2. 汽车专用示波器使用与常见波形分析
3. 汽车用压力表使用技术</td></tr>
<tr><td>04-05</td><td>汽车燃油供给系统故障检查</td><td>1. EFI 发动机电控燃油喷射系统组成与工作原理
2. EFI 发动机电控燃油喷射系统故障检修思路与方法
3. ISC 电控发动机组成与工作原理、故障检修思路与方法
4. 喷油嘴测试仪与清洗仪应用</td></tr>
</table>

续上表

序号	学习任务	职业能力		知识、技能、态度要求	教学活动设计	学时
2	进、排气故障引发发动机难启动或怠速不稳	04－06	汽车进、排气系统故障检查	发动机进、排气电控系统构成与工作原理认识	故障说明↓故障问诊↓故障分析↓故障检测↓故障排除↓质检报告↓交车	10
		04－13	诊断进、排气系统故障	发动机进、排气电控系统故障检修思路与方法		
3	电控点火异常引起发动机难启动或无法启动	04－07	点火系统故障检修	1. ESA发动机电控点火系统组成与工作原理 2. ESA发动机电控点火系统故障检修思路与方法	故障说明↓故障问诊↓故障分析↓故障检测↓故障排除↓质检报告↓交车	10
		04－12	诊断燃油、点火系统故障			
4	润滑系统机油压力异常	04－09－02	使用润滑系统诊断和测试仪器设备	1. 润滑系统诊断仪器原理 2. 润滑系统常见故障与原因分析 3. 润滑系统故障诊断与排除的思路及方法	故障说明↓故障问诊↓故障分析↓故障检测↓故障排除↓质检报告↓交车	8
		04－14	诊断冷却、润滑系统故障			

续上表

序号	学习任务	职业能力		知识、技能、态度要求	教学活动设计	学时
5	发动机过热（过冷）故障	04－08－02	使用冷却系统诊断和测试仪器设备	1. 冷却系统诊断仪器原理 2. 冷却系统常见故障与原因分析 3. 冷却系统故障诊断与排除思路与方法 4. 汽车专用万用表使用技术	故障说明→故障问诊→故障分析→故障检测→故障排除→质检报告→交车	8
		04－14	诊断冷却、润滑系统故障			
		04－08－06	使用万用表检测继电器、电子扇、温控开关			
6	电控柴油机故障	04－15	发动机电控系统检修	1. 电控柴油机组成与工作原理 2. 电控柴油机系统故障检修思路与方法 3. 柴油机电控系统测试仪器使用 4. 柴油机常见数据流分析与波形诊断	故障说明→故障问诊→故障分析→故障检测→故障排除→质检报告→交车	20
合计						72

注："职业能力"栏目下职业能力编码，与《中高职衔接专业教学标准和课程标准：汽车运用技术专业》"附录　汽车运用技术专业职业能力分析表"中的编码对应。

八、资源开发与利用

（一）教材编写与使用

以广东省常见车型或维修设备为基础，按工作过程导向，以岗位任务引领编制教学情境。以故障案例为导引在不同任务步骤中融入相应知识点、不同诊断设备及诊断检修方法。通过对项目实施过程的控制、注意事项的讲解、实施方法的引导，很好地把“教、学、做”合为一体，更加注重学生技能的形成过程，满足高职培养高技能应用型人才的需要。

（二）数字化资源开发与利用

1. 多媒体教学

多媒体教学方式早已在教育中广泛应用。多媒体教学是指在教学过程中，根据教学目标和教学对象的特点，通过教学设计，合理选择和运用现代教学媒体，借助如幻灯片、投影片、录音带、录像带等多种电子媒介，综合处理和控制符号、语言、文字、声音、图形、图像、影像等多种媒体信息。使师生共同参与教学全过程，以多种媒体信息作用于学生，形成合理的教学过程结构，达到最优化的教学效果。目前，通常所说的多媒体教学是特指运用多媒体计算机并借助于预先制作的多媒体教学软件来开展的教学活动过程。

2. 网络课程

网络课程就是通过网络表现的某门学科的教学内容及实施的教学活动的总和，是信息时代条件下新的课程表现形式。它包括按一定的教学目标、教学策略组织起来的教学内容和网络教学支撑环境。其中网络教学支撑环境特指支持网络教学的软件工具、教学资源以及在网络教学平台上实施的教学活动。网络课程具有交互性、共享性、开放性、协作性和自主性等基本特征。

3. 仿真教学

利用计算机来模拟汽车故障现象，学生扮演维修人员完成仿真车辆维修。仿真教学能在很大程度上弥补客观条件的不足，为学生提供近似真实的训练环境，提高学生的职业技能。

九、教学建议

（一）教学方法

（1）本课程理论知识点采用课堂教学结合小组讨论教学模式和方法；构造原理、操作技能采用视频教学和分组现场一体化的教学模式，以及工作过程系统化的行动导向的教学方法。

（2）为保证教学安全和实践效果，每位指导教师负责组织和指导 15 ~ 20 名学生，学生分组控制在 4 ~ 5 人/组。

（3）教师在讲授或演示教学中，应使用多媒体教学设备，配备丰富的课件和视频教学辅助设备。

（4）评价方式以学生自评为主、学生互评为辅，教师在评价过程中起引导调控作用。教师评价内容：要观察学生的学习过程，根据学生自我评价和小组评价情况，给出总体评价和改善意见。

（二）教学条件

表 24　汽车发动机电控系统检修主要工具和设备

	设备名称	规　格	数量
汽车发动机电控系统实训室	电控汽油发动机实训台或整车	实物，配有组合仪表、压力表等；具有直观的电控系统电路图和检测点；具有诊断接口；满足结构、原理、故障设置、诊断实训教学需要	2 台
	电控柴油发动机实训台	实物，配有组合仪表、压力表等；具有直观的电控系统电路图和检测点；具有诊断接口；满足结构、原理、故障设置、诊断实训教学需要	1 台
	汽油机柴油机测试工、量具	满足汽缸压力、歧管压力、燃油压力、点火正时、转速、温度等参数测量	2 套
	手动真空泵	0 ~ －100 kPa	2 个
	汽车专用万用表	测量电路参数	2 个
	汽车示波器	双通道	4 个
	汽车故障电脑诊断仪	与发动机相适应	4 台
	汽车发动机喷油清洗监测仪	与发动机相适应	1 台
	柴油机喷油器检测仪	与发动机相适应	1 台
	喷油泵试验台	与发动机相适应	—

十、教学评价

本课程采用理论考核和实操考核相结合，过程评价与终结性评价相结合的考核方式。理论考核采用笔试形式，考核内容侧重于汽车电控原理、检测结果分析、故障分析等，理论考核占本门课程考核的比例为 30%。过程考核采用项目考核累计方式，须完成 2 次左右的抽签考试，要求学生在规定时间内完成对规定项目的规范操作，考核内容侧重于对学生安全、环保、6S 理念及规范操作的考核，过程考核占本门课程考核的比例为 70%。过程考核中分为素质考核、实操考核和工作页考核三方面，素质考核以小组学生的平时表现如工具清理、卫生清洁、学习工作态度、社会能力训练、方法能力训练等方面作为评价标准，实操考核以学生在规定时间内完成规定项目的规范操作作为评价标准。在实操考核的每一个环节中，均采用“小组自评 + 小组互评 + 教师评价”的方式，考核的比例如表 25 所示。

表 25　汽车发动机电控系统检修考核比例

<table>
<tr><td rowspan="2">考核方式</td><td colspan="3">过程考核（70%）</td><td rowspan="2">终结性评价（理论考核）（30%）</td></tr>
<tr><td>素质考核（10%）</td><td>实操考核（30%）</td><td>工作页考核（30%）</td></tr>
<tr><td>实施方法</td><td>小组自评＋小组互评＋教师评价</td><td>小组自评＋小组互评＋教师评价</td><td>小组自评＋小组互评＋教师评价</td><td>教考分离、统一组织</td></tr>
<tr><td>考核标准</td><td>安全、纪律、协作精神</td><td>任务计划、任务完成情况、操作过程、工具使用</td><td>预习内容、过程记录、过程分析</td><td>题型不少于 5 种（填空题、选择题、判断题、名词解释题、问答题、论述题），分数比例由命题教师自定</td></tr>
<tr><td colspan="5">说明：造成设备损坏或人身伤害的项目计 0 分</td></tr>
</table>

（撰稿人：张永栋、卢若珊、张飞）

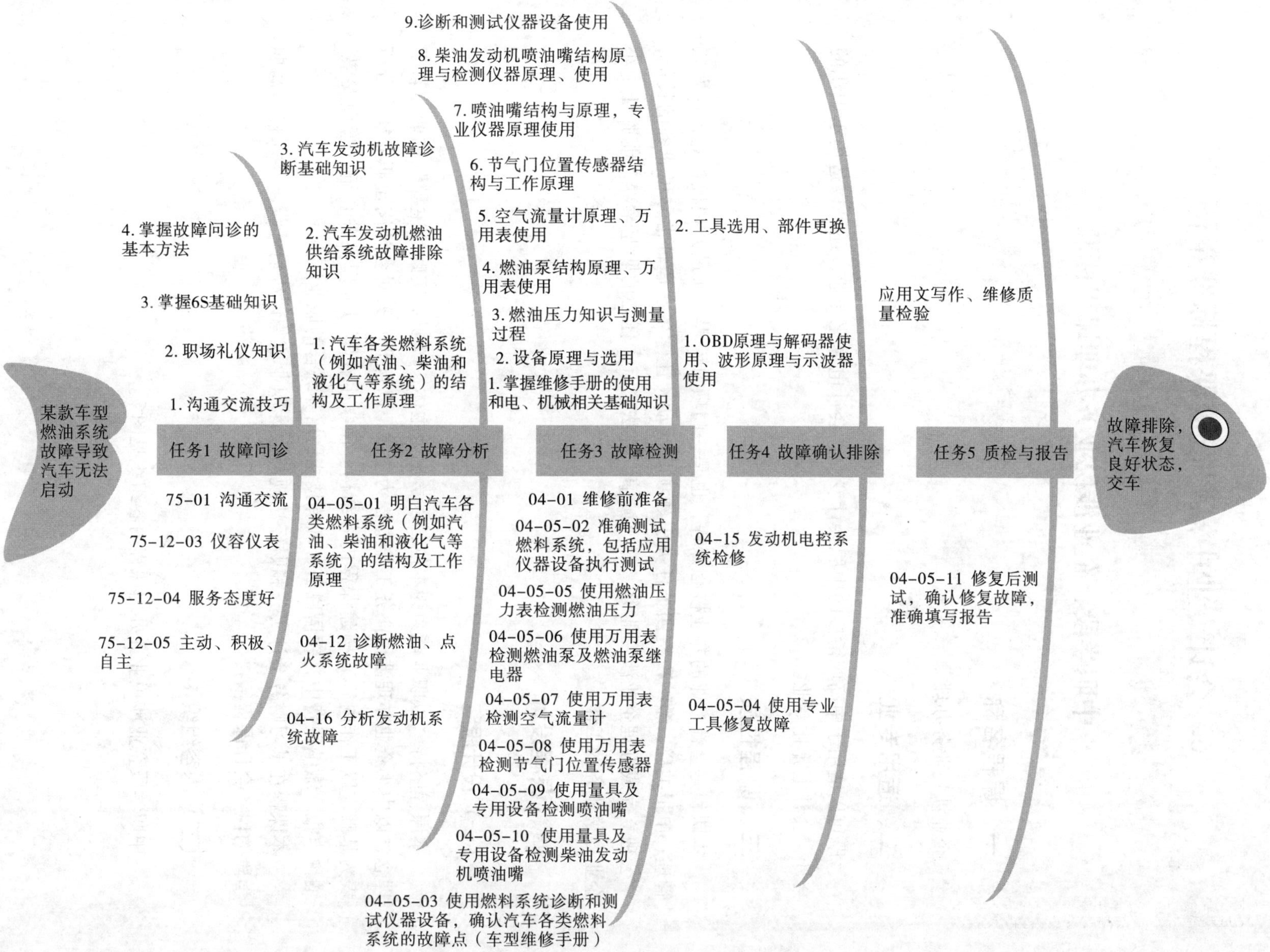

图2 *汽车发动机电控系统检修任务情境设计案例

6. 会计专业中高职衔接课程标准举例

中职学段：企业涉税业务办理课程标准

一、课程名称

企业涉税业务办理。

二、适用专业

既可以适用于中高职衔接的中职会计专业、会计电算化专业，还可以适用于中职的会计、会计电算化专业。

三、课程性质

本课程是会计专业的专业核心课程，也是一门项目课程。通过办理税务登记、发票管理、申报纳税、缴纳税费四个任务引领项目活动，让学生掌握日常办税业务的技能，学会独立完成办理企业涉税业务。养成诚信、守法、有责任心的职业素养，能胜任中小企业办税业务的工作。

四、课程设计

（一）设计思路

本课程坚持“以职业能力为本位，以学生为主体，以职业实践为主导”的职业教学理念，以中小企业办理涉税业务工作过程为主线，以行业专家对会计岗位职业能力分析表为基础，以工作内容来构建课程内容结构。使学生在学习办理税务登记、管理发票、纳税申报、缴纳税费中，领悟税法，训练技能，培养综合的职业能力。

本课程在学习财务会计实务和财经法规与会计职业道德课程后开设。本课程与高职学段的税务会计课程衔接。

（二）内容组织

中职学段企业涉税业务办理课程内容组织见图3。

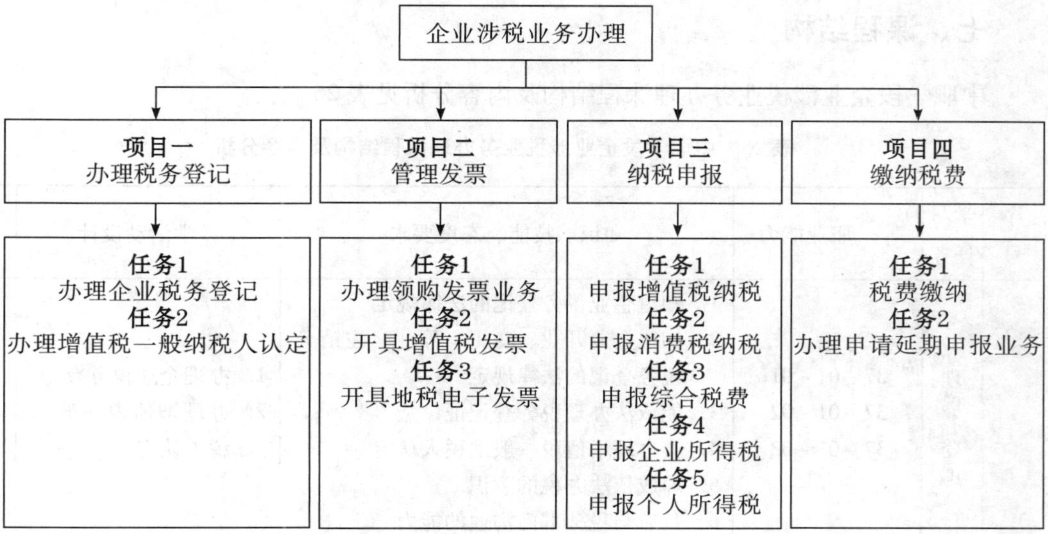

图3　中职学段企业涉税业务办理课程内容组织

五、课程教学目标

通过任务引领教学活动，学生能规范处理企业办理涉税业务，具有诚实、守信，工作细致、有责任心、遵守税收法规等会计职业道德，养成合作交流完成工作的能力。

职业素养目标：

- 有诚实、严谨细致的工作态度。
- 有依法纳税意识。
- 有责任心。
- 有团队合作精神。

专业能力目标：

- 能查阅相关的税收法律、法规制度。
- 能办理企业税务登记。
- 能依法领购和管理发票。
- 能正确填写增值税等各种纳税申报表。
- 能熟练操作网上报税、电话报税、上门报税。

六、参考学时与学分

参考学时：72

参考学分：4

七、课程结构

中职学段企业涉税业务办理课程结构及内容分析见表26。

表26　中职学段企业涉税业务办理课程结构及内容分析

序号	学习任务	职业能力	知识、技能、态度要求	教学活动设计	学时
1	办理税务登记	37-01-01 37-01-02 37-01-03	1. 知道企业税务登记的法律规定 2. 知道企业开业、变更、停业、注销等税务登记的法律规定 3. 能依法办理税务登记证 4. 会办理增值税一般纳税人认定 5. 养成依法办税的意识 6. 具有与税务部门沟通的能力	1. 办理企业税务登记 2. 办理增值税一般纳税人认定	16
2	管理发票	37-02-01 37-02-02 37-02-03 37-02-04 37-02-05	1. 知道发票管理办法 2. 熟悉增值税发票管理要求 3. 能正确办理领购发票手续 4. 能用防伪税控开票系统开具增值税发票 5. 能用税控开票系统开具地税电子发票 6. 养成严谨、细致的工作态度	1. 办理领购发票业务 2. 开具增值税发票 3. 开具地税电子发票	8
3	申报纳税	37-03-01 37-03-02 37-03-03 37-03-04	1. 能正确计算增值税、营业税、城市维护建设税、教育费附加、企业所得税、个人所得税等 2. 会办理申请电子报税相关手续 3. 能正确操作网上报税系统，并填写相关财务报表及纳税申报表 4. 会电话申报和上门申报、缴纳 5. 会通过官网、12366电话及税务人员咨询有关涉税问题 6. 养成依法纳税的法律意识，诚实、严谨的工作态度 7. 养成自主学习，更新知识的习惯	1. 申报增值税纳税 2. 申报消费税纳税 3. 申报综合税费 4. 申报企业所得税 5. 申报个人所得税	44
4	缴纳税费	37-04-01 37-04-02	1. 关注纳税期限 2. 会办理申请延期纳税 3. 养成遵守规则、准时的职业习惯	1. 税费缴纳 2. 办理申请延期申报业务	4
合计					72

注：“职业能力”栏目下职业能力编码，与《中高职衔接专业教学标准和课程标准：会计专业》“附录会计专业职业能力分析表”中的编码对应。

八、资源开发与利用

（一）教材编写与使用

教材编写依据：企业办理涉税业务工作任务、现行税法。

教材编写要遵循“以职业能力为本位，以学生为主体，以职业实践为主导”，充分体现任务引领，项目导向的课程设计思想，突出典型工作任务的单元设计，以中小企业办税工作过程为主线，教材内容对接办理涉税工作内容。

（二）数字化资源开发与利用

1. 组织行业专家和专业教师共同开发电子教学设计、微课、课件、示范课例、税收案例库、税法法规等数字化资源。
2. 创建校内模拟办税实训室，开发“纳税模拟实训软件”。
3. 利用国税和地税网站开展教学活动。

九、教学建议

（一）教学方法

注重学生实践操作能力的培养，采用情境教学、案例教学、项目教学、角色扮演等方法，模拟企业办理涉税工作情境，登录相关国税和地税网站，以办理各项涉税业务工作流程开展教学活动，实现“做中学、做中教”，提升学生的职业能力。

组织学生到地税和国税的办税营业厅现场教学。利用校内外实训基地，开展“理实一体化”教学，训练办税业务的技能，养成认真、严谨的工作习惯。

（二）教学条件

建设财税一体化实训室，模拟工作场景，配备多媒体教学平台。与行业专家共同开发虚拟仿真报税系统，实现“理实一体化”教学。

十、教学评价

坚持评价主体、评价过程、评价方式的多元化。让学生和行业专家参与学业评价，关注学习过程评价，以是否能独立、规范办理涉税工作为评价标准。

可采用笔试、案例分析和实训操作等多种评价方式，同时评价学习态度、职业情感等。

十一、课程内容结构图

中职学段企业涉税业务办理课程内容结构见图4。

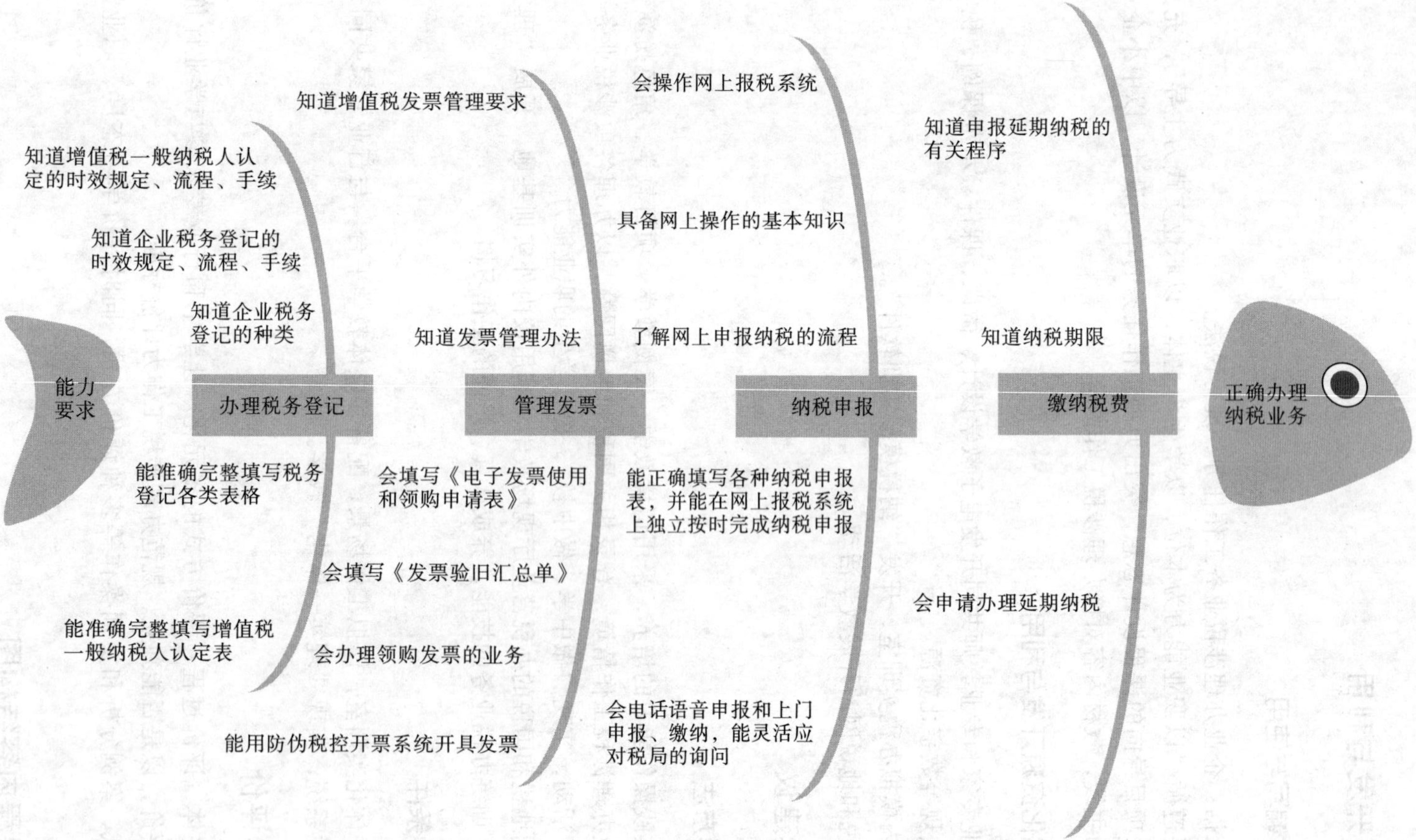

图4　中职学段企业涉税业务办理课程内容结构图

（撰稿人：陈险峰、段宏、林敏洁）

高职学段：税务会计课程标准

一、课程名称

税务会计。

二、适用专业

不仅适用于中高职衔接的会计专业、会计电算化专业，还可以适用于高职的会计、会计电算化专业。

三、课程性质

本课程是中高职衔接的高等职业教育会计专业设置的一门专业核心课程，也是实践性很强的应用性项目课程。本课程的前导课程是会计基础、企业涉税业务办理和财务会计。本课程基于学生在中职学段已掌握了企业涉税业务办理的税收法律法规及办税技能的基础上，详细讲述增值税、消费税、营业税、企业所得税、个人所得税等税种应纳税额的具体计算方法，将各税种的税法规定和会计处理有机结合在一起，“理实一体化”培养学生在实际工作中对涉税业务的处理能力。

四、课程设计

（一）设计思路

以岗位职业能力培养为主线，采用“教、学、做一体化”的教学模式，采用任务驱动教学法，让学生带着任务参与到教师的课堂教学中去。让学生在完成具体项目工作任务过程中掌握各税种的业务处理，将税法和税务会计有机结合在一起，注重学生的技能训练，做到学以致用，有针对性地培养学生的实际运用能力。形成“以工作任务为目标，以行动过程为导向，学教相辅”的课程教学模式。

（二）内容组织

高职学段税务会计课程内容组织见图5。

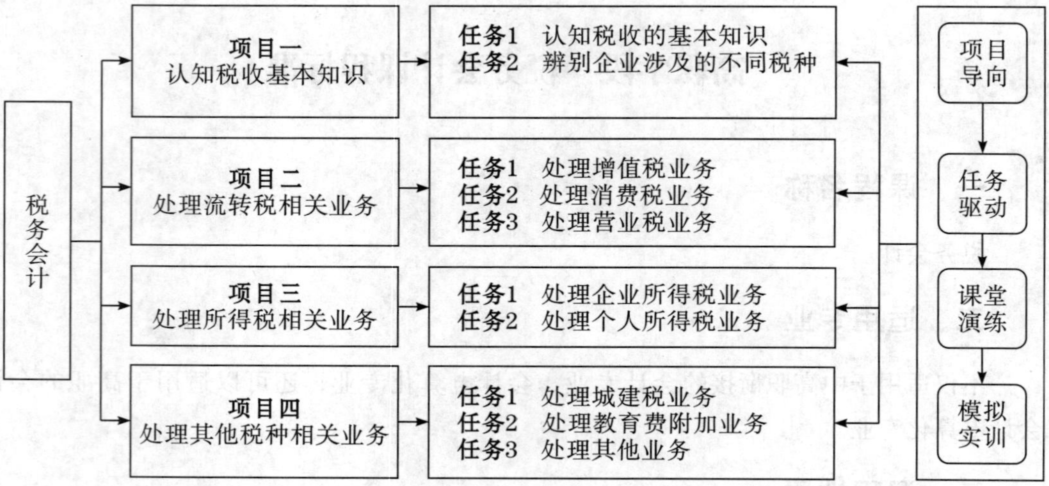

图5　高职学段税务会计课程内容组织

五、课程教学目标

职业素养目标：

- 责任意识。
- 思维与判断能力。
- 沟通与交流。
- 团队合作能力。
- 依法纳税意识。

专业能力目标：

- 能处理流转税的经济业务。
- 能处理企业所得税、个人所得税的经济业务。
- 能处理城市维护建设税、教育费附加等其他税种的经济业务。

六、参考学时与学分

参考学时：72

参考学分：4

七、课程结构

高职学段税务会计课程结构及内容分析见表27。

表 27　高职学段税务会计课程结构及内容分析

序号	学习任务	职业能力	知识、技能、态度要求	教学活动设计	学时
1	认知税收基本知识	38－01－01	1. 理解税收的定义及特征 2. 理解税制构成要素	1. 认知税收的基本知识 2. 辨别企业涉及的不同税种	4
2	处理流转税相关业务	37－03－02	1. 能认知增值税、消费税、营业税的法规知识 2. 会计算增值税一般纳税人的应纳税额 3. 能运用从价定率、从量定额、从价定率和从量定额复合计算三种方法计算应纳消费税税额 4. 能计算各行业应纳营业税税额	1. 处理增值税业务 2. 处理消费税业务 3. 处理营业税业务	42
		38－01－02	1. 能处理增值税一般纳税人相关业务 2. 能处理消费税相关业务 3. 能处理营业税相关业务		
3	处理所得税相关业务	37－03－02	1. 能认知企业所得税、个人所得税的法规知识 2. 能计算企业应纳的所得税税额 3. 能计算个人所得税税额	1. 处理企业所得税业务 2. 处理个人所得税业务	20
		38－01－03	1. 能处理企业所得税的预缴及年终汇算清缴的业务 2. 能处理企业代扣代缴个人所得税的业务		
4	处理其他税种相关业务	37－03－02 37－03－03	1. 能认知其他税种的相关知识 2. 能学会企业其他税种应纳税额的计算	1. 处理城建税业务 2. 处理教育费附加业务 3. 处理其他业务	6
		38－01－04	能处理城市维护建设税、教育费附加、资源税等其他税种的业务		
合　计					72

注："职业能力"栏目下职业能力编码，与《中高职衔接专业教学标准和课程标准：会计专业》"附录　会计专业职业能力分析表"中的编码对应。

八、资源开发与利用

（一）教材编写与使用

1. 教材编写理念

（1）必须依据本课程标准编写和选用教材。

（2）教材应充分体现能力引领、以工作过程为导向的课程设计理念。

（3）教材以企业典型的涉税业务项目来驱动，通过基本知识、案例模拟和课后拓展作业等多种手段，采用与流程相结合的方式来组织编写。

2. 教材编写内容

教材应该涵括税收的基本理论、基本知识和基本方法，内容主要包括：流转税、所得税及其他税种的税款计算、纳税申报、税款缴纳和会计处理。该教材除了有复习思考题外，还应该专门编写配套的学习材料，提供大量的案例，从而提高学生综合分析和运用知识的能力。

（二）数字化资源开发与利用

数字化资源的开发，是为了更好地学习本课程，因此在开发数字化资源的过程中，必须严格按照本课程的设计思路，开发与教材、教学相匹配的数字化资源。

从形式上看，数字化资源可以采用视频、演示文稿、文档、动画等多种形式，这些资源可以采用精品资源共享课程和网络课程的形式实现共享。

从内容上看，数字化资源可以包括教案、教学课件、习题库、职业能力拓展资源等。

九、教学建议

（一）教学方法

本课程在教学过程中强调“理实一体化”，突出“做中学、做中教”的职业教育教学特色，提倡项目教学、案例教学等方法。在理论教学中，突出企业真实案例教学。所用案例应充分考虑工学结合的需求，并与专业所依托行业相应岗位的工作实际紧密结合。在实践教学中，注重学生的技能训练，有针对性地培养学生的实际业务处理能力。

（二）教学条件

1. 师资条件

本课程专任教师应具备本专业或相关专业研究生及以上学历，并拥有高等职业学校教师资格证书，提倡专任教师具有会计师职称或一定的会计实践经验。条件许可的学校，应聘请一定数量行业企业技术骨干担任兼职教师。

2. 设备条件

本课程提倡创造“理实一体化”的教学环境，使用多媒体教室，以利于教师向学生直观地展示各税种的计算及涉税业务的处理过程。

十、教学评价

本课程应采用知识考核与能力测试相结合，过程考核和结果考核相结合的考核评价方式，结合课程特色，选用笔试、项目考核、业绩考核、能力测试等多种考评方式。教学评价的对象应包括学生的知识掌握情况、实践操作能力、学习态度和基本职业素质等方面。强调“做中学、做中教、做中考”，注重对职业能力的考核和综合素质的评价，引入小组评价、教师评价等多元化的考核评价机制，完善教学评价体系。

十一、课程内容结构图

高职学段税务会计课程内容结构见图6。

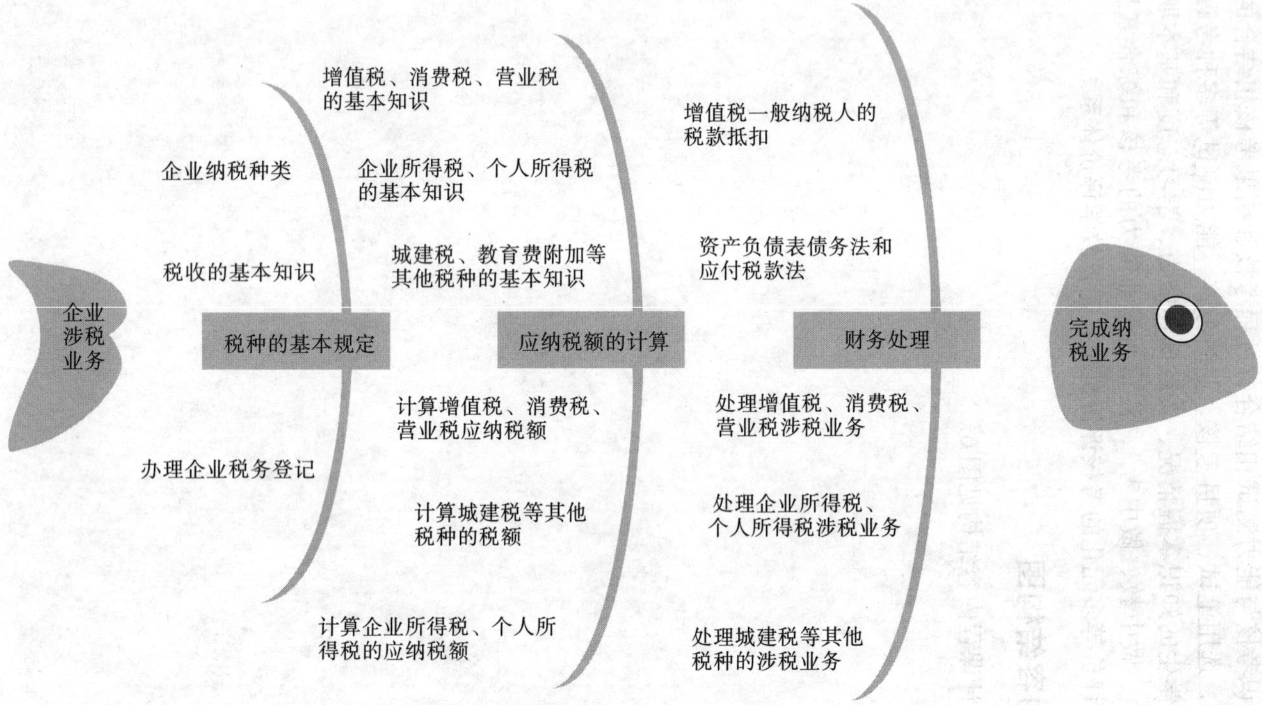

图6　高职学段税务会计课程内容结构图

（撰稿人：黄玲蓉）